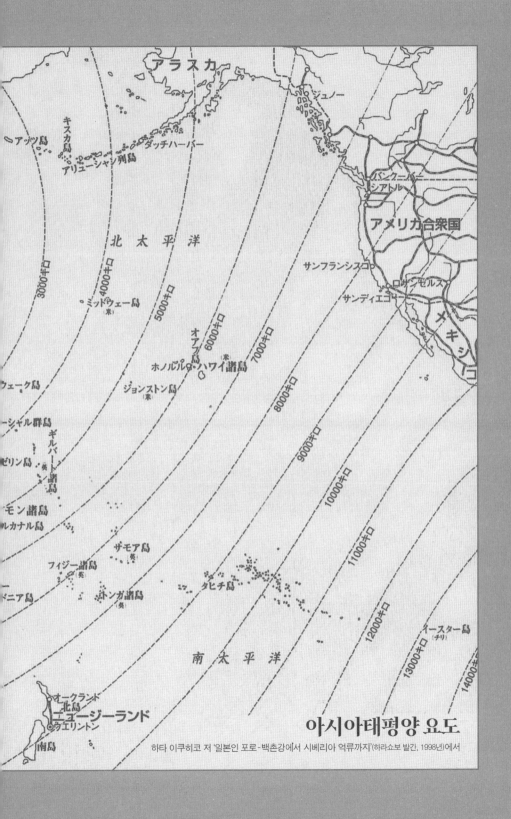

아시아태평양 요도

하타 이쿠히코 저 '일본인 포로-백촌강에서 시베리아 억류까지'(하라쇼보 발간, 1998년)에서

위안부와 전쟁터의 성^性

위안부와 전쟁터의 성^性

하타 이쿠히코 지음 ｜ 이우연 옮김

慰安婦と戦場の性

미디어워치

　　　　하타 이쿠히코 교수는 일본 현대사,
특히 아시아 · 태평양전쟁기의 군사사軍事史에 훌륭한 연구 업적을 가진
역사학자이다. 이번에 이우연 박사에 의해 한국어로 번역된 이 책은 그의
대표작 중의 하나이다. 1991년 일본군 위안부 문제가 발생한 이래 그것
만큼 한국인의 역사 인식에, 나아가 일본과의 관계에 큰 영향을 미친 다
른 무엇은 없을 것이다. 아시아 · 태평양전쟁기에 총독부 관헌이나 일본
군이 수십만 명의 한국 소녀를 중국과 동남아의 전장으로 강제연행하여
위안소에 가두고 성노예로 학대했다는 것이 위안부 문제에 관한 한국인
의 일반적 이해이다. 그런데 일본인의 위안부 인식은 그렇게 일률적이지
않다. 위와 같이 생각하는 일본인도 있지만, 그렇지 않은 일본인도 있으
며, 그편이 오히려 다수인 듯이 보인다. 그들은 일본군 위안소를 당시에
합법적으로 영위된 공창제가 전장으로 옮겨진 것으로 간주한다. 이러한

이해를 대표하는 것이 바로 이 책이다.

　　이 책은 1999년에 출간되었다. 지난 23년간 한국의 위안부 운동가와 연구자는 이 책을 알지 못하거나 의도적으로 무시하였다. 보다 솔직히 말하면 일본의 우익 세력을 대표한다는 라벨을 붙이고 불온시해 왔다. 하타 교수에 대한 이 같은 평가는 터무니가 없다. 어느 잡지사와의 인터뷰에서 그는 자신이 추구하는 역사가의 바람직한 상을 미야다이쿠宮大工에 비유한 적이 있다. 미야다이쿠란 국보급의 전통 목조건물을 수리하는 일본 최고 숙련의 목수를 말한다. 그는 예술적으로 세계 최고의 건축물이라도 창틀에서 빗물이 세면 최고라고 평가할 수 없다고 주장한다. 그는 일본류의 장인 정신의 소유자이다. 실증에는 빈틈이 없어야 함이 그의 지론이다.

　　일본은 왜 전망이 없는 미국과의 전쟁에 돌입하였는가. 관련하여 그는 자위대 간부 출신의 어느 역사가가 퍼트린 음모사관陰謀史觀을, 다시 말해 미국이 일본의 공격을 유인하였다든가 소련의 공작에 현혹되었다든가 따위 주장의 논리적 모순을 지적하거나 관련 사료를 세밀히 검토함으로써 여지없이 격파하였다. 이 같은 그의 연구 이력은 그가 우익에 속해 있지 않음을 이야기하고 있다. 그는 좌와 우의 중간에 서 있으며 그러기 위해선 정치와 일정한 거리를 두어야 한다는 입장을 고수하고 있다.

　　국가 간의 역사 분쟁에서도 마찬가지이다. 1937년 일본군이 중국 난징을 점령했을 때 얼마나 많은 포로와 시민을 학살했는가는 주지하듯이 큰 논쟁거리이다. 그의 또 하나의 대표작『난징사건』은 그의 표현에 의하면 일본과 중국의 중간 지점에서 사건을 냉정히 고찰한 작품이다. 그는 이 책의 집필을 위해 약 800여 종의 관련 저작이나 문헌을 검토했는데, 이는 지금까지 나온 동 사건에 관한 책 중에서 최다일 것이라고 그는 자부하고 있다. 그는 수십만이 학살되었다는 중국 측의 주장을 거부하지만, 학살이 없었다는 일본 측의 주장도 기각한다. 그는 대략 4~5만 명의 학살은 있었다고 보고 있다.

『위안부와 전쟁터의 성性』도 마찬가지 입장에 서 있다. 하타는 위안부 문제를 둘러싼 한국과 일본 간의 큰 인식 차이를 해소하는 데 도움이 되고자 관련 자료를 망라하여 일종의 백과사전으로 편찬한 것이 이 책이라고 해설하고 있다. 그가 수집하고 정리한 자료는 그 범위가 일본군 위안부가 된 일본과 한국의 여인만이 아니라 동남아 각국의 여인에까지, 나아가 제2차 세계대전과 베트남전쟁 등의 전장에서 다양하게 관찰되는 성의 강탈과 매매에까지 넓게 펼쳐져 있다. 앞서 언급한 대로 그는 일본군 위안부를 공창제의 전장판戰場版으로 규정하고 있다. 민간의 공창제가 경찰의 감독하에 있었다면, 전장의 위안소는 부대장의 통제하에 있었다. 양자 간의 본질적 차이는 없었다. 한국에서나 일본에서나 위안부로 나간 여인은 대부분 빈천 가정의 출신으로서 친권자에 의해 업자에게 넘겨진 존재이다. 노예계약은 아니었다. 여인들은 업주가 친권자에 지불한 전차금을 상환하거나 계약 기간이 만료되면 업소를 나올 권리를 보유하였다.

필경 한국의 독자들은 이 책을 읽는 과정에서 적지 않은 불편을 느낄 것이다. 책이 전달하는 풍부하고 다양한 정보가 위안부를 강제연행된 성노예로 간주해 온 저간의 통념과 도대체 어울리지 않기 때문이다. 물샐 틈 없는 창틀을 짜듯이 완벽한 실증을 추구한다는 저자의 자세에 나는 공감한다. 나는 나의 연구가 세론의 지탄 대상이 되는 경험을 여러 차례 했지만, 그 같은 자세로 버텨 왔다. 그럼에도 이 책은 때때로 나를 불편하게 했는데, 그것은 자료의 선별이나 해석에 어떤 위화감을 느껴서라기보다는 한국인의 한 사람으로 느끼는 일종의 자괴감과 같은 것이었다.

하타는 1991년 위안부 문제가 폭발한 이래 한편의 광시곡狂詩曲과 같은 소란이 펼쳐진 데에는 몇 사람의 작화사作話師가 큰 역할을 했다고 주장하고 있다. 있지도 않은 일을 그럴듯하게 꾸며 퍼뜨리는 자가 작화사이다. 제주도에 가서 200여 명의 여인을 납치했다고 참회한 어떤 일본인이 작화사의 선구라면, 위안부 출신이라며 커밍아웃한 몇 사람의 여인도 작화사였다. 그런데 하타는 한국의 연구자들은 그들의 주장을 검증하지 않았으며 검증할 의사도 갖지 않았다고 지적하고 있다. 바로 이 점이 나를 아프게 했다. 모든 증언은 철저한 검증의 대상이다. 기억 그 자체는 고의든 아니든 불완전하기 때문이다. 법정의 증언에는 책임이 뒤따르며, 역사의 법정도 예외가 아니다. 그런데 왜 우리 한국인은 그들의 증언을 검증하려 들지 않았을까.

돌이켜 보면 지난 30년간 위안부 문제에 관한 한 우리의 정부는 정부가 아니었다. 정부는 외국 정부와의 약속을 헌신짝처럼 팽개치는 일을 반복하였다. 우리의 대학은 대학이 아니었다. 진지하게 그 역사적 배경과 전개 과정을 학술적으로 추구하지 않았다. 우리의 언론은 언론이 아니었다. 그에 관한 언론의 무책임한 오보는 그 수를 헤아리기 힘들 정도이다. 그 결과 이전 30년간 일본과 구축해 온 우호·협력 관계가 완전히 허물어지고 말았다. 일본 측의 책임도 적지 않다. 강제연행설과 성노예설은 애당초 일본인에 의해 제기되었다. 일본 정부의 자세는 안이하였다. 하타는 그에 대한 지적도 놓치지 않고 있다.

위안부 문제에 관한 사전류와 같은 책이 이제야 번역과 출간을 보게 됨은 너무나 늦은 일이라 장탄식을 금할 수 없지만 그래도 참으로 반가운 일이다. 나는 위안부 문제로 미궁에 빠진 한국의 대일본 외교가 찾을 탈출구는 스스로 청산하고 해방되는 길밖에 없다고 생각하고 있다. 정부는 서둘러 지난 30년간 이 문제를 둘러싸고 정부와 민간에서 무슨 일이 벌어졌는지를 소상히 밝히고 후세에 전하는 백서를 출간하지 않으면 안 된다. 그 작업에 있어서 하타 교수의 이 책은 우선적으로 검토되어야할 중요 저작임은 두말할 필요가 없다.

이영훈

이승만학당 교장

3장 _ 중국전장과 만주에서는

4장 _ 태평양전선에서는

10장 _ 아시아여성기금의 공과^{功過}

11장 _ 환경조건과 주변 사정

12장 _ 7개의 쟁점 Q&A

1장

위안부 문제 '폭발'

1. 「아사히신문」의 기습

1992년 1월 11일, 그날 「아사히신문朝日新聞」을 손에 받아 든 사람들은 1면 톱으로 다뤄진 위안부 기사에 크게 놀랐을 것이다. 이제와 돌이켜보면 이 '특종기사'야말로 그로부터 수년 동안 일본만이 아니라 아시아 제 국가들까지 끌어들인 일대 광란의 발화점이었다. 1면뿐 아니라 사회면까지 가득 메운 이 대량의 기사를 자세히 소개하기에는 지면에 한계가 있으므로, 우선 중요한 제목만 다음과 같이 나열해 둔다.

"위안소 관련 군軍 개입을 나타내는 자료"
"방위청 도서관에 일본군의 통달通達·일지日誌"[1]
"부대에 설치 지시, 모집 포함하여 통제·감독, 참모장 이름으로 차관 날인도"
"'민간에 맡겼던 일'이라는 정부 견해 흔들려"
"'사죄를', '보상을' 목소리 커져"
"모집 등 파견군이 통제, 신속히 성적性的 위안 설비를"

---

1 통달이란 행정관청이 소관 기관 또는 부서에 문서로 통지하는 것을 말한다. —역주

게다가 방위청 자료를 "발견"했다는 요시미 요시아키吉見義明 주오
中央대학 교수의 "군이 관여한 데 대해서는 명백한 사죄와 보상을"이라는
말, 그리고 "(그간의 조사는) 불충분한 조사였음을 드러낸다"는 스즈키 유코
鈴木裕子 여성사 연구자, "군의 관여는 명백"하다는 전 일본군 위안계장慰安
係長 야마다 세이키치山田清吉 소위의 논평, 그리고 "다수는 조선인 여성"이
었다는 표제를 붙인 "종군위안부從軍慰安婦"라는 용어에 대한 해설 칼럼도
첨부된 구성이었다. 그러나 '표제'만으로는 왜 이렇게 대대적으로 보도가
되었는지 이해할 수 없는 사람들도 있으리라 생각되므로, 「아사히신문」
의 의도가 드러난 1면 기사의 요약 부분을 인용한다.

> 일중日中전쟁과 태평양전쟁 중, 일본군이 위안소 설치와 종군위안
> 부 모집을 감독, 통제하고 있었다는 사실을 나타내는 통달류와 진
> 중陣中일지가 일본 방위청의 일본 방위연구소 도서관에 소장되어
> 있다는 사실이 10일 밝혀졌다.
> 일본 정부는 지금까지 조선인 위안부에 대한 국회 답변에서 "민간
> 업자가 데려갔다"고만 말하고 국가적 차원의 관여는 인정하지 않
> 았다. 작년 12월에는 조선인 옛 위안부들이 일본 정부에 보상을
> 요구하는 소송을 제기하고, 한국 정부도 진상 규명을 요구했다.
> 그런데 국가의 관여를 나타내는 자료가 방위청에 있었던 것이다.
> 지금까지의 일본 정부 견해는 크게 흔들리게 된다. 정부로서는 새
> 로운 대응 방안을 마련해야 하는 동시에 16일 방한을 앞둔 미야자
> 와宮澤 수상은 심각한 과제를 떠안게 되었다.

이 요약본을 읽고 나면, 「아사히신문」 캠페인 보도의 의도는 결국

일본 수상의 한국 방문 시점에 맞춰 지금껏 이 문제에서 "국가의 관여"를 부정했던 일본 정부에 '위증'의 근거를 들이대는 극적인 연출이었다는 사실을 알 수 있다.

1992년 1월 11일은 일본 수상의 방한을 5일 앞둔 시점이었다. 이때라면 이미 일정의 변경도 불가능하며, 예상되는 한국 측의 맹비난에 대한 대응책을 세울 여유도 없었다. 필자는 타이밍도 절묘한 데다가, 무엇보다 "관여"라는 애매한 개념을 가지고 나와 이를 쟁점화한 「아사히신문」의 수법에 "하는 짓 하고는!" 하며 탄식했다.

사실 일본 방위도서관의 '육지밀대일기陸支密大日記'는 그보다 30년 전 이미 공개되어 있었고, 여기에 위안부 관련 서류가 포함되어 있다는 점, 위안부 모집 등의 문제에 군이 관여하고 있었다는 점 또한 연구자들 사이에서는 이미 주지의 사실이었다. 위안소를 이용한 군인의 수기와 영화, TV 드라마도 많고, 이러한 일에 견문見聞이 있는 사람이라면 군이 관여하지 않았다고 생각하는 쪽이 오히려 드물었을 것이다. 그것을 조금 미흡했던 국회 답변(후술)에 결부시켜 "국가 차원의 관여는 인정하지 않았다"는 식으로 억지로 갖다 붙이는 것은 술수라고밖에 말할 수 없다. 요시미 요시아키 교수 자신도 그 "발견"의 경위에 대해 1992년 3월호 「세카이世界」에 "(이전부터 알고 있었지만) 다시 작년 말과 금년 초 이틀 동안 그 도서관에 가서 위안소 관계 자료를 중심으로 찾아봤다"고 쓰고 있다.

필자는 이때쯤 다른 일들로 방위도서관에 다니고 있었고, 전부터 아는 사이인 요시미 요시아키로부터 이것이 "발견"이며 "곧 신문에 나온다"고 들었는데, 그게 과연 뉴스가 될 정도의 발견인가 하며 의문을 가졌던 기억이 있다. 그 뒤 언론에서도 아무런 소식이 없기에 그저 기억만 하고 있었는데 결국 1월 11일, 앞서 언급한 대대적인 기사가 나온 것이다.[2] 그리고 이 캠페인 기사는 미리 노린 바와 같이 큰 반향을 불러일으켰다. 다른 신문도 하루 늦게 이 대열에 동참했는데, 같은 날 「아사히신문」 석간은 신속하게 "11일 아침부터 한국 내 TV와 라디오 등에서도 「아사히신문」을 인용하는 형태로 자세히 보도되고 (……) 이상옥 외교부 장관은 11일, 한국 기자들에게 '한일정상회담에서는 옛 종군위안부 문제에 관한 일본 측의 적절한 입장 표명이 있을 것으로 생각하고 있다(후략)'고 말했다"는 취지의 서울 지국 전신電信을 게재하는 등 철저하게 준비된 모습을 보여 주었다. 이어서 「아사히신문」은 다음 날인 12일 조간에서 '역사에 눈을 감지 않을 것이다'라는 제목을 붙인 사설을 통해 "16일부터의 미야자와宮澤 수상의 방한에서는 (……) 전향적인 자세를 바라고 있다"고 압박하였다.

위안부 문제에서 아사히의 독주는 그 후로도 계속되었는데, 뒤따르는 각 신문 중에서 아사히를 넘어서는 과격함을 보인 것은 영자 신문인 「재팬타임스The Japan Times」였다. 예를 들면 1월 11일 밤, 전국으로 나가는 한 TV 프로그램에 출연한 와타나베 미치오渡邊美智雄 외무상은 "50년 이상 지난 이야기이고 확실한 증거는 없지만, 무언가 관여가 있었다는 사실은 인정하지 않을 수 없다고 생각한다"(12일자 「아사히신문」)고 말했다. 그런데 「재팬타임스」는 이 외무상의 발언을 소개한 뒤, "이 발언은 정부의 책임자가 일본군에 의해 제2차 세계대전 중 수십만 명(hundreds of thousands)이나 되는 아시아인 (위안부) 강제 매춘(forced prostitution)에 가담한 것을 처음으로 인정한 것"(13일자, 밑줄은 필자)이라는 악질적인 해설문을 부가하였

---

2 「아사히신문」의 다츠노 테츠로辰濃哲郎 기자가 요시미 요시아키 교수로부터 정보를 입수한 것은 12월 24일경이었기에 발표까지 2주 이상 그 내용은 잠을 자고 있었던 것으로 추정된다.

다. 외무상이 언급한 바 없고 아사히조차 인정하지 않을 "수십만 명"이라든가 "강제 매춘"을 「재팬타임스」가 아무렇지도 않게 추가한 것인데[3], 그 후에 각종 미디어가 경합하는 형태로 이러한 방향의 보도와 논조를 강화시켜 나갔다.

한편, 후수後手가 되어 실점을 거듭하는 일본 정부의 무능력한 모습도 역시 이때부터 시작되었다. 불의에 타격을 입은 듯이 허둥대며 부산을 떠는 당시 일본 정부 간부들 중 전쟁을 체험한 이들은 거의 없었다. 일미日美가 개전開戰한 1941년에 대학을 졸업하고 대장성大藏省에 취직한 미야자와 수상도 이 세대로서는 드물게도 종군 경험이 없었다.[4] 위안부와 위안소에 대한 기본 개념이 없었기 때문에 반론은 말할 것도 없고 감도 잡지 못한 채 일한日韓이 호응하여 전개하는 기습 공세에 굴복해 버렸다고 할 수 있다.

미야자와 수상은 부랴부랴 14일의 기자회견에서 "군의 관여를 인정하고, 사죄하고 싶다"고 말하고, 16일에 "항의 데모가 잇따르고 있는"(16일자 「마이니치신문每日新聞」) 서울로 향했는데, 체류 중에도 천황의 인형이 불태워지고 과거에 위안부였다는 사람들이 연좌 농성을 벌이는 등 반일 시위가 사납게 전개되었다. 정신대와 위안부를 혼동하여 "국민학교(초등학교) 학생까지 위안부로……"라고 보도하는 한국 신문의 열기에 압도되었는지, 한국의 교육부까지 나서 전국 2천여 당시 국민학교에 학적부

---

3 「재팬타임스」의 이러한 편향된 자세는 외국 신문의 도쿄 지국을 통해 해외로 흘러 들어갔고, 위안부 문제와 관련하여 해외에서의 초기 이미지를 형성한 것으로 보인다(「쇼쿤諸君!」 1992년 8월호의 사세 마사모리佐瀬昌盛 논고 참조).

4 1941년 12월에 졸업하여 다음 해 1월에 대장성에 채용된 고등문관 관료는 27명이었는데, 다수는 군무軍務에 종사했었다. 전시에 대장성 근무로 시종始終한 것은 미야자와를 포함하여 5명밖에 되지 않았다.

조사를 지시하는 등 험악한 분위기 속에서 미야자와 수상은 일한수뇌회담과 한국 국회 연설에서 "사죄"를 반복하였고, "진상 규명"을 약속한 뒤 귀국하였다(『마이니치신문』). 서울 지국의 시모가와 마사하루下川正晴 특파원은 현장의 공기를 회상하면서 다음과 같이 보도했다.[5]

청와대 기자회견에서 비굴한 표정을 짓고 있던 미야자와 전 수상의 모습이 기억에 생생하다. (……) 1시간 25분의 수뇌회담에서 미야자와 수상은 8번이나 사죄와 반성을 거듭했다. (……) 한국의 대통령 수석보좌관은 한국인 기자들에게 사죄의 횟수까지 공표했다. 이렇게 국제적으로 예의를 벗어난 발표는 본 적이 없다.

2. 전사前史 – 센다 가코千田夏光 부터 윤정옥까지

이미 말한 바와 같이, 전쟁터에서 돌아온 병사들이 넘치던 패전 직후부터 위안부들은 전쟁 기록물, 소설, 영화, 연극 작품 속에서 친숙한 존재, 조연 내지 배경으로 종종 등장하고 있었다.[6] 주로 월간지나 주간지에 게재된 아무렇게나 쓰인 1950~1960년대의 문헌 목록은 오야분코大宅文庫의 잡지도서관에서 찾아볼 수 있다. '체모와 같은 낭자군娘子軍 이야기', '군

---

5 『마이니치신문』의 시모카와 마사하루 '기자의 눈–일한관계'(1999년 9월 9일자).
6 1996년까지의 문헌에 대해서는 여성을 위한 아시아평화국민기금 편 『'위안부' 관계 문헌목록』(1997)을 참조. 1989년까지의 관계 작품은 단행본 135권, 논문 35편이다.

수품 여자', '매춘부가 된 종군간호사들'과 같은 제목이 보여 주는 것처럼, 독자의 호기심에 호소하는 일시적 유행 상품 같은 스타일이 많았다.

문학 작품으로는 다무라 타이지로田村太次郎의 『창녀전春婦傳』(1948), 7년이나 중국에서 전투를 경험한 이토 케이이치伊藤桂一에 의한 일련의 전장 소설에서 병사와 위안부의 교분을 따뜻한 눈길로 묘사하고 있는데, 하나같이 1970년대 이후에 생긴 문제의식과는 관계가 없는 내용이다. 페미니스트적인 관점도 거의 보이지 않았으며, 『산다칸 8번 창관サンダカン八番娼館』(1972)의 저자 야마자키 토모코山崎朋子는 "전쟁터의 위안부는 그 상대가 외국인이 아니라 같은 나라 사람이었지만 새로운 '가라유키상'이었고, 또 미군을 상대하는 '팡팡걸'[7]도 정확히 현대의 가라유키상에 다름 아니다"라고 썼다.[8] 동서고금, 어떤 세상도 다르지 않은 '여성 애사哀史'의 한 장면이라는 관점이다.

위안부와 위안소에 대해 처음으로 정리된 리포트를 쓴 것은 센다 가코라고 말해도 좋다. 지금은 고전이 된 『종군위안부從軍慰安婦』('정편'과 '속편')은 1978년에 출판사 산이치쇼보三一書房에서 출간되었는데, 저자의 서문에 의하면, 초판은 『종군위안부―'목소리 없는 여자' 8만 인의 고발從軍慰安婦―"聲なき女"八萬人の告發』이라는 제목으로 1973년에 후타바샤雙葉社에서 출판되었다. 출판사가 산이치쇼보로 바뀌고 나서 50만 부 이상이 판매되었

---

7 '가라유키상'이란 19세기 중엽 이후 중국, 동남아 등으로 진출하여 매춘에 종사한 일본 여성을 말한다. 이 지역에서 일본인이 경제, 외교, 군사적으로 활발하게 활동하게 되자 독신 남성을 중심으로 하는 매춘 수요가 발생했고, 빈곤한 여성들이 그에 취업하게 된 것이다. 일본인이 아니라 현지인 등 외국인을 상대로 영업하는 경우도 많았다. 큐슈 지역 아마쿠사 시마바라 출신이 많았다고 한다. '팡팡걸'이란 가창街娼, 즉 거리에서 호객하는 매춘부를 말한다. 미군을 상대하는 창녀는 대부분 가창이었다. ―역주
8 야마자키 도모코山崎朋子(1970), 『사랑과 선혈―아시아 여성 교류사愛と鮮血-アジア女性交流史』, 산세이도신쇼三省堂新書, pp. 45-46.

다고 하는데, "서평은 「아카하타(赤旗, 일본 공산당 기관지)」의 독서란 뿐이었다. 사회적으로도 화제가 된 것은 아니었다. (……) 여성들의 반응은 거의 없다시피 했다"[9]고 한다.

센다 가코는 전쟁터에서의 체험은 전혀 없지만, 전직 신문기자다운 취재력과 필치로 몇 사람의 옛 위안부, 업자, 상당수의 병사, 군의관 등을 취재하여 위안부의 전체상에 접근하려고 시도했다. 그리고 그 목표 달성에 그런대로 성공하였고, 좋든 싫든 그 뒤의 이미지 형성에 큰 영향을 주었다. 문제는 한국에서의 취재가 일본과는 사정이 달랐던 까닭인지, 센다 가코가 '여자정신대'와 '위안부'를 혼동한다든가, 조선총독부와 현지 부대에 의한 위안부 "반강제·강제 사냥"[10]이 횡행했다는 식으로 서술한 것이다. 책이 나왔을 때는 특별히 주목받지 못했지만, 후에 1980년대부터 1990년대에 걸쳐, 위안부 문제를 접한 관계자는 다수가 센다 가코의 저작을 읽는 것으로부터 출발했던 만큼 뿌리 깊은 선입관을 심어 주었다고 평가할 수 있을 것이다.

센다 가코가 일본 측의 선구자라고 한다면, 한국에서 비슷한 역할을 한 것은 정신대문제대책협의회(이하 정대협, 현재의 정의연이다—역자)를 설립한 윤정옥尹貞玉 여사일 것이다. 1925년 목사의 딸로 평양에서 태어난 윤씨는 위안부 문제에 몰두하게 된 동기를 자신의 전중戰中 체험으로 설명하고 있다. "1943년 12월, 내가 이화여자전문학교 1학년일 때, 일제가 조선반도 각지에서 미혼의 여성들을 정신대로 끌고 가는 무서운 일이 빈번히 일어나게 되었다. 많은 학생들이 정신대를 면하기 위해 결혼을 서두르고, 속속 퇴학하였다. (……) 나는 부모님의 조언에 따라 퇴학하고 정신대

---

9 「론자Ronza」 1997년 8월호의 센다 가코의 글.
10 센다 가코千田夏光, 『종군위안부從軍慰安婦』 정편, p. 114 이하. 속편 p. 11.

를 면했는데, 나와 비슷한 나이의 어린 여자들은 일제에 의해 연행되었다.”[11]

　　기독교계인 이화여자전문학교(전쟁 후에 여자대학교로 승격)는 조선반도의 상류층 여자가 모인 명문 학교다. 전시에 조선반도에서도 일본 내지에서와 마찬가지로 미혼 여성들이 정신대로 동원되고 공장 등에서 일했던 것은 사실이다. 전후에 모교의 영문학과 교수(1990년 정년퇴직)가 된 윤정옥은 1980년경부터 홋카이도, 오키나와, 태국, 파푸아뉴기니 등을 돌며 위안부들의 족적을 찾아 다녔고, 그 과정에서 일한日韓 쌍방의 연구자나 운동가들과 인맥을 넓혀 간다. 그 성과는 1990년 1월의 「한겨레신문」에 ‘정신대 원혼 서린 발자취 취재

윤정옥

기’(연재)로 발표되었다. 그러나 본인이 직접 취재한 옛 위안부는 이미 가와다 후미코川田文子의 『빨간 기와집赤瓦の家』(1987)에 등장하였던 오키나와에 거주하는 배봉기 씨와 태국에 거주하다 고향으로 돌아온 적이 있는 여성, 두 사람뿐이었다. 그리고 이 기사들은 요시다 세이지吉田清治와 센다 가코가 소개한 현장을 돌아본 뒤에 작성한 르포 기사 위주였고, 위안부 문제의 전모에 다가갔다고 하기에는 거리가 좀 먼 것이었다.

　　조선반도에서는 실증적으로 근현대사를 조사하고 기록하는 전통이 취약하다. 다카사키 소지高崎宗司에 의하면, 정신대와 위안부에 대한 관

11　윤정옥 외(1992), 『조선인 여성이 본 ‘위안부문제’朝鮮人女性がみた ‘慰安婦問題’』, 산이치쇼보, p. 14. 또 그녀가 재일한국민주주의여성회(1991년), 『조선인 종군위안부朝鮮人從軍慰安婦』에 기고한 취재기도 같은 요지를 적고 있는데, “(……) 일제가 미혼의 어린 여성들을 닥치는 대로 정신대로 사냥하는 끔찍한 일이 벌어져”(p. 311)라고 표현하였다.

심은 1970년대부터 높아지고는 있었지만, 관련 정보는 대부분 센다 가코, 요시다 세이지, 김일면, 박경식 등 일본인과 재일조선인으로부터 입수한 것에 의존하고, 관청 기록과 옛 위안부의 주변 이야기 등 제1차 정보에 접근하려는 풍조가 약했다고 한다.[12]

[표 1-1] 위안부 문제의 초기 경과

1982. 9. 30	제1차 사할린재판의 증인으로 요시다 세이지吉田淸治가 출석, 진술
1983. 7. 31	요시다 세이지『나의 전쟁범죄私の戦争犯罪』출간
1984. 5. 26	태국 거주 옛 조선인 위안부, 42년 만에 귀국
1985. 8. 15	'카타니 부인의 마을かにた婦人の村' 다테야마館山에 시로타 스즈코城田すず子의 발의로 위안부의 비 건립(8월 19일자「아사히신문」보도)
1987. 2	배봉기의 일대기를 그린 가와다 후미코의『빨간 기와집』치쿠마쇼보 출간
1988. 2	한국여성그룹(윤정옥 등)의 오키나와 조사, 옛 위안부 배봉기와 회견
1989. 5	「아사히저널」에 '조선과 조선인에게 공식 사죄를 100인 위원회'(사무국 아오야나기 아츠코青柳敦子)의 의견 광고(12월까지 15회 게재)
1989. 8	요시다 세이지의 저서 한국어 번역판, 청계연구소에서 출간
1990. 1	윤정옥, '정신대 취재기'를「한겨레신문」에 연재(4회)
1990. 3	아오야나기 아츠코, 서울에서 유족회와 함께 설명회
1990. 5	한국여성단체, 방일 예정인 노태우 대통령에 보상, 사죄를 요구하는 성명 발표
1990. 6. 6	참의원 예산위원회에서 "민간 업자가 한 일"이라는 노동성労働省 국장 답변
1990. 10. 17	한국여성단체, 노태우 대통령과 가이후 도시키海部俊樹 수상 앞으로 위안부에 관한 공개 서한

---

12 센다 가코의 저서는 1970년대에 정해주 씨의 번역으로 한국에 출판되고, 영화로도 만들어졌다. 김일면의 저서도 임종국의『정신대실록』(1981)으로 번역, 소개되었다. 요시다 세이지의 저서(1983)는 1989년에『나는 조선 사람을 이렇게 잡아갔다』는 제목으로 청계연구소에 의해 한국어 번역본이 간행되었다. 그 외에 김대상의『일제하 조선인력 수탈사』(1975)가 있다. 주로 다카사키 소지高崎宗司, '한국에 있어서의 종군위안부 연구韓國における従軍慰安婦研究', 「부인신보婦人新報」(1976년 10월자)에 의한다. —역주

1990. 11. 6	정대협(회장 윤정옥) 결성
1991. 8. 14	한국의 옛 위안부 제1호 김학순 커밍아웃
1991. 12. 6	한국 옛 위안부 등 3명이 군인 등 32명과 함께 도쿄 지방재판소에 제소
1992. 1. 11	「아사히신문」, 군의 관여를 가리키는 방위청 자료 발표

그중에서도 1989년에 한국어 번역본이 나온 요시다 세이지의 『나의 전쟁범죄私の戰爭犯罪』는 아프리카 노예사냥과 흡사하게 제주도에서 위안부 사냥을 한 체험의 고백기(그것이 픽션에 지나지 않았다는 것에 대해서는 제7장을 참조), 김일면(재일한국인)의 『천황의 군대와 조선인 위안부天皇の軍隊と朝鮮人慰安婦』(1976)는 위안부 연행이 일제에 의한 '조선 민족 말살 구상'으로부터 비롯됐다고 단정한, 반일의 색채가 강한 작품이다.

그 이전에는 1930~1940년대의 생활 감각에 익숙한 세대가 건재했던 까닭인지, 한국 매스컴의 평균적 인식은 오히려 일본 측보다도 온건했다. 예를 들면, 「동아일보」 편집국장이었던 송건호는 1984년에 간행한 저서에서 김대상金大商 등의 논의에 의거하면서 다음과 같이 쓰고 있다.[13]

일본 당국은 1937년 말의 난징南京 공략 후, 서주徐州작전이 개시될 무렵에 조선 내의 어용 알선업자들에게 지시하여 빈핍貧乏으로 매춘 생활을 하고 있던 조선 여성 다수를 중국 대륙으로 데리고 가서 '위안소', '간이 위안소', '육군 오락소' 등의 명칭을 가진 일본군 시설에 배치하고, 일본군 병사의 노리갯감으로 삼았다. (……) 일본군에 출입하는 어용 알선업자들이 조선에 와서 주재소와 면장을 선

---

13 송건호宋建鎬(1984), 『일본지배하의 한국 현대사日帝支配下の韓國現代史』, 후토샤風濤社. pp. 345-346.

두에 내세워 "편안하고 돈도 벌 수 있는 일터가 있다"고 속여 데려 갔던 것이다.

결국 조선인 알선업자에 의한 취직 사기와 꼭 닮은 권유가 대부분 이었으며, 다수가 매춘부였다는 사실이 정확히 파악되어 있고, 관헌에 의한 '강제연행'이라는 이미지는 전혀 등장하지 않음을 알 수 있다. 그런 의미에서 니시오카 쓰토무西岡力가 위안부 강제연행설에 대해 "시기로만 봐도 내용을 보아도 (……) 일본발發인 것이 분명"하다고 지적한 사실은 올바르며, 또 한국 측에서 기폭제의 역할을 했던 것은 윤정옥의 르포 기사였던 것을 부정할 수 없다. 이 경우, 윤정옥이 던진 사회적 충격은 위안부들의 존재 자체로부터 왔다기보다는, "여자의 성性에 대한 관념을 철저하게 바꾸는 사회적인 의식 변혁"을 호소하면서, "민족 감정에 있어서 위안부들이야말로 주인공이지 않으면 안 된다"며 내셔널리즘(민족주의)에 페미니즘을 결부시키는 관점에서 나온 것이 아닌가 생각된다. 마침 한국에서는 고도 경제 성장이 초래한 급속한 사회적 변동 속에서 전통적인 남존여비의 관념이 흔들리고, 제1기 페미니즘 운동이 고양되던 시기였던 것 같다. 운동 단체에 있어서 위안부 문제는 적당한 캠페인 소재에 다름 아니었다.

신혜수申惠秀에 따르면, 위안부 문제가 처음 공식적으로 문제가 된 것은 1988년 한국여성단체연합회가 개최한 '여성과 관광 문제(이른바 기생관광)'에 대한 세미나였고, "그 이래 이 문제는 한국 여성운동에서의 공동과제"[14]가 되었다고 한다.

---

14 신혜수(1996), '위안부 문제의 국제화慰安婦問題の國際化', 『재판을 받는 일본裁かれるニッポン』, 니혼효론샤日本評論社.

1990년 11월, 윤정옥과 동료인 이효재 교수(사회학)를 공동 대표로 하는 정대협이 결성되었다. 이 단체는 7월에 생긴 정신대연구회(회장 정진성)를 모체로 하고 한국여성단체연합회를 포함한 30여 개의 여성 단체가 한데 모여든 연합체인데, 곧 일본 정부의 사죄와 보상을 요구하는 유력한 압력 단체로 성장한다.[15] 그 뒤에 유사한 운동체가 일본과 한국만이 아니라 아시아의 근린 제 국가들에도 차차 생기는 속에서, 정대협은 총본산의 역할을 하게 되었다.

3. 원고 찾기로부터 소송으로

정대협을 핵심으로 하는 한국 여성들의 위안부 운동은 당초에 한국 정부로부터 냉담한 반응을 얻었던 만큼, 일본의 운동 단체와 매스컴의 캠페인 없이는 유효한 정치 운동이 될 수 없었을 것이다. 따라서 한국의 위안부 운동은 이전부터 저류가 있었던 한국인 전쟁 희생자에 대한 보상 문제에 편승하는 형태로 그 움직임이 시작되었다.

한국 정부는 일본의 식민지 통치를 "청산"한 위에서 외교 관계를 확립한 1965년의 일한日韓조약에서 대일청구권문제에 대하여 일본으로부터 3억 달러의 무상 공여 등을 받는 것으로써 "완전하고 최종적으로 해결

---

15 이효재는 1924년 목사의 딸로 태어나 전후 콜롬비아대학에 유학하고, 1958~1990년 모교에서 교수로 근무했는데, 민주화 운동으로 대학에서 해직됐던 경험을 갖고 있다. 뒤에 정대협 대표를 사임, 김윤옥(변호사)에게 물려준다.(C. S, Soh, '잘못을 바로잡기 위한 한국의 위안부운동The Korean Comfort Women Movement for Redress', *Asian Survey*, Dec. 1996, p. 1233)

된 것을 확인"했다. 게다가 합의 의사록에는 한국 정부가 제출한 모든 청구는 이제 "어떠한 주장도 할 수 없는 것으로 확인되었다"고 하는 어구가 들어갔다. 뒷날의 분규를 피하기 위한 표현이었는데, 더구나 십수 년에 걸쳐 끊어졌다, 이어졌다를 반복하며 진행된 일한조약 체결 이전의 교섭 과정에서도 위안부 문제가 논의된 적은 없다.

한국의 박정희 정권은 일본으로부터의 공여 자금을 주로 포항제철소와 같은 경제 설비 사업에 투입했고, 일부를 전쟁 피해자에 대한 보상에 돌렸다. 1971년 1월에 제정된 '대일 민간청구권 신고에 관한 법률'에서 군인·군속과 징용자의 유족(약 9천 명)에게 약 858억 엔(3억 달러의 5.4% 상당)이 지불되었는데, 여기서 부상자를 포함한 생존자, 재일조선인, 원폭 피해자, 사할린 잔류자, BC급 전범, 옛 '위안부'들은 보상 대상에서 제외되었다.[16]

이 보상 규정에 만족하지 못하는 사람들은 '태평양전쟁희생자유족회'(이하 '유족회'로 약칭)를 결성하여 운동의 방향을 모색하고 있었는데, 재일한국인과 일본의 지식인들 사이에서도 그 뜻에 공명하여 연대 활동을 진행하는 움직임이 나타났다. 그것은 정대협의 운동과 통합되어 1991년 12월의 이른바 '제1차 위안부 소송'에 이르렀는데, 니시오카 쓰토무의 조사에 의하면, 기점은 「아사히저널朝日ジャーナル」의 1989년 5월 19일호부터 시작되어 연말까지 격주로 15회에 걸쳐 게재된 '조선과 조선인에게 공식 사죄를 100인百人 위원회'(대표는 재일한국인 송두회 씨, 사무국장은 오이타大分 시에 거

---

16 일한조약에 기초한 한국 국내에서의 보상에 대해서는 다카사키 소지高崎宗司(1996), 『검증 일한 회담檢證 日韓會談』, 이와나미신쇼岩波新書, 니시오카 쓰토무西岡力(1992), 『일한 오해의 심연日韓 誤解の沈演』, 아키쇼보亞紀書房를 참조. 후자에는 한국경제기획원(1976)이 정리한 『청구권자금백서』의 내역이 소개되어 있다.

위안부와 전쟁터의 성性

주하는 병원 의사의 부인이자 세 아이의 어머니인 40세의 아오야나기 아츠코靑柳敦子 였다)의 의견 광고였다고 한다.[17] 대외적인 슬로건은 일본의 "공식 사죄"였지만, 실상은 군인·군속·노무자 중 사상자와 종군위안부에 대한 보상을 요구하는 것이었다.

같은 해 11월, 아오야나기 아츠코는 동지인 재일한국인 남성과 함께 한국을 방문,「마이니치신문」서울지국에 들러 그들을 응접한 나가모리永守 지국장과 시모카와下川 기자에게 "한국 측으로부터 일본 정부에 사죄와 배상을 하게 하는 재판을 하고 싶다. 원고가 되어 줄 한국인 전쟁 희생자를 찾고 있다"[18]고 말했다. "원고를 찾는다"는 발상에 두 기자는 몹시 놀랐는데, 그때까지도 적당한 원고를 발견할 수 없었던 것 같다. 그러나 그들이 귀국한 후에 이야기를 전해 들은 서울의 유족회로부터 협력 신청이 왔고, 다음 해인 1990년 3월에 다시 방한한 아오야나기 아츠코를 맞이하여 유족회가 주최하는 대규모 집회가 열린 후 청중들은 주한 일본 대사관으로 시위를 하러 갔다. 100인 위원회가 말하는 조건은, 400만 엔의 재판 비용을 준비하였기 때문에 열 사람의 원고를 뽑아 제소를 실행하는 것이었다고 한다.

그러나 같은 해 10월, 도쿄 지방재판소에서 22명의 유족이 제소(제1차 소송)할 때 유족회가 내분을 일으켰고, 주류파는 송두회-아오야나기 아츠코 그룹과는 절연하고 그 대신에 사할린 잔류 한국인 소송에서 활동하고 있던 다카기 겐이치高木健一 변호사와 지원 조직인 '일본의 전후 책임을 확실히 하는 모임(확실히 하는 모임)'으로 갈아타게 된다. 그리고 1991년 12월 6일, 약 1년의 준비 기간을 가지면서 다카기 겐이치 변호사가 주임

---

17 니시오카 앞의 책 제7장.
18 앞의 시모카와下川 기자의 리포트.

변호사를 맡고 유족회 회원 35명이 참가하여 도쿄 지방재판소에 제소하게 되었는데, 이 제2차 소송에서 비로소 옛 위안부 한국인 여성 3명이 원고로 등장했다.

제1호 신고자인 김학순은 그해 8월에 정대협의 부름에 응하여 막 실명으로 '커밍아웃'하였고[19], 그 후로 차차 몇 사람이 커밍아웃하였는데, 절차적으로 필요한 것들을 제 시간에 마련한 3명만(뒤에 6명이 추가됨) 급히 원고로 추가된 것이다. 이전까지는 정신대와 혼동하는 형태로 위안부 문제가 논해지고 있었고, '살아 있는 실체'로서의 위안부는 없었기 때문에 영향력이 없었다. 하지만 옛 위안부가 법정에 실제로 모습을 드러내고 "내 17살의 청춘을 돌려 달라"고 매스컴에 호소하자 그 효과는 절대적이었다.

"한恨의 반세기 결의의 소송", "가슴 아픈, 그래도 말한다" 식의 선정적인 제목으로 다뤄지는 속에서, 일본으로 온 12명의 원고들 중에 특히 옛 위안부 김학순만이 집중 조명되었으며 다른 사람들은 눈에 띄지도 않게 되어 버렸다. 마찬가지 패턴은 그 뒤에도 반복되었다.[20] 그런데 다카기 겐이치 변호사를 주임으로 하여 1991년 12월에 제소한 '아시아태평양전쟁 한국인 희생자 보상청구 사건'의 소장에는 "원고 박칠봉 외 34명, 피고 일본국"이라고 적혀 있으며 "피고는 원고들에 대해 각 2천만 엔을

---

19 엄밀하게 말하면, 제1호 신고자는 베트남에 잔류하다 난민으로 귀국, 위안부 체험을 발표한 배옥수였는데, 1988년에 사망했다. 김학순과 함께 소송에 참가한 원고 A(라바울Rabaul)에서 위안부 생활을 했다)는 익명으로 1990년 8월에 자신을 드러냈다. 이귀분도 1990년 6월에 신문기자가 취재하였다.

20 변호사에 의존하지 않는 본인소송 방식을 취한 송두회·아오야나기 아츠코 그룹은 1992년 2월, 한국 광주 지역의 일본군 군인·군속 출신을 원고로 하는 '1,100인 소송'을 도쿄 지방재판소에 제기했는데, 위안부가 포함되지 않았던 까닭인지 거의 보도되지 않았다. 인도네시아의 병보협회兵補協會가 위안부 보상을 추가했을 때도 같은 현상이 일어났다(자세한 것은 후술).

지불하라"고 청구하고 있다. "청구의 원인"에 대해서는 "1. 일본에 의한 조선 식민 지배의 확립"으로 시작하여, "4. 강제연행', '5. 군인', '6. 군속'을 거쳐 "7. 군위안부"에 이르고, 그 뒤에 이력을 개인별로 붙이는 형식으로 되어 있다. 3명의 위안부 중에서 자신의 실명을 공표한 이는 김학순뿐이었고 나머지 두 사람은 B라고 쓰고 있다.

보상 요구의 근거는 "조선인 전 군인·군속 및 군위안부들은 각각 강제적으로 연행"되었기 때문에 인도에 대한 죄에 해당하고, 법적 근거는 없다고 해도 "신의칙信義則 상", "조리條理 상"[21]의 의무이기 때문에 보상해야 한다고 주장하고 있다.[22] 소장에서도 인정하고 있는 바와 같이, 이 소송의 약점은 이미 일한조약으로 법적 해결이 종료되었다는 점에 있고, 한국 국내법에 의한 보상 대상으로부터 빠진 원고들의 청구는 우선 국내법 개정의 형태로 한국 정부를 대상으로 해야 했다는 데 있다. 따라서 일본 재판소에서의 소송은 이길 전망이 거의 없었고, 실제로 유사한 판례도 나와 있었다. 다카기 겐이치 변호사도 그 정도는 알고 있었다고 생각되지만, 여론을 고조시킴으로써 민간 기금과 같은 형태로 구제금을 모으든가, 의원입법으로 가져갈 수 있지 않을까 기대하였을 것이다.[23]

---

21 신의칙이란 모든 사람은 사회의 일원으로서, 상대편의 신뢰에 어긋나지 아니하도록 성의 있게 행동하여야 한다는 원칙이다. 민법은 권리의 행사와 의무의 이행을 이 원칙에 따르도록 하고 있다. 조리란 일반 사회의 정의감에 비추어 반드시 그러해야 할 것으로 인정되는 규범을 말한다. ―역주
22 소장은 히라바야시 히사에平林久支 편(1992), 『강제연행과 종군위안부強制連行と從軍慰安婦』, 일본 도서센터에 편집자의 견해와 함께 수록되어 있다.
23 1992년 8월 3일, 다카기 겐이치와 필자의 통화.

4. 노동성 국장의 '실언'

그렇다 해도 위안부 문제를 악화시켜 유엔까지 끌어들이는 정치 문제로 만든 한 요인으로서, 초기 단계에서의 노동성勞動省 국장局長의 실언 등 일본 정부의 졸렬한 대응 방식이 있었다는 사실도 간과해서는 안 된다. 뒤에 문제가 되는 1990년 6월 6일의 문답으로, 참의원 예산심의회 의사록으로부터 관계 부분만 발췌하였다.

모토오카 쇼지本岡昭次 **의원**(사회당) 그러면, 강제연행 가운데 종군위안부라는 형태로 연행된 사실도 있는 것입니까?

시미즈 츠타오清水傳雄 **과장**(노동성 직업안정과) 징용의 대상 업무는 국가총동원법에 기초한 총동원 업무이고, 법률상 각각 따로 열거하고 있는 업무와 지금 질문의 종군위안부 업무와는 관계가 없는 것으로 생각하고 있습니다. (……)

모토오카 쇼지 (……) 이것은 꼭 조사 중에 명확히 해 주셨으면 합니다. 할 수 있습니다. 정말 하려고만 한다면.

시미즈 츠타오 종군위안부에 대해서는 옛사람의 이야기 등을 참고하면, 역시 민간업자가 그렇게 했다, 여기저기 군과 함께 데려갔다 하는 식으로, 이러한 실태에 대해 우리들이 조사하여 결과를 내는 것은 솔직히 말해서 할 수 없다고 생각하고 있습니다.

사카모토 미소지坂本三十次 (······) 정부는 본 건에 대해 노동성을 중심으로 관계 성청省廳이 협력하여 조사하므로 시간을 더 주시기 바랍니다.

흐름상 이때까지 일본 국회 질의는 남자 노동자의 '강제연행(징용)'에 집중하고 있었기 때문에 당시 담당 부국部局인 후생성 근로국의 업무를 인계한 노동성 관료가 답변을 위해 일본 국회에 나와 있었다. 군이 관여하고 있었던 위안부는 어떻든 그들의 소관 밖의 문제였기 때문에 노동성에는 관계 자료가 없고, 그래서 발견할 전망이 없다고 답했던 것도 당연했을지 모른다. 그러나 노동성 관료가 추궁을 받자 "민간의 업자가······"라는 식으로 불충분한 발언을 덧붙인 것은 졸책이었을 것이다.[24] 군이 관여한 사실을 처음부터 깨끗이 인정하고, 후생성과 방위청에서 답변할 일이라고 넘겼다면 좋지 않았을까 생각된다.

그러나 이 '실언'이 그때 바로 문제가 되었던 것은 아니다. 정신대와의 연락 담당을 겸하고 감시역으로서 출판사의 광고지 「미라이未來」에 리포트를 연재하고 있던 스즈키 유코鈴木裕子는 1990년 10월호에서 "완전한 일대 거짓말이 아니면, (······) 직업여성국장은 무지"하다고 꾸짖고, "소극적 불성실"[25]이라고 평했다. 하지만 군의 "관여" 문제가 초점으로 부상한 것은 1990년 10월 17일에 한국의 여성 단체가 공동 기자회견을 하고 일본과 한국 양 정부 앞으로 보낸 공개서한을 공표하면서, 그 속에서 넉 달 앞에 있었던 6월 6일의 시미즈 츠타오 국장 답변을 언급하며 이를 "역사적 사실에 반反"하는 "무책임한 발언"으로 규탄하고 나선 이후부터다.

---

24 시미즈 츠타오 직업안정과장은 '실언' 직후인 1990년 7월 노정국장勞政局長으로 전임, 1992년 사무차관에 취임, 그 뒤 고용촉진사업단 이사장을 역임하고 퇴직했다.

25 스즈키 유코에 의한 「미라이」의 연재 리포트는 1990년 8월호, 1991년 1월호, 9~11월호, 1992년 2월호, 8월호, 10월호 등.

일설에 따르면 미국 로스앤젤레스의 한국계 여성 단체가 불을 지르는 역할을 했다고도 하는데, 1990년 12월 18일에는 참의원 외교위원회에서 한국 측으로부터 의뢰를 받은 시미즈 스미코淸水澄子 의원(사회당)이 이 건을 문제 삼고, 질문을 거듭하고 있다. 역시 요점만 뽑았다.

> **시미즈 스미코 의원** (6월 6일에) 종군위안부는 군이나 국가와 관계없이 민간의 업자가 멋대로 데리고 간 것이라는 식의 취지로 답변을 했는데 (……) 대신大臣은 답해 주십시오. 이에 대한 정부의 인식에는 변화가 없습니까?

> **토가리 토시카즈 과장**(노동성 직업안정국 서무과) 후생성 관계자는 관여하지 않았다, (……) 조사했지만 알 수 없었다는 것입니다.

> **시미즈 스미코** 그러면 종군위안부라는, 여자정신대로 강제연행된 조선의 여성들 문제는, 국가도 군도 관여하지 않았다는 것을 그대로 인정하는 것이군요.

> **토가리 토시카즈** 적어도 후생성 관계자 및 국민근로동원서國民勤勞動員署는 관여하지 않았다는 것, 그것 이상은 조사가 불가능했습니다.(밑줄은 필자)

이러한 다짐 받기 식 질의는 1991년 4월 1일과 8월 27일에도, 모토오카本岡, 시미즈 의원이 노동성 관료를 상대로 하여 반복되었는데, 그때마다 답변자는 "관여하지 않았다"고 말하고, 가이후 도시키海部俊樹 수상도, 새로이 창구가 된 내각 외정심의실장도 "자료가 발견되지 않는다"고 도망가는 자세였다. 이 단계에서는 한국 정부도 움직일 기미가 보이지 않았기 때문에 깊이 들어가는 것을 피하고, "일한조약으로 해결 완료"라는 자세로 끝까지 버티는 것이 상책이라고 판단했던 것일까?

각 성청에서의 자료 수색도 제대로 진행된 기미는 없다. 뒤에 요시미 요시아키 주오대학 교수가 방위연구소 도서관에서 "발견"하게 되는 자료도 직전에 내각으로부터 도서관에 의뢰가 와 있었는데, 당초에는 "조선인 위안부의 (……)" 하는 식으로 한정되어 자료를 의뢰했었기 때문에 소재하지 않는다고 회답했던 것이다. 그러나 다짐 받기 식의 문답이 1년 반에 걸쳐 계속되고 있는 가운데, 수세적인 일본 정부 측은 결국 사회당 국회의원의 기세에 말려들어 간다. 모토오카, 시즈미 두 국회의원은 '여자정신대＝위안부'를 '강제연행(징용)의 일환'으로 못 박고 그것을 전제로 질문을 반복했는데 정부 측은 딱 잘라 부정하는 답변을 게을리한 것이다.

질문자 측은 시미즈 츠타오 직업안정과장의 "업자가 데리고"라는 답변에 대해서 "멋대로"를 부가한다든지, 토가리 토시카즈 직업안정국 서무과장의 "후생성(노동성)은 관여하지 않았다"고 한정했던 답변을 "국가도 군도 관여하지 않았다는 것"이라는 식으로 바꾸어 해석을 했던 것인데, 정부는 역시 강하게 항변하지 않았다.

한편 타니노 사쿠타로谷野作太郎 외정심의실장이 8월 27일 일본 국회에서 질의에 답하고 있는 바와 같이, 한국의 이상옥 외교부 장관 쪽에서 이미 "(1965년의 일한조약으로 모든 것이 결착結着되었으므로) 한국 정부가 일본과의 사이에서 이 문제를 다시 제기하는 것은 곤란"하다고 발언하였던 이유도 있었다. 그렇다면 일본 정부는 더 이상 민간 여성 단체의 잡음에 동요할 필요는 없다고 방심했을 것이다. 그러나 군사정권 시대와 달리, 민주화를 기치로 한 한국의 노태우 정권은 이미 페미니스트 집단을 강권적으로 억압할 힘은 갖지 못했다.

일본 정부의 '불성실한' 대응 양상에 초조함이 커진 37개 여성 단체의 대표는 1990년 10월 17일 공동으로 가이후 도시키 수상 앞으로 보내는 공개서한을 작성, 월말에 3명의 대표가 외무성에 제출한다. 답신이 없자 12월에 다시 재촉장을 보냈는데, 여기에서 6개 조의 요구(강제연행 확인, 공식 사죄, 진상 조사, 위령비 건립, 보상, 역사 교육)는 6년 후의 '쿠마라스와미 권고'(제9장 참조)와 거의 같은 내용이었다.

1991년 4월 1일, 모토오카 의원이 가이후 도시키 수상에게 "공개서한을 보았는가? 빨리 답하라"고 재촉한 것에 대해, 수상은 "보았다", 타니노 사쿠타로 외정심의실장이 "자료가 없기 때문에 답신할 도리가 없다"고 답하였다. 그리고 4월 24일, 주한일본대사관은 윤정옥 정대협 대표를 불러 "증거는 발견되지 않았다, 보상은 일한조약으로 해결 완료됐다"고 냉정한 답변을 전했다.[26] 공개 질문장은 요시다 세이지의 증언을 인용하면서 강제연행 사실을 인정하라고 요구하고 있었기 때문에 일본 정부는 이 단계에서 본격적으로 달라붙어 요시다 증언의 진위를 포함한 검토 작업을 하고, 오해를 풀어 뒀어야 했을 것이다.[27]

일본 정부의 둔감하기 짝이 없는 대응은 1991년 12월, 위안부 소송이 시작된 뒤에도 계속된다. "관계 성청은 '소관 밖이다'는 등 책임을 미뤄 공식 코멘트도 내지 않는 상태"(6일자 「산케이신문産經新聞」 석간)라고 하는

---

26 「미라이」, 1991년 10월호의 스즈키 유코鈴木裕子 논문.
27 요시다는 1982년 9월 30일과 11월 30일 두 차례에 걸쳐, 이른바 제1차 사할린 재판의 원고 측 증인으로 도쿄 지방재판소에서 제주도 위안부 사냥의 체험을 증언하였다. 그러나 피고(일본국) 대리인은 반대 심문을 하지 않았다.

무심한 공기 속에서 가토 고이치加藤紘一 관방장관에 의해 노동성 국장을 능가하는 '실언'이 나온다.

　　12월 6일의 기자회견에서 "정부 관계 기관이 관여했다는 자료는 좀체 발견되지 않았고, 지금으로써는 정부가 이 문제에 대처하는 것이 대단히 곤란"하다는 말이 나온 것이다. 다른 곳도 아닌 전지戰地의 위안소에서 위안부가 영업하기 위해서는 군의 관여가 당연한 일인데도 불구하고, 마치 군의 관여를 전면 부정한 것으로도 해석될 수 있는 실언이 왜 나온 것인지 그 사정은 분명하지 않다. 어쨌든 첫머리에서 소개한 「아사히신문」의 특종기사가 폭탄과 같은 효과를 발휘한 것은 이 관방장관에 의한 '실언' 탓이라고 할 수 있을 것이다.

2장

공창제(公娼制) 하의 일본

1. 공창제의 성립

'위안부' 또는 '종군위안부' 시스템은 전전戰前의 일본에 정착한 공창제의 전지판戰地版으로 위치 지우는 것이 적절하다고 생각한다. 해외로 진출한 매춘부 중에는 앞서 '가라유키상唐行きさん'이라고 불리는 여성들도 있었지만, 쇼와昭和 첫해쯤(1926년쯤) 되면 이런 양태는 더 이상 이어지지 않았고, 그것을 대체하기라도 하듯이 큰 무리의 위안부가 전시의 아시아 대륙과 동남아시아로 진출하는 모습이 나타났다.[1] 따라서 위안부 시스템의 역사적 경과를 찾는 전제로 우선 메이지 시대부터 쇼와 전기前期에 이르는 일본의 근대적 공창제에 대해 개관하고자 한다. 이 경우 다음과 같은 세 시기로 구분하여[2] 관찰하는 것이 편리하다.

제1기 해방령의 시대(1872~1900년)
제2기 공창제도 확립의 시대(1900~1925년)
제3기 국제적 규제의 시대(1925~1945년)

---

1 연호 쇼와昭和는 서기 1926~1989년이다. 메이지明治는 1868~1912년. 다이쇼大正는 1912~1926년이다. —역주

2 야마모토 슌이치山本俊一는 공창제도의 시대를 발전기(1876-1999년), 확립기(1900-1926년), 쇠퇴기(1927-1946년), 폐지기(1946년-)로 구분하고 있다.(야마모토 슌이치, 1983, 『일본공창사日本公娼史』, 주오호키슈판中央法規出版)

메이지 초년(1868년)의 '문명개화' 풍조에 대응하기 위해, 신정부는 도쿠가와德川 시대부터 계속되어 온 인신매매의 관습을 제거할 취지로 1872년(메이지 5년), 인신매매를 금지하고 창기娼妓를 해방하는 태정관달太政官達 제259호를 공포했다. 그 뒤의 실태도 비슷했던 것으로 여겨지지만, 적어도 외양은 바뀌었다. 즉 창기는 독립한 영업자로서 유곽(대좌부貸座敷) 업자로부터 주거를 빌려 매춘을 영위하게 되었다. 또 국가가 이와 직접 관계되는 것은 문명국의 입장에서 치욕이 된다는 이유로 단속과 보호를 포함한 세부 사항을 도부현道府縣 등 지방자치체에 맡겼다. 그리고 인신매매의 이미지에 직결되는 종신 구속을 없애는 대신, 전차금前借金과 반제返濟를 위한 약속 기간을 정한 연계年季 계약이 도입되었으며, 관官에서는 등록과 검진에 의한 정치한 법률 체계와 통제 방식을 완성해 갔다. 후지메 유키藤目ゆき 조교수는 이러한 방식을 구주(유럽)의 근대적 공창제를 모델로 하여 재편성한 것이라고 논하면서, 프랑스 경찰 제도를 공부한 카와지 토시요시川路利良(초대 경시총감)의 영향이 컸다고 평하고 있다.[3]

산창散娼과 집창集娼의 장단점에 대해서는 논의가 있었지만, 대세로는 관이 통제하기 쉬운 집창 방식이 선호되었고, 매춘부 영업이 허가된 일정한 지역은 유곽이라고 불리게 되었다. 그러나 자유를 빼앗긴, 비참한 "새장에 갇힌 새"라는 창기의 실태는 변하지 않았고, 구세군救世軍(기독교 선교인들) 등에 의한 폐창廢娼운동의 기세가 높아지는 것을 보게 된 내무성은 1900년(메이지 33년)에 '창기단속규칙娼妓取締規則'(성령省令 44호)을 제정하여 전국적으로 통일된 규준을 만들고자 했다.

일반적으로 이 법령이 근대 공창제도를 확립한 것으로 평가되고 있

---

3 후지메 유키(1998), 『성의 역사학性の歷史學』, 후지슈판不二出版. pp. 88-90.

지만, 실제로 창기들의 상황이 현저히 개선된 것은 아니었다. 예를 들면, 전차금이 남아 있어도 폐업할 자유는 인정되었지만 포주娼主 측의 방해와 경찰의 비협조로 실제 폐업하기는 쉽지 않았고, 새로운 생업을 갖는 것도 쉽지 않았다. 또 폐업해도 전차금 계약 자체는 유효(1902년 대심원 판결)하였기 때문에, 빌린 돈을 갚을 수 없는 여성은 이전의 환경으로 되돌아가지 않을 수 없었다. 18세라는 연령 제한도 유명무실해졌다. 공창제는 밀음굴密淫窟이라고 불린 사창私娼을 인정하지 않는다는 방침과 표리를 이루지만, 연령 제한만이 아니라 그에 대한 단속을 강화하면 오히려 사창이 번창하게 되고 성병 방지를 목적으로 하는 검진 제도의 효과를 저하시킬 위험이 있었다.

'창기단속규칙'은 전 기간을 통해 국가 수준에서는 유일한 단속 법규로서, 다른 곳에 거주하는 것과 영업장소 제한(외출 금지), 검진의 의무화 등을 정하고 있었지만, 좁은 의미의 창기 외에는 대상으로 하지 않았고, 도부현에 맡기는 부분이 적지 않았다. 그 때문에 법의 눈을 빠져나가려는 매춘업자, 공창제에 대립하는 폐창운동가, 중간에 서서 동요하는 경찰당국 사이에서 일종의 '두더지 잡기'가 계속되었다.

다이쇼 시대부터 '작부酌婦'라고 불리는 직업이 새롭게 생겨났다. 표면적으로 '요리점 등에서 음주 시중'을 드는 여성이었지만, 연령 제한이 느슨하고 전차금도 쌌던 까닭인지 쇼와기에 걸쳐 격증하였다. 또 '예기藝妓'는 '예藝'를 파는 것이 취지였지만, 창기를 겸하는 예가 있었다. 이두 개의 면허를 가지는 것을 니마이칸사츠二枚鑑札라고 불렀고, 하나의 '예창기단속규칙'에 따라 단속하는 현縣이 증가했다.

쇼와기에 접어들 무렵에는 카페, 바(bar) 등의 여급과 댄서도 매춘부 예비군으로 간주되고, 실제로 창기 등으로 바뀐 이들도 적지 않았다. 표 2-2는 메이지~쇼와기에 걸친 그들의 증감을 나타내는 통계다.

[표 2-1] 매춘업계 용어 해설

예기芸妓 게이샤芸者	고객을 접대하여 요리점 등에서 예능을 제공하고 금전을 받는 부녀. 게이샤오키야藝妓置屋에 거주. 단순히 몸을 파는 여성은 미즈텐不見転이라 불렀다. 유년기부터 예芸를 배우고 견습한 자를 **한교쿠半玉**(추기雛妓＝오샤쿠, 시코밋코仕込みっ子)라 불렀다.
창기娼妓	고객의 요구에 응해 **대좌부貸座敷**에서 자신의 신체를 제공하여 금전을 받는 여성, 요시와라吉原에서는 **오이란花魁**이라 불렀다.
작부酌婦	요리점의 객석에서 돌아다니며 손님과 노는 여성, 대부분 몸을 팔았다.
삼업(지)三業(地)	**대좌부貸座敷, 게이샤 치옥置屋 오키야置屋 포주집, 히키데引手 (대기) 찻집**을 통칭, 삼업조합을 결성했다.
명주옥銘酒屋	명주란 유명한 술을 말하는데, 이를 마시는 것은 사실상 다테마에(구실)이며, 실제로는 사창이었다.
뚜쟁이(여현)女衒	정식으로는 예창기작부芸娼妓酌婦 소개업, 당사자는 주유업周遊業이라 자칭했다.
누주楼主	주로 대좌부의 경영자를 뜻하며, **카카에누시抱え主**라고도 불렀다. 부부가 같이 종사하는 경우가 많았으며, 종업원에는 **나카이仲居**(접객녀), **야리테바바やり手婆, 규타로우午太郎**(호객업자), **죠츄女中, 게난下男** 등이 있었다.
옥대玉代	고객이 지불하는 대금. 하나다이花代라고도 한다. 누주楼主와 여성과의 배분 비례를 **교쿠와리玉割**라고 불렀다.

※출처: 야마모토 슌이치山本俊一—『일본공창사日本公娼史』 외

[표 2-2] 전전기戰前期의 내지 공창 관계 통계(각 연말)

연도	A 예기	B 작부	C 창기	D 여급 女給	대좌부 경영자	연인원
1884(메이지17)	8,651	—	28,432			
1899		—	52,410			
1902		—	38,676			
1915(다이쇼4)	43,601	35,512	46,122			
1918	57,218	44,565	44,273			
1927(쇼와2)	80,086	111,032	50,800	—	11,383	2,227
1931	77,351	81,019	52,064	77,381	10,700	2,239
1936	78,699	85,685	47,078	111,700	9,386	2,806
1937	79,868	85,699	47,217	111,284	9,238	3,082

위안부와 전쟁터의 성性

연도	A 예기	B 작부	C 창기	D 여급 女給	대좌부 경영자	연인원
1938	79,565	83,754	45,289	98,437	9,012	3,349
1939	79,908	74,472	39,984	91,946	8,514	3,303
1940(쇼와15)	74,882	65,278	35,120	76,930	7,637	3,048
1941	69,077	67,677	32,539	65,261	7,012	2,752
1942	61,311	58,557	26,901	57,009	6,564	
1943(도쿄)	9,016		2,799		416	
1945(도쿄)			1,059			

주 1 숫자의 단위는 명, 단 연인원은 만 명, 일본 내지의 통계다. 조선인을 포함한 외국인의 공창 등록은 금지되어 있었다.

주 2 1884년은 내무성 통계서, 1899년, 1902년은 구세군 기관지 「함성ときのこえ」183호(1903년), 1915년, 1918년은 「군의단잡지軍医団雑誌」139호(1925년)에 의거한 하야가와 노리요무川紀代논문 「계간 전쟁책임 연구」 제10호, 1927년~1940년은 『쇼와국세요람昭和国勢要覧』, 1941년, 1942년은 '내무성 경보국 자료', '내무성 경보국 종부자료' 참고.

주 3 그 외 도쿄에서만 4,651명(1921년), 1,714명(1943년), 전국에서 약 3만 명(「도신문都新聞」 1930년 11월 8일자)의 사창이 있었다고 한다. 밀매음에 의한 검거자는 7,046명(1930명).

주 4 1929년 6월 말 현재, 창기의 총수 50,355명 중 20세 미만이 7,300명(15%), 20~25세가 30,012명 (60%), 25~30세가 10,921명(22%)을 차지했다. 종부자료種付資料.

[표 2-3] 도쿄의 대좌부 영업 통계

연도	1920	1925	1930	1935	1940	1945
대좌부	695	745	769	816	802	92
대기 찻집	80	67	62	48	39	
창기	5,499	5,159	6,794	7,410	5,560	1,059
유객(만 명)	422	374	401	576		
유객 소비액(만 엔)	2,072	1,599	1,234	1,305		
창기 1인 1일 평균 유객 수	2.2	2.0	1.6	2.1		
유객 1인당 소비금(엔)	4.7	4.3	3.1	2.3		

(경시청통계)

※출처: 『쇼와국세요람』 제3권

주 1935년의 유곽별 내역에서 창기 수는 1위가 신요시하라新吉原(2,940명)이며, 이하로 슈자키洲崎 (2,829명), 신주쿠新宿(725명), 시나가와品川(370명), 센쥬千住(370명)의 순이다.

숫자를 보면, 일시 폐업이 성한 1900년경의 숫자를 제외하고, A~C 3종을 합한 수는 착실히 증가하고, 쇼와기에는 20만 명을 넘는 수준에 달했다. 특히 '작부'의 출현으로 그 수가 급증하는데, 이것은 통계에 빠져 있던 사창이 수면으로 드러난 까닭일지도 모른다. 그러나 일중전쟁이 일어난 1937년을 정점으로 총수는 급감한다. A, B, C 3종을 합한 숫자는 4년 만에 20%, 실제 숫자로는 4만 명 이상의 큰 감소를 보였다. 군대가 이용한 위안부로 바뀐 여성이 많았던 이유도 있겠지만, 폐창운동의 효과도 생각할 수 있다.

통계상으로는 어떠한 영향인지 명확하게 확인되지 않지만, 국제연맹League of Nations의 성립(1920년)을 전기轉機로 하는 세계적인 반反 공창운동을 배경으로 하여 일본의 공창제도는 크게 흔들리게 된다. 부녀매매의 규제를 취지로 하는 국제협정은 이미 1904년과 1910년에 성립되었지만, 1921년에 국제연맹이 주도한 '부인 및 아동의 매매금지에 관한 국제조약'이 제네바에서 성립되자 그 가입을 둘러싸고 일본 제국의회 등에서 논의를 진행한 끝에 그로부터 4년 뒤인 1925년, 만 21세를 19세로 낮추는 유보 조건을 붙여 비준하였다. 그러나 각국으로부터 비난을 받고, 추밀원樞密院에서도 일본의 체면에 관계된다는 비판의 소리가 나오자 정부는 2년 후에 이 유보 조건을 철회한다. 이때 일본은 연령 제한을 포함하여 식민지를 가진 유럽의 대국(영국, 프랑스 등. 여전히 미국은 가입하지 않았다)을 따라 조선, 대만, 관동주 등의 식민지를 이러한 적용에서 제외(식민지 제외 규정)했다.

어쨌든 이 조약은 구멍투성이 법률에 지나지 않는 것이며, 국제연맹 부녀아동매매금지위원회에 의한 그 뒤의 실태 조사에서도 성과는 별반 다르지 않았다. 만국폐창주의연합과 같은 민간단체를 포함하여, 이때

이루어진 논의의 초점은 매춘부를 뒤에서 부리고 이용하는 자('포주' 혹은 속칭 '기둥서방')의 처벌, 미성년자 대책, 검진 방식(임의인가 강제인가) 등에 대한 것이었는데, 두더지 잡기와도 비슷하게 쳇바퀴 돌기만 반복하는 것으로 끝이 난다. 예를 들면, 1937년의 실태 조사에서는 영국, 캐나다, 아르헨티나 등에서 의연히 14세~20세의 미성년자가 창부의 1, 2할을 점하였다.[4] 이 조약에 엄격했던 나라는 형법으로 매춘을 금지한 소련과 가창을 부랑죄로 체포하던 미국이었는데, 역시 근절과는 거리가 좀 멀었다.

그럼에도 세계적인 흐름은 공창으로부터 사창 본위로 움직이고 있었다. 고대로부터 메이지·다이쇼까지의 일본 매춘사를 다룬 나카야마 타로우中山太郎(1927)의 『매음 30년사賣笑三十年史』(순요오도春陽堂)는 "공창은 폐지될 운명에 가까워지고 있지만, 사창은 반대로 도량跳梁을 극極하는 형편으로 향하고 있다"고 관찰하고 있다. 특히 도쿄와 같은 대도회지에서는 요시와라吉原 대신에 나가이 카후永井荷風가 애호한 다마노이玉の井[5]를 필두로 하는 사창가의 인기가 높아진다. 1938년 2월호 「가쿠세이廓淸」에 실린 '사창에 대한 연구私娼の研究'라는 제목의 리포트는 이 다마노이의 활황을 소개하는데, 설날에 19명의 손님을 맞아 40엔을 벌었다거나, 그중에는 40명의 손님을 받은 여자도 있는 것으로 보인다는 얘기, 월수입이 최고 600엔에 달했는데 경영자가 되려면 4천~6천 엔의 고정자본이 필요하다는 해설까지 담겨 있다. 기묘한 이야기지만, 사이타마埼玉 현(1930년), 나가사키長崎 현

---

4 「가쿠세이廓淸」 1938년 2월~7월호의 도쿠다 로쿠루德田六郎 연재 기사를 참조. 일본의 숫자는 게재되어 있지 않지만, 1929년의 내무성 조사에서는 창기의 15%가 20세 미만, 예기와 작부는 각각 30.9%, 17.8%였다.
5 요시와라는 도쿠가와德川시대부터 도쿄도東京都 다이토구구台東区 아사쿠사浅草 북부에 있던 가장 유명한 유곽 지역이고, 다마노이는 도쿄도 쓰미다구墨田區 히가시무코지마東向島에 있었던 사창가다. ―역주

(1934년), 미에三重 현(1939년) 등의 폐창 선언은 실질적으로는 공창으로부터 사창으로의 전환 또는 창기로부터 작부로의 개명에 지나지 않았다. 폐창 선언이 가장 빨랐던 군마群馬 현(1912년)은 요리점을 예기가 나오는 갑종과 작부가 나오는 을종으로 나눠 검진을 강하게 독려했는데, 연령에 있어서 전자는 12세, 후자는 16세 이상으로 제한했기 때문에 결과적으로 매춘부의 저연령화를 촉진하게 되었다. 하지만 이러한 흐름을 되돌릴 수 있는 상황이 등장한다. 금융공황(1927년)으로 시작된 쇼와 전기의 불경기였다.

2. '매신賣身'의 양상

이 시대의 일본에서는 공창의 다수가 전차금이라는 명목으로 부모에 의해 매춘업자에게 팔린, 이른바 '매신'의 희생자였으며,[6] 그 배경은

---

6 도쿠가와 시대 이래, 일본에서는 매춘부가 될 젊은 여성을 거래하는, '미우리賣身り'라고 하는 독특한 관행이 있었다. 거래 대상이자 판매자가 되는 여성은 빈곤한 농민의 자식이 대부분이었고, 구매자는 매춘업소 업주, 여성의 부모는 연대차용인이 된다. 인신을 매매한다고 하면, 노예와 같이 그 소유권을 완전히 양도하고 구입하는 거래로 생각하기 쉽지만, 그와는 달라서 주의를 요한다. 매춘업소 업주는 전차금이라고 부르는 일정 금액을 계약과 함께 여성이나 연대차용인에게 지급하고, 판매자는 연계年季라고 불리는 일정한 기간(수년)동안 매춘 노동을 하고 거기에서 받는 급료로 전차금을 상환한다. 전차금을 모두 상환하고 연계가 만료되면 자유를 회복한다. 조선에서는 이러한 거래 관행이 발견되지 않고 그에 해당하는 용어도 없으며, 1900년 전후부터 식민지 시기에 제도가 수입, 정착되었다. 적당한 말이 없어서 이 책에서는 '매신'으로 표기하였다. 조선에서는 딸이나 아들, 가족 전체 또는 자기 자신을 노비로 파는 경우가 있었다. 이를 '자매自賣'라고 하는데, 특히 18, 19세기에 자매 거래가 크게 성행하였다. 자매는 연계 없이 죽을 때까지 종신토록 소유권이 이전되는 거래다. 이렇게 거래된 자매노비를 어떻게 사역하는가는 주인의 의사에 달려 있었다. 또 이와 같은 인신적 예속관계는 노비의 후손에게도 세습되었다. 요컨대 자매를 포함하여 조선의 노비에 대한 주인의 소유권은 종신적이며, 거의 전면적, 세습적이

위안부와 전쟁터의 성性

넓은 의미의 빈곤이었다. 그러나 빈곤이라고 해도 그 종류는 다양했고, 그녀들은 신상 조사 등에서 보통 "가정 사정"(1936년의 조사에서 99.6%)이라고 답하였다. 부모와 형제의 차금借金, 사망, 질병, 학자금 벌이로부터 본인의 실연, 파혼, 사기까지 각인 각양이었는데, 쇼와 초년(1926년)에 있었던 도호쿠東北 지방을 중심으로 한 대량의 매신 현상은 심각한 사회문제가 되었다.

매신 폭발의 방아쇠가 된 것은 매년 계속된 흉작이었다. 특히 1931년에는 "덴메이天明의 기근[7] 이래, 홋카이도, 아오모리에서 눈보라를 앞에 두고 아사 선상線上"(12월 9일자 「도쿄아사히東京朝日」)이라고 보도되었다. 수십 년만의 냉해가 내습한 1934년에는 "촌민의 일상 식재료는 도토리 열매, 20만 명으로 계산되는 결식아동"(10월 16일자 「도쿄아사히」)이라는 참상을 노정했다. 그전부터 만성화하고 있었던 농촌의 빈궁함은 한계점을 넘어서게 된다. 매신의 실정을 보도하는 신문의 표제 몇 개를 살펴보자.

"결국 인간 투매의 시대"(「시나노信濃 마이니치」, 1930년 10월 5일자)

"딸의 몸값으로 (……) 한 마을의 소녀 전부가 모습을 감추다"(「도쿄아사히」, 1931년 10월 30일자)

"14세 딸을 판 돈 40엔, 집이 되다"(「도쿄아사히」, 1934년 12월 1일자)

"'매신' 방지 위해 열차도 검사 ─ 내무성 전국에 통달"(「코쿠민國民」, 1934년 11월 22일자)

였다. 그러나 '미우리=매신'은 수년의 계약 기간 동안 성노동에 한하여 이루어지며, 그 계약 관계는 자식과는 무관하다. 노예나 노비 거래와 달라 일시적, 부분적, 비세습적인 거래로서, 성노동자와 업주가 맺는 독특하지만 의연히 노동 계약의 관계였다. ─역주
[7] 이른바 근세 3대 기근 중 하나로 1782년에 시작되었다. ─역주

표 2-4는 도호쿠 6현, 여자들이 돈벌이를 나가는 상황을 보여 준다. 하인과 유모, 여공도 도호쿠에서는 '매신'의 일종으로 받아들여졌고, 창기나 작부와 별다른 차이가 없다고 생각되었던 것 같다. 과거에 인기 있던 TV 드라마 '오싱ぉしん'이 생각난다. 소학교에도 가지 못하고, '식구 줄이기'를 위해 쌀 한 가마니에 팔려 유모가 된 주인공의 집안은 야마가타山形 현에 있는 소작농인데, 어머니는 온천 여관의 하녀이고 언니도 여공으로 나가서 일했다.

[표 2-4] 도호쿠 6현의 여자 '타관 벌이' 내역

업종	인수
게이샤芸者	2,196
작부酌婦	5,961
창기娼妓	4,521
여급女給	3,271
죠츄(하녀)·아기 돌봄이女中·子守	19,244
여공女工	1,726
기타	5,720
통계	58,173

(도쿄부 직업소개소 조사)

※출처: 「요미우리신문」 쇼와 9년(1934년) 11월 9일자(『쇼와 신문자료집성』에 소개)

주 1 대상 기관은 1934년 1월~9월, 현별의 1위는 야마가타현.
주 2 내역과 합계가 일치하지 않지만 그대로 기록하였다.

교토 시의 창기 등록 당시의 전력前歷 조사 결과, 식모 50%, 작부 20%, 예기 10%의 순이었고, 기타는 유곽의 하녀, 여관·식당 등의 종업원, 여공, 여급 등이었다. 여기에서 창기를 최저변으로 하는 전락의 경로를 살펴볼 수 있다. 또한 '오싱' 자매도 종이 한 장의 차이로 추락을 면할

위안부와 전쟁터의 성性

수 있었음을 알 수 있다.

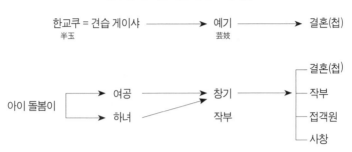

창부들의 표준적인 라이프 사이클

한교쿠 = 견습 게이샤 ────────→ 예기 ──────→ 결혼(첩)
半玉   芸妓

아이 돌봄이 ┬──→ 여공 ──────→ 창기 ──────┬→ 결혼(첩)
           └──→ 하녀   작부   ├→ 작부
                                          ├→ 접객원
                                          └→ 사창

　　그렇다면 매신의 실태는 어떠하였을까? 조금 더 깊이 들어가 관찰
해 보자. 관계자들 사이에서, 세간으로부터 가장 혐오를 받았던 것은 대
좌부의 경영자로서 포주라고도 불리는 '경영자', 그리고 부모 사이를 중
개하는 '소개업자'였던 것 같다. 김일면은 그들의 모습을 "큰 허리띠에 지
갑을 아무렇게나 끼워 넣거나 조끼 위에 사슬이 매어진 금시계를 달고,
겉으로는 시계상이나 약종상을 칭하고 (……)"라고 묘사하였다. 그러나 얄
궂게도 그들은 그 이전의 자유 영업과 신고제에서와는 달리 1927년부터
는 '예창기 작부주선업자'라는 버젓한 공인公認 영업자로 '승격'되기 시작
했다.

　　나라에서 그들을 공인한 목적의 하나는 전차금에서 공제하는 수
수료를 내리는 데 있었고, 경시청에서는 500엔 이하 수수료는 10%,
2,000엔 이상은 6%로 정하였다. 그래도 여관·식당 등의 종업원 소개료
가 2엔 60전에 지나지 않았던 것에 비교하면, 20배 이상의 고액이었다.
그 대신 소개업자는 포주와 여성 본인(연대차용인은 부모) 사이에서 맺어진
계약의 조건을 충족시키는 데 필요한 모든 절차를 대행하고, 그 후에 일

어나는 문제를 포주 대신 처리할 책임을 지고 있었다. 다음으로 전차금에 의한 '작부계약증'의 일례를 살펴보자.

대차금 ○○○엔

본 계약에 대해 포주를 갑이라 하고, 작부를 을, 연대차용인을 병이라 하여, 금원金員 대차 및 작부 영업 계약을 다음과 같이 체결한다.

1. 을은 병을 연대차용인으로 하여 앞에 쓴 ○○○엔을 오늘 통화로 대차했다. 단, 무이자로 한다. 이후의 추가 대부에 대해서도 무이자로 한다.

2. (생략)

3. 채무 변제의 방법은, 계약 체결일부터 을은 갑 측에서 기거하며, 작부영업면허증이 발급된 날로부터 시작하여 월급 2엔 및 작부 요금의 4/10(작부료는 조합 협정액에 따른다)를 을의 소득으로 하여 그로부터 점차 변제해 가는 것으로 한다.

4~6. (생략)

7. 을은 무단으로 갑 측을 떠나는 것이 불가하다. 만일 무단 도주 등의 경우에는, 그 수색에 소요되는 비용은 을의 부담으로 한다.

8. 채무 완전 변제 일자로써 계약 기한 만료가 도래한 것으로 한다. 만약 채무 이행 전에 해약할 경우에는 을, 병은 즉각 나머지 채무를 갑에게 변제하는 것으로 한다.

9~12. (생략)

언뜻 보면 통상적인 대차 계약과도 별반 차이가 없어 보이고, 또 어디에도 매춘을 강제한다든가, 속박 기간을 나타내는 어구는 보이지 않는다. 도쿄 요시와라吉原의 명문名門 히키데차引手茶屋[8]를 경영한 후쿠다 토시코福田利子는 "아가씨의 연계年季는 4년부터 8년이 보통이고, (……) 이윽고 4년이 된 후 부모로부터의 연장 의뢰가 있으면 2년이 추가된다. (……) 4년간 300엔 또는 8년에 600엔이라는 금액을 부모에게 빌려주는 식으로 지불되었다. 이 시기에 쌀값은 1되에 25전 정도였는데 (……)"라고 해설하면서, "창기라고는 해도 나라의 관리와 보호가 두루 미치고 있었기 때문에 요시와라라면, 요시와라이기 때문에 딸을 넘긴 부모도 있었다"[9]고 부언하고 있다.

사실상 문제의 핵심은 채무 변제와 그 완료 일자까지 갑 측에 머물며 거주할 것을 규정한 제3항에 있다고 볼 수 있다. 악덕업자에게 걸리면 여자가 벌어들인 것에서 고액의 의식주 경비를 공제하여 전차금이 줄지 않게 되고, 욕심 많은 부모가 추가로 차금을 요청하여 전차금이 눈덩이 불어나듯이 증가한 예도 드물지 않았다. 미야오 토미코宮尾登美子의 소설 『동백꽃寒椿』에 등장하는 사다코貞子(1924년생)의 경우는 9살 나이에 200엔에 시코밋코仕込みっ子[10]로 팔리고, 소학교 졸업과 동시에 기루妓樓 생활에 들어가는데, 계모의 추가 차금으로 인해 6년간 여덟 차례 옮겨 다닐 때마다 전차금이 1,800엔에서 5,500엔까지(연계는 모두 5년) 증가하고, 만주의 목단강牧丹江에서 종전을 맞이했다.[11] 정확히 "전차금의 명목으로 인신매매, 노

---

8 손님을 유곽에 있는 창녀에게 안내하는 찻집. —역주

9 후쿠다 토시코(1993), 『요시와라는 이런 곳이었습니다吉原はこんな所でございました』, 샤카이시소샤社會思想社 겐다이쿄요분코. p. 61.

10 화류계에서 장차 기녀妓女로 키우기 위해 여러 가지 기예를 가르치는 소녀. —역주

11 『동백꽃』(1997, 주오코론샤中央公論社)에서는 코우치高知의 코카타야(子方屋. 주로 일본 관서지방에서 사

예제도, 외출의 자유나 폐업의 자유조차 없는 20세기 최대의 인도人道 문제"(가쿠세이카이廓清會[12]가 내무성으로 낸 진정서)에 다름 아니었다.

그러나 매신의 비운에 당면한 아가씨들은 의외로 씩씩했다. 이 시대에는 딸이 부모의 사유물이라는 관념이 강했고, 도호쿠에서는 "딸은 팔아도 말馬은 팔지 마라"고 거리낌 없이 말하는 아버지들도 있었던 것으로 보이는데, "어떤 거래라도 죽지는 않을 것이다. 이대로 마을에 남아 있어서는 결국 굶어 죽는다. 죽는 것보다는 낫다"고 창기를 지원하는 아가씨도 있었다.[13] 학생이었다가 800엔의 전차금으로 창기가 된 21세의 한 여성은 "오늘까지의 은혜에 보답하는 의미로 (……) 어려운 상황에 빠진 집안의 사석死石이 될 것을 결의 (……) 괴롭기는 하지만 이 직업만 그런 것은 아니다"라고 뚜렷한 결론을 내고 있다. 아베 사다무 사건[14]으로 일약 유명해진 아베 사다무阿部定는 불량소녀로서, 스스로 원해서 '전락'한 사례지만, 실제 숫자로는 이러한 종류의 여성도 적지 않았다(표 2-5 참조).

[표 2-5] 아베 사다무의 '전락 과정'

연월	나이	장소	예명	전차금(엔)	비고
1905. 5	1세	도쿄도 가미다神田의 타타미 상점의 넷째 딸로 태어나다			
	15세	학생에게 간음당해 불량소녀가 되다			

용된 용어로 예기나 무기舞妓를 데리고 있는 집이나 유곽을 말한다.—역주)의 딸로 태어난 작가가 어릴 때 함께 큰 4명의 시코밋코들의 생애를 추적하고 있다. 4명 중 3명이 1937년경부터 만주에서 창기 생활을 시작했다.

12 당시 일본의 반매춘운동 조직의 이름이다. —역주

13 요시미 가네코吉見周子(1974), 『매창의 사회사賣娼の社會史』, 야잔가쿠雄產社, p. 162.

14 남성의 성기를 자른 사건이다. 창녀 출신으로 사건 당시 여관 종업원이었던 아베 사다무는 1936년 5월 18일, 도쿄의 한 요정에서 성교 중에 애인이었던 남자를 목 졸라 죽이고 국부를 잘랐다. —역주

위안부와 전쟁터의 성性

연월	나이	장소	예명	전차금(엔)	비고
	16세	첫 월경			
1922. 7	18세	예기옥 '하지미노春新美濃' (요코하마)	미야코 みやこ	300	소개업자에게 의뢰
	19세	예기옥 '가와시게중川茂中', 요코하마 이주		600	
1923. 10		예기옥 '헤이안로우平安楼'(후지야마)로	하루코 春子	1,000	남첩에게 200엔
1925. 5		예기옥 '미카와옥三河屋' (나가노현 이나다, 미즈텐不見転)	시즈카 静香	1,500	
1926. 1	22세	토비타 유곽 '미소노로우御園楼'에서 창기로	엔마루 園丸	2,800	공창 생활로 모친에게 200엔
	23세	나고야 유곽 '토쿠에이로우德栄楼'	사다코 貞子	2,600	
	25세	마츠시마 유곽 '군로우郡楼'	아즈마 あずま	2,000	
	26세	사사야마의 '다이쇼로우大正楼'	오카루 おかる		도망, 공창 폐업
		고베에서 카페 하녀	노부코 信子		
1932	28세	오사카에서 콜걸			
〃	〃	첩 생활		수당 월 100엔	
	29세	도쿄 미노와三の輪에서 콜걸	마사코昌子		
	〃	첩 생활		월 60엔	
1935. 1		일품요리점의 하녀(나고야)	카요加代		
1936. 2	32세	요시다야吉田屋 요리점의 하녀 (도쿄 나카노)			
1936. 11. 5		요시다야의 주인 이시다 키치조 우石田吉蔵를 살해			

※출처: 마에사카 토시유키前坂俊之 편『아베 사다무 수기阿部定手記』(주코분코中公文庫, 1988)의 예심 조사로부터 작성.

[표 2-6] 폐업한 공창의 이후 소식

직업	인수(명)	직업	인수(명)
공창 복귀	141	가사	695
게이샤	3	결혼	287
여급	148	하녀	140
기루 고용인	145	조사 중	674
사망	2		
합계		2,237	

※출처: 국제연맹 동양부인아동 조사위원회 보고서(존슨 보고)-개요는 「가쿠세이」 1933년 5월호

주 1 존슨 조사단은 1931년 10월부터 1932년 3월에 걸쳐 조사를 실시, 이 통계는 1932년 3월 이후에 일본 정부로부터 통보받은 것이다.
주 2 '조사 중'의 674명 중 상당수가 사창으로 변환한 것으로 추정된다.
주 3 빌린 돈을 갚지 못한 상태에도 폐업할 수 있었다. '자유 폐업'한 공창은 1925~1929년 5년간 877명.

　　이러저러한 구제책이 강구되었지만, 난점은 표 2-6이 보여 주는 것처럼, 일단 화류계 생활에 들어간 여성들을 다시 받아들이는 적당한 곳이 부족하여 원래의 돈벌이로 돌아가는 예가 적지 않았다는 점이다. 이 무렵의 매스컴 보도로부터 한두 개의 에피소드를 취해 보자면, 쓰사키洲崎에서 매신한 22세 여성의 전차금 300엔을 이와테岩手의 사회사업 단체와 애국부인회가 포주에게 50엔씩 반제하였고, 경시청이 입회하여 "다시 물장사를 하지 않는다"고 서약서를 쓴 뒤 고용살이[15]로 전직했다는 이야기가 있다.

　　또 다른 예로는 "눈물의 몸값으로 유흥가에서 흥청거리고 놀아 (……) 이래도 부모라고 말할 수 있는가"라는 제목이 붙은 채 유곽에서 거

---

15 "봉공奉公"이나 "봉공인奉公人"을 '고용살이'로 번역하였다. 자기 집이 아니라 고용주와 함께 거주하면서 노동하는 사람들로, 음식점이나 숙박업소의 종업원, 하인, 머슴과 같은 장기 계약의 농업 노동자 등이 이에 해당한다. —역주

창하게 놀고 있는 38세의 농부를 경찰이 연행하여 조사한 내용의 기사다. 기사에 따르면, 식모살이를 하던 17살 된 딸을 창기로 팔고 그 돈을 탕진해 버린 아버지에게 경찰관이 "이 비상시에 이게 무슨 일인가" 하고 엄중히 타일렀다는 것이다. 이 기사를 게재한 「가쿠세이」의 1938년 12월호에는 "미에 현 전체 폐창, 다음해부터 단행"이라는 뉴스도 실려 있다. 다음 해 2월호에는 "미야자키 현에서 폐창 실시 결정"이라든가, "예기의 연기年期 계약은 무효—오사카지방재판소의 판결", "이바라키 현에서 폐창을 고려"라는 기사들이 보이는 동시에, 폐창운동의 성과가 지방자치체 수준에서 확대되고 있었다.

내무성도 국가 수준에서의 공창 폐지를 고려했다고 하는데, 정치인을 앞세운 업자의 저항에 굴해 버린다. 업자들은 전국 대좌부업자 1만 1천 명에게 격문을 띄워 1935년 2월 도쿄에서 대회를 열고, "우리들의 사활이 걸린 문제임에 그치지 않고, 실로 국가 성쇠가 갈리는 바이다"라고 결의한다. 이는 당시 유행하던 국체명징운동國體明徵運動[16]과도 연결되어, "내무성이 저 같은 국법 무시의 행동으로 나오는 것은 언어도단이 아닌가. 공창은 우리 국체에 입각하여 신의 범할 수 없는 권위 하에 정해진 제도다"라고 씩씩거리는 업자련業者聯은 메이지 신궁에서 궁성을 요배하고 천황 폐하 만세를 삼창했다.[17] 일중전쟁기에 들어 전시체제화가 진행되자 좋든 싫든 공창제도도 변하지 않을 수 없었다. 최대의 전환은 군대용 위안부시스템의 도입이었다.

---

16 국체명징운동이란 천황은 통치기구의 한 기관이 아니라 통치권의 주체임을 주장하는 1930년대 중반 일본의 정치적 흐름을 말한다. —역주
17 간자키 키요시神崎淸(1974), 『매춘賣春』, 겐다이시슈판카이現代史出版會 p. 26.

3. 조선반도의 공창제

여기에서 식민지, 특히 조선반도에서의 공창제의 전개 과정을 개관해 두자. "조선 사회에도 옛날부터 다양한 형태의 매매춘이 존재"[18]했는데, 신혜수申蕙秀에 의하면 가까운 주변 국가들에 비해 "조선 여성이 받은 고통은 그 특수성에서도, 정도에서도"[19] 매우 비참했다고 한다.

근대 이전에 왕조는 교체되었지만 종주국인 중국 제국에 의해 입은 피해가 컸다. 살아 있는 공물貢物로서 다수의 여성이 중국으로 보내졌다. 전쟁이라도 나면 수만 명을 요구하여 여성들이 강제연행되었고, 운좋게 돌아온 자도 '흠이 있는 여자들'이라는 사회적 낙인이 찍혀 가족과 고향에서 받아들여지지 못하고, 관노비가 되어 매춘으로 살아갈 밖에 다른 도리가 없었다.

관노비의 다수는 기생으로 10세기경부터 제도화되고, 조선 말기까지 존속했다. 그녀들은 신분적으로 최하층에 속했는데, 노는 것遊과 '예藝'를 배우고, 궁정과 상류사회 남자들에게 성性적인 서비스를 제공했다. 중세 일본의 히라뵤우시白拍[20]나 후대의 게이기藝妓[21]에 상당하는 존재로 보아도 좋을 것이다. 그러나 조혼의 풍속이 있었기 때문에 일반 서민은 "매매춘과는 관계없는 생활"[22]을 영위하고 있었다는 견해도 있다.

---

18 윤정옥 외(1992), 『조선인 여성이 본 '위안부 문제' 朝鮮人女性がみた '慰安婦問題'』, 산이치쇼보三一書房의 야마시타 영애山下英愛의 논문, p. 131.
19 신혜수(1997), 『한국 풍속산업의 정치경제학韓國風俗産業の政治經濟學』, 신칸샤新幹社 p. 50.
20 가무를 하는 창녀. ─역주
21 예기. 노래, 춤, 그림, 글씨, 시문 따위의 예능을 익혀 손님을 접대하는 기생. ─역주
22 요시미 요시아키吉見義明, 하야시 히로후미林博史 편(1995), 『공동연구 일본군위안부共同研究 日本軍慰安婦』, 오츠키쇼텐大月書店의 김부자金富子 논문, p. 214.

1876년의 강화도조약으로 일본인 거류지가 형성되자 일본 내지의 공창제도가 들어오고 유곽이 개설되었다. 조선인 사회도 그 영향을 받았는데, 1910년의 일한병합에 의해 정식으로 공창제도가 도입되었다. 1916년, 조선총독부는 성병 방지를 주안으로 '대좌부창기단속규칙'(총독부령 제4호)을 시행하고, 각 도道의 상이한 규칙을 통일했다.[23] 내지의 '창기단속규칙'에 해당하는데, 연령 하한이 1세 낮은 것(17세, 대만은 16세), 자유 폐업에 대한 규정이 약한 것, 하리미세張店[24] 금지 규정이 없는 반면 사창 엄금의 방침을 규정한 점이 다르다.

[표 2-7] 조선의 공창 관계 통계(각 연말)

연도		1910	1918	1927	1931	1937	1938	1939	1940	1941	1942
예기	日	977	1,210	1,748	2,058	2,211	2,161	2,226	2,280	1,895	1,796
	朝	427	931	1,746	2,450	4,953	5,216	6,122	6,023	4,828	4,490
작부	日	2,263	926	565	479	404	426	351	216	292	240
	朝	197	913	999	1,355	1,330	1,336	1,445	1,400	1,310	1,376
창기	日	851	1,945	1,860	1,824	1,946	1,923	1,845	1,777	1,803	1,774
	朝	569	987	1,022	1,268	1,647	1,703	1,866	2,157	2,010	2,076
합계	日	4,091	4,081	4,173	4,361	4,561	4,510	4,422	4,273	3,990	3,810
	朝	1,193	2,831	3,767	5,073	7,930	8,255	9,433	9,580	8,148	7,942
여급	日				-	2,599	2,552	2,346	2,226	1,893	1,644
	朝				-	1,691	1,733	1,956	2,145	1,998	2,227
대좌부	日	141	330	320	298	235		235		226	219
	朝	238	303	225	222	235		303		248	250

23 조선반도에서의 공창제의 변천에 대해서는 송연옥宋連玉(1994), '일본의 식민지지배와 국가적 관리매춘', 『조선사연구논문집朝鮮史研究會論文集』, 제32집이 자세하다.
24 유곽에서 창녀들이 집 앞에 늘어서서 손님을 기다리는 일. —역주

연도		1910	1918	1927	1931	1937	1938	1939	1940	1941	1942
중개업자	日			163	269	203				211	
	朝			2,598	2,320	3,097				3,744	

* 日=일본인 朝=조선인

※출처:『조선총독부 통계연보』각 연판

주1 1935년경 조선인 창기의 74%가 남부(최다는 경상도), 26%가 북부 출신, 20세 미만이 26%를 차
지했다(「세이론正論」, 1996년 10월호, 시노부 고이치忍甲– 글).

주2 송연옥은 1931년에 밀매춘부(사창)가 공창(약 5,000명)과 거의 동일하게 존재했다고 추정하고
있다.

　　　조선반도에서의 공창 통계를 나타낸 표 2-7로부터는 몇 가지 특징
이 부상한다. 첫째로 초기에는 내지인과 조선인 여성의 비율에 있어서 전
자가 압도적으로 많았지만, 점차로 후자가 증가하고, 1930년 전후에는
역전되고 있다는 점이다. 이는 상품경제의 발전과 관련 지은 쿠라하시倉
橋의 이론으로 보자면 당연한 현상이고, 모리사키 카즈에森崎和江 (1976), 『가
라유키상からゆきさん』의 주인공 기미의 체험과 부합한다. 기미는 1896년 야
마쿠사天草에서 태어나 16살에 이경춘이라는 조선인 업자에게 양녀라는
이름으로 팔려가 십여 명의 다른 소녀들과 함께 북조선의 철도 공사 현장
에서 "장사"를 하게 되었다. 상대는 조선인 공사장 인부들이었는데, "일
본인 감독에게 혹사당한 조선인 중 일부가 일본 여자를 사서 원한을 풀었
다"고 한다. 동행한 소녀들은 가혹한 생활을 하다 죽어 갔는데, 살아남은
그녀는 3년 뒤에 일본인 매춘업자가 몸을 빼줬고, 그 후로 유곽의 경영을
맡게 되어 내지로부터 보충되어 오는 여자들을 관리하는 입장으로 바뀌
었다.

　　　다음으로, 예기, 작부, 창기의 3종을 합계한 접객부의 총수는 1910
년의 5천여 명으로부터, 1939년에는 1만 4천여 명(여급을 포함하면 약 1만 8

천 명)으로 계속해서 증가하였고, 1941년 이후부터 감소세로 돌아서고 있다. 내지의 동종 통계에서는 1937년(약 21만 명)을 정점으로 1938년부터 점차 감소하고 있는데 왜 조선반도의 사이클은 내지보다 몇 년 뒤지는 것일까? 무엇보다 조선반도에서도 일본인 여성의 경우, 마찬가지로 1937년을 정점으로 그 뒤 감소세로 돌아섰지만, 조선인 여성 쪽은 그들을 대신하듯이 계속해서 증가하고 있다. 이 지점에서 의문이 생긴다. 위안부를 중국 전선으로 내보내면서 반도의 매춘도 증가하는 일이 발생할 수 있는가 하는 것이다. 다양한 추리가 가능하겠지만, 그녀들이 위안부 시장으로 대량 진출하기 시작했던 것이 통설보다 뒤늦은 1941년 이래일 수도 있다고 생각할 수도 있다.

표 2-7로부터 읽을 수 있는 사정을 조금 더 살펴보면, 일중전쟁기 전후로부터 조선인 창기의 비중이 감소한 반면, 연령 등 규제가 느슨한 예기(기생)와 카페 여급女給의 비중은 증가하고 있다. 그것은 유객遊客의 선호를 반영한 것으로, 사창화한 여급과 술집의 작부, 여관·음식점 등의 종업원이 증가하자 단속 당국은 강제 검진 등 규제를 강화했다. 대좌부 경영자 수는 유의한 차이가 보이지 않고 거의 같은 수준에서 추이하는데, 일본인 접객부의 감소를 조선인 여성으로 메우려고 하여 영세한 조선인 업자로부터 반발을 샀고, 경찰 당국이 그 사이에서 곤혹스러워하는 현상도 발생하고 있다. 주목할 만한 것은 중개(주선)업자('제겡女衒'으로 불리는 소개업자를 포함한다)는 압도적으로 조선인이 많았다는 사실이다. 일반적인 매춘업 뿐만 아니라 위안부 모집도 그들이 담당했다고 미루어 짐작할 수 있다. 형식적으로는 주선영업단속규칙(경상북도령, 1913년) 제8조 등에 의해 미성년자와 피주선자의 뜻에 반하는 주선은 금지되어 있지만, 업자는 여권旅券에 '차를 따는 여자茶摘女'라고 기입하는 등 교묘하게 법망을 빠져나갔

다. 소개업자의 생태에 대해서 당시의 신문 보도를 인용한 김부자는 다음과 같이 쓰고 있다.

> (소개업은) 자금과 전문 지식이 없어도 성공 가망이 있는 직업의 하나이고, 소개업자는 농촌에서 배출되어 직업을 구하는 여자들을 공장이나 음식점·여관 등의 종업원, 고용살이에 소개하든가, 혹은 교묘한 말로 속여 매춘업자에게 팔아넘기고는 했다. (……) 소개업자의 입장에서는 조선보다 더 멀리 떨어진 중국, 일본, 대만, 사할린 등 조선 바깥으로 내보내는 인신매매를 하는 쪽이 더 많은 벌이가 되었다. 매춘이 (소개 수입의 -역자) 두 배 이상이며, 동시에 법률 위반의 위험이 낮았기 때문이다.
> 1920년대 중반 조선에서 외지로 팔린 여성 총수 5천 명(연간) 중 80%는 성 경험이 없는 여성들이었고, 알선처는 이들에게 매춘업이라는 사실을 알리지 않았다고 한다. 일본군 위안부가 된 조선인 여성들과 동일한 구도가 1920년대에 이미 완성되었다는 것이다.[25]

윤명숙도 이런 종류의 접객업자가 발호하는 모습을 다룬 뒤, "이와 같은 주선업자와 소개업자의 역할은 군대 위안부 모집의 경우에서도 마찬가지였다"[26]고 말하고, 가와다 후미코川田文子도 "근세 이래 '소개업자의 존재'가 그 층層이 두텁다는 사실이 유효하게 기능했다"[27]고 평하고 있다. 배경으로는 일본 내지의 농촌을 능가하는 조선반도 농촌의 궁핍과 빈

---

25 위 김부자의 논고.
26 앞의 책,『공동연구 일본군위안부共同研究 日本軍慰安婦』의 윤명숙 논고, p. 52.
27 가와다 후미코(1995),『전쟁과 성戰爭と性』, 아카시쇼텐明石書店, p. 94.

곤이 있었다. 박경식朴慶植에 의하면 농민 인구가 8할로 내지의 2배를 차지하였고, 정확히 그 6할 이상이 소작농, 날품팔이 농업 노동자 등으로 자신의 토지를 갖지 못한 농민이었다.[28] 이에 더하여, 1828년, 1929년, 1939년, 1942년, 1943년의 이상기후에 의해 흉작이 내습하였고, 그중에서도 최악은 1939년으로, "작은 사발 하나 정도의 묽은 죽을 하루 2회 (……) 굶어 죽기 직전"[29]의 참상을 노정했다. 표 2-7에서 보는 것처럼 1938년과 1939년에 걸쳐 조선인 공장의 수가 2배 가까이 급증한 것은 그 영향인지도 모른다.

　　당시 조선에는 1호당 평균 약 65엔의 부채를 안고 있는 영세농이 많았는데, 생계의 자원을 구해 이촌한 남자는 광산이나 공장으로 향했고, 1938년부터는 노동력 부족으로 도항이 자유화된 내지로 유입하는 등 총력전체제 하의 노무 동원으로 편입되었다. 한편 직업적으로 집 밖에서 노동하는 전통이 없고 초등교육을 위한 취학률이 13%(1937년)에 그쳤던 여자가 얻을 수 있는 직장은 별로 없었다. 따라서 도호쿠 농촌과 비슷한 '매신'이 횡행했던 것도 이상한 일이 아니다. 송연옥에 의하면, 업자에게 매매된 조선인 여성은 1920년대에 연간 3만 명에 이르고, 값은 50엔부터 1,200엔까지 폭넓었다고 한다.

　　내지와 마찬가지로, 이 시기에 조선에서 발행되던 「동아일보」, 「시대일보」, 「중외일보」 등의 신문에는 "처녀를 유인하여 인육人肉 장사치에게 판다", "팔려 가는 12살 여공 밀항 중 발각", "처녀 12명 유괴", "돈 100엔에 며느리 팔아넘긴 시아버지"라는 제목의 기사가 넘치고 있었다.[30]

---

28 박경식(1973), 『일본제국주의 하의 조선지배日本帝國主義下の朝鮮支配』 下, 아오키쇼텐青木書店 p. 176.
29 「계간 전쟁책임 연구季刊戰爭責任研究」 제7호(1995)의 히구치 요이치樋口陽一 논문.
30 앞의 『조선사연구회 논문집朝鮮史研究會論文集』 제32집의 송연옥 논문.

[표 2-8] 일본인과 조선인 공창의 전직 조사(1930년 말)

전력前歷	A 일본인(%)	B 조선인(%)	C 일본 내지(%)
무직(가사도우미)	16.7	25.9	10.9
하녀	7.6	23.0	15.4
유부녀	1.9	14.8	-
농업	4.3	10.3	15.5
여공	1.9	2.7	8.9
여급	2.0	1.3	-
아이 돌봄이	0.6	0.9	-
예기	30.1	5.1	7.9
작부	13.8	6.5	23.2
창기	15.9	5.1	5.5

※출처:『조선사연구회 논문집』제32집(1994)의 송연옥 논문 p.61.

주 A와 B는 조선 주재자, 총인원은 A, B, C 각각 1,798명, 1,372명, 25,129명.

표 2-8을 보면, 조선에 있는 일본인 창기의 6할이 매춘부 출신인 것에 반해, 조선인의 경우 5할 이상이 무직, 농업, 종업원 등 풍속업[31] 이외의 분야로부터 유입된 것으로 나타난다. 그러나 일본 내지의 전직 분포로부터 미루어 짐작할 수 있듯이, 경험지도 과거를 물으면 비전기지로 능가에서 매신되었고, 십 년 전후 기간의 차이에 지나지 않는다고도 말할 수 있을 것이다.

이미 언급한 바와 같이 매춘부들에 대한 대우는 내지에 비하면 더욱 열악했다. 전차금과 매상고(요금)는 내지의 절반 이하로, 계약된 연계도 더 길었고, 업자의 착취 방식은 더욱더 가열苛烈했다. 1940년 7월호「가쿠세이」는 이러한 착취의 실태를 소개하고, 평양경찰서가 배분율의 개선(경

---

31 이 책에서 "풍속업", "풍속영업", "풍속산업" 등은 모두 일본 용어를 그대로 옮긴 것이며, 매춘과 같이 직접 성性을 매매하는 거래를 포함하여, 그보다는 조금 더 넓게 성에 관련된 대부분의 경제 행위를 가리킨다. ─역주.

위안부와 전쟁터의 성性

영자 4, 여성 6)을 통해 2~5년의 연계를 1년 이내에 빌린 돈을 변제할 수 있는 방향으로 지도 중이라고 전하고, "쇼와昭和의 위대한 시대에 아직 이러한 불합리한 (……) 인도적인 관점에서 용서할 수 없다"는 경찰서장의 말을 옮겨 실었다. 같은 해 10월호에는 경성경찰서가 업자가 데리고 있는 여성 80명의 차금借金을 말소하고, 이후 성공해서 갚는다는 조건으로 그들을 풀어 준, "드물게 보는 밝은 풍경"이 나온다. 자세한 사정은 잘 모르겠지만, 차금은 모두 갚은 것으로 계산하고 업자에게 압력을 넣은 것이 아닐까.

1940년에는 조선에서도 전시체제가 한층 강화되고, 접객업 경영은 큰 타격을 받았다. 윤명숙에 의하면 그들의 수입은 이전의 절반 정도로 떨어졌다고 한다.[32] 이는 위안부가 전지로 대량 진출하는 촉매제가 되었을 것이다. 조선반도 이외의 식민지(대만, 사할린, 관동주, 남양군도)에서의 공창제의 실태는 조선과 거의 동일하므로 상세한 것은 생략하고, 통계만 표 2-9에 게재해 두었다.

[표 2-9] 식민지의 공창 관계 통계(각 연도별)

지역	연도	총 인구(만 명)	예기(명)	작부(명)	공창(명)
대만	1940	643	내지 821 대만 507 조선 1 계 1,329	425 3,890 255 4,570	738 30 249 1,017
가라후토 (사할린)	1941	40	523	1,070	74
관동주	1942	158	1,451	587	824
남양군도	1939	13	┗─ 712 ── (이 중 사이판 254, 팔라우 212)		

※출처: 『대만총독부 통계서』, 『가라후토청 통계서』, 『관동국 통계서』, 『남양청 통계연감』.

---

32 앞의 윤명숙 논문 p. 102. 송연옥 논문 p. 49.

4. '가라유키상' 성쇠기

여기에서 제2차 대전기 위안부의 원형原型인, 전쟁 이전에 해외로 돈벌이를 나간 매춘부, 소위 '가라유키상'의 생태와 성쇠를 살펴보자. 가라유키의 어원은 '당천국唐天竺, 가라텐지쿠)'으로, '돈벌이 나감'을 의미한다고도 하고,[33] 'Come in, Sir'라고 하는, 그녀들이 손님을 불러들일 때 하는 말이 '카민사'를 거쳐 '가라유키'로 변했다고도 하는데, 무엇도 정확하지는 않다. 그 전신前身은 막부시대 말부터 개항기에 요코하마의 거류지에 모인 외국인을 상대하는 창녀 '라샤멘'이며,[34] 해외 진출 돈벌이는 메이지유신 직후에 시작되었다.

가라유키상의 초기 중심지였던 싱가포르에는 영국인의 첩으로 도항했다. 유타카상お豊さん이라는 여자가 남편과 사별한 뒤 아마쿠사天草섬[35]에서 젊은 일본인 여성들을 '밀수입'하여 매춘숙을 개점한 것이 원조라고 되어 있다. 1870년 전후의 일이다. 이후에는 '낭자군娘子軍, 죠시군)'이라고도 불리었던 그녀들의 진출이 확산되어 일러전쟁(1904~1905년) 시기에는 9백 명 이상이 싱가포르에 거주하였고, 국방헌금을 한다든가, 앞바다를 통과하는 발틱 함대를 경계하기 위해 망을 보았다는 미담도 전해지고 있다. 야마자키 토모코山崎朋의 『산다칸Sandakan 8번 창관』의 주인공인 '오자키상'이 3백 엔에 팔려 영국령 북보르네오의 산다칸으로 건너온 것은 1910

---

33 '당唐'과 '천축天竺'은 각각 중국과 인도를 가리킨다. '유키ゆき'는 '가다'라는 뜻의 동사 '유쿠ゆく'의 명사형이다. —역주
34 가와모토 요시카즈川元祥一(1997), 『개항위안부와 피차별부락開港慰安婦と被差別部落』(산이치쇼텐)을 참조.
35 큐슈 서쪽의 섬. —역주

년경인데, 여기에는 일본인이 경영하는 매춘숙 아홉 곳, 중국인이 경영하는 매춘숙 열 곳이 있었다고 한다.

동남아시아로의 남진 이후 시간이 조금 지나서 그녀들은 이제 블라디보스토크를 중심으로 한 시베리아, 그리고 이어서 만주로 북진한다. 1895년 수도 페테르부르크에 재류 중인 일본인은 8명이었는데, 블라디보스토크에는 220명, 시베리아 전체로는 993명의 일본인 여성이 있었다. 그 절반 가까이가 '가라유키'이며, 일러전쟁 직전인 1903년에는 뤼순에 201명의 일본인 창녀가 있었으며 그중에는 공방전의 한가운데서 농성했던 이들도 있었다고 한다.[36] 일러전쟁 뒤에는 한 무리의 매춘부가 남만주로 갑자기 밀려와 매춘숙 앞에 일장기를 걸었고, 이를 본 중국인 가운데는 그것을 일본 국기가 아닌 매춘숙 표시로 알았던 이들도 있었다는 이야기가 전해진다.

관동주 민정서民政署는 '예기·작부 및 피고용 부녀자 단속규칙(1905년 10월)'과 '창기단속규칙(같은 해 12월)' 등을 제정하고 공창제를 인정했는데, "우리나라 부녀자에 대해서는 대외 관계를 고려하여 창기 취업을 인정하지 않고, 단지 예기, 작부의 공창적 행위를 묵인"한다고 『관동국 시정 30년사關東局施政三十年史』[37]는 기록하고 있다. 단, 중국인 여성은 별개로 '창기' 또는 '배우'의 이름으로 영업을 허가했다. 이 방침은 그 후로도 답습되었고, 일중전쟁기에도 만주와 중국 본토에서 일본인은 예기나 작부로 등록되고, 창기는 존재하지 않았다. 대외 관계를 고려하여 연령 제한

---

36 시베리아, 만주의 일본인 창녀에 대해서는 쿠라하시 마사나오倉橋正直(1989), 『북쪽의 가라유키 상北のからゆきさん』, 고에이쇼텐共榮書房; 도키 야스코土岐康子(1995), '극동러시아 일본인 창녀極東ロシア日本人娼婦」, 「러시아사 연구ロシア史研究」, 57호를 참조.
37 『관동국 시정 30년사』下, 1936, 복각은 하라쇼보原書房, 1974, p. 799.

을 피하려는 취지도 있었으리라 생각된다.

[표 2-10] 해외 채류 일본인 매춘부의 수

지역 \ 연도	1916	1926	1935
시베리아	870 (8)	22 (0)	0 (0)
만주	2,839 (27)	2,114 (47)	10,735 (81)
관동주	1,461 (14)	-	-
중국 본토	997 (10)	1,327 (30)	2,063 (81)
남아시아	3,938 (38)	789 (18)	193 (1)
북미	350 (3)	179 (4)	182 (1)
남미	5 (0)	24 (1)	5 (0)
유럽	0 (0)	0 (0)	0 (0)
대양주大洋州	0 (0)	3 (0)	0 (0)
아프리카	-	8 (0)	0 (0)
합계	10,460 (100%)	4,466 (100%)	13,178 (100%)

※출처: 외부성소사 쿠라하시 마사나오倉橋正直「북쪽의 가라뉴키상北のからゆきさん」p. 73.

주1 예기, 창기, 작부를 가리킴.
주2 남아시아의 경우(1916년) 싱가포르 704명, 말레이시아 북보르네오 1,644명, 내덜란드령 인도 446명, 영국령 인노 401명, 필리핀과 쌈 321명, 홍콩 244명, 프랑스령 인노차이나 188명 등.
주3 야마무로 군페이山室軍平『사회확청론社会廓清論』(1914)은 총수를 22,362명이라고 적었다.

'가라유키'들의 전성기는 제1차 세계대전 전후(표 2-10 참조)이며, 당시 싱가포르의 한 치과의사는 자신의 회상록에서 "한촌벽지寒村僻地 이르는 곳마다 일본 아가씨가 없는 곳이 없다. (……) 그녀들의 용기와 정복력의 위대함은 진실로 크게 칭찬하기에 부족하지 않다"고 찬사를 보냈다.[38]

---

38 니시무라 다케시로西村竹四郎(1941), 『싱가포르 30년사しんがぽール三十五年』, 타바스이샤束水社, p. 42.

1941년에 간행되었기 때문에 그때쯤 남진南進 붐의 덕을 본 것일까?

가라유키 연구자인 쿠라하시 마사나오倉橋正直도 일본의 매춘부가 세계의 매춘 시장을 석권한 것은 매운 드문 일이었다고 인정한 뒤, 이러한 매춘 양식이 성립하는 사회경제적 조건에 대해서 다음과 같이 지적하고 있다.[39]

(1) 출진出陣처의 정부가 매춘을 공인하고 있다는 것.
(2) 남녀의 비율이 불균형한 곳, 그중에서도 돈벌이를 하러 온 홀몸의 남자가 많다는 것.
(3) 매춘부를 내보내는 나라와 지역은 상품경제가 어느 정도 발전 단계에 이르렀다는 것.

그녀들의 족적을 더듬으면 이와 같은 지적은 거의 정확한 것 같다. 시베리아도 동남아시아도, 매춘은 공인되어 있었고, 홀몸으로 돈벌이를 하러 온 대량의 화교, 인도인 노동자가 그녀들의 주요한 고객이 되었다. 일본인 남자들도 있었지만, 경영자는 그들이 혹 매춘부의 연인이 될까 두려워하고 피했던 것 같다. (3)번의 경우 빈곤만으로 설명되던 종래의 통설과는 다른 독특한 관점인데, 쿠라하시는 가라유키의 출신지가 아마쿠사나 시마바라 등 큐슈에 집중되어 있고, 그보다 더 빈곤한 오키나와에는 거의 없다는 사실, 1919년의 부인교풍회婦人矯風會 시베리아 시찰단이 조선인 매춘부를 거의 보지 못했다는 것 등에 착목하여 이러한 설說을 세운 것 같다.

---

39 쿠라하시 마사나오倉橋正直(1994), 『종군위안부 문제의 역사적 연구從軍慰安婦問題の歷史的研究』, 고에이쇼텐共榮書房, 제4장.

덧붙이자면, 모리사키 카즈에森崎 和江가 지적한 바와 같이, 다이쇼 기까지의 일본 농어촌에서는 촌村 단위의 '와카모노야도若者宿'와 '무쓰메야도娘宿'[40]에서 보이는 것과 같이 성도덕이나 정조 관념이 박약했던 것도 그 배경이 되었다.[41] 그러나 쿠라하시 마사나오가 "가라유키가 세계의 매춘 시장을 석권했다"고 쓴 것은 조금 과한 평가인지 모른다. 표 2-11에 나타난 바와 같이, 동남아시아에서는 중국인 여성이 수적으로 절대 우세였다. 그리고 세계시장의 네트워크를 만들고 있었던 것은 유럽계 백인 여성이었다.

[표 2-11] 동남아시아의 인종별 매춘부 통계

	싱가포르 (1899년)	말레이 반도 (1894년)
중국인	861 (236)	4,514
일본인	294 (48)	450
유럽인	37 (10)	
말레이인	28 (8)	81
타밀인	13 (9)	
합계	1,233 (311)	5,045 (587)

* ( )는 매춘숙의 수

※출처: 로널드 하이암, 『섹슈얼리티의 제국セクシュアリティの帝国』, 카시와쇼보柏書房, 1998, p. 198.

---

40 '와카모노야도'는 마을의 젊은이들이 저녁에 모여서 일을 하고 잠도 자는 집회소, '무쓰메야도'는 촌락 사회 안에서 형성되는 미혼 여성 집단이 함께 모여 일을 하거나 잠을 자는 곳이다. —역주

41 모리자키 카즈에(1976), 『가라유키상からゆきさん』, 아사히신문사朝日新聞社, p. 57.

또 창녀로서의 자질에 대해 로널드 하이암은 "철저하고 청결하며 매력적인 행동거지와 아름다운 몸을 갖추었고, 성행위 그 자체에 지적인 흥미를 가지고 있다. (……) 다음은 카슈미르인, 바로 그 뒤로 중국인"[42]이라는 식의 백인 고객 입장에서의 예찬의 말을 늘어놓고 있는데, 인도인 고급 매춘부를 추천, 장려하는 백인도 있기 때문에 이는 각자의 선호라고 표현할 수밖에 없을 것이다.

어쨌든지 제1차 세계대전 전후부터는 조건이 크게 바뀌었다. 동남아시아에서 중국인, 인도인 노동력의 유입이 제한되기 시작한 것을 배경으로, 네덜란드령 동인도(1913년), 싱가포르(1919년), 버마(1921년), 필리핀(1929년)이 차차 공창 내지 유곽의 영업을 금지한다. 러시아혁명(1917년)에 의한 시베리아에서의 매춘제 붕괴를 시작으로 중국에서도 난징(1928년)과 상하이(1929년)가 공창제를 폐지했다.

표면적으로는 이민보호법(1896년)에 의해 매춘의 해외 수출을 금지하고, 실제로는 그것을 묵인해 온 일본 정부도 국제 여론에 눌려 "제국의 체면을 손상한다"는 명분으로 식민지 당국과 협력하여 동남아시아 지역의 '가라유키' 일소에 착수한다. 그녀들은 이제 폐업하거나 귀국하거나 단속이 느슨한 지역으로 이동하였고 일부는 현지인의 처 또는 첩이 되었는데, 1930년에는 싱가포르에 70명, 말레이반도에 250명 전후의 사창이 여전히 남아 있었다. 1940년의 외무성 조사[43]에서는 태국 21명, 말레이반도 17명, 네덜란드령 동인도 15명, 필리핀 11명, 인도 28명으로 가라유키의 존재는 거의 절멸絶滅에 가까웠는데, 매춘을 그만두고 정주한 '전직 가

---

42 로널드 하이암Ronald Hyam(1998), 『섹슈얼리티의 제국』, 카시와쇼보書房, p. 120, 187.

43 외무성 조사부, '해외 각지 재류 일본 내지인 직업별 인구표'(1940년 10월 현재. 외교사료관 소장). 그와 별개로 하와이 37명, 캐나다 16명, 브라질 3명이 있었다.

라유키'의 수는 분명하지 않다. 그러나 제2차 세계대전 중 일본군이 동남아시아로 진출했을 때, 그녀들 중 일부가 위안소 개설에 협력하였고, 그 중에는 경영자가 된 이도 있다고 전해진다. 1972년, 작가인 야마자키 토모코山崎朋子는 말레이반도에서 '전직 가라유키'를 찾아 나섰고, 6명의 노인과 만났다.[44]

이렇게 동남아시아와 시베리아로 가는 길이 막힌 해외 매춘부들은 만주와 중국 본토로 활로를 찾았고, 그 무렵부터 조선인 매춘부도 경쟁하듯이 이들 지역으로 진출한다. 그 상황은 표 2-12에 나타나 있는데, 하얼빈, 톈진, 그리고 상하이에서는 조선인이 일본인의 수를 넘어서고 있다. 1931년, 야마다 츄우자부로山田忠三郎는 "낭자군까지 일본이 패퇴하고 있는 것은 (……) 기뻐해야 할 일일까, 슬퍼해야 할 일일까"라고 쓰고 있다.[45]

[표 2-12] 중국 내 매춘부 통계(1930년)

		일본인	조선인	중국인	러시아인
싱쿄	농상	277	35	2,108	
펑톈(1)	공창	303	155	449	
잉커우시	공창 사창	55	6	2,323 500	
하얼빈	예기 작부	41 63	108		500
톈진	공창 사창	68	457	4,981 603	26
베이징(2)	공창	22	32	2,816	28

---

44 야마자키 토모코(1977), 『산다칸의 묘サンダカンの墓』, 분슌분코文春文庫, p. 109 이하.
45 앞의 책, 『북쪽의 가라유키상』, p. 88.

위안부와 전쟁터의 성性

		일본인	조선인	중국인	러시아인
칭다오	공창	434	106	955	56
	사창			520	89
상하이(3)	공창	192	1,173	1,750	300
	사창	520		15,000	
난징	사창			500	
한커우	공창	62	37	6,900	
	사창			4,200	

※출처: 「계간 전쟁책임 연구」 제10호의 하야카와 노리요루川紀代 글(외무성 자료에 의거).

주1 『만주사변 육군위생사』 제6권에 1933년 초의 펑톈奉天 내 공창 수는 일본인 413명, 조선인 203명.
주2 왕서노王書奴의 『중국창기사中國娼妓史』(1934)에 따르면, 1929년의 기녀(1-4 등)는 3,752명, 별도로 사창 1만 명 이상.
주3 『중국창기사』에 따르면, 1920년에 기녀(1-4 등) 60,141명, 공사기公私妓의 합계는 12만 명.

5. 전시기의 변용變容

만주사변과 만주국의 건국(1932년)은 매춘을 더욱 변화시켰다. 당시의 출입국 관리 체제에서는 일본인(내지인)이 중국 및 만주국에 출입할 때 여권이 필요하지 않았다. 조선인의 경우 내지로의 도항은 허가제였고, 부산과 시모노세키에서 경찰에 의해 검사를 받고 있었지만, 만주국으로의 출입은 육지로 이어져 있고, 부산 ↔ 신징新京, 신징 ↔ 베이핑北平을 연결하는 직통 특급열차가 달리고 있었으므로 자동 통과나 마찬가지였다. 상대국 측의 규제가 없기 때문에 관동군과 일본계 관리, 민간인을 기대한 다수의 일본과 조선의 매춘업자가 쇄도했다. 만주국은 이런 종류의 종합

통계를 작성하고 있지 않았으므로 그 실태는 확실하지 않지만, 김일면은 "만주에 데려간 여성의 대부분은 속아서 간 조선 소녀이고, 나머지는 큐슈 북부의 일본인 창녀였다"[46]고 쓰고 있다.

1933년 6월의 열하성熱河省을 시찰한 나카야마 타다나오中山忠直는 "일본군이 중국 부인을 범하지 않는 것은 바로 낭자군이 있어서이고, 그들은 결코 단순한 매춘부가 아니다"라고 평가하였고, 또 "포탄 사이를 병량兵糧을 메고" 운반한다든가, 부상병에게 "부인과 같은 간호부"[47]였다고 칭찬했다. 그렇다고 해도 업자의 악덕한 모습이 눈꼴사나웠기 때문이었는지, 경찰은 형법 226조(국외이송 유괴죄)를 근거로 그들을 적발하는 데 착수했다. 『대심원 형사 판례집』[48]에는 이 법률 적용을 둘러싸고 대심원에서까지 가서 다툰 2개의 사례가 실려 있다. 하나는 1936년 만주국 목단강牧丹江에서 카페 '미스 토요東洋'를 경영하는 일본인 여성에게 여급 모집을 의뢰받은 2명의 업자가 사가佐賀 현의 음식점에서 고용살이를 하고 있던 18세의 여성을 고수입으로 꾀어낸 사건인데, 미성년임을 알면서 친권자의 승낙을 얻지 않은 것이 나쁜 심증을 준 것 같다. 두 명 모두 사가 지방재판소에서 징역 2년 형을 받고 상소했지만 1937년 9월 대심원에서 기각되었다.[49]

또 하나는 1930년부터 상하이에서 일본 해군 병사를 고객으로 하는 매춘업에 종사하던 무라카미가 1932년의 상하이사변을 맞아 '상하이 지정指定 위안소'라는 명칭으로 영업의 확장을 꾀하면서 몇 사람의 주선인

---

46 김일면(1976), 『천황의 군대와 조선인 위안부天皇の軍隊と朝鮮人慰安婦』, 산이치쇼텐, p. 30.
47 「토요東洋」, 1933년 11월호의 나카야마 기고문.
48 대심원은 일본 최고재판소의 예전 명칭이다. 한국의 대법원에 해당한다. ―역주
49 『대심원 형사판례집』, 제16권, 1937, 下, pp. 113~137.

위안부와 전쟁터의 성性

등에게 의뢰하여 나가사키 지역에서 15명의 부녀자를 '여급 또는 종업원'으로 속여서 상하이로 이송한 사건이다. 무라카미는 이송의 실행에는 가담하지 않았다는 이유로 항소하였는데, 대심원은 전원이 공동정범共同正犯이라고 한 원심 재판을 지지, 1937년 3월 항소를 기각하였다.[50] 또 사법연구소의 『형사재판례刑事裁判例』에는 1938년 5월 화베이華北의 지난濟南에서 요리점을 경영하는 모리모토가 작부 모집을 위해 가나자와金澤에 왔을 때, 감언으로 33세의 여성(음식점 경영)을 주선, 이송한 다케베(사기 전과가 있음)를 징역 4년에 처한 가나자와 지방재판소의 판결(1939년 6월)이 소개되어 있다.[51] 두 번째와 세 번째 예는 조금 강한 해석이 담겨 있다고 볼 수도 있는데, '일벌백계'의 의미를 담은 정책적 고려의 결과일 수도 있다.

이상과 같은 사례는 조선반도에서도 나타났다. 역시 두세 개의 사례를 살펴보자. 1939년 3월 5일자 「매일신보」(경성에서 발행하는 한글 신문)에 의하면, 경찰에 체포된 하윤명은 처와 함께 1932년부터 각지의 농촌을 돌아다니며 "생활난으로 괴로움을 겪는 가난한 농부의 딸들"에게 좋은 일자리가 있다고 속여 약 150명을 한 사람당 700엔부터 1,000엔을 받고 만주와 중국 본토 등으로 팔아넘겼다고 한다. 또 하윤명으로부터 50여 명의 여자를 산 경성의 유곽업자는 경찰의 호출을 받자 그녀들을 무단쟝牧丹江과 산둥山東성으로 팔아넘겼다. 그 뒤에 일어난 "제2의 하윤명 사건"에서 범인 배장언은 1935년부터 4년에 걸쳐 100여 명의 농촌 여성을 속여 중국 북부와 만주로, 150여 명을 중국 북부로 팔아치웠다. 또 이런 종류의 국외 이송에서는 도항 허가 업무를 맡은 공무원들이 호적을 위조하는 등, 독직에 손을 대고 있음도 밝혀졌다.

---

50 같은 자료, pp. 255~259.
51 사법연구소, 『형사재판례』, pp. 52~55.

    두 개의 사건을 검토한 윤명숙은 "주선업자가 여성을 파는 경우 국내보다 중국과 만주국 쪽이 두 배 이상의 이익을 얻었다"고 쓰고 있는데,[52] 사기의 수법도 내지에 비하면 훨씬 단순하고 거친 것이었다. 문맹을 이용하여 보호자의 승낙서에 지문을 찍게 한다든가, 하급 공무원이 결탁하여 서류를 위조한 사례도 있었다.

    폐창운동과 연동한 것처럼 보이는 경찰과 사법 당국의 강경한 자세는 일중전쟁 초기 단계까지 유지된다. 1937년 말부터 다음 해 1월에 걸쳐 각 현 경찰부는 군으로부터 의뢰를 받았다며 전지로 갈 위안부를 대량 모집하는 프로젝트에서 업자가 암약하고 있음을 알게 된다. 조사해 보니 원흉은 고베神戸 후쿠하라 유곽의 오우치라는 남자였고, "상하이 파견군 육군 위안소에서 작부(창기도 같음)로 취업을 할 것"을 전제로 연계 2년, 전차금 500~1,000엔에 16~30세의 여성 약 500명(혹은 3천 명)을 모집할 예정이며, 이미 200~300명이 현지에 건너가 있다는 사실이 밝혀졌다.[53]

    내무성은 고심했다. "매춘업을 목적으로 하는 것은 명백히 공서양속公序良俗[54]에 반反"하고 "황군皇軍의 위신을 실추시키는 바가 심각"하다고 꾸짖었지만, 그것은 아무래도 군의 희망에 부응하는 일이라는 것을 알았기 때문이다. 결국 외무성은 "모집, 주선 등이 적정適正을 결여하면 제국과 황군의 위신을 손상시키고, 부녀 매매에 관한 국제조약에도 저촉"되지만, "부녀의 도항은 (……) 꼭 필요한 것"이라 하여, 조건부로 당분간 묵

---

52 앞의 책,『공동연구 일본군위안부共同研究 日本軍慰安婦』의 윤명숙 논고, pp. 54~57.
53 구내무성 자료舊內務省資料, 경찰대학교에 보관되어 있는 타네무라 카즈오 컬렉션, 1996년 12월에 일본공산당 의원에게 교부, 「아카하타赤旗」 평론특집판, 1997년 2월 3일자.
54 '공서양속'은 공공의 질서와 선량한 풍속을 아울러 이른다. 법률 사상의 지도적 이념으로, 법률 행위 판단의 기준이 되며 사회적 타당성이 인정되는 도덕관이다. 근대 민법은 법률행위 자유의 원칙에 따라 사법상의 법률관계 형성은 당사자의 자유에 맡기고 있지만, 그러한 법률행위가 공서양속에 위반된 경우에는 효력을 인정하지 않는다. ―역주

인하기로 하고 이를 각 현에 통달했다. 그 조건이란 "현재 내지에서 창기, 기타 사실상 매춘업을 영위하는 만 21세 이상"의 부녀에 한하여 경찰서가 도항을 위한 신분증명서를 발급하며, 이때 '부녀 매매'와 '약취 유괴'가 아님을 확인하라는 것이다. "만 21세 이상"의 조건을 붙인 것은 이미 썼듯이 일본도 가입한 부인·아동의 매매금지에 관한 국제조약(1921년) 때문이었다. 그러나 "육군 외무국外務局"이라든가 "육군 내무국內務局"이라는 자조적인 말을 속삭이고 있던 당시의 풍조에서 군의 권위를 거스르는 것은 결국 무리였다.

1938년 11월, 중국 남부 파견군의 구몽 소좌 참모와 육군성 징모과장으로부터 "위안소 설치를 위해 필요에 따라 매춘업을 목적으로 하는 부녀 약 4백 명을 도항시키도록 배려 바람"이라는 요청이 오자, 내무성은 "각 지방청에 통첩하여 비밀리에 적당한 인솔자(포주)를 선정, 그로 하여금 부녀를 모집하게 하고 또 현지로 향하게 하도록 준비해 달라"고 지시했다. 그래서 오사카 200명, 교토 100명, 효고兵庫 200명, 후쿠오카 100명, 야마구치 50명을 할당했는데, 대만총독부의 300명은 이미 준비가 끝났다고 했다.

현지에서 군위안소의 경영을 담당할 업자 선정에 대해서는 내무성도 골머리를 앓고 있었고, 각 지사 앞으로 "대좌부 영업자 등 가운데에서 특히 신원이 확실한 자"를 선정하라고 장황할 정도로 주의를 주고 있었다. 육군 측도 곤혹스럽기는 마찬가지로, 3월에 육군성 병무과 기안으로 북지방면군北支方面軍과 중지中支 파견군에게 "내지에서 종업부從業婦[55]를 모집하는 데 당면하여 고의로 군부 양해 등의 말로 명의를 이용하고

---

55 당시 위안소의 위안부를 부르는 데는 종업부從業婦, 추업부醜業婦와 같은 말도 사용되었다.
　─역주

(······) 모집의 방법이 유괴와 유사하여 경찰 당국에서 검거, 조사를 받는 자"가 있기 때문에 "그에 임하는 인물의 선정을 주도적절히 하라"[56]고 지시하였다.

전쟁 4년째인 1940년에 들어서면, 위안부의 수요가 거의 충족된 대신에 "일확천금을 기도하거나 기타의 부정행위를 하는 소위 불량무뢰不良無賴한 무리"의 도항이 눈에 띄게 늘었기 때문에 외무, 내무 양성兩省은 반격을 도모한다. 5월의 각의에서 "불요불급한 중국행을 힘을 다해 저지"한다는 취지를 결정하고, 목적지의 영사관경찰이 발행한 '중국행 사유증명서'가 갖춰지지 않으면 도항할 수 없도록 한 것이다.[57] 표 2-13은 도항을 거부당한 사례로 영사관경찰관이 서장의 도장을 제멋대로 날인하여 처분된 사례도 보고되어 있으나 부정행위 근절에 얼마나 실효가 있었는지는 의문이다.

[표 2-13] 중국으로 온 일본 본토인의 신분증명서 발급 거부 사유 조사(1942년)

성명(나이)	직업	거부 관청	거부 사유
○○타요 (22) ○○이미 (21)	여급 무직	이와테岩手 현	타이위안 주재 방인의 간병 명목으로 타이위안 총영사관 경찰서장의 증명서를 제출하였으나, 사실은 린펀에 있는 음식점 야마모토 마사카다의 작부로 가는 것이었음이 판명
○○토쿠 (26)	무직	지바千葉 현	회사 사무원으로 사칭, 영사관 경찰의 증명서를 입수하지만, 실은 지난濟南 이주자의 첩으로 가려던 것으로 판명

---

56 병무과 기안兵務課起案, '군 위안소 종업부 등 모집에 관한 건', 육지밀제745호 1938년 3월 4일, 요시미 요시아키 편(1992), 『종군위안부 자료집從軍慰安婦資料集』 No.6, 오츠키쇼텐大月書店, 이하 요시미 자료집으로 줄인다.

57 『외무성 경찰사外務省警察史』, 시피즈シフィーズ(1944, 외교사료관 소장外交史料館所藏).

성명(나이)	직업	거부 관청	거부 사유
○○카즈코 (22)		나라奈良 현	타이위안 시 카페의 사이토 시게가다에 여급으로 간다고 했으나, 남편은 당시 출정出征 중이었으며, 승낙이 없었던 것으로 판명
○○이카 (23)		미야자키宮崎 현	톈진의 하숙업자 다니구치 우에몬과 친자 관계에 있다고 허위 신고, 영사관 경찰로부터 증명서를 입수하였다고 판명
○○토라에 (18) ○○치요 (24) ○○후미코 (20)		토치기栃木 현	허난성 펑더彰德 영사관 경찰이 발급한 증명서를 첨부하여 출원하였으나, 노무 조사에 의한 허가를 얻지 않은 것으로 판명
○○키쿠타 (25) ○○테루코 (23)		미야자키 현	군 관계 사용인처럼 가장하여, 카이펑 영경領警의 증명서를 획득, 출원하였으나, 실은 카페업자인 요시이 치요코에게 여급으로 고용된 것으로 판명
○○마사쓰구 (53)	무직	와카야마和歌山 현	한커우 해군장교클럽 요리사로 출원하였으나, 실은 먼저 도착한 정부情婦의 뒤를 쫓아 가족을 버리려 했음이 판명
○○치요코 (17) ○○토시코 (16)	예기 〃	가나가와神奈川 현	카이펑 시 군 위안부로서 도래를 출원하였으나, 위안부의 업태를 몰랐으며, 더불어 나이가 어리고 신체 발육 불완전
○○스미코 (21)		나가사키長崎 현	한커우 해군클럽 식당 급사로서 출원하였으나 아버지가 반대
○○타네 (16)	무직	교토京都 후	베이징 거주 언니의 허락으로 가고자 했으나, 초청인은 소행 불량하여 가족을 버리고 간 것으로 판명

※출처: 내무성 경보국편 『외사경찰 개황』(1942), 제8권

주 성은 저자가 판단하여 ○○으로 처리함.

6. 전시에서 매춘방지법까지

'우량업자 선정'이라는 점에서 외무성과 육군성의 이해는 일치하였지만, 그 당사자인 업자의 반응은 경우에 따라 제각각이었다. 일중전쟁 단계에서는 젊은이가 전지로 나갔기 때문에 이용은 감소했지만, 군수경기가 좋아지면서 발생한 신규 수요도 있었기 때문에 개전 전후까지 매춘 시장은 거의 변동이 없는 상황이 이어지고 있었고, 따라서 조합을 통해 이야기가 전달되어도 무조건 환영하는 분위기는 아니었던 것 같다. 그래도 거절하지 않고 바삐 돌아다니며 여자를 모으고, 투하 자본의 회수를 걱정하면서 전지로 간 업자도 있었고,[58] 애국심과 고수입에 끌려 군위안부를 지원하는 창녀도 적지 않았다.

태평양전쟁기에 들어서자 국면이 바뀌었다. 도도하게 "휴일을 고대한 듯이 찾아오는 군인들"과 "군대에 들어가기 전 유녀游女에게 자식을 남자로 만들어 달라고 함께 오는 아버지"[59]를 떠맡았다. 여자들에게 애국부인회의 어깨띠를 두르고 출정병을 환송하게 한다든가, 근처의 고무 공장에서 콘돔 검사 등의 근로봉사를 시킨다든가 하는 정도였던 요시와라도 "전선행을 희망하는 유녀"를 공출하기에 이른다.

---

58 오바야시 키요시大林清(1983),『다마노이의 만가玉の井挽歌』, 세이아보샤青蛙社.
59 후쿠다 토시코福田利子 앞의 책,『요시와라는 이런 곳이었습니다吉原はこんな所でございました』, p. 124, 129.

[표 2-14] 경찰청 관내의 풍속영업 전폐업転廃業 상황

	A 1942년 말	B 1943년 말	C 휴업	D 잔류
특수 음식점	5,502	2,555	2,165	390
대합	2,565	2,076	} 2,040	} 65
인수 찻집	38	29		
예기옥	5,082	4,344		
예기	12,031	9,016	4,246	98
대좌부	744	416		
창기	4,145	2,799		
명주점	913	913		
사창부	1,671	1,714		
접대부				1,539

※출처: 『경찰청사―쇼와 전편警視庁史―昭和前編』(1962), pp.822~824.

주1 C, D는 '결전비상조치요강'(1944. 2. 25)에 따른 휴업과 잔류 수.
주2 상기 조치에 따라 위안 시설로서 신규 업태를 인정받은 업자 1,473명, 접대부 1,539명.

[표 2-15] 전후의 매춘 관계 통계

연도	매춘 검거자 수	성병 환자 수	임신중절 수	인신매매에 따른 피해 여성 수
1947		400,215		
1950	52,094	218,299	489,111	973
1951			636,524	7,255
1955				14,291

※출처: 간자키 기요시神崎清 『매춘売春』(1974) 부록 연표.

전황이 급속히 악화된 1944년에 들어서면 '결전비상조치요강決戦非常措置要綱(각의 결정)'에 의해 3월 5일부터 풍속영업은 거의 휴업하는 상황(표 2-14 참조)이 되고, 여성들에게는 징용령이 발동되었다. 신문은 "전국의 예

기 3만 7천 명이 여자정신대로, 공장으로"라고 보도하고 있는데, 조선반도에서도 경성 신마치新町의 예기 101명이 정신대가 되었다고 전했다. 비꼬는 말투지만, "긴 세월의 폐창운동은 마침내 승리를 얻은 것처럼 보인다"(셸던 게론)[60]는 것이다.

그러나 이러한 종류의 '미담' 풍의 기사를 액면 그대로 믿어서는 안 된다. 각의 결정에 관련된 각 성 관계관 회의 수준의 문서(내무성 경보국 기안)에서는 "고급 요정은 계속 휴업하게 하고, 하급 요정에 대해서는 요정의 명칭을 없애고 그 실질을 위안소적인 것으로 바꿔 영업을 계속하게 한다"(각의 결정에서는 밑줄이 "위안적"으로 바뀐다)든가, "예기를 둔 곳 및 예기는 (……) 그 명칭을 바꿔 영업하게 한다"(외무성 경보국 다네무라種村 자료)는 등의 빠져나갈 방도와 같은 표현이 나타난다.

경시청 연표警視廳年表(1980년)에서는 "창기, 예기는 징용 노동자의 위안부 등으로 돌리고, 다시 근로정신대로 편성"이라고 하였고, 오사카부 경찰사大阪警察社는 '해군 클럽'과 군수회사의 클럽으로 전환된 곳에 대한 기사가 나오고, 탄광에서 노동하는 조선인 노동자를 위한 기업이 설치한 '산업 위안소'도 번창했다고 한다.[61] 게다가 밑줄 친 부분이 암시하고, 가까이에 '위안부'라는 어구를 써 넣었다는 사실로부터 내지의 '전장화'를 예상한 관헌이 유곽을 군대 위안소 풍으로 바꿔 가려고 했음을 관찰할 수 있다. 요시와라에는 "병사에게 1회 1엔 50전의 균일 서비스"를 하기 위해 1944년 말까지도 1,200명의 '접대부'가 남아 있었던 것 같다. 1945년 2월에는 군의 요청으로 이주시치토伊豆七 섬의 니지마新島 수비대를 위해 30

---

60 셸던 게론Garon, Sheldon(1997), *Molding Japanese Minds*, Princeton University Press, p. 110.
61 니시노 루미코西野留美子(1995), 『일본군(위안부)을 쫓아서日本軍(慰安婦)を追って』, 나시노키샤梨の木舍, pp. 42~46.

명의 위안 요원을 보냈는데, 가나자키 키요시는 이 당시 40%라는 여성의 배분율(타마와리玉割)은 요시와라가 생긴 이래 최고의 대우였다고 특필하고 있다.[62]

전시에 여성의 사회 진출이 진전되고 발언권이 높아지는 것은 일찍부터 지적되었지만 매춘의 세계도 예외는 아니었고, 창녀들의 처우는 계약 측면에서도, 법제에서도 상당히 개선되었다. 예를 들면, 히로시마현의 '특수음식점 영업단속 내규(1944년 5월)'는 작부의 "외출·외박 등은 자유", "고입 기간＝연계는 3년 이내 또는 전차금 완전 변제까지", "취득금은 매출액의 4할 이상"[63]을 규정하고 있다.

1945년 3월 10일, 요시와라는 공습으로 인해 폐허가 되고 3백 명의 창부가 불에 타 죽었다. 다른 대도시의 유곽도 같은 운명을 밟았지만 회복도 눈부셨다. 당국의 의향도 있었던 터라, 요시와라는 일찍이 6월 13일, 불탄 폐허 위에 7채의 판잣집을 세우고 20명의 여자로 영업을 재개, "문전성시를 이루는 상황"을 보였다고 한다. 이 활력은 그로부터 2개월 후인 종전 직후에, 미군 점령군 병사를 맞이하는 RAA(특수위안시설협회)의 성 접대로 계승된다. 상세한 것은 5장에 적어 두었으나 전후의 매춘에 대해 개관하자면, 1946년 1월 미 점령군의 지령에 기초하여 1900년 이래의 창기단속규칙이 폐지된다. 형식적으로는 공창제도가 끝난 것이고, 대좌부를 특수음식점으로, 여성들을 접대부나 종업부로 바꿔 불렀지만, 실태는 그다지 변하지 않았다. 대도시의 두드러진 집창 구역과 매춘부의 절반 정도는 미군용으로써 분위기를 띄었고, 때로는 경찰의 관리가 시행되었지만 거의 묵인하는 상황이었다.

---

62 칸자키 키요시神崎清(1974),『매춘賣春』, 겐다이시슈판카이現代史出版會, pp. 18~21.
63 『히로시마현 경찰 백년사廣島縣警察百年史』(1972), 下.

미군 점령 종결(1952년)과 일본 경제 부흥에 수반하여 집창 구역은 '적선赤線'[64], '청선靑線'으로 불리고, 전전戰前의 흥청거리는 모습으로 되돌아간다. 통계가 갖추어져 있지 않아 실수實數는 불명이지만, 20만 명(1953년)이라든가, 24만 5천 명(1953년)이라는 숫자가 남아 있다. 『후생백서』(1956년판)는 전국의 집창 구역은 전전보다 600개가 더 많은 약 1,900개소, 업자는 3만 7천 명, 매춘부는 12만 4천 명이라고 했는데, 가창街娼[65]과 산창散娼을 포함하면 17만~18만 명으로 추정되기 때문에 전전의 정점으로 돌아갔다고 볼 수 있을 것이다. 폐창캠페인을 펼친 「후진코론婦人公論」(1954년 2월호)에는 루스벨트 전 미국 대통령 부인이 일본을 방문하여 "매춘 금지 법률이 없는 것은 일본과 터키뿐"이라고 설득했다는, 진위를 알 수 없는 에피소드도 눈에 띄지만, 실효를 의심하는 목소리도 적지 않았다.

어쨌든 2년의 유예기간을 두고 1958년 4월부터 시작될 매춘방지법 실시를 기다리면서 정부는 각종 보호 갱생 시책에 힘을 썼고, 업자들도 차차 전업하여 전국에서는 기일에 맞춰 일제히 "적선赤線의 불은 꺼졌다"고 말하는 상황이 되었다. 그렇다고 해서 매춘이 근절된 것은 아니고, 프리섹스 풍조를 배경으로 이러저러한 형태의 사창 시스템이 번영해 왔다. 매춘방지법 시행 직후 매춘업에 종사하던 18만 명이 선택한 것은 결혼·귀향이 25%, 여급 15%, 갱생시설 5%인 것에 비해, 비합법적 매춘은 50~60%에 달했다고 한다.[66]

머지않아 공창의 대체 형태가 된 터키탕(정식 명칭은 개실부욕장個室付浴場, 1984년에 소프란도soaplands로 개칭)은 1974년에 1,058개(그곳에서 일하는 터키녀가 2

---

64 성매매가 가능한 지정 구역을 말한다. —역주
65 길거리에서 손님을 끄는 창녀. —역주
66 후지메 유키藤目ゆき(1998), 『성의 역사학性の歷史學』, 후지슈판不二出版, p. 400.

만 명), 1983년에는 1,695개(2만 5천 명), 거기에 호테루죠ホテル嬢[67]와 의사疑似 매춘업자를 더하면 합계 10만 명 전후, 그 외에 '자파유키상'이라고 불리는 아시아로부터 온 돈벌이 여성이 5~7만 명이라고 센다 가코는 추계하고 있다.[68] 거의 전전기의 공창과 같은 수준이 되었다고 할 수 있을 것이다.

'기생 관광' 등 아시아 제 지역으로의 매춘 여행도 한때는 격증하여 비판받았는데 근절되지는 못했다. 매춘방지법이 구멍투성이라고 평가되는 것도 무리는 아니지만, 같은 시기에 매춘법을 제정한 이탈리아 역시 같은 상황이었으며, 「레페브리카」에 의하면 '반딧불이'라고 불리는 가창이 횡행하여 3~5만 명에 달하고, 그중 이탈리아인은 5천 명에 지나지 않으며 나머지는 외국에서 온 돈벌이 여성이었다.[69] 제2차 세계대전 직후 국제 교류의 확대는 매춘 사정을 크게 변화시켰다. 새로운 수법의 장사가 차차 연구되고, 체제와 이념의 벽은 무력화되었다. 페미니즘의 조류는 결과적으로 매매춘의 자유화를 촉진하는 작용을 수행하고 있다고도 말할 수 있을 것이다.

한국인 매춘업자의 일본 진출(도쿄의 아카사카赤坂 등)은 이미 잘 알려져 있지만, 1998년 7월에 경시청이 체포한 중국인 업자는 15세와 16세의 일본인 소녀를 속여 중국인을 상대하는 자신의 매춘 클럽에 연금, 무보수로 성 접대를 강요하였다.[70]

독일, 네덜란드, 스위스 등 유럽 제 국가들과 홍콩, 타이완, 필리

---

67 러브호텔에서 매춘하는 여성. —역주
68 센다 가코(1994), 『싱글벙글 매춘ニコニコ賣春』, 초분샤汐文社, p. 185.
69 1998년 9월 30일자 「산케이신문」의 사카모토 테츠오坂本鐵男 리포트.
70 1998년 7월 23일자 「산케이신문」.

핀, 태국, 스리랑카 등의 아시아 제 지역을 포함하여, 세계에는 여전히 구역을 한정하는 공창시스템을 유지하고 있는 나라가 적지 않다. 아시아에서는 홍콩, 수라바야, 마닐라, 방콕 등이 매춘의 중심이 되어 있지만, 중국의 수도 베이징에서도 가라오케로 위장한 매춘업이 번창, 1996년 5월에 베이징시 정부는 1개월에 45개의 매춘 조직과 1,259명의 매춘부를 체포했는데, 그 잠재 인구는 1만 명 정도라고 한다.[71] 그러나 일본이 공창제를 부활시킬 가능성은 적다. 전후 폐창운동의 영향과 함께, 이제 일본은 사창시스템으로의 완전 이행을 실현했다고 보아도 좋지 않을까?

---

71 곤도 다이스케近藤大介(1997), 『베이징대학 3개국 문화적 충격北京大學三カ國カルチャーショック』, 고단샤講談社, p. 193.

3장

중국전장과 만주에서는

1. 상하이에서 탄생한 위안소

일본군 전용 위안소가 처음 생긴 것은 제1차 상하이사변(1932년) 때 상하이에서였다는 것이 통설이다. 상하이사변은 만주사변이 비대하는 형태로, 1932년 1월 28일 중국의 제19로군第十九路軍과 일본 해군 육전대陸戰隊(병력 약 2천) 사이에서 시작되었는데, 십 수배의 중국군에게 포위된 육전대를 구하기 위해 일본 내지로부터 상하이 파견군 사령관 시라카와 요시노리가 지휘하는 육군 부대가 급파되었다. 1개월 가까이 격전이 계속된 후 반격에 성공한 요시노리 사령관은 2월 3일 전투 중지 성명을 냈고, 5월 5일에 정전협정이 성립되어 육군 전 병력이 철수하였다.

사변은 3개월 남짓한 단기간에 수습되었지만, 3월부터 경비 체제로 이행한 파견군에 강간 사건 등이 빈발하여 골치를 썩었다. 고위급 참모 오카베 나사부로는 3월 14일의 일기에 "요즘 병사들이 여자를 찾아 곳곳을 헤매고, 저속한 이야기를 듣는 일이 많아 (……) 적극적으로 시설을 갖추는 편이 좋다고 생각하며 병사의 성 문제 해결을 위해 다양하게 배려하고, 그 실현에 착수할 것이다. 주로 나가미 중좌가 이를 맡는다"[1]고 썼다. 나가미 토시노리는 작전참모인데, 젊은 시절 상하이에 주재한

---

1 오카베 나사부로(1982), 『오카베 나사부로 대장의 일기岡夫直三郎大將の日記』, 후요쇼보芙蓉書房.

경험이 있는 중국통이었기 때문에 이 임무를 할당받았을 것이다. 이 상황은 5년 후인 난징공방전에서 역시 중국통인 조 이사무 참모가 그 일을 인수했을 때의 사정과 비슷했다.

오카베 일기는 그 뒤의 절차에 대해 언급하지 않았지만, 참모부장 오카무라 야스지 대좌(종전시의 지나^{支那} 파견군 총사령관)의 회상록은 "해군을 모방하여 나가사키 현 지사^{知事}에게 요청, 위안부단^{慰安婦團}을 불러온 뒤부터 강간죄가 모두 사라졌기 때문에 기뻤다"[2]고 기록한다. 그에 대응하는 송출 측의 기록은 발견되지 않았지만, 나가사키는 상하이로 출정한 혼성^{混成} 제24여단의 내지 소재지이기도 했기 때문에 마루야마^{丸山} 유곽[3]을 중심으로 하는 업자들은 기쁜 마음으로 요청에 응했을 것으로 생각된다.[4]

『만주사변 육군 위생사』에 따르면 '공인집창제^{公認集娼制}'라는 취지로 모은 위안부(공문서에서는 '接客婦'로 호칭)는 나가사키만이 아니라 "칭다오, 나가사키, 평양 등으로부터 일본인, 조선인, 중국인을 모집했고, 채용시의 검사를 엄중히 하여 불합격자가 매우 많이 나왔다"[5]고 한다. 내역은 불명이지만 '군오락장^{軍娛樂場}'이라는 이름을 붙인 시설은 상하이의 줌하전기^{中華電氣} 사택을 개조한 장소에 약 80명, 위송^{吳淞}의 불교학교를 개조한 곳에 약 50명의 위안부를 들여왔고, 공사비와 설비비로 약 2만 엔을 사용했다고 한다. 그밖에 파오샨현성^{宝山縣城}에 보병 제6여단을 위한 접객부가 약 20명, 위송진^{吳淞鎭}에는 보병 제7연대(가나자와)를 위한 접객부가 10명 있었

---

2 오카무라 야스지(1970), 『오카무라 야스지 대장 자료-전장 회상록^{岡村寧次大將資料-戰場回想錄}』, 하라쇼보^{原書房}, p. 302.

3 유곽^{遊廓}은 창녀를 두고 매춘을 하는 집을 뜻하기도 하고, 그런 집이 모여 있는 곳을 뜻하기도 한다. —역주

4 경찰 통계에 따르면 1931년 말 현재, 나가사키현에 등록된 예기는 1,117명, 작부는 1,614명, 창기는 1,555명이었다.

5 육군성^{陸軍省}(1937), 『만주사변 육군 위생사^{滿洲事變陸軍衛生史}』제6권, p. 834.

다. 이용 규정은 4월 1일자로 상하이 파견군이 제정한 군오락장 단속규칙(전문은 권말 부록을 참조)에 상세히 나와 있다. 요점은 다음과 같다.

(1) 영업 가옥은 군이 지정하고, 필요한 설비는 영업자가 부담하여 갖추며 손해에 대한 책임도 영업자가 진다.
(2) 이용자는 제복을 착용한 군인, 군속에 한한다.
(3) 매월 1회 헌병이 지정하는 휴일을 둔다.
(4) 영업을 허가받은 자는 접객부 명부(고용주, 성명, 국적, 본적, 예명, 생년월일, 약력을 기입, 사진을 첨부)를 헌병분대에 제출한다.
(5) 매월 1회 군의관이 헌병의 입회하에 접객부를 검진하고, 불합격자는 접객을 금한다.
(6) 콘돔 및 소독제를 사용한다.
(7) 영업시간은 오전 10시~오후 6시, 오후 7시~오후 10시(하사관만)
(8) 유흥료는 내지인 1시간 1엔 50전, 조선인·중국인 1시간 1엔
(9) 접객부는 허가 없이 지정 지역 바깥으로 나가는 것을 금한다.
(10) 영업자가 접객부에 대한 이익의 분배 등에서 부당한 행위를 했을 때는 영업정지를 명한다.

이를 보면, 업자가 군의 허가 및 군이 지정한 틀 내에서 상업적으로 경영했다는 점, 헌병이 입회하는 군의의 검진을 통해 성병 대응을 중시했던 점, 업자와 위안부의 이익 배분에 군이 개입하는 체제였다는 점 등을 알 수 있다. 일중전쟁 이후에 보급된 군 전용 위안소의 원형으로 볼 수 있을 것이다.

어찌 되었든 육군의 철수가 예상외로 빨랐기 때문에 이 제1호 위안

소는 단명에 그쳤다. 개점 날짜는 불명확하지만, "본칙本則은 쇼와 7년(1932
년 −역자) 3월 6일부터 이를 실시한다"고 되어 있기 때문에 그 전후로 보이
며, "5월 26일부로 군오락장에서 (접객부를) 전부 퇴거하게 하였다"고 했으
니, 고작 2개월도 채우지 못하고 폐쇄된 것이다. 상하이 총영사관경찰[6]이
1932년 12월 말에 작성한 '일본인의 제 영업邦人の諸營業'이라는 제목의 보고
서에는 해군 위안소는 "개업 17집, 폐쇄 3집, 현재 17집, 예기 275명, 작부
163명"[7]으로 증가하고 있다고 되어 있는데, 육군 위안소는 단기간이기 때
문에 조사에서 빠졌는지, 개업한 수와 폐쇄된 수도 등장하지 않는다.

　　오카모토가 "해군을 모방하여"라고 한 것처럼, 해군은 전년 말의
시점에서 세 곳의 지정 위안소를 확보하고 있었다. 단, 상하이 시市가 수
도 난징에 이어 1929년에 공창제 폐지를 선언한 이래 일본 영사관경찰은
편법으로 요리점 작부제도를 두고 있었다. 그에 해당한다고 해도 육군의
위안소와 동일시해도 좋을지 다소 의문이 남는다.

　　위안소 개설의 목적은 오카베 나사부로, 오카무라 야스지의 회상
에 따르면 강간 방지로 이해되는데, 이름난 사창私娼 천국 상하이의 병독
오염도 염두에 두고 있었음에 틀림없다. '중국연감中國年鑑' 1930년판은 기
녀 6만(1920년)이 "현재는 적어도 10만을 돌파하였을 것이고, 이에 여러 외
국의 매춘부를 더하면 십 수만 명에 달할 것이다"라고 해설하고 있다. 당
시의 육군 간부는 시베리아 출병(1918~1922년) 경험자가 많고, 적지 않은
부하 병사가 성병에 걸려 전력 전하를 초래했던 옛일을 기억하고 있었다.
『만주사변 육군 위생사』역시 1932년 3월 31일 현재, 군 입원 환자 587명

---

6 일본이 제2차 대전 이전에 중국, 조선 등에서 자국 영사의 재판권을 주장하면서 그를 집행하기
　위해 설치한 무장경찰. −역주
7 요시미 자료집 No. 1.

내 성병(화류병) 환자가 85명에 그친 것을 특필特筆하고, 위안소 설치와 동시에 결정한 "화류병 예방 방책"의 효과가 컸다고 평가하고 있다. 이 시기까지는 일중전쟁기와 달리 육군의 군기가 상당히 엄정하고, 강간 대책은 그다지 염두에 두지 않았던 것으로 보인다. 이제부터 각 전쟁에서의 성병 문제를 관찰해 보고자 한다.

2. 성병 통계를 살피다

[표 3-1] 일본군 성병 통계

A	B 기간	C 전체 환자 총수	D 성병 환자	D 입원자 수	E 일인 평균 치료 일수	F 천분비
1. 일청전쟁 日清戰爭	1894~1995	116,298	2,479		44.5	30.8
2. 북청사변 北清事変	1900		404		33.5	38.6
3a. 일러전쟁 日露戰爭	1904~1905	874,871	16,479	6,785	59.1	44.1
3b. 상동(해군)	상동	53,657	9,516			
4. 일독 전쟁	1914	10,535	300		34.4	60
5a. 시베리아 출병	1918~1920	104,954	2,016	976	} 42.8	} 53.9
5b. 상동	1920~1922	42,179	990	534		
6. 제남사변	1928		508		40.3	
7. 만주사변	1931~1933	78,733	3,048	2,347	48.3	70

A	B기간	C 전체 환자 총수	D 성병 환자	D 입원자 수	E 일인 평균 치료 일수	F 천분비
8. 관동군	1942~1945	1,469,000	10,283			
9. 지나支那 파견군	상동		16,370			
10. 남방군	상동	3,712,687	18,563			
11. 징병 검사	1926		6,724			14
12. 상동	1938		6,203			
13. 전全해군	1920		7,589	2,881		

※출처: 1. 대본당大本堂 『메이지이십칠팔년 전몰육군 위생기사 적요』.
3a. 『메이지이십칠팔년 전몰육군 위생사』 제4권.
5. 육군성의무국 『시베리아출병 위생사』 제2권, 속편 제4권.
7과 F는 육군성 『만주사변 육군위생사』 제6권(1937).
2. 4. 6. 8. 9. 10. 육군자위대 위생학교 『대동아전쟁 육군위생사』 제1권, 제7권(1969).
11. 12. 「가쿠세이廓淸」 다이쇼 15년(1926년) 8월호, 쇼와 13년(1938년) 6월호.
13. 『해군성 연보』.
D에서 1은 '애련병哀憐病', 기타는 '화류병花柳病'이라는 용어가 사용되고 있다.
또한 3b. 13을 제외한 나머지는 모두 육군만의 통계.

태평양전쟁을 포함한 주요 전쟁의 성병 통계는 표 3-1을 참조하기 바란다. 일청, 일러의 양 전쟁에서 전쟁 질병의 필두는 육군에 있어서는 각기병 환자인데, 전자에서는 4만 7천여 명, 후자에서는 11만 명에 달했다. 성병 환자는 그에 비하면 적었지만, 일청전쟁의 위생사衛生史는 "병사를 잃는 일은 적다할지라도 (……) 병사의 전투력을 저하시키는 일은 적다고 할 수 없고 (……) 실로 전지戰地의 골칫거리가 되고 있다"[8]라고 평했다. 또 일러전쟁에서는 "출정 부대의 화류병은 주로 출정 전, 내지에서 감염되어 전지에서 발병"하는 예가 많았기 때문에 대기지인 히로시마에 "각

---

8 대본영大本營, 『1894-1895년 전역육군 위생 기사 적요明治二十七八年戰役陸軍衛生記事摘要』, p. 621.

위안부와 전쟁터의 성性

지의 매춘부가 와서 모이는 것"에 대응하여 현 지사의 명령으로 강제 검진을 실시하고 있었다. 이 방법은 펑톈^{奉天}전투 뒤인 1905년 봄, 모리 리나타로 군의부장에 의해 채택되었고, 군의에 의해 "처음으로 공창(모두 토착주민) 41명의 성병 검사를 실시하고 그 뒤 매주 1회를 반복"[9]했다. 펑톈뿐아니라 주둔 체제로 이행한 뒤 내지로부터도 매춘부가 차차 도항해 왔기 때문에 다롄^{大連} 등 남만주의 각 도시에서도 검진이 강화되었고 나름의 효과를 거두었다.

그다음으로 육군이 경험한 대량, 장기의 해외 출병은 4년에 걸친 시베리아 출병이었다. 센다 가코와 요시미 요시아키는 이 "전쟁의 교훈"이 제1차 상하이사변 때 군위안소를 설치하는 계기가 되었다고 강조하고 있다.[10] 표 3-1을 봐도 성병 환자의 천분비는 그 이전의 여러 전쟁에 비해 이례적인 상승을 보이고 있다. 게다가 전지의학^{戰地醫學}의 진보로 각기병은 거의 극복되었고, 전시 질병 환자의 성병은 호흡기 질환에 다음가는 비중을 점하게 되었다. 입원율이 높다는 점(평균의 2배 이상)과 입원 일수가 길다는 점도 문제가 되었다. 시베리아 출병에서는 교대제를 취했고, 출정자 수가 많은 대신에 전사자(1,433명), 부상자(2,920명)는 적었고, 성병 환자의 수(3,006명)는 그보다 더 많았다.

통계에 나오지 않은 이병자^{罹病者}가 "5배부터 7배"(센다 가코)였는지 어떤지는 별개로 하더라도, 전상^{戰傷}·공상^{公傷}이 일등증^{一等症}, 내과 질환이 이등증인 것에 대해, 성병은 삼등증으로 분류되어 욕탕에 들어갈 때는 붉은 타월을 지참하고 마지막 순번이 되어야 했다. 진급도 바랄 수 없기

---

9 『1894-1895년 전역육군 위생사^{明治二十七八年戰役陸軍衛生史}』 제1권, p. 865.
10 센다 가코(1978), 『종군위안부^{従軍慰安婦}』, 산이치쇼보, pp. 24~26; 요시미 요시아키(1995), 『종군위안부^{従軍慰安婦}』, 이와나미신쇼^{岩波新書}, p. 18.

때문에 병에 걸린 사실을 숨기는 병사도 많았다. 성병의 감염원은 병사들을 상대하는 창부들로 사할린 파견 헌병대의 조사에 의하면 그녀들의 감염률은 28%에 이르렀다. 도쿄 다마노이玉の井 사창들의 유병률有病率이 4%(1935년) 정도였기 때문에 상대적으로 사할린에 출병한 병사들이 얼마나 높은 감염률을 보였는지를 알 수 있다.

　　상하이 파견군의 오카무라 야스지와 오카베 나사부로도 시베리아 출병의 체험자로, 이러한 성병의 실상을 알고 있었다. 그들이 폭발적인 성병의 확대를 막는 데는 종래와 같이 민간의 공·사창 시설을 군민軍民 혼용으로 사용하는 방식이 아니라 "군 전용 매춘 시설을 만들어 검사 대상을 한정하는 쪽이 검사 자체를 보다 효율적으로 수행할 수 있게 하고, 또 성병 방지라는 관점으로부터도 전용 시설 이외에의 출입을 금지함으로써 전보다 한 단계 더 높은 효과를 거두는 것이 가능하다"[11](가와다 후미코)고 생각한 것은 매우 자연스러운 일이었다.

　　상하이에서 실현된 이 착상은 '군오락장'이 2개월 후에 해산되어 단명으로 끝났지만, 5년 후의 일중전쟁 때 다시 부활한 것은 이 시스템의 유효성이 실증되었다고 보아도 좋을 것이다. 사변이 종결되고 평시 체제로 돌아간 뒤에도, 상하이는 상주하는 해군특별육전대 대원을 고객으로 하는 3집 내지 7집 전후의 해군 지정 위안소가 영업을 계속하고 있었다(표 3-2 참조). 후지나가 다케시에 따르면 1931년 말에 해군 위안소로 분류되는 3집은 이전부터 존재했던 '대좌부貸座敷'가 상하이 시의 폐창 방침에 대응하기 위해 이름을 바꾼 것이었다고 한다.[12] 동시에 '을종예기乙種藝妓'(실태는

---

11 앞의 가와다 후미코,『전쟁과 성』, p. 63.
12 후지나가 다케시藤永壯(1995), '상하이의 일본군위안소와 조선인上海の日本軍慰安所と朝鮮人', 오사카 산업대학 산업연구소大坂産業大學産業研究所,『국제도시 상하이國際都市上海』, p. 112, 127.

창기)도 '작부'로 이름을 바꾸었다. 여하튼 "절대로 지방의 손님과 접하지 말고, 또 작부의 건강검진도 육전대원 및 상하이 총영사관 경찰관리 입회 하에 매주 2회 전문의가 시행"(동 영사관 보고)[13]한다고 되어 있기 때문에 군 전용 방식은 육군보다도 해군에 의해 시작되었다고 이해하는 쪽이 올바를지도 모른다.

[표 3-2] 상하이의 풍속 관계 시설과 여성 수의 추이(각 연말)

연도		1931	1932	1934	1936	1937	1938
예기집			1		24	23	27
예기		188	275	166	145	197	257
일반 대좌부					3	4	4
작부	日	28	163	173	102	118	171
	朝				29		20
사창	日	450			40		150
	朝				290	20	
위안소	日	3	17		7		7
	朝						
임시 작부 (육군 위안부)							300
여급	日	206		431	306		862
	朝				48	78	
댄서	日	239	245	144	98		300
	朝				37	18	

※출처: '상하이영사관 조사' 요시미 요시아키 『종군위안부 자료집』 No. 1, 2, 30, 34 등에 따라 작성.

주1 육군 위안부의 수는 명확하지 않다. 1940년에 10곳, 1942년에 16곳이 있었던 것으로 확인되고 있다.

주2 1949년 중화인민공화국은 여타 대도시에 이어 상하이의 기원妓院 800여 곳(기녀 4,000)을 폐쇄했다. 『상하이인물지上海人物誌』(토호쇼텐東方書店, 1997), pp.199~201.

---

13 요시미 자료집 No. 2.

한편 만주사변의 본 무대인 만주 방면에서는 변함없이 군민 혼용 방식이 계속되고 있었는데, 여기에서도 역시 성병 문제는 군 당국의 골칫 거리였다. '제14사단 화류병 예방 방침'(1932년 10월 8일)[14]이라는 제목의 통 첩에는 "열과 사랑으로 정신교육과 위생 강연을 실시하고, 가급적 감염 의 기회를 만들지 않을 것"이라든가, "어쩔 수 없이 접객부와 접하는 경 우는 반드시 성병 검사 결과 합격한 자를 선정할 것"이라든가, "부주의에 의한 감염은 처벌할 수 있다"와 같은 고심의 항목이 있었는데 구제책으 로는 역부족이었다.

교육의 대상은 병사에만 그치지 않았다. 보병 제40연대는 "이 지 역 유곽 경영자 및 하녀, 예·창기 전원을 집합시켜 영사관 경찰서장 및 헌병 분대장 입회하에 1시간 반에 걸쳐 (……) 세부의 실행 방법에 대해 강 연"을 하였다. 성병 검사를 각지에서 실시한 바, "중국 창기는 유독자有毒 者가 다른 사람들에 비해 늘 다수이고, 또 치료의 요구에 응하지 않으므 로 병사의 접근을 금지하고 중국 창녀와의 접촉을 방지"[15]했지만, 이 금 지 명령이 반드시 지켜지는 것은 아니었다. 일중전쟁기에도 성병 문제는 해결되지 않았고, 병사가 병독을 국내로 전파하는 것을 걱정한 육군성 의 무국은 내지로의 귀환 예정자에 대해 신체검사를 실시하고, 감염자는 치 료가 끝날 때까지 귀환시키지 않고, 재발의 염려가 있는 자는 출신 현의 지사에게 통보할 것을 지시했다(육아밀 제2112호, 1942. 6. 18).

---

14 앞의 『만주사변 육군 위생사』 제6권, pp. 822-823.
15 같은 책, p. 27.

위안부와 전쟁터의 성性

3. 아소 군의軍医와 양가택楊可宅 위안소

[표 3-3] 입원한 성병 환자의 감염원

	공창	사창	예기	여급	댄서	시로토 素人女	기타 포함 총계
내지인	316	88	7	16	1	4	437
조선인	367	113		1			481
지나인	89	26					115
러시아인	18	5					23
만주인		2					2

* 시로토素人女=물장사에 종사한 여성
※출처:『만주사변 육군 위생사』(1937), 제6권, p. 821.

상하이의 제2병참 병원에서 근무하고 있던 아소 테츠오麻生徹夫 군의(산부인과 전문)가 내지에서 막 도착한 여성들의 성병을 검진하라는 명령을 받은 것은 수도 난징南京 함락으로부터 3주 후에 해당하는 1938년 1월 2일의 일이었다.

아소의 회상기에 의하면, 기타큐슈北九州에서 온 일본인 20명 남짓과 조선인 80명은 중 전자는 성병에 걸려 본 경험이 있는 베테랑 창부가 많고, 후자는 젊은 미경험자가 많았던 것 같다.[16] 센다 가코(1981)의『종군위안부 게이코從軍慰安婦 敬子』속 주인공인 21세의 게이코도 그중 한 사람으로 3년 전부터 후쿠오카의 오하마大浜 유곽이라는 사창굴에서 일하고 있었다. 그러던 중에 항저우杭州만 상륙부터 난징 공략전까지 후쿠오카 연대의 어용상인御用商人으로 동행한 이시바시의 스카우트에 응한 것이다. 이시

---

16 아소 테츠오(1993),『상하이에서 상하이로上海から上海へ』, 세키후샤石風社, pp. 41-42.

바시는 다른 업자들과 함께 12월에 상하이의 병참사령부 주계主計 장교로 부터 한 사람당 1,000엔씩의 전도금과 함께 업자 1인당 15명을 모아 오라는 의뢰를 받고 기타큐슈를 돌며 18명의 여자를 모아 10일 후 상하이로 돌아왔다고 한다. 그런데 아소 테츠오가 검진한 여성들이 일하는 위안소가 상하이 교외의 양가택(현재의 동침가택東侵家宅)으로 개점한 것은 1938년 1월 10일경으로 접수대 옆에는 다음과 같은 이용 규칙이 게시되어 있었다.[17]

위안소 규정

1. 본 위안소에는 육군 군인·군속(군부軍夫를 제외한다) 외의 입장을 허락하지 않는다.
1. 입장자는 반드시 접수대에서 요금을 지불하고, 입장권과 콘돔 1개를 받는다.
1. 요금은 다음과 같다.
   ―하사관, 병兵, 군속 금金 2엔
1. 입장권의 효력은 당일에 한한다. 만약 입실하지 않을 때는 현금과 교환하는 것으로 한다. 단, 작부에게 건네준 것은 반환하지 않는다.
1. 입장권을 입수한 자는 지정받은 번호의 방에 들어갈 것. 단, 시간은 30분으로 한다.
1. 입실과 동시에 입장권을 작부에게 인도할 것.

---

17 같은 책에 게재된 아소 테츠오 군의관의 사진으로부터.

1. 실내에서는 음주를 금한다.

1. 일이 끝난 뒤에는 바로 퇴실할 것.

1. 규정을 지키지 않는 자나 군기·풍기를 어지럽히는 자는 퇴장 시킨다.

(이하는 판독할 수 없어 생략)

동東 병참 사령부

그러나 병참사령부 직영으로 생각되는 이 양가택 위안소는 접수대에 군인 복장을 한 하사관이 앉아 있는 관료 통제식의 딱딱한 위안소였기 때문에 하급 병사는 이용을 주저하였고 그다지 인기는 없었다.

이곳의 개업에 입회한 것으로 보이는 보병 제101연대에 소속된 한 병사의 일기(1월 8일)에는 "야간 대장으로부터 위안소 개설 이야기를 듣다. 기뻐하는 사람 많음"이라고 쓰여 있고, 1월 13일에는 "오늘 급히 주보계主保係의 명을 받고 주보(군대 내의 매점)로 간다. 전지 군대는 재미있는 곳이다. 여급만 있는 주보라서. 아직 파는 물건은 하나뿐이다. ○○을 사는 자가 '와' 하고 몰려들어 와서 오후부터 밤늦게까지 바쁘다"[18]라고 적고 있다.

우연인지, 양가택이 부진하여 생각을 바꾼 것인지, 얼마 지나지 않아서 이번에는 민간업자가 경영하

상하이의 육군 위안소 정문

18 하기시마 시즈타 진중일기萩島靜太陣中日記, 다나카 츠네오 편田中常雄編(1989), 『추억의 시선追憶の視線』下, p. 102.

는 위안소가 쟝완江灣의 민가에 개점하였다. 준비는 보통 이하였고 위생 관리는 엉성했지만, 민간 경영답게 입구에는 "성전聖戰 대승의 용사 대환영", "몸도 마음도 바치는 야마토 나데시코大和撫子[19]의 서비스"라는 팻말을 세워 두었기 때문에 병사들이 '와' 하고 밀어닥쳐 번창했다.

'게이코'와 그의 그룹은 양가택에서 잠시 영업을 한 후, 후쿠오카 연대의 뒤를 쫓아 항저우杭州로 향하고, 다음으로 광둥廣東으로 옮기는데, 이시바시는 그 사이에 완전한 매춘숙 소유자가 되었다. 양가택의 위안소는 폐지설도 돌았지만 서평徐平, 소지량蘇智良의 현지 조사에 의하면 중국인 여성을 위주로 하여 1945년까지 존속했다고 한다. 어쨌든 양가택을 반드시 일중전쟁기 위안소의 제1호라고는 말할 수 없을 것이다. 항저우만에 상륙한 제10군의 참모 야마자키 마사오 중좌는 다음과 같이 쓰고 있다.[20]

> 앞에 간 데라다 중좌(참모)는 헌병을 지도하여 후저우湖州에 오락 기관을 설치한다. 최초 4명이었는데 7명이 되었다고 한다. 아직 공포심이 있고, 사람을 모으는 일도 잘 하지 못하고, '서비스'도 불량하지만, 생명 안전을 우선하고, 돈을 반드시 지불하며, 혹사시키지 않는다는 것이 알려지면 점차 희망자도 모을 수 있게 되고 (……) 헌병은 100명가량 모으라고 요구하고 (……) 병사들은 어디에서 전해 듣고 대번창 (……)

문헌을 살펴보면, 아무래도 개설은 12월 18일보다 며칠 빨랐던 것

---

19 일본 여성의 미칭美稱이다. —역주
20 해행사偕行社(1989) 『난징전사 자료집南京戰史資料集』의 야마자키 마사오山崎正男, 이이누마 마모루飯沼守, 우에무라 토시미치上村利道 각자의 일기를 참조.

위안부와 전쟁터의 성性

같고, 여성도 현지의 중국인인 것으로 짐작된다. 그리 멀지 않은 상하이 북서쪽의 양저우揚州에 제3사단이 자치위원회에서 모아 온 60명의 중국인 여성을 군의가 검진한 뒤 위안소를 연 것도 거의 같은 시기이다. 개설위원이 되라는 명령을 받고, 개업 후에는 접수와 요금 정산 사무를 보았던 쓰기노 시게루의 회상에 의하면 "1엔에 창녀와 접촉하는 허가증과 '방독면(콘돔)'을 받은 병사들이 일렬로 줄을 서고, 30분 단위로 회전"시켰다고 한다.

상하이-난징 전투의 점령지에서는 주둔지마다 이러한 종류의 위안소가 개설되었는데, 최초는 치안위원회로 하여금 중국인 여성을 조달하게 하고, 군과 공동 경영하는 방식이 많았던 것 같다. 그러나 양저우의 경우 1개월 뒤에 내지로부터 30명, 조선으로부터 20명의 위안부가 도착, 전체 110명 체제로 5천 명의 병사를 위안하고 "단 한 건의 불상사도 일어나지 않았다"[21]며 『제3사단 위생대 회고록』은 자찬하고 있다.

그러나 같은 3사단에서도 다른 주둔지인 쟝인江陰에서는 조금 거친 상황이 전개되었다. 현지의 협력을 얻지 못했기 때문인지 천 명 정도의 군인에게 내지와 조선에서 혼성으로 위안부 6명이 도착했을 때는 "먼 길에 수고하셨습니다"라고 소리치는 병사도 있었다. 절을 접수하여 중을 쫓고 불상을 들어낸 뒤 목수 경험자가 즐겁게 본당에 다다미를 깔고 거적으로 칸막이를 친 개인 방을 만들고, 민가에서 징발한 침대를 설치하는 공사에 힘을 썼다. 주번 하사관에게 산 한 장에 1엔 50전 하는 벚꽃 티켓(일본 여성), 1엔 하는 복숭아꽃 티켓(조선 여성)을 쥔 병사는 상관으로부터

---

21 이 회고록(1979)의 쓰기노 시게루杉野茂 수기; '보병 제6연대 역사 추록 제2부步兵第六聯隊歷史追錄第二部'(1971), p. 97.

"대원수 폐하[22]께옵서 하물며 전지에 있는 장병을 돌봐 주시고, 위안하기 위해 여성을 내려보내시고 (……)"라는 훈시를 받고, 2월의 찬 공기 속에 제자리걸음을 하면서 순서를 기다렸다. 그중 한 사람이었던 소네 카즈오는 3시간을 기다린 뒤 행위는 고작 3~4분, 한마디 말을 나눌 여유도 없었다고 회상하는데, 아무래도 여기는 양가택식의 '병참오락소'였을 것이다.[23]

소네의 체험이 시사하듯이, 대장들은 부하 병사에게 위안소를 사용하게 할 명분을 찾고자 고심했던 것 같다. 상하이 파견군의 야전 우편장으로서 종군한 체신성 관리인 사사키 모토카츠는 어떤 부대의 관리부장 이름으로 게시된 '하사관, 병, 위안소 출입에 관한 주의'라는 것을 베껴썼는데, "특수한 부인들과 접촉하는 것은 결코 도덕상 칭찬할 일은 아니지만, 상사上司는 군 위신의 유지라는 대승적 견지에 근거하여 허가받은, 말하자면 '세련된 조치'다. (……) 어디까지나 성욕 조절이라는 것을 잊지 말라"(1938년 2월 3일)[24]는 것이었다. 겸사겸사 사사키의 위안소 견문을 소개한다.

'상하이료寮 천황 장병 위안소'
(상하이 양슈푸 거리에서) 11월 중순, 나는 묘한 광고판을 보았다.
"맥주, 사이다, 미인 다수."
후미진 곳의 2층 가옥에서 아름다운 목소리가 들렸다. 여기는 반

---

22 천황을 말한다. —역주
23 소네 카즈오曾根一夫(1993), 『전 하급병사가 체험 견문한 종군위안부元下級兵士が體驗見聞した從軍慰安婦』(시라이시쇼텐白石書店, pp. 69~74)와 소네의 이야기.
24 사사키 모토카츠佐々木元勝(1973), 『야전 우편기野戰郵便旗』, 겐다이시슈판카이現代史出版會, pp. 247~249.

도인이 영업하고 있는 곳이다. (중략) 난징 함락 후 수저우蘇州에 갔을 때, 여기에 위안소를 개설한다는 이야기를 들었다. 1월 하순, 항저우에 갔을 때는 내지인, 반도인, 중국인 위안소가 있었다.

2월 초에 난징에 갔을 때는 구로우 공원 가까이에 장교 위안소가 있고, 견학을 위해 외출하면 열여섯, 열일곱의 예쁜 아가씨들이 스토브 앞에서 불을 쬐고 있었다. (……) 카운터는 중국인들이 맡고 있었다.

난징에서 추허滁縣까지 가자 그 벽촌 폐허의 거리에도 군대가 가는 곳이면 그녀들도 따라온다. (……) 위안소가 적에게 습격받는 일도 있었다. 그녀들이야말로 겁쟁이라도 의욕을 준다고 말할 정도 (……)

그러나 실제로 동서東西도 모르는 여자 무리를 데리고 다니는 것은 그들을 인솔하는 매춘업자들이었다. 잇속에 밝은 업자들은 일찍부터 상하이에 모여 연줄을 찾으면서 장사할 기회가 오기를 기다리고 있었다. 난징공략전을 취재한 후 상하이의 병참사령부에 얼굴을 내민 도메이同盟 통신사의 마에다 특파원은 "수저우와 항저우와 기타 마을, 그리고 난징에 점포를 열려고 하는, 일확천금을 바라는 사람들이 몰려들고 있었다. (……) 점령지에서의 막벌이가 목적"[25]이라고 관찰하고, 그들을 "하이에나 무리"로 묘사했다. 결국 단판에 승부를 내려는 이들은 화중華中 각지로 펴져 나가 위안소의 경영권을 수중에 넣기 시작했다.

---

25 마에다 유지前田雄二(1982), 『전재의 흐름 가운데서戦争の流れの中に』, 젠본샤善本社, p. 131.

4. 난징학살과 위안 대책

상하이 전투로부터 난징 전투에 걸쳐 속속 위안소가 생긴 이유는 무엇이었을까? 몇 개의 사례로부터 추측하자면, 현지군 최고자의 배려, 작전 부대의 요구, 일확천금을 노리는 매춘업자의 판촉, 군 중앙부의 합의 내지 묵인과 같은 제 요인이 복합되어 있었던 것으로 생각된다. 앞의 두 가지 경우에 대해서는 이미 살펴본 대로지만, 군 중앙부가 움직인 실례도 있었던 것 같다.

작가인 오바야시 키요시가 전 다마노이의 메이슈야銘酒屋[26] 조합장인 쿠니이 시게루로부터 청취한 바에 따르면, 쿠니이가 육군성의 장교로부터 호출을 받고, "접객부를 지급至急으로 모집하여 전지로 보내 주기 바란다. (……) 주거는 군이 준비하고, 이동에 관해서는 모두 군 요원에 준하고 (……) 업자 여러분이 자주적으로 이를 경영하는 형태를 취하고자 한다. 아무리 그렇다고 해도 군이 색싯집을 경영하는 거 안 되니까"[27]라는 상담을 받은 것은 1937년 11월경이었다고 한다. 제안을 받아들이기는 했지만 전쟁 경기로 번창하고 있던 다마노이로부터는 아무리 설득해도 희망자가 나오지 않았고, 5만 엔을 들여 간신히 52명의 여자를 채워 넣고 다음 해 서둘러 그곳으로 내보냈는데, "실패하면 이익은커녕 본전까지 까먹게" 되는 위험을 각오한 일이었다.

결과적으로는 5만 엔의 투자금을 4개월 만에 회수, 여자들도 "고

---

26 좋은 술을 판다는 곳이지만, 대개는 술을 파는 집으로 위장한 매춘숙이었다. —역주
27 오바야시 키요시大林清(1983), 『다마노이의 만가玉の井の挽歌』, 세이아보青蛙房. p. 198.

작 1개월부터 30개월 정도면 차금借金[28]을 모두 뽑아내고, 그 뒤에는 마음대로 돈을 벌 수 있게 해 준다"[29]고 하는 성공스토리가 만들어졌는데, 이런 일은 드물지 않았을 것이다. 그러나 제1차 상하이사변의 선례를 아는 현지 군 간부가 위안부의 필요성을 일찍부터 의식하고 있었음은 확실하지만, 2개월 반 동안의 고투 끝에 4만의 사상자를 낸 상하이 전투로 인해 일본군은 정신을 차릴 수 없었고, 중국군이 퇴각으로 전환하자 추격전에 들어간 1937년 11월경까지는 아직 손을 쓸 여유가 없었다.

상하이 파견군 참모장 이이누마 마모루飯沼守 소장의 일기에서 "위안 시설의 건, 방면군方面軍[30]으로부터 서류가 와 실시를 처리한다"고 하는 관련 기록이 나타나는 것은, 수도 난징 함락(12월 13일) 이틀 전인 12월 11일이었다. 방면군이란 상하이 파견군과 제10군을 통합 지휘하기 위해 11월 7일에 편성된 중지나中支那 방면군(사령관 마쓰이 이와네 대장)을 가리킨다.[31] 19일 이이누마의 일기에서는 "신속히 색싯집을 설치하는 건에 대해 초長 중좌에게 의뢰한다"고 썼는데, 같은 날 "장교가 이끄는 부대가 피난민을 침입, 강간하고"라는 기록에서 보는 바와 같이, 군 간부는 빈발하는 강간 문제로 애를 태우고 있었다.

초 중좌는 국가개조운동과 미발未發의 쿠데타로 유명한 초 이사무長勇로, 방면군과 파견군의 제2과(정보)참모를 겸하고 있었다. 이른바 '지나야支那屋'의 일원으로서 바로 전까지 한커우漢口 주재 무관도 맡고 있었기

---

28 보통 '전차금前借金'이라고 한다. 전쟁 이전 공창에서 일하는 매춘부나 전시의 위안부들에게 취업 이전에 주어지는 돈이다. 매춘부·위안부는 이 돈을 취업 이후 일을 하면서 갚아 나가야 했다. 전쟁 이전, 일본에서는 이 전차금을 모두 갚는 데 평균적으로 3년이 걸렸다고 한다. ─역주
29 같은 책, p. 221.
30 전략·전술상으로 중요한 일정한 방향이나 지역에서 독립적으로 활동하는 부대를 말한다. ─역주
31 하타 이쿠히코秦郁彦(1986), 『난징사건南京事件』, 주코신쇼中公新書, p. 73.

때문에 적임자임에는 틀림없었다. 그 뒤 초는 상하이로 가서 새로운 신정권 공작을 벌임과 동시에 암흑가를 지배하는 비밀결사 '친판青帮'의 대두목 황금영黃金榮과 교섭을 벌여 "연말에는 개업할 수 있는 준비"(25일 이이누마 일기)라고 말하게 되었다. 단, 초의 준비가 난징만인지 방면군 전역에 걸친 것인지는 명확하지 않다. 앞서 나온 후저우와 양저우에서는 작전 부대가 상부의 방침을 선취하여 독자적으로 위안소를 열기 시작했는지도 모른다.

어느 쪽이든 함락 직후의 난징 시내는 일본군의 폭행—포로와 시민의 학살, 약탈, 방화, 강간 등—이 심각한 상황이었다. 도쿄 재판에서 난징의 미국인 의사는 2만 명의 부녀가 강간당했다고 증언하였지만, 2주가 지나도 상황은 수습되지 않았고, 우에무라 토시미치上村利道 상하이 파견군 참모부장은 "군대의 비위가 더욱더 심해진 것 같다. (……) 난징 위안소의 개설에 대해 제2과의 안을 심의하다"(28일)라고 일기에 써 두었다. 한시바삐 서두른 것이겠지만 아무래도 연말은 무리였고 개업은 1월이 되어서야 가능했으리라 생각된다.

난징 총사령관이 작성한 경찰사무상황警察事務狀況에 따르면 점령 직후부터 내지의 일반 사람들이 일제히 건너 들어왔고 피난하였던 주민도 복귀했기 때문에 "입성入城 시에 10만 명이던 인구가 1938년 말에는 약 60만, 내지에서 온 사람 4,679명, 외국인은 114명"에 달했다. 내지인의 내역은 4,100명(여자가 2,596명)에 조선인 489명(여자 294명), 대만인 90명이었는데 여성의 비율이 특별히 높다.

"상반기에 일반 영업자는 주로 군을 목표로 하는 위안소, 음식점, 기타 일시적 영업"을 했는데, "연말에는 음식점 98개, 갑종요리점 12개 및 을종요리점"에서 일하는 "예기 63명, 작부 94명, 하녀中去 31명, 여급

116명”[32]이라는 통계를 보면, 거류민을 대상으로 300명의 여성은 너무 많고, 수만 명이었던 군인·군속을 위해서는 충분하지 않았던 것 같다. 군전용 위안소에서 일하는 여성과 중국인 여성을 포함하지 않은 것처럼 보이지만, 쑤즈량蘇智良의 조사에 따르면 일본군 난징 특무기관의 하청으로 위안부를 모집한 것은 자오훙녠喬鴻年이라는 풍속 관계업의 보스였고, 우선 100명 남짓의 중국인 여성을 데려와 전후강(傳厚岡, 장교용)과 철관항(鐵管巷, 하사관용) 두 곳의 위안소를 열고, 그 뒤에 차차 위안소를 개업하였다고 한다.[33] 어떤 보고들은 차오가 1938년 중반에는 17개소를 열었다고 하고 다른 사람들은 9개소라고 하는데, “25채의 창관倉官이 줄지어 세워지고 (……) 일본어와 중국어로 “수저우, 항저우에서 온 ‘꽃 같은 구슬처럼 아름다운 아가씨가 상냥하게 접대합니다’라는 큰 벽보가 붙어 있어서 일본군 병사의 수욕獸慾을 만족시키고 있다”[34]고 한 것은 일중日中 공용의 ‘창녀 소굴’이 아니었을까.

　　이 여성들이 강제연행과 흡사한 방법으로 모인 것인가 아닌가는 미묘한 문제인데, 그 다수는 국제안전구역으로 도망해 들어와 있던 근근이 연명하는 난민여성이 아니었을까 생각한다. 하야오 토시오 군의軍醫 중위는 “입에 풀칠할 방법을

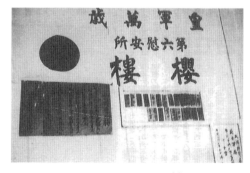

중지中支의 육군 위안소

32 『외무성 경찰사-난징영사관外務省警察史·南京總領事館の部』, 외교사료관外交史料館 소장.
33 「항일재판 연구抗日戰爭硏究」, 1996년 4호, 1997년 3호의 쑤즈량의 논문.
34 「항일전쟁연구抗日戰爭硏究」, 1992년 4호의 쑤즈량의 논문.

찾기 위해 옛날 하급 매춘부처럼"[35]이라면서, 일본 병사의 소매를 이끄는 부녀자의 모습을 묘사하고 있다. 안전구역 위원장인 욘 라베(독일인, 지멘스사社 난징 지국장)는 12월 25일에 이민 등록을 이용하여 "병사들을 위한 대규모 매춘숙을 만들 것"이라는 이야기를 듣고 분개하였는데, 다음 날에는 또 깜짝 놀랄만한 광경을 보게 되었다. 선교사로서 진링여자학원의 교수였던 미국인 여성 미니 보트린은 거기에 수용된 4백 명 정도의 난민 처녀들을 "암컷이 새끼를 품듯이 소중히 돌보고" 있었는데, 위안소 모집 담당자가 그곳으로 온 것이다. 라베는 자신의 일기에 다음과 같이 썼다.

> 몇 백이나 되는 처녀들로 가득 찬 홀로 밀려들어 온 남자들을 공포에 질린 미니는 양손을 꼭 쥐고 지켜보고 있었다. 내놓지 않겠다. 차라리 여기에서 죽는 게 낫겠다. 하지만 그때 어안이 벙벙할 일이 벌어졌다. 우리가 잘 알고 있는, 고상한 홍만자회紅卍字會의 회원이 나란히 있는 처녀들에게 두 세 마디 공손하게 건넸다. 그러자 놀랍게도 상당한 수의 처녀들이 앞으로 나섰던 것이다. 이전에 매춘부였던 것처럼, 새로운 매춘숙에서 일하는 것을 조금도 걱정하지 않는 것이었다. 미니는 말을 잃었다.[36]

라베는 호의적으로 지원한 여성들이 전직 매춘부인 것 같다고 추측하고 있지만, 아닌 경우도 적지 않았음에 틀림없다. 8년 뒤 패전 직후

---

35 요시미 자료집 No. 47.
36 욘 라베John Rabe(1997), 『난징의 진실南京の眞實』, 고단샤講談社, pp. 47-48. 또 에드가 스노우 Edgar Snow(1956), 『아시아의 전쟁アジアの戰爭』, 미쓰즈쇼보みすず書房, p. 55에도 유사한 에피소드가 등장한다.

도쿄에서 RAA(특수위안시설협회)가 주둔 미군을 상대하는 위안부를 모집할 때도 예상과는 달리 수많은 아마추어 여성들이 그에 응했기 때문이다. 어쨌든 위안소를 적당히 배려하는 대책이 비록 강간과 성병을 근절할 수는 없었다고 해도 그 나름의 효과를 본 듯하다는 점은, 도쿄재판에 출정出廷한 전 홍만자회 부회장의 증언에 의해서도 뒷받침된다. 하야오 군의관은 그 사실은 인정하면서도 "성욕의 노예와 같이 전장을 휩쓸고 있는" 일본 병사에게 깊은 실망과 혐오의 감정을 가지지 않을 수 없었다.

5. 군 직영에서 민영·사유물까지

일중전쟁의 전선이 확대함에 따라 각종 위안 시설도 차차 증가하였다. 1938년 10월의 한커우, 광둥 작전을 경계로 하여 일본군은 간헐적인 토벌 작전을 제외하면 그 이상으로 전선을 확대하기를 단념하고 주둔 체제로 이행한다.

1940년에는 괴뢰 정권을 통합한 형태로 왕징웨이의 국민정부가 난징에 수립되었지만 민심을 장악할 힘을 결여하였고, 일본군의 무력적 배경 없이는 유지할 수 없는 약체 정권에 지나지 않았다. 그 일본군조차 산시山西 성 제37사단(병력 1만 4천)이 주둔지 105개소, 진지 129개소, 합계 234개소에 나뉘어 주둔하는 형편이었고,[37] 이러한 고도의 분산 배치를

---

37 후지타 유타카藤田豊(1977), 『봄이 찾아온 대황하春訪れし 大黃河』, p. 140.

택했기 때문에 전체 병력은 70만 명 전후에 달했음에도 불구하고 요지를 연결하는 전선을 확보하는 정도가 고작이었다. 장기 게릴라전술로 대항하는 장제스 정권(수도는 충칭重慶)과 공산당(팔로군八路軍)을 타도할 결정적인 수단이 없는 상황에서 전쟁은 1945년까지 단속적으로 8년이나 이어졌다. 그러한 상황에서 병사의 사기와 위안은 중요한 과제가 되었고, 시기와 지역에 따라 차이는 있지만 이상과 같은 사정에 의해 중국 대륙에서 일본군 특유의 위안소 시스템이 완성되어 갔다. 요시미 요시아키는 넓은 의미廣義의 위안소를 다음과 같이 4, 5개의 유형으로 분류하고 있다.[38]

   A. 군의 직영
   B. 군이 감독·통제하고 군인·군속 전용
      B1. 특정한 부대 전용
      B2. 도시 등에서 군이 인가(지정)
   C. 군이 민간의 매춘숙 등을 병사 용도로 지정하는 군 이용의 위안소로, 민간인도 이용
   D. 순수한 민간의 매춘숙으로 군인도 이용

   이 분류는 대체로 타당하다고 생각되지만 나는 여기에 'E. 요릿집, 카페, 바 등 매춘을 겸업한 시설'을 부가하고자 한다. 평상시 내지의 연대 소재지 등으로 군인이 이용했던 곳은 군민軍民 공용의 C, D에 해당한다. 제1차 상하이사변 전후부터 상하이에서 영업을 시작하고, 영사관 경찰이 '해군 위안소'로 분류하였던 것은 B2에 해당한다. 상하이의 양가택이 A

---

38 요시미 자료집, pp. 27-28.

위안부와 전쟁터의 성性

에, 또 난징과 양저우는 B에 해당하는 것으로 보이는데, 여성을 모은 현지 자치위원회와 괴뢰 정권의 관계로 볼 때 A로 간주되는 것도 있다.

어쨌든 A는 과도적 존재로 1938년 중에는 거의 자취를 감추는데, 훗날 변방의 말단 부대에서 가끔 나타난다. 일부 군인들의 사유私有 위안소로 부를 수 있을 것 같은데, 업자가 어떤 형태로든 개입하는 일이 많았다. 예외적이기는 하지만 실정을 가장 알기 어려운 것은 납

일본인 '위안부'들.
1938년, 중국 우후蕪湖 에서

치, 강간과 겹치는 이런 종류의 '사유'로서, 지불해야 할 대금이 아까워 무료로 해 버리거나 폭력을 휘두르는 병사도 있었던 것 같다.

허베이河北성에 주둔한 독립 보병 제32대대의 주계主計 군조軍曹는 "멀리 떨어져 있는 분견대 입장에서는 치안이 나빠 분견대 바깥은 위험하기 때문에 내부에 개업하는데, 운 나쁘게 여단장 등의 순시라도 있으면 큰일이다. 한 방에 가두고 (……)"[39]라고 쓰고 있다. "여자는 소대장 이하에 두는 것을 금지한다", "위안소, 여자에 대해서는 대대장 이상으로부터 신청, 허가를 받은 뒤에 설치"[40]하는 것이 원칙이었기 때문에 하사관 이하 십여 명밖에 없는 분견대에 여자를 두는 것은 군 규정 위반이었음에 틀림없다. 절충안으로 고안된 것이 이른바 '순회 위안소'로, 1944년 말 후베이성湖北푸닝撫寧의 분견대(소위 이하 23명)에서 근무한 위생 상등병은 다음과

---

39 하루니春二 부대회(1968), 『회상回想』의 오가와 신키치小川心근知 수기.
40 1942년, 북지나 파견군 110사단 관계자료.

같이 회상한다.[41]

12월 중반, 중대본부에서 전화 연락으로 조선인 위안부 1명을 보낼 테니 준비하라는 전달을 받고 부대장은 다음과 같은 통달을 내렸다.

급고急告

위안부의 방은 망루의 1층에 설치한다. 희망자는 오늘 밤 6시부터 시작되는 야간 보초 교대에서 한 번에 30분간 근무를 피해야 한다. 보초 근무에서 해제된 뒤 바로 군장을 풀고 위안부의 방으로 들어가 적어도 다음 해제된 병사보다 10분 전까지 용무를 마치고 방을 나올 것.

이러한 내용이었다. 소요 시간 15분, 바로 돌격일발突擊一發 이었다.

수기는 중국 여성들을 사서 "사유물"로 삼은 분견대가 있었다는 것도 언급하고 있지만, 순회 위안소는 중국 중부와 남부만 아니라 만주에서도 발견된 것 같다. 사유물이라고 하면 B1과 같이, 내지에서 주둔할 때부터의 인연으로 어용상인에게 여성을 데려오게 하고, 부대와 함께 이동하는 예도 드물지 않았다. 광둥의 제21군에는 "위안부녀" 약 1,000명 속에서 "군에서 통제하는 것은 약 850명"이고, "각 부대의 내지 주둔지로부

---

41 타구치 신기치 수기田口新吉手記(독립 보병 제32대대) 및 타구치의 이야기. 타구치에 의하면 게릴라 여성 병사 등을 최전선의 분견대에 위안부로 보낸다는 소문이 있었다고 하는데 확인할 수 없다.

위안부와 전쟁터의 성性

터 부른 사람이 약 150명"[42]이었다. 이러한 인연이 없어도 부대가 전속하듯이 그녀들을 데리고 다니는 관습은 우한武漢 작전(1938년 여름) 무렵이 되면 드물지 않게 되었다. 이 작전을 지휘한 오카무라 야스지岡村寧次 장군(제11군 사령관)은 "각 병단은 거의 모두 위안부단을 데리고 다니며, 병참의 일 분대가 되어 있는 모습 (……) (그렇지만) 강간죄는 끊이지 않는다"[43]고 개탄하고 있다.

화베이華北에서는 사정이 조금 달랐다. 전쟁 전부터 이미 일본인, 조선인 등 매춘부가 파고들어, 전화戰火를 거친 후 차차 업자들이 여자들을 육로로 들여올 수 있었다. 예를 들면, 1937년 12월 톈진 총영사관 탕구塘沽 출장소 보고에 따르면, 요리점 영업자는 내지인 5명, 조선인 3명이고, 종업원은 예기 13명, 작부는 내지인 15명, 조선인 54명으로 "중국 북부의 관문인 관계상 (……) 황군의 통과·주둔 부대가 많고, 이들을 상대로 하는 이러한 종류의 영업은 지극히 번창하고 있으며 (……) 매주 금요일, 현지 개업의가 건강검진을 실시"[44]하는 상황이었다. "이러한 종류의 영업"을 하고 있는 요리점의 감독은 영사관 경찰이 관장하고, 일반 일본인뿐 아니라 군인과 군속도 이용하고 있었다. E형의 전형이라고 볼 수 있을 것이다. E형은 원칙적으로 음식을 금지하고 있었던 좁은 의미의 위안소와 달리 음식을 제공하는 것이 원칙이었지만 매춘도 겸업하고 있는 곳이 많았고, 카페, 바도 포함하여 강제 검진의 대상이었다. 이것을 위안소로 간주할 수 있을지는 애매한 부분이 있다.

어느 쪽이든 매춘 겸업의 요리점 등은 그 요금이 좁은 의미의 위

---

42 요시미 자료집 No. 44.
43 앞의 『오카무라 야스지 대장 자료』, p. 303.
44 요시미 자료집 No. 31.

안소보다 5~10배 비쌌기 때문에 이용자는 재류 일본인과 장교에 한정되고, 일반 병사에 있어서는 '그림의 떡'이었으니, 그들이 가볍게 이용할 수 있는 위안 시설의 필요성이 통감되었다. 오카베 북지나 방면군 참모장이 1938년 6월에 낸 통첩에서 일본군에 의한 강간이 다수 발생하여 반일 감정이 높은 것을 우려하면서 엄중 단속을 명령함과 함께 "일면 가능한 한 신속히 성적 위안의 설비를 정비하라"[45]고 말하고 있는 점 그리고 헌병들의 증언을 바탕으로, 이 시점까지 화베이에는 C형이나 D형이 중심이고 군 전용 위안소는 만들어지지 않았던 것 같다.[46]

전투 상황이 일단락된 1940년 전후부터 화베이에서도 지방의 주둔지를 중심으로 군 전용 위안소가 개설되기 시작했는데, 1943년부터 산둥山東성의 소현성小縣城에 주둔한 독립 보병 19대대의 위생 오장伍長은 당시의 위안 사정을 다음과 같이 회상하였다.

대대장이 일본인 여자를 꾀고, 부대에 따라서는 조선인과 중국인을 주로 한 위안소를 설치했지만 제19대대에는 없고 (……) 가까운 마을로 갔을 때 중국인 색싯집(삐야)에서 질게 화장을 한 젊은 중국 여자가 하얀 다리를 반짝이며 "군인 아저씨, 올라오세요"라고 한 마디의 일본말로 권유했다. (……) 악질적인 하사관은 여자를 찾아다니고 있었는데 (……)[47]

---

45 같은 책 No. 42.
46 중국 중부와 남부의 영사관 보고에는 군위안소의 존재가 빈번히 나오지만, 북부에서는 1940년경까지 그러한 내용이 기사에 등장하지 않는다. 톈진 헌병대에서 근무한 이나다 토稻田登 준위(1938~1943년 근무), 1941년부터 1945년까지 근무한 사와다 이시고로澤田石五郎 조장(曹長)의 이야기에 따르면, 톈진과 베이징 등의 대도시에서는 군 전용 위안소는 없고, 전지 부대의 주둔지에 군 전용 위안소가 설치되기 시작한 것은 1940년경이라고 한다.
47 구와시마 세츠로桑島節郎(1997), 『화베이전 기록華北戰記』, 아사히분코朝日文庫, pp. 249~252.

"여자를 찾아다니고"의 뜻이 강간을 의미하는 것인지 아닌지는 분명하지 않지만 이러한 현지 조달주의가 성병의 횡행을 초래한 것은 당연하며, 한때는 4명의 중대장 중에서 3명이 성병에 걸려 입원했다고 한다.

6. 2만 명의 낭자군

여기에서 여성들의 관련 직종을 분류해 보자.

a. 위안부: 내지의 경찰 통계에서 '창기'로 표시되어 있는 여성에 해당한다. 음식을 제공하지 않는 시설로, 이른바 '본 경기'만 서비스하는 일이었다. 주로 하사관과 사병이 이용.

b. 예기: 내지의 '예기'와 같이 '예藝'를 명목으로 했지만 '자유의사'로 매춘하는 예가 많았다. 원칙적으로 내지인.

c. 작부: 중국과 만주의 영사관 통계에는 '창기'라는 직종이 없고, 예기, 작부를 '창기 유사類似'로 해설하고 있다. 관계자에 의하면 작부는 손님의 요청이 있으면 거의 전원이 몸을 팔았다고 하는데, 술과 음식의 접대가 본업이고 본인은 위안부가 아니라고 생각하고 있는 경우가 많았다. 조선인 여성의 다수는 작부로 분류되어 있었다.

d. 여급, 하녀, 종업원, 댄서: 영사관 통계에서는 접객업의 여성 직

종으로서 예기, 작부와 나란히 게재하고 있다. 사정은 개인에 따라 다르지만, 매춘부 예비군으로 간주해도 좋을 것이다. 내지인이 압도적으로 많았다.

[표 3-4] 중국의 군 전용 위안소 사례

장소	날짜	위안소 수	위안부 수	출처
상하이 〃 〃	1938. 12 1940. 1942. 9	해군×7 육군×10(이 중 K×1) 해×12 16	육군×300 작부×140	요시미 No.34 후지나가 다케시藤永壯 p. 159. 요시미 No.59
난징 〃	1938. 3 1943. 2	6(군 전용)+5(일반용)	J×266, K×14, C×157	『화중선무공작자료』 요시미 No.60
양저우	1938. 1		J×30, K×20, C×60	『보병제6연대역사』
항저우	1938. 12	4		요시미 No.36
우후	1943. 2	J×4, K×2	J×32, K×26, C×39	요시미 No.60
주장	1939. 5	J×11, K×11	J×125, K×104	요시미 No.54
난창	1939. 9	J×3, K×8	J×11, K×100	요시미 No.58
친커우	1000. 0	00		요시미 No.11
한커우 (지칭리)	1943.	J×9, K×11	J×130, K×150	야마다 세이키치山田清吉 『우한병참武漢兵站』p. 77.
광둥지구	1939. 4		1,000	요시미 No.44
하이난		62	1,300	부화자符和積
하이커우	1943. 12	5		『외무성경찰사』

주1 1942년 9월 3일의 '가네하라 의사과장 일지'에는 이미 설치된 '위안 시설'(군 전용 위안소를 가리킨다고 추정)을 '북지北支 100, 중지中支 140, 남지南支 40'(합 280)이라 적고 있다(제3장 참조).
주2 C는 중국인, J는 내지인, K는 조선인.

위안부와 전쟁터의 성性

[표 3-5] 중국 각지의 내지인 '예기, 창기, 작부 외' 통계

장소	시점	예기	작부	여급	하녀	접대부	댄서
베이징	1938. 12	420(1)	201(142)	481	380		126
텐진	1938. 12	392	316	495	297	83	
〃	1940. 12	417	222	504		140	
칭다오	1938. 12	204	265	339	111	124	
장자우커	1940. 12	124	70(52)	159	169(10)	46	
스먼	1939. 12	106	232	210			
지난	1938. 12	161	229	219	125		
쉬저우	1939. 12	79	229(114)	208(52)			
〃	1940. 12	114	223(137)	227(44)			
카이펑	1940. 12	68(6)	140(118)		33	46	
신푸	1939. 12	7	108(70)	12			
타이위안	1940. 12	103	171	256	88	109	
린펀	1940. 12	51	118(78)	32	38	11	
펑더	1939. 12	20	31(19)	65	31	2	
상하이	1938. 12	257	191(20)	862			300
난징	1938. 12	63	94	116		31	
〃	1940. 12	188	360(C×137)	561(C×320)		78	
항저우	1938. 12	15	21	87	32		
광둥	1938. 12	20	J×54, K×73, 台×28	J×21	J×10	J×8,K×6	
하이커우	1943. 12	J×21	J×11, K×23 台×19, C×35	J×8 K×2			

※출처: '재외본방인 직업별 인구표 일건', '외무성 경찰사'(외교사료관 소장).

주1 괄호 안에 C는 중국인, J는 내지인, K는 조선인, 台는 대만인, 특기가 없는 것은 조선인.
주2 텐진의 1940년 말 통계에 내지인 1,233명, 조선인 177명 외, 일본조계日本租界의 '지나인창기支那人娼妓' 2,183명(1939년 말)이라는 통계가 있다.
주3 우한의 1940년 말 통계에는 내지인 627명, 조선인 372명, 대만인 8명이라는 숫자가 있다.

[표 3-6] 북지北支·내몽골의 일본인 '예기, 창기, 작부 외' 통계(1939년 7월 1일 현재)

장소	여성 수	장소	여성 수
톈진	1,204	쉬저우	235
베이징	1,185	바오딩	217
칭다오	910	포두(바오터우)	193
지난	801	펑더	170
스좌장	734	후화厚和	149
타이위안	724	신푸	145
장자커우	425	양취안	127
린펀	297	산하이관	106
다퉁	267	탕구	105
		차오챵	102
전 북지北支	8,931		

※출처: 북지경무부北支警務部 '방인 직업별 인구 통계표'(외교사료관 소장 『재외본방인 직업별 인구표 일건』 제15권).

주1 분류 번호 35로 게재되어 있는 여성.
주2 조선인, 대만인을 포함한다.
주3 톈진의 일본인 거류민 수는 34,521명(그중 남성 20,114명), 조선인 거류민 수는 8,191명(그중 남성 1,407명), 타이위안의 일본인 거류민 수는 5,441명(그중 남성 3,475명), 조선인 거류민 수는 2,043명(그중 남성 1,407명), 양취안의 일본인 거류민 수는 521명(그중 남성 201명), 조선인 거류민 수는 127명(그중 남성 44명).
주4 1942년 10월 1일의 외무성 조사에서는 톈진 1,390명, 베이징 1,831명, 지난 922명, 타이위안 1,185명, 장자커우 696명, 전 북지北支에서 9,437명이라는 통계가 있다.

표 3-4는 군 전용 위안소의 사례를 모은 것이고, 표 3-5와 표 3-6은 주요 도시 접객 여성의 내역을 나타낸 영사관 경찰의 기록이다. 원칙적으로 전자는 후자에 포함되는 숫자겠지만, 상하이의 경우(1938년 12월)는 "기타 본 영사관 관내에 육군 위안소 임시 작부 300명이 있고"라고 기술하고 있는 바와 같이, 별건으로 되어 있다. 영사관 측이 군 전용 위안소의 정보를 추적하지 않는 경우도 있었을 것이다. 거기에는 육해군과 영사관 경찰(외무성)의 권한 다툼도 얽혀 있었다. 후자는 평시에는 거류민과 업자에게 절대적인 권한을 행사하였지만, 전쟁이 나자 군에 대해 신중하지 않

을 수 없었다.

1938년 4월 난징에서 육군·해군·외무 3개 성省의 담당관이 협의하여 "육해군에 전속하는 주보酒保 및 위안소는 육해군이 직접 경영·감독하게 되었고 영사관은 간섭하지 않는다", "일반인이 이용하는 소위 주보및 위안소는 (……) 일반인에 대한 단속은 영사관 (……) 그에 출입하는 군인·군속에 대한 단속은 헌병대"[48]가 하기로 합의했다. 전자는 A형이나 B형, 후자는 C형과 D형을 가리키는 것 같은데, 명목은 B형이라도 바쁠 때와 한가할 때의 차이가 큰 군의 수요에 불만이었던 업자가 은밀히 민간인(거류민)의 이용을 허락하고, 군에서도 묵인하는 예가 적지 않았다. 그리고시일이 경과하면서 B1형이 중심이 되는 매춘업자가 경영하는 군 전용 위안소가 증가했으리라 생각된다. 기묘한 이야기지만, 중국 국민정부는 원칙적으로 매춘업을 공인하지 않고 있었다. 특히 상하이 공동조계[49]에서는 매춘부 단속이 엄중하여 1940년에만 7,010명이 매음을 권유한 혐의로기소되었는데, 그중 3할 이상이 18세 미만의 여성들이었다. 그러나 경찰에 검거되어도 곧 보석금을 내고 나오는 자가 많아 구류소에 들어가는 것은 빈곤 여성뿐이고, "단 한 사람도 현재의 직업을 그만두고자 희망하지않았"기 때문에 구멍투성이 법에 다름없었다.[50]

다음으로 중국 대륙에서의 넓은 의미의 위안부 규모에 관해 살펴보자. 군 전용 위안소의 공식 통계는 발견되지 않았지만, 외무성이 『외무성경찰사外務省警察史』를 편찬하기 위해 수집한 만주 및 중국 각지의 『영사관경찰사領事館警察史』(112책, 미완이지만 1944년에 대략 완성)와 역시 외무성이 매

---

48 요시미 자료집 No. 32, 33.
49 여러 나라가 공동 관리하는 외국인 거주지. —역주
50 『상하이 공동조계 공부국 연보上海共同租界工部局年報』, 1941, pp. 177, 184.

년 실시하고 있던 '재외 본국인 직업별 인구조사표'가 유용하다. 이미 서술한 바와 같이 영사관 경찰은 군 전용 위안소에 감독 권한을 행사하지 않았지만 통보는 받고 있었기 때문에 원칙적으로 여성들은 '해외 재류 국민'으로 등록되어 있었다. 그 이외의 색싯집, 요릿집, 카페 등에서 일하는 '창기 유사'의 예기, 작부는 물론, 여급, 종업원, 하인, 댄서 등의 접객업 종사자는 거의 정확히 영사관 경찰이 파악하고 있었다. 내지·외지의 출신별 내역을 기록한 예도 드물지 않았다.

[표 3-7] 재중국 거류민과 군인 수

(기준 만 명)

지역	A 내지인		B 조선인		C 대만인		군인
	남	여	남	여	남	여	
북지	9.6	7.2	2.2	2.0	0.04	0.02	25.3
중지	6.0	4.4	0.5	0.6	0.2	0.1	33.2
남지	0.7	0.5	0.03	0.8	0.8	0.5	14.9
계(전 중국)	16.3	12.1	2.7	2.7	1.0	0.6	73.4

※출처: 거류민(1943)(A~C)에 대해서는 외무성 조사국 '1947년 해외체류 일본인 조사결과표' 외교사료관 소장.
주 거류민은 1940년 10월 1일 현재, 군인은 1940년 6월의 정원.

[표 3-8] 재중국 접객업 여성 수

지역	내지인	조선인	대만인
북지	9,197 (8,257)	3,874 (3,788)	
중지	5,734 (5,160)	2,662 (2,636)	
남지	1,134 (961)	605 (595)	
계(전 중국)	16,044 (14,378)	7,141 (7,019)	299

※출처: 전술한 '쇼와십오년 해외재류방인 조사결과표'의 '여관, 요리, 대좌부 또는 예기업 등'의 분류.

표 3-7은 1940년 현재 지역별, 인종별로 거류민과 군인의 수를 집계한 것, 표 3-8은 접객업에 종사하고 있는 여성들의 내역이다. 내지인 약 1만 6천 명, 조선인 약 7천 명 속에 '창기 유사'의 매춘 전업 종사자는 약 반수인 1만 2천 명 정도로 추정되는데, 이 수로 20만 명의 거류민(남자)과 70만 명의 군인을 '위안'하는 셈이 된다. 여성 1인당 40~70명인데, 중국인 여성도 있었기 때문에 비율은 더욱 낮아진다. 그 뒤 다소 변동은 있지만 1944년의 통계에서는 후자가 77만 명으로 조금 변동하고, 전자는 2배로 증가하고 있는데, 남방 전선으로의 유출을 고려하면 접객 여성의 수는 그다지 변화하지 않은 것으로 보인다.

표 3-8로부터는 위안소의 경영자와 위안부의 구성에 대해서도 대체적인 경향을 읽을 수 있다. 요시미 요시아키는 "대도시에는 일본인이 많고 중간 규모의 도시에도 상당수가 있었으며, 지방으로 가면 일본인은 거의 없고 조선인이 증가하고, 중국인은 어디에나 있었다"고 개괄하였다.[51]

조선인 여성(조센삐)[52]이 환영받게 된 것은 아소 군의가 검진한 실적으로부터 "내지인 대부분은 성격이 극단적으로 불확실하고, 연령도 대부분 20세를 넘겼으며 그 가운데는 40세가 된 자도 있고 과거에 매음 영업을 수년 거치고 온 자뿐이지만, 반도인은 젊은 연령 또 초심자가 많고"[53]

---

51 요시미 자료집, p. 53.
52 '삐'란 여성의 성기를 뜻하는 '屄'에서 온 말로 보인다. 중국어 발음은 '삐', 한국어 발음은 '비'다. —역주
53 1939년 6월 26일자 아소의 의견서, 앞의 『상하이에서 상하이로』, pp. 215-216.

라고 한 평가에 대해 군 당국이 공감했기 때문일지도 모른다. 1937년 말부터 우후蕪湖에 주둔한 야포 제6연대장 후지무라 켄 대좌도 강간을 걱정하여 내지에서 위안부를 불렀는데, "일본 여성과 조선인 여성이 왔고, 후자 쪽이 일반적으로 평판이 좋았기 때문에 그로써 대신하는 것으로 했다"[54]고 회상하였다. 중국인 여성(챤삐)에 대해서는 방첩상의 이유와 언어의 불통, 높은 성병 감염률로 인해 군 당국에서 그녀들을 경원하고 현지의 유곽에 출입하는 것을 금지한 경우도 있었는데, 1943년 2월 제15사단(난징과 주변 지역)에 의한 검진 실적(연 인원)에서 내지인 1,074명, 조선인 174명, 중국인 982명이라는 결과를 보이는 바, 조선인은 의외로 적고, 중국인이 많았다고 할 수 있을 것이다.

병사들의 선호도 가지각색이라서 1940년 봄부터 3년간, 지난濟南의 육군병원에서 근무한 스즈키 히로오 위생 군조는 "돌격일번(突擊一番, 콘돔) 2개를 받고 일요일마다 외출하여 총 140명의 위안부를 체험했는데,

위안소에서 순서를 기다리는 병사들

조선인(2엔)은 한 번뿐이었고, 전부가 중국삐, 그것도 갑등(甲等, 2엔)이 아니라, 을등(乙等, 1엔)이었다"[55]고 회상했다. 그러나 관녕管寧과 같이 위안부 총수가 "최대한 30만 명, 최소한 20만 명"[56]으로 가장

54 후지무라 켄藤村謙(1973), 『전변하는 내가 인생變轉せる我が人生』, 개인 출판본, p. 110.
55 스즈키 히로오鈴木博雄(1997), 『체험적 위안부의 생태體驗的慰安婦の生態』, 젠보샤全貌社, pp. 15~22.
56 칸 네이管寧(1994), '위안부문제와 일본의 국제화慰安婦問題與日本的國際化', 『일본군은 중국에서

많은 것은 중국인 여성이라고 추정하는 데는 의문이 있다. 스즈키 위생 군조와 같은 일본병이 산발적으로 이용한 중국인 대상 유곽의 중국인 매춘부를 위안부에 포함시킨 것에는 무리가 있다고 생각되기 때문이다.

7. 한커우漢口 위안소 사정

　　지금부터 전형적인 예로, 중국 대륙의 점령지에서 최대 규모이며 관계 정보도 많은 한커우漢口 위안소의 실태를 살펴보자.

　　위안소를 감독·지도한 것은 제11군(한커우)의 한커우병참사령부인데, 담당 위안계장이었던 야마다 세이키치 중위와 군의관 나가사와 켄이치 군의 중위, 거기에 병참사령관이었던 호리에 사다오 대좌가 각각 상세한 회고록을 남겼고, 조선인 위안부로서 전후까지 잔류한 몇 사람의 신상 이야기가 한국 정대협의 손으로 정리되어 있다.[57] 한 위안소의 안팎이 이만큼 자세히 기록된 예는 지금까지 없었다.

　　한커우는 중국 본토의 거의 중앙에 위치하는 대도시로, 인접하는 우창武昌, 한양漢陽과 함께 3진鎭으로 불렸다. 격전 뒤 중지파견군(제2군과 제11군 등)이 점령한 것은 1938년 10월 26일이었는데, 군은 난징사건의 재발을 염려하여 군규軍規를 엄격히 강화함과 동시에 11월에는 일찍이 한커

무엇을 한 것인가日本軍は中國で何をしたのか』, 아키쇼보亞紀書房, p. 346.

57 야마다 세이키치山田清吉(1978), 『우한병참武漢兵站』, 토쿄슈판샤圖書出版社; 나가사와 켄이치長澤健一(1983), 『한커우위안소漢口慰安所』, 토쿄슈판샤.

우 중심부의 지칭리積慶里에 여자 300명을 수용할 수 있는 군 전용 위안소를 개설한다. 한커우 위안소는 우창과 함께 500명 전후의 일본인·조선인 혼성 위안부들로 구성되어 종전까지 7년간 일본군 주둔 부대와 통과 병사의 수요에 부응하게 되었다. 그와 별도로 예기로서 창기를 겸하는 여자들을 둔 장교용 요릿집이 몇 집인가 있고, 해군 위안소도 있었다. 한커우로부터 조금 떨어진 주둔지에는 지칭리로부터 윤번으로 파견 근무를 나가게 하는 방식도 채용되었는데, 그 하나인 잉산應山에서 중공군에 납치된 후 여자 스파이와 교환되어 귀환한 한 위안부는 중국 병사를 위한 위안부로 일해야 했다고 한다.[58]

병참부가 알지 못하는 암시장적인 위안소가 존재했던 것으로 보이는데, 야마다 중위가 우연히 발견하여 들어가 보니 일본인 여주인이 골짜기에 있는 집 한 채에서 중국 여성 5, 6명을 데리고 성업 중이었다고 한다.[59] 벽지를 경비하는 말단 부대에서는 마을의 대표와 이야기하여 공출된 중국 여성을 이용하는 예도 드물지 않았다. 또 1940년 4월의 로몬집단특무월보集團特務月報가 "한커우에 있는 창부는 현재 등록된 인원이 이백 수십 명에 지나지 않지만 실제 숫자는 족히 3천 명 이상 (……) 시가지의 도처에 산재 (……) 매독을 전파시키고"[60]라고 쓰고 있는 바, 별개로 중국인을 상대하는 유곽도 있었다. 1943년 2월, 위안계장으로 부임한 44세의 야마다 세이키치 중위는 호리에堀江 사다오 병참사령관으로부터 위안소 지도 방침에 대해 세밀한 설명을 듣고 있었는데, 호리에 자신의 마음속 갈등을 다음과 같이 쓰고 있다.

58 나가사와長澤 앞의 책, p. 241.
59 야마다山田 앞의 책, p. 125.
60 요시미 자료집, No. 49.

위안소란 한마디로 말하면 유곽이고, 색싯집이고, 이것을 군이 공공연히 개점하고 있다. (……) (사령관 순시에서) 슬픈 마음으로 그녀들을 바라보는데 참을 수가 없었다. (……) 억지로 이 일을 처리해야 하는 처지로 몰린 것이다. (……) 일부라도 해독을 없애려고 (……) 첫째로 건전한 오락으로, 대단히 힘을 쏟을 수밖에 없다. 둘째로는 위안소 업주들이 하는, 일반인들에게 착취라고 불리는 것을 없애 위안부의 실수령액을 가능한 한 많게 하고, 그래서 업주로부터의 차금을 하루라도 빨리 갚고 흙탕물에서 발을 씻고 내지로 돌아갈 수 있게 한다. 한편 유객遊客인 장병의 유흥비도 가능한 싸게 (……)

야마다도 위안소를 '필요악'으로 본 사령관의 뜻을 깨닫고 위안부와 병사 측에 서서, 오사카의 마츠시마松島와 고베의 후쿠하라福原 유곽으로부터 파견되어 온 노회한 업자와 논쟁하며 자신이 고생한 이야기를 쓰고 있다. 아마 업자 가운데는 상급 사령부의 유력자와 강한 관련성을 가진 자가 있어서 헌병대, 참모부, 군의부 등의 간섭이 있었을 테고, 위안계장 자리는 오래가지 않는다는 징크스도 있었던 것 같다.

야마다의 저술은 위안부의 등록 절차 면에서도 자세하다. 그에 따르면 도착과 동시에 위안계에 제출되는 사진, 호적등본, 서약서, 시정촌장市町村長이 발행한 증명서에 기초하여, 신상 조서(전력, 부모의 주소와 직업, 가족 구성, 전차금 액수 등을 기입)를 작성하고, 그 뒤쪽에도 병력과 특징을 추가 기입했다. 도착 시에 "가혹한 일인데 참고 견딜 수 있는가?"라고 물으면, 미리 업주에게 알아듣기 쉽게 설명을 듣고 왔는지 대개는 자신이 할 일을 납득하고 있다고 답하는 것이 통례였다.[61] 그럼에도 예외는 있었다. 1944

---

61 야마다 앞의 책, p. 86.

년 가을, 2명의 조선인이 인솔해 온 30여 명의 여자가 도착했을 때, 한 여자가 "육군 장교의 집회소인 해행사偕行社에서 일한다는 약속으로 왔고, 위안부 일이라고는 알지 못했다"고 울며 말하자, 위안소 업주에게 그녀의 취업을 금지하고 적당한 직업의 알선을 명령했다. "아마도 주선업자 같은 인간이 감언으로 모집하였을 것이다"[62]라고 나가사와 켄이치 군의는 회상하였다. 위안부들이 어떤 사정으로 지칭리에 오게 되었는지를 알기는 어렵지만, 다행히 한국 정대협이 실시한 잔류 조선인 여성에 대

한커우·지칭리의 위안소 풍경

한 신상 조사가 있어 표 3-9로 요약하였다. 여기에서 보면 다수는 가난한 집에서 태어나 성장했고, 그 지인(아마도 업자 루트의 한 끝에 있는 자)의 '감언'에 넘어가 위안부가 되었고, 관헌의 '강제연행'으로 생각되는 경우는 없었다.

    종전 후 한커우는 국민당정부 관리官吏의 관리 하에 들어갔고, 일본인 위안부는 거류민단에 편입되어 그들과 함께 귀국했다. 조선인 위안부는 분리되어 그 나라 민간인·병사와 합류했고, 중국인 업자에게 팔린다든가 결혼하여 잔류한 자를 제외하면 일본인 집단보다 빨리 대다수가 고국으로 돌아갔다.

---

62 나가사와長澤 앞의 책, p. 221.

위안부와 전쟁터의 성性

한커우 위안소의 개요(1943년)

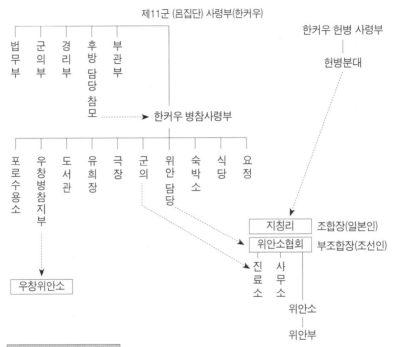

제11군 (몸집단) 사령부(한커우)

한커우 헌병 사령부

법무부 | 군의부 | 경리부 | 후방 담당 참모 | 부관부

헌병분대

한커우 병참사령부

포로수용소 | 우창병참지부 | 도서관 | 유희장 | 극장 | 군의 | 위안 담당 | 숙박소 | 식당 | 요정

지칭리 조합장(일본인)

위안소협회 부조합장(조선인)

우창위안소

진료소 | 사무소

위안소

위안부

한커우 특수 위안소 약도

나카야마로中山路

입구

민가	
이층 병실 일부 회의실	순찰 대기실
	사무실
간호부 대기소 약품 창고	치료실
아오야마관青山館	도우세이로우東成樓樓

	기요후지로우清富士樓樓
산세이로우三成樓	부칸로우武漢樓樓

	하네다 별장
	미요시로우三好樓樓

민가	
창고	
취사장	아마쿠리 대기소 阿媽苦力詰所
창고	
마츠모토로우松本樓	헤이와관平和館

세이난로우大阪清南樓	마트우라로우松浦樓樓
전승관戰捷館	카노야花乃屋

타이헤이관泰平館	
	카츠미로우勝己樓樓

공양탑 연못 공원 지생芝生 나무 나무 나무

※출처: 야마다 세이키치 『우한병참』

[표 3-9] 중국에 잔류한 조선인 위안부의 경력

성명	생년	출신지	내역
홍강림 洪江林	1922	경상북도	빈가貧家에서 컸으며, 아이 돌봄 일을 하던 중 이웃집 아주머니의 꾐으로 17살 때 펑텐의 위안소로, 경영자(조선인)에 팔려 상하이로, 1년 뒤에 난징, 그러고는 창사로. 종전 후 주인은 도망갔으며, 한커우로 가 중국인과 결혼
홍애진 洪愛珍	1928	경상남도	공장, 술집, 기생 견습 등을 거쳐 14살 때 브로커의 감언에 넘어가 상하이 위안소로, 그 후 하얼빈에 팔려(주인은 일본인) 8개월 뒤에 전매되어 한커우로. 1년간 잡역을 하다 지칭리 위안소(주인은 조선인)로 간 뒤 전쟁 후에는 중국의 유곽으로. 그 후 중국인과 결혼
하군자 河君子	1927	충청남도	소학교 중퇴. 12살에 아이 돌봄 일을 하다가 공장으로. 1944년 17살 때 조선인 2명에 위문단이라 속아 한커우의 지칭리 위안소로 갔으나 평양 출신의 주인은 돈을 지급하지 않음. 전쟁 후 중국인과 결혼, 모범 가정으로 표창 받음
이봉화 李鳳和	1922	충청북도	농가에서 태어나 야학에서 소학교 교육을 받음. 13살 때 조선인 주인(30세의 독신 여성)의 감언에 넘어가 화베이華北의 위안소로, 이후 전매되어 1938년 지칭리로(주인은 조선인 부부). 전쟁 후 중국인과 결혼
임금마 林金伢	1926	대구	어릴 적 부모를 잃고 백부伯父의 집에서 자라다가 17살 때 이웃집 여성의 감언에 속아 한커우로. 술집에서 일한 후 해군 위안소로(주인은 조선인 노파), 돈은 못 받고 전쟁 후에 중국인과 결혼
정학수 鄭学洙	1925	경상북도	15살 즈음 부산에서 남자들에게 납치당하여 하얼빈 등지의 위안소로. 1996년 3월 귀국
장춘월 張春月	1920	황해도	빈가에서 자라다 9살 때 아버지에 의해 50엔에 팔려 하녀로. 16살 때 재차 아버지에 의해 팔려 텐진, 이후 우창의 위안소로. 40%의 분배금을 취득, 일본군 대위로부터 500엔을 받아 일을 청산하고 광수이 시에 잡화점 개업

※출처: 정대협·정신대연구회편 『중국으로 끌려간 조선인 군 위안부들中国に連行された朝鮮人慰安婦』
(산이치쇼보三一書房, 1996)

8. 관동군특종연습의 위안부들

만주사변이 진행 중인 1932년 3월, 중국본부中國本部로부터 동북3성을 분리하는 형태로 만주국滿洲國이 성립하였다. 1933년 봄의 러허熱河작전에 의해 러허성이 그에 더해지고, 같은 해 5월 탕구塘沽 정전협정에 의해 사변은 종결되었지만, 만주국 내에는 중국계와 조선계의 반만항일反滿抗日 게릴라가 횡행, 1937년에야 비로소 치안이 확립된다. 만주국은 청나라의 폐제廢帝였던 푸이傅儀를 황제로 세우고 독립국의 체제를 취했지만, 그를 세운 관동군의 군인과 일본계의 문관 관료가 실권을 장악한 괴뢰 국가였다.

만주사변 전 만주 인구는 약 3천만 명이었는데, 그 속에 재류 일본인은 부속지 등 만철滿鐵, 연선沿線을 중심으로 거류민이 약 20만, 관동군 병력이 1만여 명이었으며, 그 외에 동부의 간도間島 지구를 중심으로 약 60만 명의 조선인이 거주하고 있었다. 만주국 건국 전후부터 일본인과 조선인의 유입이 증가하여 1937년에 전자는 42만, 후자는 95만 명에 달하고, 관동군 병력도 20만 전후를 헤아렸다. 그러나 군 전용 위안소는 설치되지 않았고, 만주사변 이전과 마찬가지로 일본인, 조선인, 만주인 (중국인) 부녀자를 둔 민간인이 경영하는 유곽을 군민軍民이 함께 이용하고 있었다.

[표 3-10] 만주국의 위안부 통계(1940년 12월)

성명省名	예기			
	일본인	조선인	만주인	계
신징특별시	584	-	37	621
펑톈성	1,413	-	379	1,792
빈장성	440	3	92	535
무단장성	419	58	3	480
지린성	222	-	36	258
베이안성	102	4	10	116
룽장성	181	-	9	190
싼장성	253	9	-	262
젠다오성	134	1	-	135
안둥성	151	31	-	182
그 외 8성 계	879	20	96	995
합계	4,778	126	662	5,566

성명省名	작부			
	일본인	조선인	만주인	계
신징특별시	375	263	1,135	1,773
펑톈성	334	704	6,008	7,046
빈장성	273	310	1,855	2,438
무단장성	287	428	796	1,511
지린성	147	312	1,337	1,796
베이안성	114	140	1,440	1,694
룽장성	61	101	1,354	1,516
싼장성	115	234	971	1,320
젠다오성	141	614	399	1,154
안둥성	36	45	499	580
그 외 8성 계	381	435	3,265	4,081
합계	2,264	3,586	19,059	24,909

※출처: 만주국 치안부 경무사 『만주국 경찰사』(1942, 복각 1976)의
'보안관계제영업조保安関係諸営業調'로부터

위안부와 전쟁터의 성性

주1 별도로 여급 7,403명(그중 일본인 6,336명, 조선인 736명), 댄서 303명을 게재하고 있음.
주2 일본 외지인 관동주 다롄에 예기·작부 1,840명, 배우 630명(1942년 7월)이 있었다. 「가쿠세이」
1942년 7월호.
주3 외무성 '재외본방인 직업별 인구표'(1938년 10월)에 '접객업'으로 내지인 14,743명, 조선인 3,870
명이 게재되어 있다.

표 3-10은 주요 도시에 있는 '창기 유사'의 예기·작부와 대객업(접
객업) 종사 여성의 통계인데, 내지, 조선, 중국 본토 등에 비해 자료가 빈약
한 데는 이유가 있다. 그녀들에 대한 영업 허가와 검진 등의 단속은 1915
년의 일중조약에 의해 일본인은 영사관 경찰이 담당하였고, 이는 만주국
시대가 되어도 당분간 계속되었는데, 1937년 12월의 치외법권 철폐와 부
속지 이양에 수반하여 그 권한이 만주국 경찰에 이관되었다.[63] 이와 관련
되는 새로이 공포된 법령 속에는 일본 내지의 단속 법규를 참고한 '특수
음식점 여급 단속규칙'과 '예기·작부 단속규칙'이 포함되어 있다.[64]

이 교체에 입회한 가와다 케사야 헌병은 "영사관 경찰이 없는 곳
에서는 헌병대가 군의의 협력을 받아 영사관 경찰을 대행하고, 1938년경
에 만주국 경찰에게 행정 이관하기까지 그를 실시했다"[65]고 썼다. 그러나
만주국은 통계 작성을 위한 기술 수준이 낮았기 때문인지 공식 통계 항목
이 거칠었고, 특히 풍속 관계의 통계에는 손이 미치지 않았던 것 같다. 그
런 까닭인지 이 분야에 대한 일본영사관의 정보는 감소하였고, 만주국 경
찰로부터 받아 온 대객업자 수가 가끔 기입되는 정도였다. 또 일반 통계
에서도 내지인과 조선인을 구분하지 않고 "일본인"으로 일괄해 버리는
예가 많아 그 내역을 알기 어렵다.

63 『만주국 민정연보滿洲國民政年報』, 1938년판, p. 386.
64 만몽동포원호회滿蒙同胞援護會(1970), 『만주국 역사 각론滿洲國史各論』, pp. 282-283.
65 가와다 케사야川田契裟彌(1996), 『우국의 수필집憂國の隨筆集』, 비매품, p. 54.

일본 내지에서 조선인은 어느 정도 공공연히 차별받고 도항의 자유조차 제한되었는데, 만주국과의 관계에서는 형식적인 차별을 받지 않고 오히려 조선인이 '호가호위'하듯이 만인滿人을 깔보는 행동을 해도 묵인하고 배려하였다. 그래도 만주국 경찰 자료에 의해 작성한 표 3-10으로부터 대체적인 경향을 읽을 수 있다. 젠다오성間島省 등 2, 3개 성을 제외하면 내지인은 조선인보다 많았고, 전체로서는 '배우俳優'라고 불린 만인 매춘부가 가장 많은 수를 점하고 있었음을 알 수 있다. 내지인·조선인을 합한 전 만주의 수적 규모는 1만 8천 명 전후였는데, 양자의 비율은 약 3:1이 된다. 군 전용 위안소는 없고, 민간의 유곽을 군민이 공용하였으리라 생각된다.

전기轉機는 1941년의 '관특연關特演' 중지 직후에 왔다. 독일의 소련 침공(6월)에 호응하여 호기를 보고 개전하여 시베리아로 진격하려고 생각한 육군 중앙은, 7월 7일 연습의 명목으로 대량 동원 명령을 내리고 내지로부터 만주로 향하는 집중 수송을 개시했다. 35만의 관동군(및 조선군)을 일거에 85만으로 증강하려던 것이다. 그 차이에 해당하는 50만(실제로는 35만의 시점에서 중지)을 수송하기 위해 내지 철도 약 1/3, 조선 철도의 경우 100%에 가까운 수송력을 그에 할당했는데, 결전의 정면인 동만주 연선沿線에서는 병사兵舍를 제시간에 준비하지 못해 군인들이 텐트를 펴고 대기하는 상황이었다. 결국 관특연은 유럽의 전황이 기대한 정도로 진전되지 않고 겨울이 도래하는 데에 맞추지 못한다고 판단되어, 8월 9일에 중지(다음 해 봄으로 연기를 포함)가 결정된다. 관특연과 연계되어 다수의 조선인 위안부도 동원되었다는 이야기가 전해지고 있지만, 그 진위를 둘러싸고 논쟁이 있기 때문에 개략을 관찰하여 두고자 한다. 처음으로 나온 정보원은 다음 두 개다.

"하라 젠시로 참모가 병사들의 욕구의 정도, 소지한 돈, 여성의 능력 등을 면밀히 계산하고, 비행기를 조선에 보내 약 만(예정은 2천) 명의 조선 여성을 모아 북만北滿의 광야로 보내고 특별 시설을 설치하여 '영업'을 시켰다는 것이다."

_ 시마다 아키히코島田俊彦(1965), 『관동군關東軍』, 주코신쇼, p. 176.

"관특연 때 병참 담당을 하고 있었다. (……) 확실히 기억하고 있지는 않지만, 조선총독부 총무국에 가서 의뢰했다고 생각한다. 그 이후의 일은 모른다. (……) 하지만 각 도道 에 의뢰하고, 각 도는 각 군郡 으로, 각 군은 각 면面 으로 흘러간 것이 아닌가. (……) 일부에서 2만 명이라고 말하지만, 실제로 모은 것은 8천 명 정도."

_ 하라의 '센다 가코와의 담화', 센다(1978), 『종군위안부』정편, 산이치신쇼.

시마다, 센다 두 사람이 근거하는 출처는 모두 전 관동군 제1과 병참반(반장 이마오카 유타카)의 하라 젠시로 소좌이다. 그리고 총독부가 행정기관을 통해 최말단의 면에까지 할당한 것 같다는 말로부터 위안부의 '관 알선'이 아닌가 하는 추측을 낳았다. 그러나 실명으로 커밍아웃한 백 수십 명의 옛 위안부들로부터 이 일에 해당하는 신고가 나오지 않고 있다는 점으로 인해 의문이 생긴다.[66] 또 사람 수에 대해서도 병사의 신규 증원이 35만 명이기 때문에 계획된 위안부 2만 명은 지나치게 많다. 이미 만주에서 영업을 하고 있었던 여성을 포함한 숫자가 아닌가 하고 넘겨짚기

66 예를 들면, 우에스기 치토시上杉千年(1996), 『검증 종군위안부檢證 從軍慰安婦』 증보판, 젠보샤全貌社, pp. 183~189와 「겐다이코리아現代コリア」 329호(1993)에 게재된 가토 마사오加藤正夫의 논문, 이마오카 유타카今岡豊 中佐, 그리고 구사치 테이고草地貞吾 대좌(군사과)도 하라 증언에 대해서는 부정적이다.

도 했다. 이 점에 대해 하라 참모의 조수로서 "명령 전달, 통달, 배치 지시 및 업자와의 접촉 등 사무 처리"를 담당한 무라카미 사다오村上貞夫 조장曹長 (뒤에 중위)은 "3천 명 정도였다고 기억한다. 배치표는 병참반 사무실의 내 사물함에 비밀리에 보관하고 있었는데 종전과 함께 처분했던 것 같다"고 그의 수기(1975년 집필)에서 회상하고 있다.

　　총독부의 소개로 매춘업 보스를 만난 무라카미 사다오 조장은 관 특연의 중지로 인해 전개 부대의 월동 준비가 시작된 가을에 속속 업주와 함께 도착한 조선인 위안부들을 신징新京역에서 맞이하고 배치처를 할당 했다. 제2장 표 2-7의 '조선의 공창 관계 통계'를 보면, 총독부 관할 하의 공창 수는 1940년 말 9,580명으로부터 1942년 말에는 7,942명으로 17% 나 격감하였는데, 그 다수가 만주로 향한 것이 아닐까? 그런데 이들 위안 부들을 국경 지대의 기차역에서 목격한 현지의 헌병들 가운데는 관특연 을 계기로 만주에서도 군 전용 위안소가 탄생했다고 기록한 사람도 적지 않다.[67] 그 한 사람인 모토하라 마사오 헌병(후터우虎頭헌병 분견대)은 10월경 '군 특수위안소 개설에 관한 건 통달'이라는 제목의 관동군 사령부 공문 이 내려와서 부대에 화제가 되었다고 기억한다. 요지는 가까이에 위안소 를 개설하기 때문에 주둔지 사령부가 건설자재 등에서 편의를 제공받고 자 한다는 것이었고, 그 후 곧 업자가 서류를 가지고 출두하여 후터우 진 지 가까운 곳에 조선인 위안부 5, 6명을 둔 '군 특수 위안소'가 개설되었 다.[68]

67　만주 위안소의 실상에 대해서는 구로다 도쿠지로黑田德次郞(1981), 『곽량사郭亮史』(비매품, 헌우회憲 友會)의 기관지인「헌우憲友」각 호와 만주 헌병의 연락지인「영광榮光」의 각 호에 게재된 전 헌 병들의 논고와 그들과 필자의 담화를 참고로 했다.
68　「헌우」80호(1997)의 모토하라本原의 기고와 그의 이야기.

후터우로부터 멀지 않은 후린虎林에는 제11사단 사령부가 있었고 관특연으로 인해 4만의 병력이 일거에 10만으로 팽창했는데, 가을이 될 즈음에 사단의 경리부에 막 부임한 카이하라 오사무海原治 주계主計[69] 소위가 "후린에 위안소 4곳을 개설"한다고 알리는 회보를 보고 나서 부하에게, "위안소가 무엇인가"하고 묻고 "삐야입니다. 현재 민간 삐야가 4, 5집 있지 않습니까"하고 문답했다. 그 후 순찰을 나가 보니 거적 한 장으로 칸을 막은 조악한 방이 십여 개 있고, 병사가 한 줄로 서 있었다. 민간의 삐야가 일본인 중심인 것에 비해 이쪽은 조선인이 주였다고 한다. 군의의 이야기로는 "처음 검진할 때 보니 처녀와 소학교 선생도 있었고, 알선업자가 군의 주보酒保에서 일한다고 속여 온 이도 있었다. 돌아갈 것을 권하자 전차금을 갚지 않으면 돌아갈 수 없다고 말했다"[70]고 한다. 같은 시기에 미산密山에서 관동군으로부터 배분된 조선인 위안부를 맞이한 모리와케 요시오미 헌병은 현장縣長과 시의 유지들과 합의하여 빈집을 개조, 이십여 명을 수용했다고 한다. 모리와케는 대략 다음과 같이 쓰고 있다.[71]

1주간에 한 차례, 현縣 공공의公共醫와 부대의 군의관이 검진을 하는데 입회했다. 병이 알려지면 창부의 방 입구에 휴업이라는 붉은 팻말을 걸게 하고, 그를 지키고 있는지 어떤지를 현장 조사하는 것은 헌병의 일 (……) 창부가 된 동기를 물으면 "가계를 돕기 위해 전차금을 받고 왔다"는 이유가 대부분이고, 나머지는 "돈벌이가 된다고 친구들이 꾀어서"였다.

---

69 '주계'란 부대에서 보급과 회계를 맡아보는 부서를 말한다. ─역주
70 카이하라 오사무(뒤에 방위청 관방장)의 이야기.
71 「헌우」 80호(1997)에 게재된 모토하라의 기고문과 그가 말한 이야기.

차금 변제가 끝난 자도 있고, 호화로운 모피 코트를 가진 자, 부지 런히 부모가 계신 곳으로 송금하고 있는 자도 있었다.

이렇게 국경 지대를 중심으로 군 전용 위안소가 증가하고, 신징과 펑톈 같은 대도시에도 차차 개설되었는데, 타 지역과 달리 재류 일본인의 수가 군인보다 압도적으로 많았던 사정도 있어서인지, 재래형인 군민 공용의 유곽이 주력이었던 것에는 변함이 없었다. 단, 태평양전쟁이 시작되고 관동군 병력의 전용轉用[72]으로 고객이 감소하자 업자 중에는 여자를 데리고 중국 등으로 떠나는 예도 적지 않았다.

---

72 관동군의 병력은 30만(1940년 11월), 70만(1941년 10월), 65만(1943년 1월), 51만(1944년 11월)으로 변동했다. 또 1943년 말 만주국 재류 내지인은 115만, 조선인은 163만(대장성 관리국 '일본인의 해외 활동에 관한 역사적 조사')이라는 숫자가 있다.

4장

태평양전선에서는

1. 은상과恩賞課가 관련 업무의 창구로

1941년 12월에 시작된 태평양전쟁은 일중전쟁기에 정착한 위안소(위안부) 시스템을 계승했는데, 전장이 동남아시아·태평양으로 확대됨에 수반하여 그 특성도 변화하였다.

첫째는 신규 수요의 증대, 둘째는 위안부의 송출이 군수 수송의 일환으로 편입된 것, 셋째는 그에 부수하여 군 중앙의 관리 체제가 정비된 것, 그리고 넷째로 전화戰火 속에서 적지 않은 수의 희생자가 발생한 것 등이다. 또 전장이 확대되었기 때문에 실정은 지역에 따라 이러저러한 차이가 컸다. 이러한 사실을 염두에 두면서 태평양전쟁기의 위안소(위안부) 사정을 개관해 보자.

우선 신규 수요인데, 중국 본토와 만주의 일본군을 움직이지 못하게 하는 상황에서 40만 명의 대군이 새로운 남방작전에 동원되고 중부 태평양과 남동 태평양의 섬들에도 증파되어, 전쟁 말기 이 지역의 총병력은 100만 내외에 달했다. 이 수요에 대응하기 위해 일부는 중국과 만주로부터 이동했지만, 업자와 위안부의 태반은 일본 내지, 조선 그리고 대만에서 새로이 진출한 것으로 보인다. 그래도 공급이 부족하여 현지 여성을 조달해 보충하기도 했다. 어느 쪽이든, 도항하는 여성들은 거의 전원이 해상 수송에 의지할 수밖에 없었는데, 철도와 민간의 정기 항로에 의존한 일중전쟁기와 달리 남방항로는 전면적으로 육군과 해군 중앙부의 통제 하로 들어갔고, 대체로 부족한 선복船腹은 병사와 자재의 수송을 우선으로 하고 있었다. 그녀들은 운항 계획의 틈을 이용하여 배에 편승할 수밖에 없었다.

이러한 신규 수요와 수송 문제를 조정하기 위해 육·해군은 통일 규준을 만들고 창구를 일원화할 필요가 있었다. 일중전쟁기에는 현지군 의 요청을 받아 필요한 절차를 진행했던 중앙의 담당 부문은 확정되어 있 지 않았고, 그때마다 관계 부국과部局課가 즉석에서 일을 처리하고 있었는 데, 니시우라 스쓰무 대좌는 "결국 휼병부恤兵部[1]같은 곳에서 내지의 일을 처리하게 되었다"[2]고 회상한다. 관련 공문서로부터 판단하면, 영사관 경 찰을 가진 외무성, 내지에서 매춘업에 대한 규제를 담당하는 경찰을 지휘 하는 내무성(및 도부현道府縣)이 주관 관청이고, 육군성에서는 병무국兵務局 병 무과, 인사국 징모과徵募課가 관계하였고 전쟁 위생의 입장에서 의무국醫務 局도 참가했다. 그러나 남방 점령지는 거의 전역이 육·해군의 군정 하에 들어가고, 외무성과 대동아성(1942년 11월 설치)은 영사관 경찰 등의 파견 기 관을 두지 않았기 때문에 현지에서의 풍속업자와 여성의 통제는 육·해군 의 파견 기관(육군의 군정감부軍政監部와 해군의 민정부民政部 등)에 맡겨졌다. 송출하 는 쪽인 내무성과 조선·대만 총독부의 발언권도 약화되어 단지 군의 요 청을 전달하는 데 가까운 상태가 되어 갔다.

창구 일원화에 대한 사정을 들여다보면, 육군의 경우는 논의 끝에 1942년 4월부터 인사국 은상과恩賞課가 선정되었다. 은상과는 육군성 관제 제9조에 의해 "연금, 하사금(제1항), 서위敍位, 서훈敍勳 등"(제2항), "휴가"(제3

---

1 '휼병'이란 물품이나 금품을 보내어 전장의 병사를 위로하는 일을 뜻한다. ─역주
2 『니시우라 스쓰무 회상록西浦進回想錄』, 방위연구소防衛研究所 소장.

항), "결혼"(제4항), "부조扶助에 관한 사항"(제5항)을 담당하고 있었는데, 칙령 제300호(1942년 3월 30일)에 의한 개정으로 제5항의 "부조"를 제1항으로 옮기고, 제5항을 "군인 원호, 직업 보도補導, 기타 후생에 관한 사항"으로 수정했다. 위안소 관련 사항은 "기타 후생"의 일부로서 은상과 소관 사무로 편입되었다고, 당시 은상과원으로서 제5항을 담당한 이노우에 마사노리 대위는 회상한다. 이노우에는 더욱이 다음과 같이 말한다.[3]

나는 병참 여관과 호텔의 진출 등 후방 시설 외, 야스쿠니 신사와 행사 등의 일로 바빴는데, 위안소 관련 업무를 어디가 담당할지 의논하게 되었다. 처음에는 점령지 행정을 맡은 군무과가 후보였는데 은상과로 결정되고, 내가 겸무로 그를 수행하게 되었다. 전임 직원은 없었다.

1942년 여름, 인사국장 일행과 함께 남방을 돌 때 버마와 필리핀에서 병사의 강간 사건이 있었다. 이미 일부에서는 위안소가 영업을 하고 있었는데 현지군으로부터 계속 위안부를 보내 달라는 요청을 받았다. 그래서 이토 주계 대위와 함께 유곽의 보스들을 차례로 방문하여 남방 진출을 타진해 보았지만, 오래된 가게일수록 소극적이었고 상당히 어렵다고 느꼈다. 그래도 갑작스럽게 얻은 지식으로 단가 계산을 해 보았다. 우리는 그들이 2년간 일하고 1,000엔을 벌어 돌아오게 할 수 있는지, 병사 30명에 위안부 1명의 비율이 가능한지 확인해 보았다. 우리는 배를 준비하는 것에 대해 이야기했지만 육군성은 그 일을 주도하지 않았다. 대부분의 경우 업자

---

3 이노우에 마사노리井上正規의 이야기(1992년 4월 2일, 1996년 10월 4일, 1998년 2월 1일).

가 남아 있는 부대의 부관을 접촉하고, 선박사령부에 편승할 수 있도록 신신당부하여 나가는 예가 많았을 것이다.

육군성이 피리를 불어도 업자가 춤을 추려고 하지 않는 상황을 엿볼 수 있는데, 은상과에서는 위안부의 진출에 대하여 그 나름의 방침을 만들어 두고는 있었다. 육군대신도 출석하는 모임의 국과장局課長 회보를 기록한 가네하라 세츠조 일지(적록摘錄)에 의하면, 1942년 3월 26일에 구마모토 케이지로 은상과장이 "(휼병금으로) 하사관 이하에 대한 영구적 위안 시설을 설치하고 싶다"고 발언하고 있는데, 반년 후인 9월 3일에는 "장교 이하의 위안 시설을 다음과 같이 <u>만들었다</u>. 화북(화베이) 100, 화중 140, 화남 40, 남방南方 100, 남해⁴, 사할린 10, 합계 400개소"(밑줄은 필자)라고 기록하였다. 밑줄 부분은 "만들고 싶다"의 오기가 아닐까⁵ 하는 견해도 있는데, 국민으로부터 국방 헌금으로 모은 '휼병금'(육군성 휼병부장은 은상과장이 겸임)을 위안소의 건축 자금으로 썼다고 해석되는 표현이다. 단정하고 싶지 않지만, 그 뒤의 가네하라 일지, 후임자인 오츠카 부로 비망록(1943년 10월부터)에는 위안소와 관계된 기록이 전혀 나오지 않는다. 전황이 급박한 상황이기도 해서 수송 준비 사무를 제외하고는 그 운용을 전선 부대에 위임한 것으로 추정된다.

---

4 '남방'은 동남아 지역, '남해'는 그 바다를 말한다. —역주
5 가네하라金原 의무국 의사醫事과장의 업무 일지(방위연구소 소장)에는 메모 분위기의 '일지 원본'과 그것을 기초로 전후에 본인이 쓴 '일지 적요日誌摘要'의 2종이 있다. 9월 3일의 '일지 원본'은 "화북 100, 화중 140, 화남 40, 남방 100, 남해 10, 사할린 10, 합계 400, 장교 이하의 위안 시설"이라고 밖에 기록되어 있지 않다. 또 위안 시설이 모두 위안소를 의미하는지 어떤지 불명이다.

2. 남방 도항과 수송선

바로 그 선박 수송을 담당하고 있던 곳이 히로시마 우지나宇品에 사령부를 둔 선박사령부(아카스키曉부대)였다. 전 참모인 우에노 시게루, 마츠바라 시게오 양 소좌에 따르면, 육군성 인사국과 참모본부 선박과가 소개하기도 했는데, 업자는 여자들을 데리고 히로시마의 여관에서 숙박하면서 매일같이 사령부에 얼굴을 보이고 편승의 기회를 기다리는 실태였다. 예외였겠지만 전지로 향하는 병원선에 편승한 예도 보고되고 있다.[6]

이런 종류의 남방 도항 관계에서 발견된 가장 이른 전보는 1942년 1월 10일자로 대만총독부의 하츠야 외사外事부장이 도고 시게노리 외상 앞으로 보낸 "남양[7] 방면 점령지에 있어서 군 측의 요구에 의해 위안소 개설을 목적으로 도항하려고 하는 자(종업자를 포함한다)의 취급 방식에 관하여 응분의 지시"[8]를 바란다는 전보였을 것이다. 4일 후의 답신은 "이러한 종류의 도항자에 대해 여권을 발급하는 것은 바람직하지 않으므로 군의 증명에 의해 군용선으로 도항하게 하길 바란다"였고, 밑줄 부분은 최종적으로는 삭제되었지만 요시미 요시아키는 "위안부의 징집·수송에 군이 나서는 것에 대한 외무성의 불쾌감을 엿볼 수 있다"고 해설한다.

이 문답의 결과인지 3월 12일에는 대만군 사령관의 이름으로 육군대신에게 "보르네오 행 위안부 50명의 배치를 위한 파견군, 남방 총군으로부터의 요구를 받고 (……) 헌병이 조사, 선정한 아래의 경영자 3명(주의:

---

6 모리 미사守屋ミサ(1998), 『종군간호사가 본 병원선 히로시마從軍看護婦の見た病院船ヒロシマ』, 노분쿄農文協, p. 153.
7 '남양'은 말레이군도, 필리핀군도 등의 총칭이다. ―역주
8 요시미 자료집 No. 18, 19.

1명은 조선인)의 도항을 인가함"이라고 전보를 보내고 있다. 이 50명은 곧 현지에 도착한 것 같은데, "인원이 부족하고, 일을 감당할 수 없는 자"가 발생했기 때문에 다시 30명을 추가할 것을 참모장 이름으로 육군성 부관에게 요청하고 있다. 발신자와 수신자의 지위가 낮은 것은 이러한 종류의 사무가 정형화되었음을 시사하는데, 외무성(대동아성)이 이 분야로부터 완전히 손을 뗀 사태를 나타내는 것이기도 하다. 그 후의 북보르네오에서의 위안소 사정은 확실하지 않지만, 표 4-1을 통해 짐작할 수 있다. 군이 접수한 건물을 클럽, 요정料亭, 병참 여관 등의 명목으로 업자에게 임대하였고 위안부는 대만인만 아니라 내지인, 조선인, 중국인, 현지인 등으로 극히 다채로웠다.

[표 4-1] 북보르네오섬 위안소 일람(1943년 4월 1일)

명칭	장소	경영자	월세 (엔)	평균 총수입
다이와 클럽大和俱楽部	쿠친	시라카와 엔白川エン	30	
사쿠라 클럽桜俱楽部	〃	무라세 치카이치村瀬近市	150	
미하라정見晴亭	〃	시마다 토요죠島田豊三	〃	
가게츠정花月亭	미리	하마다 쿠노浜田クノ	50	
가게츠花月	〃	〃	30	
교쿠센테이玉泉亭	〃	우현희禹堅姫	50	
미리 클럽ミリ俱楽部	〃	곤도 쥬타로近藤重太郎	〃	
사쿠라 지점	마에다섬 (라브안섬)	카나에 소스케金江奏助	20	150
남진관	〃	샤론기謝論議		50
〃	코라브라이트	다카하시 츠요高橋よっ		50~100
사쿠라 지점	아피	데츠하라 고이와鉄原小岩	중국인 가옥	

위안부와 전쟁터의 성性

명칭	장소	경영자	월세 (엔)	평균 총수입
〃	쿠다트	데츠하라 하나코鉄原花子	〃	
지룽루基隆楼	산다칸	도미가와 고레요시豊川是吉	〃	
하카타야博田屋	〃	가마자키 스스무釜崎進	〃	

※출처: 제37군 군정부 '토지 건물 관계 서류철'(방연도서관 소장防研図書館蔵).

　　　프랑스령 인도차이나에서도 업자의 출입을 둘러싸고 군과 외무성
사이에 문답이 있었다. 군과 동행하든가 군이 불러들여 오게 된 어용 상
인과 위안소 종업원이 일반 일본인[9]으로서 신청한 여권을 무조건 인정하
면 불량분자의 도항을 허락하는 결과가 되기 때문에 국외 퇴거 처분을 포
함하여 엄격히 대처하기를 원했다. 그래서 육·해군과 협의하고 그 뒤에
지시해 달라고 2월과 3월에 걸쳐 본성本省에 요청하였다.[10]

　　　어쨌든 육군성은 1942년 4월 23일자의 육아밀 제1283호(대신大臣 결
제)로 "일만지日滿支로부터 남방 점령지로 진출시킬 육군 군속, 동 요원, 기
타 군 관계 일본인"에 대해, 전형한 뒤에 신분증명서를 발급하는 것으로
하고 그 기준을 정했다.[11] 군의 고용인, 촉탁 등의 요원, 피징용자, 진출
기업의 민간인 등 7종으로 나누었는데, 위안부와 업자는 최후의 '기타' 범
주에 속한 것이 아닐까 생각된다. 신분증명서의 발행자는 원칙적으로 육
군성이었지만 현지 사령관에게도 권한이 나뉘어져 있었기 때문에 전형

9　원서에서 "일본인"이라고 할 때, 조선인을 포함하는 경우가 많다. 특히 아시아태평양전쟁 당시
　의 사료에서 그러하다. 그때는 '일본인'으로 번역하였다. 하타는 일본인을 조선인과 구별하여
　말할 때도 "일본인"이라고 썼으므로 주의를 요한다. 번역은 원문 그대로 '일본인'으로 하였다.
　—역주
10　위의 책, No. 21, 22.
11　육아밀대일기 소17~49.

이 얼마나 엄격하게 진행되었는가 하는 의문은 남아 있다. 그렇다고 해도 만주나 중국 본토와는 달리 불량분자 무리의 남방 진출이 상당히 억제되었던 것만은 부정할 수 없다. 문제의 육아밀陸亞密은 "사상, 품행 등 점령지 내에 체류시키기에 적당하지 않은 자는 속히 내지로 송환하는 것으로 한다"고 다짐하는 조항도 들어가 있다. 앞에 쓴 보르네오 행 업자와 여자들이 어떠한 과정으로 선편을 얻었는지는 불명이지만, 남방작전이 일단락된 1942년 봄부터 여름에 걸쳐 중국과 조선으로부터 큰 위안부 무리가 착착 도항하였다. 몇 개의 사례를 보자.

광둥에서 군용 식당을 운영하던 사카이 유키에 부부가 식당에 출입하던 군 참모의 권유를 받고 단지 300엔의 자금으로 30명의 중국인 여성을 매집하여 버마로 향한 것은 1942년 봄쯤이었다고 한다. 랑군(양곤) 점령 직후에 영국인이 경영하는 호텔에 위안소를 개설했고 식량과 콘돔은 군으로부터 제공받았다.[12]

난징에서 위안소 경영을 도왔던 카츠키 히사하루 부부의 경우는 17만 엔으로 27명의 일본인 여성을 매집하였다. 이노우에 키쿠오 부부는 주로 항저우에서 12명의 조선인 위안부를 모아 상하이로 가니 1,300명(과장일까?)의 위안부가 집결해 있었다. 업자들은 대좌로부터 "남방 파견군 총사령부의 요청에 의해 중국 파견군 총사령부가 이것을 알선하고 (……)"라는 훈시를 들었다. 8월에 랑군에 도착하자 군의 후방 참모가 각 업자에게 라시오, 만달레이 등 영업 장소를 나누어 주었다. 참모를 보조하고 있

---

12 사카이酒井, 가츠키香月, 이노우에井上의 경우에 대한 상세는 니시노 루미코西野留美子(1993), 『종군위안부와 15년전쟁從軍慰安婦と十五年戰爭』(아카시쇼텐明石書店)을 참조. 남지나 헌병대로부터 버마로 전근한 나카무라 카네오中村謙雄 헌병 조장은 친숙한 여성과 랑군에서 때마침 재회했다고 증언하는데, 이것은 사카이 부부의 케이스일까?

던 한 하사관은 그 시스템을 "예를 들면 만달레이에는 아직 위안소가 하나밖에 없다. 앞으로 2개 정도를 요망하기 때문에 당신은 만달레이로 가서 56연대에 붙는다고 말하는 식으로 배속된다. 병사의 수에 맞도록 조정해야 한다"고 설명하였다.[13] 현지의 버마인 여성을 모은 위안소도 있었지만 주력은 조선인, 다음으로 중국인, 인도인이었고, 이들은 말단 부대로 보내진 반면 그 수가 적은 일본인은 사령부 소재지와 장교용으로 돌아갔다.

또 하나는, 뒤에 따라가던 위안부까지 몽땅 미군 포로가 되어 전시정보국(OWI)의 자세한 심문 조사를 받고 해당 문서에 등장하는 기타무라 에이분과 기타무라 토미코 부부다. 두 사람은 경성에서 경영하던 식당 영업이 부진하자 "돈벌이를 위해 전업"을 결정하고, 20명의 조선인 여성 부모들에게 3백 엔부터 1천 엔을 지불하고 그들을 사들였다. 그들은 조선군에 신청하여 소개장을 받아 7월 10일 부산을 출발, 8월 20일 랑군에 도착했다. 같은 배에 703명의 여성이 탔고, 대만에 기항했을 때는 22명(대만인?)이 올라탔으며, 그와 별개로 "그와 같이 인격이 저열한" 90명가량의 일본인 남녀도 동행했다.[14] 버마로만 1천 명 이상의 위안부를 보내 주었던 것인데, 필리핀에서도 수도 마닐라에서만 1천 명 이상의 위안부로 흥청거렸다.

일본군이 마닐라를 무혈점령한 것은 1942년 1월 2일이었는데, 2월에는 군정부가 위안소 개설을 위한 접수를 시작하여 차차 개점하였다. 1943년 2월 현재의 '재 마닐라 인가 음식점, 위안소 규칙'[15]에 따르면

---

13 같은 책, p. 107.
14 요시미 자료집, No. 99, 100.
15 같은 책, No. 103.

위안소 17개, 위안부(헌병대 문서에서는 예기, 작부) 1,064명, 그 외에 장교·고급 문관용 클럽이 '히로마츠' 등 4개(접대부 119명)였다. 마닐라 헌병대의 사타케 히사시 준위는 장교용을 제외하면 위안부의 주력은 필리핀인 여성, 뒤이어 대만인, 내지인의 순이고, 조선인은 그다지 눈에 띄지 않았다고 회상한다. 이들 한정된 사례로부터 눈에 들어오는 특징을 몇 가지 지적해 두고 싶다. 첫째는 이미 중국 대륙에서 경험을 쌓고 현지군과 잘 알게 된 업자가 남방 진출 부대의 의뢰를 전한 지나 파견군의 요청에 응해 여성들을 매집하여 데리고 온 경우가 많다는 것, 다음으로 중국과 조선에서 식당 등을 경영하고 있던 업자가 신규로 위안소 경영에 뛰어드는 예도 적지 않았다는 것, 셋째는 그녀들이 진출하기 전 이미 현지인 여성으로 꾸려진 위안소를 열었는데, 그녀들의 진출 후에도 숫자가 부족하여 기존의 위안소도 계속 이용한 것 같다는 점 등이다.

3. "성병 천국"이었던 남방 점령지

각 지역마다의 특성과 개별적인 상태는 요시미 요시아키의 『종군위안부 자료집』에 수록된 공문서와 연합군의 조사 보고서에 맡기고, 여기에서는 몇 가지 문제점을 제기하는 정도에 그치고자 한다. 우선은 강간 예방과 성병 대책을 중심으로 하는 군기·풍기 문제와 관련해서다.

일중전쟁의 전례를 알고 있는 군 간부는 식민지 해방과 자원의 획득을 내세운 전쟁의 성격으로 인해 현지 주민과의 협력을 중시하고 군기의 확립에 그만큼 신경을 썼다. 군법회의에 회부되면 강간의 경우 '징역 7년'이라는 것을 병사는 알고 있지만, 헌병에 발각되는 일은 정말이지 운이 나쁜 경우였기 때문에 과연 억지력이 있었는지는 의문스럽다. 가네하라 일지에 의하면, 1942년 5월 2일의 국과장 회의에서 법무국장은 "남방군의 범죄 사건은 137건, 대체로 지나사변에 비해 적다. 필리핀 방면에서도 강간이 많았지만, 엄중한 단속으로 격감했다. 여자가 일본인을 마음에 들어 했기 때문이다"라고 말한다. "제25군의 독립속사포 부대 현역 대위가 쿠알라룸푸르에서 말레이시아 처녀를 강간, 대여섯 개의 시계를 약탈하고, 게다가 죠호르의 세 번째 공주를 속여 카메라를 사취하고 강간"과 같은 예가 소개되고 있다. 라바울을 공략한 육군 남해지대南海支隊에서도 대대장이 대추장의 딸을 강간한 이야기가 전해지고 있었다.[16]

이러한 종류의 강간에 대한 정보는 남방작전 종료 뒤에 새로운 점령지 시찰에 나선 육군 중앙부 수뇌 일행이 청취한 내용이 중심이었던 것 같다. 그 속에는 주민의 원한을 사서 습격을 받고 1개 중대가 전멸했다는 부류의 진위를 알 수 없는 이야기도 섞여 있지만, 그 일행을 맞이한 현지 군 간부는 하나같이 위안소 설치로 군의 해이를 막기 원한다고 말했고, 중앙도 그를 이해하였다.[17] 그 결과 1942년 가을 이후 군정이 궤도에 오르기 시작할 무렵부터 각종 위안 시설이 진출하고, 최전선의 격렬한 전투가 남의 일이라도 되는 듯이 후방 지역의 성 산업은 지극한 활황을 보였다.

---

16 모리키 마사루森木勝의 이야기.
17 『육·해군성 법무국장 순찰 보고』, 후지슈판不二出版, 1990.

[표 4-2] 동남아의 위안소와 위안부

지역	시점	위안소 수	위안부 수	출처
전全 말레이	1942. 7		194	요시미 자료집 No.80
싱가포르	1943	20	300(K, J, C, N)	그루마세케車成奎 증언
버마	1942. 8		K×703	요시미 자료집 No.100
미치나	1944	3	K×42, C×21	〃
만달레이	1943	9(J×1, K×3, N×4)		
윈난	1944		40+(J, K)	
남셀레베스	1945	27	N×281	요시미 자료집 No.83
암본	1944		150	
티몰	1944		K×50	요시미 자료집 No.82
할마헤라	1944		36(J, K, N)	네덜란드정부 보고서
마닐라	1943	21	1,183	요시미 자료집 No.103
파나이섬	1942	2	N×33	
다바오	1944	육×3, 해×3	150	사사키 미노루佐々木実
제2차 특요원 (해군)	1942		J×195	병비국兵備局 문서
라바울	1943	20	300(J, K, 台, イ)	마츠다 사이지松田才二
괌	1944	3	45(J, K, 치모로)	시미즈 야스코淸水靖子

주 J=일본인, K=조선인, C=중국인, N=현지인, 台=대만인, イ=인도네시아인

훗날 싱가포르의 수상으로 당시 래플즈대학의 학생이었던 리콴유는 "싱가포르 점령(1942년 2월 15일)으로부터 4주도 채 지나지 않은 때, 위안소에서 (……) 1백 명부터 2백 명의 일본군 병사가 긴 줄을 서서 차례를 기다리는 것을 보았다"[18]고 개인 체험을 적고 있는데 이 기억은 정확할 것이다. 그런 이유인지 1937년에 난징에서 일어난 것과 같은 강간 범죄

___

18 리콴유Lee Kuan Yew(1998), *The Singapore Story*, Singapore Press Holding, pp. 58-59. 그는 또 1992년 2월의 연설에서도 같은 요지를 말하고 있다.

는 크게 줄었다. 근위사단의 소대장이었던 후사야마 소위는 2월 27일, 주둔지 가까이에 위안소가 개설되었다고 기록하고 3월 5일자 중국어 신문 「소남일보昭南日報」에 "위안부 모집"이라는 광고가 나왔다고 말한다.[19] 조금 뒤지만, 육군 보도반원報道班員으로 싱가포르에서 수개월을 보낸 작가 오바야시 키요시大林淸는 그 시기의 활황에 대해 다음과 같이 썼다.

> 남방 총군南方總軍 보도부가 있는 고층 빌딩의 뒤쪽 주택지 일대를 '요시와라'라고 칭하고, 거기에 병사용, 하사관용, 하급 장교용 위안소가 나란히 들어서 있었다. 그 높은 곳에서 내려오자 정원이 있는 고급주택을 접수하여 만든 영관급 이상이 이용하는 요정이 있었고, 그 정원에는 밤마다 영관들의 황색 깃발을 단 승용차가 주차되어 있었다. 또 그 앞의 스코트 로드라는 주택가는 해군 사관용 요정가로 바뀌어 있었고, 그들 요정의 중심에는 야나기바시[20]의 요정업자가 경영하는 집도 있었다.[21]

말레이반도에서는 아직 전투가 계속되고 있던 1942년 2월에 처음으로 병참이 방콕에서 조달해 온 태국인 창부 등을 모아 하쟈이와 싱골라에 위안소를 개설한 것이 처음이었던 것 같다고 하야시 히로후미林博史는 쓰고 있다.[22] 5월부터 쿠알라룸푸르 7개 지역에 16개의 위안소를 개설했

---

19 싱가포르의 위안부 사정에 대해서는 「계간 전쟁책임 연구」 No.4, 1994의 하야시 히로후미林博史의 논문을 참조.
20 '야나기바시柳橋'는 도쿄도 타이토台東구의 지명이다. 에도시대부터 화류거리로서 번영했다. —역주
21 오바야시 키요시大林淸, 『다마노이 만가玉の井挽歌』, p. 199.
22 「세카이世界」, 1993년 3월호의 하야시 히로후미, '말레이반도의 일본군위안부マレ一半島の日本軍慰安婦'를 참조.

는데, 위안부 모집과 관리를 인수한 것은 현지인과 결혼, 정주하고 있던 전 '가라유키상'이었던 것 같다. 8월경에는 위안부 수가 150명을 넘었는데, "가장 많았던 것이 중국인(화교), 다음은 약 20명의 조선인, 그다음으로는 태국인 3명과 자바계 3명, 인도인 2명"[23]이었다고 한다. 이러한 점령지에서의 성 관련 풍습은 다양한 모습을 띠었는데 우선 대표적인 유형을 거론해 두자.

(1) 간부 계급이 좋아하는 일본인 예기(때로는 위안부)를 애인으로 독점하는 예가 있고, 이를 "각하閣下 전용"이라고 불렀다.

(2) 주둔지의 대장 계급에게 현지의 유력자 등이 현지인 여성을 현지처로 제공하는 예. 1943년에 남버마의 프롬에 육군 사정관司政官으로 부임한 와라이 도쿠이치淺井得一는 여성의 제공을 거절했지만, 전임자는 받아들였다고 쓰고 있다.[24]

(3) 중·하급 장교 계급이 장교용 '요릿집'이나 '클럽'에서 일본인 여성을 공용共用하는 예. 여자를 쟁탈하려는 소동을 일으키는 일이 적지 않았다.

(4) 하사관·병사 계급용의 위안부, 주로 조선인, 중국인, 기타 현지인 여성이며, 젊고 싸기 때문에 애호하는 장교도 있었다.

(5) 일본인이나 현지인 여성과의 자유연애형.

(6) 현지인 여성을 '처'로 둔 예.

---

23 같은 책.

24 와라이 도쿠이치(1980), 『버마 전선 풍토기ビルマ戦線風土記』, 다마가와대학출판부玉川大學出版部, p. 165.

(6)은 필리핀에서도 보이는데, 특히 "극락"이라며 부러움을 사고 있던 자바에서는 군정감부軍政監部의 문관과 기업에서 파견한 민간인들 사이에서 유행했다. "친타(애인)"라든가 "백마白馬"라고 불리던 이 현지처들은 네덜란드인 남자와 인도네시아인 여자 사이에 태어난 혼혈인(유라시안)이 많았고, 옛 주인이 억류소로 들어가자 생활이 곤란하여 새로운 주인에게로 적籍을 옮긴 것이다. 자바 파견군 선전부에 들어간 오야 소이치大宅壯一는 자칭 '백마회'의 주재자였다. 네덜란드 정부의 공식 보고서도 "일본군 고급 장교, 회사 중역, 고급 관리 등도 매춘숙을 찾기보다는 첩을 두는 것을 선호한다"고 썼고, 게다가 "유럽인 매춘부의 다수는 일본인 남성의 첩이 되는 관계를 선호"[25]한다고 기록했다.

자바에는 군인이 적고(전쟁 중기에는 1만 명 전후) 점령지 행정을 담당하는 문관과 민간 기업인, 전전부터의 재류 일본인(사쿠라구미)이 많았다. 그런 까닭인지 점령 초기에는 군 전용 위안소가 거의 보이지 않고, 민간의 매춘숙이 주력이었다. 하지만 1943년 후반부터 군 전용 위안소가 설치되기 시작했고, 악명 높은 스마랑 위안소 사건(제6장 참조)이 발생한다. 앞선 네덜란드 정부 보고서는 성병의 증가를 그 원인으로 추측하고 있는데, 필시 그러한 이유일 것이다.

「자바신문」(아사히신문이 경영)은 1943년 2월에 '열대지방 위생'(군의부 집필)이라는 제목을 붙인 시리즈에서 "공동 화장실은 누구 하나라도 오염시킬 심산으로 사용하는 사람은 없지만, 오염되기 쉽습니다. 위안소를 열 때, 아무리 엄선해도 시간이 지나가면 거의 전부가 화류방이 되어 버리기 때문에 안전한 위안소를 구하는 것은 무리입니다", "위안부의 절반 이상

---

25 앞의 「계간 전쟁책임 연구」, No.4, p. 50.

은 매독 (……) 자카르타 군 지정 위안소의 여자들을 대상으로 혈청 반응을 검사했더니 자그마치 반수 이상이 (……)"라고 경고하였다. 또 "싸고 서비스가 좋다, 스릴이 있다는 등의 이유로 규정을 어기고 사창私娼에 가는 분별없는 자가 끊이지 않아 (……) 섬뜩"[26]이라고도 쓰고 있는데, 사태는 전혀 개선되지 않은 것 같고, 1년 반 뒤의 기사에서는 이병률罹病率이 "일본인의 7할가량"[27]이라고 쓰고 있기 때문에 조금 과하게 말하자면 자바는 "성병 천국"이었던 것 같다. "지옥"이라고 말하는 버마도 사정은 마찬가지로, 위안소에는 성병에 걸린 여성의 이름이 게시되어 있었지만 "병사들은 성병 감염을 무시하고 위안소 왕래를 계속했다"[28]고 카시오龜尾進 쓰쓰무 군의는 쓰고 있다.

[표 4-3] 수마트라섬의 군 전용 위안소

장소	위안소 수	경영자	위안부 수
코타라지아	1	중국인	인도네시아×10
시보르카	2	조선인	K×20
메단	3	일본인·조선인	J×10, K×10
파칸바르	1	중국인	C×5, 인도네시아×5
부키칭기	3	조선인·중국인	K×20, 인도네시아×10
베라왕	1		C×6, 인도네시아×2
파렌반			70~80

※출처: 주로 오오히라 후미오大平文夫.

주 별도로 부키칭기에는 교관 및 민간인용의 요정料亭이 있었으며, J×20이 성 접대에 응했다.

---

26 「자바신문」, 1943년 2월 1일, 2일자.
27 「자바신문」, 1944년 9월 1일자.
28 카시오 쓰쓰무(1980), 『마의 신탄강魔のシッタン河』, 오분사旺文社.

위안부와 전쟁터의 성性

1942년 6월 18일, 육군성은 '대동아전쟁 관계 장병의 성병 처치에 관한 건'이라는 제목의 통첩을 냈다, "출동지에서의 성병 예방을 철저히 함으로써, 전력의 감퇴와 성병의 국내 반입에 의한 민족의 장래에 미치는 악영향을 방지"하기 위해, '(1) 위안소 등의 위생 관리를 강화, (2) 내지 귀환 전의 성병 치료, (3) 재발의 위험이 있는 자는 병원장이 출신지의 지방 장관에게 통보'하도록 지령하였지만, 소집이 해제되어 내지로 귀환할 수 있는 장병은 드물었기 때문에 공문空文에 가까웠다고 할 수 있다.

4. 북쿠릴 열도에서 안다만 제도까지

다음으로 지역 분포와 격차라는 관점에서 살펴보면, 격전장이나 일부의 외딴 섬을 제외하고, 일본군이 주둔한 지역의 거의 전역에서 위안소 내지 유사한 시설이 있었다고 말해도 과언이 아니다. 저자가 조사한 한에서, 존재하지 않았던 곳은 과달카날섬을 포함한 솔로몬 군도, 동부 뉴기니와 알류샨 열도(아투, 키스카), 길버트 제도(마킨, 타라와), 이오지마硫黃島 등의 외딴 섬일 것이다.

센다 가코는 과달카날 쟁탈전이 격렬했던 "1942년 가을에 몇 사람의 위안부가 라바울로부터 이 섬으로 진출하는 도중에 배가 격침되었고, 구조되어 부겐빌 섬에 상륙, 그중 두 사람이 생환한 것 같다"고 쓰고 있지만[29]

---

29 센다 가코, 『종군위안부』정편, pp. 144~151.

확인할 길은 없다. 아투 섬(1943년 5월 옥쇄), 키스카 섬(1943년 7월 철수)에 대해서는 1942년 7월에 '위생삿쿠(콘돔)' 1만 개를 교부한다는 공식 기록은 있지만 키스카에 주둔한 해군 주계 조장이 "북해의 고도孤島, 여자 기색은 조금도 없고, 너무 많이 준비했나? 전혀 쓰지 않는 물건이 된 것은 고무 제품 '하트뷰티즈'였다"[30]고 쓴 바, 위안소는 없었다고 단정할 수 있을 것이다.

　　북쿠릴 열도에는 종전 시점에 파라무시르 섬의 카시와라(柏島, 제91 사단 사령부의 소재지)에 약 50명의 위안부가 있었다는 사실이 확인된다.[31] 일로日魯주식회사의 통조림 공장 공장장이었던 스가와라 테이이치菅原貞一의 회상에 따르면, 군의 요청으로 주로 하코다테函館 주변의 유곽으로부터 모아 온 여성들이 카시와라에 상륙한 것은 1943년 6월경으로, 회사의 부지 내에 온돌을 깐 위안소 3동을 세웠다고 이야기한다. 1945년 8월 18일, 소련군의 대규모 침공에 즈음하여, 그날 밤 그녀들은 일로어업의 여자 공원과 간호부 약 300명과 함께 26척의 소형 어선에 나눠 타고 홋카이도로 탈출했는데, 수비 병사와 남자 주민은 정전 후 시베리아로 연행되어 수년간 중노동을 해야 했다.

　　서부 뉴기니(구 네덜란드령)에 대해서는 네덜란드 정부의 보고서에서 "일본군 위안소가 있고, 거기에서는 파푸아인 여성이 일하고 있었다. (……) 그에 더해 자바와 모루카에서 태어난 관리와 경관警官의 미망인들이

---

30 키스카Kiska회キスカ會(1980), 『키스카 전기キスカ戰記』, p. 262. 아투 섬에 대해서는 1943년 5월의 옥쇄 시에 포로가 되어 귀국한 다카하시 쿠미마츠高橋國松 일등병岩手縣이 "여자는 한 사람도 없었다"고 증언하고 있다.

31 미타 히데아키三田英彬(1973), 『북방영토北方領土』, 고단샤講談社; 뱃소 지로조別所二郎藏(1977), 『우리 북치시마의 기록わが北千島記』, 고단샤; 스이주 만水津滿(1979), 『북방영토 탈환의 길北方領土 頃還の道』, 니혼코교 신문사日本工業新聞社; 아사리 마사토시淺利政俊, 스가와라의 이야기.

수용되어 있는 소규모 억류소가 있고, 그것들은 위안소로 이용되고 있었다"는 기사가 있으므로 일시적·국부적으로는 위안소가 존재했다고 생각된다.

동부 뉴기니에서는 1942년 여름의 모레스비 공략작전(이후 중지)부터 종전까지 극한 상황에 가까운 참담한 전투의 연속이었고, 투입 병력 14만 중 1만 명만이 남았다. 전사자 중 최대 9할이 기아와 열대병으로 사망했다고 추정되고, 소수의 간호부는 있었지만 위안소나 위안부는 존재하지 않았다고 전해진다. 그러나 1998년 여름, 일본에 온 현지인 운동가가 인육식人肉食 2,388명, 위안부 16,161명이라는 숫자를 말했다(제10장 참조). 인육식의 존재에 대해서는 알려져 있지만 위안부에 대해서는 의문이다. 호리에 마사오堀江正夫 전 제18군 참모가 말하는 바와 같이 "마시지도 먹지도 못하는 병사들에게 그런 힘이 남아 있을 리 없다"(「도쿄신문」 1998년 8월 15일자)고 생각하는 쪽이 타당할 것이다. 강간과 혼동될 가능성이 있지만, 파푸아 여성은 "피부색이 검고, 얼굴도 마치 남자 같고, 1평방피트 정도의 나무껍질로 만든 실로 짠 것을 앞에 걸치고 (……)" 있는 모습이었고, "부탁을 받아도 구역질이 나고 내키지 않았을 것이다"[32]라고 묘사되고 있기 때문에 그런 일은 매우 드물게 일어나지 않았을까 생각된다.

북단이 파라무시르, 동단이 라바울이라고 하면, 서단이라고 말할 수 있는 벽지는 인도양의 안다만과 니코바르 제도였을 것이다. 보급이 가로막혀 기아로 고통을 당하면서도 영국군이 상륙하기 전에 종전이 되었고, 수천의 육·해군 부대가 옥쇄를 간신히 면했는데, 해군 제12특별근거지대가 작성한 '위안소 이용 규칙'(1945년 3월 18일자)이 발견되었다. 그에 따

---

32 시마다 가쿠오島田覺夫(1986), 『나는 악마가 사는 곳에서 살았다私は魔境に生きた』, 세이운샤星雲社, pp. 352, 438.

르면, "해군 위안소의 관리·경영은 해군 사령부가 일괄적으로 한다"고 했지만 요금은 업자에게 지불하게 되어 있었다.[33] 민영으로 간주할지, 해군 직영으로 간주할지는 미묘한 문제일 것이다.

　　5개의 위안소에 몇 사람의 위안부가 있었는지는 불명이지만, 카니코바르 섬에 육·해군별로 10명 전후의 위안부가 있었던 것은 분명하다. 그래도 부족했는지 1945년 3월의 안다만 보급 작전에서 일본군은 18명의 위안부를 보내 주었다. 3월 26일, 일본의 선단과 호위함은 안다만 먼 바다에서 영국함과 전투를 벌여 전멸했는데, 구조된 53명의 포로 속에 여자가 7명 있었다. "메리"라고 불리는 여성은 임신한 상태였고, "챠챠"라는 혼혈 여성은 영어로 이야기를 할 수 있었다. 존 윈튼은 "여자를 잃은 안다만의 일본 병사는 필시 낙담한 모습일 것이다"라고 썼다. 이 여성들을 어디에서 조달하였는지는 알 수 없지만, 전쟁 말기에 남방 항해가 가로막히자 현지인 여성을 조달하는 일이 많아졌고 역내 이동도 일어났다. 남자 노동자와 함께 자바에서 말레이로 위안부 요원을 이동시켰고, 역으로 말레이로부터 셀레베스로 보내진 여성도 있다. 1944년 네덜란드 정부 보고서에는 자바의 여성을 수마트라, 보르네오, 셀레베스, 소순다, 티모르, 서부 뉴기니로 송출하는 역내 이동도 확인되고 있다.

---

33 「계간 전쟁책임 연구」 제10호(1995)에 있는 기무라 코이치로木村宏一郎 논고.

5. 위안소 규정은 말한다

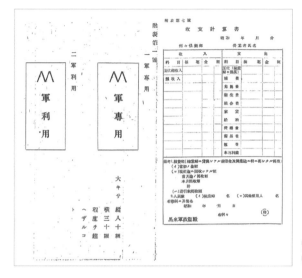

말레이 군정 감부의
단속 규칙에서

위안소의 관리·운영 방침을 규정한 현지군의 공문서로 원문이 남아 있는 것은 A. 말레이 군정 감독이 제정한 '위안 시설 및 여관 영업 단속규칙'(1943년 11월 11일), B. 마닐라 병참사령부의 '재 마닐라 인가 음식점·위안소 규칙'(1943년 2월), C. 버마의 만달레이 주둔지 사령부의 '주둔지 위안소 규정'(1943년 5월 26일) 세 개다.[34] 그 외에 운영 실태

만달레이 주둔지 위안소 규정에서

---

34 A는 방위연구소 소장 자료, B는 요시미 자료집 No. 103, C는 영국 제국전쟁 박물관Imperial War Museum 소장의 포획 자료(「계간 전쟁책임 연구」 제6호(1994)에서 하야시 히로후미林博史가 소개).

를 엿볼 수 있는 단편적인 공문서가 없는 것은 아니지만, 여기에서는 A를 축으로, 비교와 보완을 위해 B, C를 이용하는 방식으로 개관하고자 한다.

우선 경영 형태인데, 미군 보고서가 말하고 있는 바과 같이, "압수된 몇 개의 위안소 규칙에 따르면 위안소는 민간인에 의해 경영되고 있지만, 군의 감독하에 놓여"[35] 있었으며, 예외적으로 군 직영에 가까운 것도 있다. 예를 들면, 전쟁 말기 셀레베스 중부의 제2군 사령부에서는 "경영자는 일반 일본인"으로 하고 "군 사령부에 의해 감독"하고 있었는데, 그 지휘 하에 있던 파레파레 경비대는 책임자가 육군 중좌로서 그는 "1. 매음부(자바인 11명)는 본인의 희망에 따라 영업하게 한다. 2. 부대에 의해 경영한다"[36]고 기술하였다. 이 경비대에서는 "군대와 마찬가지로 위안부는 모두 급양給養한다"고 하여 의식주 전체를 주인이 부담한다고 되어 있는데, 벽지의 말단 주둔지라는 사정에서 발생하는 특수성일 것이다.

수십 조條에 걸친 세밀한 'A. 말레이의 규칙'은 제6조에서 "영업자가 가업부稼業婦를 피고용자로 들일 때는 (……) 고용계약을 정하고, 관할 지방장관의 인가를 받을 것"으로 규정하고 있다. 지방장관이란 남방 총군-말레이 군정 감부-각 주청州廳으로 연결되는 군정 계통의 주장관(州長官, 육군 문관인 사정司政장관)을 가리킨다. 업자(고용자)와 위안부 사이의 계약에서는 전차금, 계약 기간, 화대의 배분 비율이 핵심이 되는데, A에서는 채무액에 따라 쌍방의 분배 비율을 4:6으로 정하고 있다, B와 제2군은 5할씩이었는데, 어느 쪽이든 내지의 분배율에 비하면 군위안소 쪽이 여성들에게 조금 더 유리했다. 간자키 키요시神崎清에 의하면, 요시와라 유곽에서 여자의 몫이 25%에서 40%로 증가했던 것은 종전 즈음부터라고 하는데,

---

35 요시미 자료집, p. 495.
36 같은 책, p. 373.

위안부와 전쟁터의 성性

병사들에 대한 서비스 향상을 기대한 군 당국의 압력과 배려 때문일 것이다. 미군의 침공을 목전에 둔 오키나와의 이시병단石兵團에서는 여자의 몫을 더욱 높여 "이후 7:3으로"[37] 하였다.

업자와 위안부의 의무, 금지 사항도 자세히 규정되었다. A에서는 의무적으로 정기검진, 가격 표시, 명부 비치, 수지 계산서의 제출, 추가 차금의 허가제 등을 규정하였고, 금지 사항은 호객, 동반 외출, 댄스 등이었다. B의 마닐라에서는 "저축은 월 30엔 이상을 넘어서는 안 되고, 예외는 병참사령부의 승인이 필요"라든가, "콘돔을 거부하는 자는 출입 금지"라든가, 무슨 이유인지 "입맞춤 금지"라는 금지 사항을 나열하였고, 이용자에 대해서는 "먹을 것, 알코올 휴대 금지", "폭력 금지"가 있었다. C의 만달레이에서는 "부당한 취급이나 금전 강요 등은 보고하라, 경우에 따라서는 소속 부대의 전원을 출입 금지"와 같은 규정도 들어가 있어서 병사의 난폭함이나 업자의 착취로부터 위안부를 보호하려는 배려를 느낄 수 있다. 군복 착용을 의무로 규정한 위안소가 많았던 것도 같은 취지로 보인다. 부족하기 일쑤였던 여성을 불필요하게 학대한다면 위안소 설치의 목적을 상실하는 것이므로 당연한 규정이라고 할 수 있을 것이다.

3개의 위안소 규정 속에서는 만달레이가 최전선에 가까웠기 때문인지 야전의 분위기가 강하고, 규제가 느슨하다. 이용자는 군인·군속을 원칙으로 하지만 상사원商社員 등의 이용도 인정되고 있었다. 5개의 군 지정 위안소(일본, 조선, 중국인 여성) 외, 4개의 준 지정 위안소(버마인 여성) 중 하나는 버마인 병보(일본군의 보조병) 전용으로 되어 있다(아웅산이 거느리는 버마

---

37 같은 책, p. 415.

국군도 위안소를 설치). 또 위안부의 필수품은 군 화물창이 공급하게 되어 있었다.

위안소에서의 실제 생활이 반드시 규칙대로 적용되었던 것은 아니다. 시기, 장소, 전황, 치안 상태, 이용자의 수와 질, 여성 본인의 자질 등 제 요소가 얽혀 천차만별이었다고 말할 수 있다. A, B, C는 직접적인 전화戰火로부터 떨어져 있는 후방 지구이고, 시기는 치안이 가장 안정되어 있었던 때이며, 대상은 "원칙적으로 일본인"이 경영하는 위안소였다. 그러나 경영자가 대만인 여성이고 여자는 조선인이나 말레이인(싱가포르의 캔힐)이라든가, 업자가 인도인이고 여자는 유럽인(수마트라 섬의 파당)이라든가, "경영자는 필리핀인 여성이고 감독 겸 통역으로 재류 일본인"을 두고 여성은 전원이 필리핀(필리핀의 타클로반) 사람인 경우도 있어서 군의 방침이 얼마나 철저하였는지 의문이다.

전차금을 갚고 계약 기간도 종료되면 고향으로 돌아가는 선편은 군이 알선하는 것으로는 되어 있지만, 1943년 중반 이후는 미 잠수함의 선단 습격이 격화되고, 해상 루트는 더욱 좁아졌기 때문에 돌아가고 싶어도 선편을 얻을 수 없고, 바다에 침몰하는 것이 두려워 잔류하는 여성이 적지 않았다. 게다가 애써 벌어들인 수입은 군표로 지급되는 것이 원칙이었기 때문에 군사우편을 이용한 가족 송금 부분을 제외하면 패전과 동시에 종이 나부랭이가 되어 버렸다. 그러나 그 누구보다 가장 불운했던 사람은 전쟁 말기의 패퇴전敗退戰과 외딴 섬에서의 옥쇄전에 말려든 여성들이었을 것이다.

6. 패주하는 여자들 - 버마

2백만 명 이상의 전사자를 낸 태평양 전장에서, 병사病死와 해몰海
沒을 포함하여 몇 사람 정도의 위안부가 목숨을 잃었는지 알려 주는 숫자
는 없다. 전화에 노출된 여성에는 간호부(일본적십자사와 육·해군의 3종), 군이
나 기업에서 일한 여자 사무원이나 재류 일본인의 가족도 있었지만, 일본
군에게는 일부 구미 제국과 같이 여성을 전투 임무에 종사하게 하는 관습
은 없었고, 전쟁 후반의 퇴각기에는 일찌감치 후방의 안전지대나 본국으
로 후송시키는 조치가 취해지고 있었다. 여기에서는 버마와 필리핀의 전
장을 중심으로 분명하게 알려진 위안부 수난의 예를 살피고자 한다.

버마 전선에서 유명한 것은 윈난雲南성의 라모우拉孟, 텅충騰衝의 옥
쇄전에 말려든 위안부인데, 포로가 되어 살아남은 약간의 병사들의 증언
과 미군의 심문 기록 외에는 실마리가 없기 때문에 실태가 확실한 것은
아니다. 모든 정보를 정리하면, 미식美式 장비를 갖춘 중국군 6만이 공격
을 시작한 1944년 6월 경, 라모우에는 내지인 5명, 조선인 15명, 텅충에
는 조선인을 중심으로 하여 20여 명의 위안부가 있었던 것으로 보인다.[38]
최종 단계에서는 총검을 든 백병전까지 연출한 포위 공격전이 3개월간
계속되고, 2천의 수비대는 9월 10일 전후에 전멸했다. 그 사이에 위안부
들은 밥을 짓고, 2인 1조 군복의 모습으로 총탄을 뚫고 다니면서 진지의
병사들에게 주먹밥을 운반했다. 탄약상자를 보내 주는 일도 있었다.

---

38 요시노 다카기미吉野孝公(1979), 『등월 옥쇄기騰越玉碎記』, 자가출판본; 모리모토 아야마리森本謝
(1981), 『옥쇄-아!-라모우 수비대玉碎-ああ拉孟守備隊』, 자가출판본; 오타 다케시太田毅(1984), 『라
모우拉孟』, 쇼와슈판昭和出版; 시나노 마코토品野實(1981), 『이역의 혼異域の鬼』, 야자와쇼보谷澤書
房 등을 참조.

윈난 성에서 중국군에 붙잡힌
일본인 위안부

옥쇄 후에 버마 병사들 사이에 이런저런 소문이 퍼졌고, 반 정도는 전설적 에피소드가 되어 구전된다. "일본인 위안부는 조선인 위안부에게 '당신들에게는 일본에 의리를 지킬 어떠한 의무도 없다'[39]고 말하고 그녀들을 투항시킨 후 전원이 자결했다"든가, "라모우에서는 수류탄과 독약으로 위안부들을 죽였다"[40]고 하는 식이다. 그러나 실제로 그녀들의 태반은 포로가 되어 생존했던 것으로 보인다. 라모우의 포로병 하야미 마사노리早見正則는 쿤밍昆明수용소에서 얼굴이 익숙한 4명의 일본인, 5명의 조선인 위안부와 재회했고, 텅충의 포로병 요시노 다카기미吉野孝公 역시 24명 남짓(그중 일본인은 네다섯 명)의 위안부를 보았다고 기억하고 있기 때문이다. 이 숫자는 1945년 6월에 쿤밍에 간 일본계 2세 미군 병사가 본 "약 100명의 일본군 포로와 4명의 일본 여성을 포함한 25명 남짓의 위안부"[41]와도 거의 합치된다. 결국 40여 명의 위안부 가운데 20명 전후가 사망한 것 같은데, 그중 한 사람은 쿤밍 도착 전에 병사했고, '아이코' 등 몇 사람의 위안부는 텅충 옥쇄 직전에 친한 일본 병사에게 부탁하여 자결한 것으로 보인다. 나머지는 아마도 포격으로 희생되었을 것이다. 두 사람의 사체가 찍힌 미군이 촬영한 사진도 있다.

---

39 센다 가코,『종군위안부』속편, p.18. 나오는 곳은 하기오萩尾 군의軍醫 수기.
40 오타太田의 앞의 책은 p. 271이고, "그러한 사실은 없다"고 부정하고 있다.
41 오타니 이사오大谷薫(1983),『일본 소년ジャパン ボーイ』, 가도카와쇼텐角川書店, p. 230.

양 지점의 함락으로부터 2개월 뒤에 나온 「CBI Round Up」이라는 미군의 진중陣中 신문에는 포로가 된 10명의 위안부들을 만난 월터 런들Walter Rundle 기자의 보도 기사가 게재되었다. 인터뷰에 응한 5명 가운데 1명은 35세 정도의 감독관으로 보이는 일본인이었는데, 4명의 조선인 여성(24~27세)은 1942년 5월 배로 조선을 출발하여 버마에 왔고, 동기는 돈이며, 동료가 24명이었는데 14명은 포화 속에서 죽었다는 등의 신상 이야기를 미군에게 받은 시가를 피우면서 털어놓았다.[42] 아마도 텅충으로부터의 탈줄조였던 것으로 짐작된다.

버마 북부의 미치나Myitkyina에서는 기타무라北村 부부(일본인)와 20명의 조선인 위안부 일행이 붙잡혔다. 제18사단 보병 제114연대가 주둔하고 있던 미치나에는 조선인 여성을 둔 '킨수이'(20명), '쿄에이'(22명)와 광둥 출신의 중국인 여성을 둔 '모모야'(21명)라는 이름의 위안소가 있었다. "술자루", "호색가"라고 여자들로부터 악평을 받던 마루야마치山 연대장은 3개월에 걸친 격전 끝에 탈출 명령을 내렸다.[43] 1944년 8월 1일, 63명의 여자, 경영자와 종업원 일행은 10척의 작은 배에 나눠 타고 이라와디 강을 내려와 정글로 도망했지만, 8월 7일의 작은 전투로 일행은 뿔뿔이 흩어지고 6명이 죽었다. 기타무라 부부가 데리고 온 쿄에이의 여자 20명은 8월 10일, 뗏목을 만들던 중 영국군 장교가 지휘하는 카친족 부대에 체포되었고, 동북 인도의 레도Ledo로 보내져 일본계 2세인 알렉스 요리치Alex Yorichi(OWI 소속)에게 심문을 받았다.

연합군이 처음으로 접한 위안부들이었던 만큼 심문 기록은 매우 조심스럽게 작성되고, 관계 부국部局 사이에서 널리 읽혀졌던 것으로 보

---

42 *CBI Round up*, 1944. 11. 30, "JAP Comfort Girls: by Walter Rundle".
43 요시미 자료집 No. 99, 100.

북 버마에서 미군의 포로가 되어 요네다 군조^{軍曹}에게
심문을 받는 조선인 포로 김 씨(1944년 8월 3일)

이며 그녀들은 "무지함, 유치, 변덕, 그리고 오만"이라는 혹평을 받고 있다. 일행은 10월 말, 민간인 억류자가 수용되어 있던 인도 중부의 데올리^{Deoli} 수용소로 이송되고, 그들과 마찬가지로 체포된 일본적십자사 와카야마 지부의 종군간호부들과 함께 수용된다.[44] 나머지 위안부들의 소식은 분명하지 않지만, '모모야' 일행은 중국군에게 투항했다든가, '킨수이'의 여주인과 6명의 여자는 랑군까지 간신히 후퇴했다고도 전한다.[45]

1944년 가을부터 1945년 봄에 걸쳐 버마의 일본군이 모두 무너지자 그녀들의 고난은 더욱 엄혹해진다. 임팔 전투에서 패하고, '백골가도^{白骨街道}'를 따라 퇴각하고 있던 나카지마 군의는 "너덜너덜한 군복을 걸치고 머리는 중머리"[46]를 한 채 막대기에 의지하며 걸어 내려오는 사람들을 만난다. 말을 걸어보니 반년 전의 진공^{進攻} 때 자신이 수송 지휘관으로 전선의 집결지까지 데려다준 24명의 중국인, 조선인 위안부들이었다.

부상병과 함께 제55사단의 허락을 받은 위안부 80명이 다이하츠 수송선을 타고 모울메인으로 먼저 출발한 것은 예외적인 행운이었다. 태국으로 향하여 산속에서 거지나 다름없는 모습으로 헤맨다든가, 군표를

---

44 하타 이쿠히코秦郁彦(1998), 『일본인 포로日本人捕虜』下, 하라쇼보原書房, p. 372.
45 「세이론正論」, 1996년 12월호 미즈카미 테루조水上輝三의 기고문.
46 「일본 의사신보日本醫事新報」 1977년 12월호의 나카지마 하쿠타로中島博太郎 기고문.

가득 넣은 배낭이나 보따리가 시탕^{Sittaung} 강의 탁류로 흘러가 버린 슬픈 이야기가 전해지고 있다.[47] 단, 산을 넘어 태국으로 향한 위안부 일행과 함께 간 군속 1명은 주민과 물건을 바꿔 먹고 "영양이 좋은지 이리저리 살이 포동포동 쪘고, 병사보다 훨씬 건강"[48]했다고 증언한다.

  수도 랑군이 함락된 것은 1945년 5월 2일이었는데, 영국군의 빠른 추격에 부산을 떨던 기무라 버마 방면군 사령관은 바 모 수상 등, 정부의 간부, 챤드라 보스 등 인도 국민군, 일본대사관원과 거류민을 모두 내버려 두고 비행기로 후퇴해 버린다. 버마전 말기의 참상이라 할 흩어져 달아나는 모습은 이 추태에 기인한 바가 크다. 도보로 모울메인으로 향한 대사관원 일행 10여 명은 도중에 5명의 조선인 위안부를 만나 동행하는데 험한 정글을 만나 지칠 대로 지친 위안부 한 명이 울면서 주저앉아 버린다. 다무라 쇼타로^{田村} 관보^{官補}는 무거운 배낭을 버리라고 질책했지만 그녀는 "3년간이나 고생해서 사 모은 물건들을 버리고 갈 거라면 죽는 편이 낫다"며 움직이지 않았다. 그 뒤의 전개를 다무라는 다음과 같이 쓰고 있다.[49]

북버마의 연합군이 살포한 선전 전단지
(미국 국립공문서관 소장)

---

47 『비록 대동아전쟁사祕錄大東亞戰爭史』 버마 편, 후지쇼엔富士書苑(1953)의 마루야마 시즈오丸山靜雄 기고문, p. 362; 문옥주文玉珠(1996), 『버마전선 방패사단의 '위안부'였던 나ビルマ戰線 楯師團の '慰安婦'だった私』(나시노키샤梨の木舍)에 있는 모리카와 마치코森川万智子의 해설, pp. 192~194.

48 사쿠라이 이사기요櫻井潔(1970), 『고고한 꽃孤高の華』, 간토슈판關東出版, p. 301.

49 다무라 쇼타로田村正太郎(1989), 『버마 탈출기ビルマ脱出記』, pp. 147-148.

그때까지 조용히 보고 있던 시마즈 히사나가^{島津久} 총영사가 언제나처럼 조금도 변하지 않는 조용한 어조로 "그 배낭은 내가 가지고 갈 테니 내게 넘겨 달라"고 한다. (……) 나는 "짐은 모두가 교대로 가져가는 것으로 하자"고 제안했고, 이노우에 소위가 "저쪽은 누구입니까?" 하고 물었다. "랑군 주재 총영사로, 사츠마 시마즈 집안의 부잣집 자제다"라고 말하자 그는 놀라는 기색을 보이며, "군에도 저런 훌륭한 사람이 있었더라면" 하고 감회에 잠겨 혼잣말을 중얼거렸다.

그 뒤 그녀들은 자발적으로 물건을 식량과 바꾸었고, 일행은 굶지 않고 모울메인까지 갔다고 한다. 비슷한 고난을 맛본 것은 보르네오의 위안부들로 보르네오 북부의 쿠닷^{Kudat}에 있던 위안부들은 1945년 6월 즈음, 병사 2명의 호위를 받으며 아피^{Api}로 이동하던 중에 반일 게릴라의 습격을 받았다. 경영자인 일본인 마담은 물소 4마리로 군표를 담은 상자를 운반하고 있었는데 물건은 빼앗겼고 일행은 전원 몰살당했다.[50]

7. 패주하는 여자들 - 필리핀

참혹하기는 했어도 육지로 이어진 버마는 그런대로 괜찮았다. 하

---

50 다나카 호젠田中保善(1980), 『울보 의사 이야기泣き虫軍醫物語』, 마이니치신문사每日新聞社.

지만 도망할 길이 없는 필리핀의 위안부들이 맛본 고난은 혹심했다. 후생
성 조사에서는 60만 명의 수비병 가운데 50만이 전사했는데, 위안부들의
소식을 나타내는 통계는 발견되지 않았다.

1944년 10월의 미군 진공을 앞두고 간호부 등 여성 전원의 귀환을
요청하는 움직임도 있었던 것 같지만 실현되지 않았다. 이후 1945년 2월
의 수도 마닐라 함락을 앞두고 그녀들 다수는 재류 일본인과 함께 루손
북부의 산악지대로 이동했다. 그때 필리핀인 위안부는 해방되어 각자의
판단에 맡겨졌고, 뒤에 실명을 내걸고 커밍아웃한 옛 위안부 속에 그와
비슷한 여성이 있었다. 조선인과 대만인을 포함한 일본인 위안부 일부는
보조간호사라는 명목으로 병원과 행동을 같이 하고 있었는데, 조선인 여
성은 산중에서 독특한 생활력을 발휘했다고도 한다. 그러나 5월부터 6월
경이 되면 기아와 질병으로 단체 행동은 불가능해지고, 기운이 있는 자들
은 작은 모임을 이뤄 산중을 방황했다.

5월 19일, 조선인 위안부 한 무리가 루손 섬 동쪽 해안의 딘가란
만에서 미군에 붙잡혔다. 제1차 심문 조서는 그녀들의 경력을 다음과 같
이 요약하고 있다.[51]

전원이 허약했고, 10일간 풀 이외에 아무것도 먹지 못했다. 군사
정보는 얻을 수 없고, 이 이상의 심문은 불필요.
여성들은 모두 가정이 지극히 가난하고, 적어도 가족의 부담을 덜
고 또 얼마간의 돈을 벌기 위해 조선의 게이샤藝者 하우스로 팔려
갔다. 대만의 타이중臺中에 보내져 군에 고용되었고, 조선으로 돌

---

51 「계간 전쟁책임 연구」, 창간호, 1993.

아온 뒤 1944년 4월 말, 일본인과 조선인을 합해 62명의 여성들과 필리핀으로 향했다. 그녀들을 포함한 10명은 클라크 비행장 가까이에서 히구치라는 남자가 경영하는 위안소에 들어갔고, 10월에 남南 샌 페르난도로 갔다. 1945년 1월 10일, 산중으로 후퇴하는 도중에 스즈키 대좌의 부대와 동행하였고, 행군 중에 한 사람이 죽고 병에 걸린 두 명은 놓고 왔다. 5명은 3주 전에 부대와 떨어져 스스로 살기로 했다. 5월 18일, 해안에서 미군의 작은 배를 발견하고 손을 흔들어 투항했다.

그녀들을 잡은 미군은 전원을 일본 육군의 창녀prostitute라고 인정했지만, 민간인 수용소로 입소할 때 신고한 직업란 표기는 표 4-4가 보여주듯이 각기 달랐다.

[표 4-4] 미군 포로가 된 5인의 조선인 위안부

성명	나이	신고한 직업	이후 소식
1 마츠모토 야나기	24	웨이트리스	1982년 마산에서 사망
2 가네모토 모모코	28	노동자	불명
3 가네모토 요이	22	노동자	불명
4 소노다 킨란	28	엔터테이너	한국전쟁시 사망
5 소노다 소란	19	가정부	미국 거주

주1 2와 3, 4와 5는 자매로 '신고한 직업'은 민간인 수용소에 들어갔을 때 신고한 내역.
주2 '이후 소식'은 NHK가 조사하여 1996년 12월 28일에 방송한 '아시아의 종군위안부 51년째의 목소리'에서 소개.

미국립공문서관(NA)이 소장한 개인카드 기록에서 재류 일본인에 섞여 들어가 포로가 된 젊은 여성을 추출해 그 가운데서 일본인 11명, 조선인 19명, 대만인 7명을 발견했다. 직업란에 위안부라고 적은 사람은 발견되지 않고, 가장 많은 것은 웨이트리스, 기타 엔터테이너, 하우스키퍼, 간호사로 신고하고 있다(표 4-5 참조). 게이샤라고 말한 2명의 일본인 여성도 있지만, 어느 쪽이든 단편적인 정보에 그치고 있다. 지역적으로는 루손 섬이 많고, 네그로스나 세부섬도 있지만 필리핀에서 두 번째로 큰 섬인 민다나오 섬에 대해서는 미군의 정보가 없다. 그러나 전황은 루손 이상으로 비참하여 1백 명 이상이 되었던 위안부(현지인 여성이 최다)의 다수는 미군의 소탕작전에 쫓겨 일본군이나 재류 일본인과 함께 산중을 도망쳐 다녔다.

[표 4-5] 미군 수용소에 수용된 여성들

성명	수용지	수용일	출신지	생년	신고 직업
가와가미 하스미川上ハスミ	루손	1945. 9. 22	에히메	1924	웨이트리스
가와지마 토시코川島トシコ	〃	1945. 9. 19	아이치	〃	〃
가와모토 후사에河本フサエ	〃	1945. 8. 22	도토리	1918	게이샤
가미다 후사코神田フサコ	〃	1945. 9. 14	후쿠시마	1925	웨이트리스
가네시로 하츠코金城ハツコ	〃	1945. 9. 22	오키나와	〃	간호사
마츠무라 스즈에松村スズエ	〃	1945. 9. 19	도치기	1920	웨이트리스
마츠모토 다츠코松本タツコ	〃	1945. 6. 17	히로시마	1911	
고바야시 미요코小林ミヨシ	〃	1945. 9. 26	가나가와	1924	게이샤
고바야시 아키코小林アキコ	세부	1945. 8. 18	후쿠시마	1927	메이드
야마나카 츠네코山中ツネヨ	루손	1945. 9. 22	히로시마	1918	웨이트리스
요코다 토미코横田トミコ	〃	1945. 9. 23	히로시마	1922	학생(기혼)
가네야마 요시코金山ヨシコ	〃	1945. 9. 10	조선	〃	웨이트리스
김충애金忠愛	〃	1945. 9. 21	조선	〃	〃
조점아曹点児	〃	1945. 8. 22	조선	1919	〃
기야마 게이코木山ケイコ	〃	1945. 9. 6	조선	1918	〃

성명	수용지	수용일	출신지	생년	신고 직업
이경수李庚水	〃	1945. 7. 3	조선	1920	〃
박수리朴·スリ	세부	1945. 6. 28	조선	1924	농업
리시만リ·シマン	네구로스	1945. 8. 30	대만	〃	웨이트리스
팽지주彭氏珠	루손	1945. 6. 13	대만	1925	〃
양옥교楊玉橋	〃	1945. 6. 13	대만	〃	주부

※출처: NA-RG389-PMG의 개인 카드로부터.

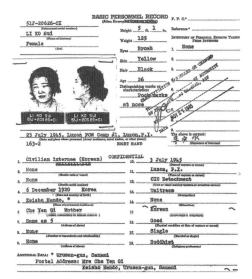

1945년 7월 루손 섬에서 미군에 투항한 조선인
위안부의 신상 조서(NA-RG389-PMG)

일본인 여성들은 빡빡머리를 하고 있었는데, 일본병의 강간을 면하기 위해서였다고 사사미 미노루는 말했다. 그는 12세의 소년으로 미군 침공 전에는 해군 무관실에서 현지처를 위해, 전쟁 후에는 미군 병사의 위안부를 위해 '보이'로서 심부름을 한 경력을 갖고 있다. 1946년 말, 20여 명의 조선인 위안부와 같은 배를 타고 우라가浦賀로 돌아갔는데, 일부 여성은 요코스카橫須현에서 가창으로 전업했다고 한다.[52]

미군을 피하려는 산중 도피행은 세부섬에서도 마찬가지였는데,

---

52 일한협회 사키타마현 연합회日韓協會埼玉縣聯合會(1995), 『증언 '종군위안부'』의 사사키 마코토佐佐木實 증언 및 사사키에 대한 필자의 청문.

오오카 쇼헤이에 의하면 한 장교가 독점하고 있던 수간호사의 진언으로 종군위안부들은 하루에 한 명씩 병사를 상대하게 되었다. 산중에서 사기를 유지한다는 구실이었고, 그에 응하지 않으면 식량을

세부섬에서 미군에 투항한 일본군 종군간호부들

주지 않았다.[53] 오키나와 전투에서도 주민이 가장 공포스러웠던 것은 미군의 포격보다 일본 병사의 난폭함이었다고 구전되는 것처럼, 이는 전쟁 말 '광기' 현상의 일부였다.

8. 해군의 '특요원特要員'

일본 해군의 위안부 사정에 대한 정보는 육군에 비하면 매우 적고, 특히 공문서는 거의 없는 것에 가까우며, 대강 육군에 준하는 방식으로 운영되고 있었다고 추정되지만, 해군 전통의 귀족주의가 영향을 미쳐 사관(장교)과 하사관·사병의 시설과 여성이 준별되고, 원칙적으로 육군과 같은 혼용 방식을 취하지 않았다는 점이 특징이다. 내지의 해군 마

---

53 오카 쇼헤이大岡昇平(1967),『포로기俘虜記』, p. 374.

을도 마찬가지였지만, 사관용의 시설은 요정 혹은 요리점이라 칭하고, 여성은 게이샤라든가 "S"로 불리고 있었다. 주식酒食을 내걸었지만 익숙한 사이가 되면 성 접대도 가능하고, 하사관·사병용은 성 접대만을 목적으로 했다.

해군의 위안소 시스템에 대해 기술한 신뢰도가 높은 거의 유일한 문헌은, 시게무라 미노루 중좌(중국 근무가 길고, 전쟁 중에는 군령부軍令部, 정보부에서 근무)가 1955년,「특집 분게이슌주文藝春秋」에 집필한 '특요원이라는 이름의 부대'[54]이다. 내용 중 '제2차 특요원 진출에 관한 건 조회'라는 제목 하에 해군성 병무국장, 병비兵備국장(주무) 연명의 남서 방면 함대참모장 앞으로 보낸 연락 문서(1942년 5월 30일, 병비사기밀 제137호)가 수록되어 있다. "다음과 같이 진출하도록, 수송, 수용收容 등 적절히 처리해 주기 바람"이라고 하여, 암본, 마카사르, 발리크파판, 페낭, 싱가포르, 수바야로의 특요원 배분표가 나와 있다.

"기지원基地員" 수는 "요정"을 위한 것이 30명 이상, 하사관 및 사병용의 "순특요원純特要員"을 위한 것이 165명 이상이었는데, 귀에 익은 '특요원'이라는 명칭은 위안부를 가리키는 것으로 보인다. 구 해군사관 계급도들은 적이 없다고 말하는 사람이 많은데, 하이난海南 경비부의 작전일지(1942년 5월 14일)에 "특요원에 대해 검진 시행"이라는 기사가 나오는 것으로 보아 아무래도 이 시기에 만들어진 말이 정착되지 않고 소용없게 되어 '위안소'와 '위안부'로 대신한 것이 아닐까? 각 조항을 보면 육군과 매우 흡사하지만 "운영을 함대 관리의 민영으로 한다"든가, 요금은 "대략 1개년의 건강한 노동에 의해 부채를 상환하는 것을 표준으로 하여 (……) (업자

---

54 시게무라 미노루重村實에게 보충적으로 청문하기도 했다.

위안부와 전쟁터의 성性

와) 협정한다"든가, "가설㈦設 숙사를 대여", 침구와 음식품은 업자 부담이지만 "필요하면 관이 입수 알선"한다는 등의 배려를 보이고 있다. 일견하면, 중앙부가 준비하여 배분했던 것으로 생각되지만 실제로는 파견된 함대의 요청과 현지 진출을 노린 업자의 중개역을 수행한 것 같다.

한 예로 1942년 말 마닐라에 진출한 대남의 한 여주인의 신상 이야기로서, "마닐라가 떨어지자 바로 대북의 해군 무관부에 계속 찾아가서 현지에서의 영업 희망을 바라며 (……) 허가가 내려와 (……) 내 집에 살던 여자를 중심으로 13명의 게이샤를 모아 거기에 요리사, 이발사, 목수, 미장이까지 전원 30명으로 (……) 해군의 특무선에 편승 (……) 샌 마르셀리노 프리메이슨의 절을 할당받아 개장하고 요정으로 만들었다. 해군 관계는 사관 이상이 한 집, 하사관·사병이 따로 네 집, 총 다섯 집이었다"고 하는 이야기를 소개하고 있다. 후일담이 더해지면, 전국이 급박했던 1944년 9월 해군 측의 특요원에게 전원 내지로의 귀환 명령이 나오고, 10월 1일까지 병원선 히간와마루로 귀환했는데, 여주인만 남아 산중을 방황했다고 한다.

제1차와 제3차 이래의 진출 상황은 불명이지만, 서전緖戰의 승리와 남방열南方熱에 들뜬 해군 점령지는 모두 위안소와 위안부가 넘쳤다. 『다카마츠高松 일기』에서는 1942년 1월 16일경 내內남양(미크로네시아) 출장에서 돌아온 와타나베渡邊 연합함대 참모의 "제4함대는 자기 위치에서 보급, 휴양을 하고, 시설을 설치. 위안부 200명 보낼 것. 현지에서 부족을 말해도 (……) 육군에서는 괌을 점령하면 바로 40명을(4천 명에 대해) 보낸다고 말하고" 하는 이야기가 나온다. 제4함대는 해군의 대근거지인 트럭섬에 위치하고, 내남해의 방위뿐 아니라 라바울, 솔로몬 동부 뉴기니아 방면으로의 진공작전을 담당하고 있었다. 그 일환인지 7월에는 요코스카현에서 최고의 격식을 자랑하는 요정 '코마츠小松'가 트럭섬에 지점을 개설, 20~30명의 게이샤를 보내 주고, 해군 촉탁의 명함을 가진 여주인이 수상기로 왕복했다.[55]

　　최전선인 라바울에서도 최전성기에는 2~30개의 위안소가 개설되고, 약 3백 명의 일본인, 조선인, 대만인, 인도네시아인 여성이 일하고 있었다.[56] 제1진은 육군 남해지대(병력 약 4천)에 의한 점령 직후인 1942년 2월, 모리키 카츠 군조의 회상에 의하면 전년 12월 11일 괌에 상륙, 점령하고부터 라바울 진공을 향한 1월 14일까지의 사이에 판잣집 같은 장소에서 일본인 위안부가 영업을 시작하였다고 이야기하는 바, 그녀들은『다카마츠 노미야高松宮 일기』에 등장하는 여성들이었음에 틀림없다. 그리고 라바울에서 문을 연 3개의 위안소에서 얼굴이 익은 괌의 위안부를 언뜻 보았다고 하는 것으로 보아 그녀들은 병사들과 배를 함께 타고 온 것인지도 모른다.

　　보급물자가 풍부한 해군이 "노송나무로 만든 호화로운 요정"을 열고, "사관들은 호화로운 식사, 밤에는 연회와 위안소를 다니는 생활"을 즐기고 있었던 것과 달리, 대다수의 육군에는 급여도 위안도 미치지 않았던 것 같다. 1943년 가을부터 연합군의 공습이 격렬해지고, 상륙작전도 임박했다고 예상되기 때문에 미리부터 "7만의 장병에 겨우 3백 명(의 여자)으로는 해가 될 뿐"임을 통감하고 있던 제6야전헌병대의 마츠다 소위는 제8방면군에게 여성 총 귀환의 의견을 올린다.

55　아사다 케이淺田實(1994),『해군요정 고마츠 이야기海軍料亭·小送物語』, 가나시슈판かなし出版, pp.
56　라바울의 위안부 사정에 대해서는 마츠다 사이지松田才二(1993),『고독한 독수리의 눈孤鷹の眼』, 소겐슈판創現出版; 오쿠야마 요시코淸水靖子(1997),『숲과 물고기와 격전지 森と魚と激戰地』, 호쿠토슈판北斗出版; 아소 테츠오麻生徹男(1973), 자가출판본 참조.

종군간호부와 사무원을 포함한 여성 전원이 연말부터 연초에 걸쳐 라바울을 떠났는데, 교세이마루는 1944년 2월 22일 카비엥 해에서 격침되고, 24명의 위안부가 바다에 빠져 그중 구조된 것은 한 사람뿐이었다. 병원선으로 철수한 일행은 무사했는데, 이즈음 트럭섬에는 마샬행 예정자 등 3백 명 정도의 위안부가 북적이고 있었다고 한다. 트럭섬의 여성들도 라바울과 마찬가지로 1944년 2월부터 병원선 히가와마루 등으로 철수했지만,[57] 마리아나 군도의 사이판, 티니안, 괌에서는 옥쇄전에 말려들었고, 다수의 사상자를 낸다. 다소의 소식이 전하고 있는 것은 사이판 정도이다. 1만 명 전후의 재류 일본인 사망자에 포함되어 있다는 것, 그리고 전전부터의 창부도 섞여 있다는 점 때문에 정확한 수는 불명이다. 간자키 키요시는 4백 명 가까운 위안부 속에서 생환한 것은 70명이라고 쓰고 있지만[58] 조금 과장된 것 같다.

사이판의 옥쇄는 7월 7일인데, 그다음 날인가 섬의 북부에서 궁지에 몰린 해군 제5병원의 간호부 십여 명이 정장으로 갈아입고 둘러 모여 청산가리 주사로 집단 자결했다. 이는 입회한 츠츠미 군의관과 다나카 도쿠마사 소위에 의해 확인된 바,[59] 보조간호사로 되어 있었던 위안부 십여 명이 그 가까이에서 수류탄으로 자결했다고 14살의 사이판 여고생이 전하고 있다.[60]

---

57 제9장 참조.
58 간자키 키요시神崎清(1974), 『매춘賣春』, 겐다이시슈판카이現代史出版會, p. 11. 카가 헌병加賀憲兵은 60명 정도였다고 증언한다.
59 다나카 도쿠마사田中德祐(1983),『우리는 항복하지 않는다我ら降伏せず』, 릿푸쇼보, pp. 127~134.
60 오쿠야마 료코奥山良子,『옥쇄의 섬에 살아 남아서玉碎の島に生き殘って』, p. 255. 7월 8일에 육군의 헌병 가가加賀는 "남南가라판가街의 위안부로 보이는, 화려한 긴 속옷과 욕의 차림으로 자결한 사체들을 목격한다. 그녀들은 오키나와 출신이 중심이 된 일본인이었다고 한다(가가 마나부加賀學(1994), 『옥쇄의 섬玉碎の島』, p. 100 그리고 가가의 이야기.

살아남아 미군 관리의 민간인 수용소에 들어간 재류 일본인은 1만 명을 넘었는데, 한때는 수용소 내 풍기가 어지러웠다. "양갈보집 창부"의 영향을 받아, 노임을 벌지 않는 주부와 젊은 여성이 미군과 남자 수용자에게 몸을 파는 일이 속출했다고, 미 군정부의 장교에게 의뢰하여 직업갱생책을 세운 남양흥발南洋興發의 한 사원은 회상하고 있다.[61]

괌섬에는 일본인, 조선인, 차모로족을 합하여 4~50명 전후가 있었다고 하는데, 다수가 정글에서 쓰러지고 일부가 투항해 미군에 수용되었다. 그 한 사람인 양楊 씨라는 19세의 조선인 위안부는 1943년 9월에 동료 5명과 조선인 유곽 주인을 따라 팔라우의 위안소로 이동해 왔다고 진술하고 있다.[62] 또 종전 후인 1945년 11월, 21명의 일본 병사와 동행하여 투항한 홍일점인 여성은 "18세의 게이샤"로 「라이프Life」에 소개되었는데, 부정설도 있고 확정할 수 없다.

이와 같이 일본 해군은 여성들을 전화에 말려들지 않도록 안전지대로 후퇴시키고 있었지만, 미군의 '개구리 작전'으로 인해 배후에 남겨진 경우에는 정착하게 되면 주로 현지 여성에 의존하는 위안소의 부활론이 대두한다.

1945년 11월 2일, 21명의 일본군과 18살의 일본 여성(왼쪽 끝)이 괌에서 투항했다.

호북豪北 지구의 안본에는 150명(해군 100명, 육

---

61 시노츠카 키치타로篠塚吉太郎(1952), 『사이판 최후의 일기サイパーン最後の日記』, pp. 218~220.
62 "Third Marine Division HQ Interrogation Record", No. 2, 1944, 괌 박물관 소장.

군 50명) 가까운 위안부가 있었는데, 연합군의 공격이 가깝다고 판단한 제4남견南譴함대의 치하야 마사타카 작전참모가 야마가타 장관을 설득하여 1944년 8월, 여성 전원을 마카사르, 수라바야 경유로 후퇴시켰다.[63] 그러나 1945년 3월, 함대의 해산 귀국 직전에 위안소 부활이 계획되고, 특경대特警隊와 정무대政務隊가 현지인 경관을 시켜 여성의 징집에 나섰다. 전 매춘부와 지원자들, 일본인의 애인(친타)을 대상으로 한다는 명목이었지만 가까운 섬에서 여자를 데리고 갈 때 "주민이 자꾸 찾아와 '돌아가라'고 소리치고 주먹을 치켜들자 무의식중에 권총에 손을"[64]이라고 노기 중위가 쓰고 있을 정도였기 때문에 납치와 흡사한 징집과 다름이 없다.

공습으로 불타고 남은 한구석에서 이러한 3개의 위안소가 개소한 것은 1945년 5월이라고 하는데, 곧 정전이 된다. 진주해 온 호주군과 네덜란드군의 전범 재판에서 포로 살해, 주민 학대 등의 죄로 사형을 포함한 적지 않은 수형자를 냈는데, 위안소 관계로 소추된 자는 없었던 것 같다. 일설에는 징집에 관여한 경관이 처벌받았다고도 한다. 같은 발상으로부터일 것이다. 10만 명에 가까운 병사가 라바울에서도, 코코포 수도원의 백인 수녀와 화교 여성을 위안부로 삼자는 의견이 나온 것 같은데 역시 이 안은 실현되지 않았던 것 같다.

---

63 안본의 위안소 사정에 대해서는 이네 하루미치禾晴道(1975), 『해군특수경찰대海軍特別警察隊』, 다이헨슈판샤太平出版社, 『대해滄溟』(단기현역사관 10기생 문집), 1983의 사카베 야스마사坂部康正 수기와 기타에 의한다.
64 이네禾 앞의 책, p. 116.

9. 종전과 귀환

1945년 패전 당시 아시아·태평양 각지에 산재해 있던 일본인은 합계 약 660만 명(후생성 조사)으로 군인·군속과 민간인의 비율은 거의 반반이었다. 일본 정부는 민간인의 일부는 잔류했으리라 생각하고 있었지만 승자인 연합국 측은 원칙적으로 전원 일본 본토로 송환할 방침을 취했다. "대동아공영권大東亞共榮圈"에 일본인을 조금이라도 남기는 것은 위험하다고 판단했기 때문이다.

조선인, 대만인은 '카이로선언'에 기초하여 종전과 동시에 일본 국적을 떠나 '전승 국민'으로 대우했다. 수용소도 송환도, 일본인과는 분리하여 각각의 출신지로 송환(일부는 일본 경유)하였기 때문에 상세는 불명이지만 대체로 일본인보다 빨리 송환되었다.[65] 각종 사정에 의한 약간의 잔류자는 있었지만 종전 뒤 10년 이내에는 거의 전원이 귀환했다. 예를 들면 1945년 당시 남방 지역의 미귀환자는 3,804명(그중 조선인은 약 6백 명, 대만인은 약 5백 명)이었는데 1976년에는 123명으로 감소했다.[66] 위안부의 대다수도 이에 포함되어 있다고 추정되지만 내역을 나타내는 숫자는 지역을 포함하여 얻을 수 없다. 그래서 단편적인 정보로부터 각 지역의 실정을 알아본 바, 완전하지는 않아도 공식적인 데이터가 남아 있는 것은 지금으로서는 오키나와의 조선인 위안부의 예뿐이다.[67] 오키나와는 일본 본토

---

65 후생성厚生省(1978), 『귀환과 원호引揚げと援護』, 교세이ぎょせい, p. 75.
66 같은 책, p. 207, 209.
67 오키나와의 위안부 사정에 대해서는 후쿠치 코오키福地曠昭(1992), 『오키나와의 여자들オキナワの女たち』, 카이후츠샤海風社; 가와다 후미코川田文子(1994), 『빨간 기와집赤瓦の家』, 치쿠마분코ちくま文庫; 김원영金元榮(1992), 『조선인 군부의 오키나와 수기朝鮮人軍夫の沖縄手記』, 산이치쇼보

로는 유일한 지상전(1945년 3월~6월)이 전개된 전장이고, 10만 명에 가까운 군인과 거의 같은 수의 주민이 죽었다.

나하^{那霸} 에는 '3천의 미기^{美妓}'를 고용한 츠지 유곽이 있고, 전시에도 비행기 편의 중계지로서 남방으로 왕복하는 고급 장교들로 번성하고 있었는데, 미군의 도래가 임박한 1944년 가을 무렵부터 다수의 조선인 위안부가 섬으로 왔다. 츠지 유곽에서도 5백 명의 여성들이 군 전용 위안부로서 공출되었는데, 공습으로 불탄 자리 위에 판잣집과 텐트를 치고 병사들에게 서비스했다고 한다. 격전지에서 살아남아 미군의 수용소에 들어간 그녀들은 보조간호부와 미군 병사 위안부의 역할을 맡았는데 조선인 위안부 가운데 오키나와 본도^{本島}에서 온 40명과 본도 이외의 섬들에서 온 110명은 미국 선박을 통해 조선반도로 송환되었다.[68] 유명한 배봉기를 포함한 몇 사람은 그대로 오키나와에 잔류했는데 전투에 의한 희생자의 수는 알 수 없다. 게라마 열도로 간 조선인 위안부 21명 가운데 4명이 사망했다는 것, 본도의 위령제에서 30명을 위한 제^祭가 행해지고 있다는 것 정도가 판명되었다.

어느 정도 소식이 파악되는 것은 우한, 상하이를 중심으로 하는 화중^{華中} 지구의 여성들이다. 우한 지구의 위안부는 일본 조계에 집결한 거류민단(약 1만 4천명)에 합류하여 귀국했다. 조선인은 지칭리의 조선인 집결지(약 2,100명)에서 인수되었는데, 귀국을 기다리는 사이에 일부는 빠져나가 중국인 사회로 옮겨 갔다.

1945년에 들어서면 중국에 일본군이 밀리는 기미로, 패전에 가깝다는 것을 안 위안부들은 도망치기도 했던 것 같다. 톈진^{天津} 공문서관이

三一書房, 요시미 자료집 No. 11 등 참조.
68 요시미 자료집 no. 106

보존하고 있는 당시의 톈진 시정부市政府 경찰국 보고서에 따르면 1944년 6월, 일본군의 요청에 따라 허난성의 전선으로 중국인 업자 조합을 통해 차금 전액 인수의 호조건을 붙여 86명의 "기녀"를 트럭섬으로 보냈는데, 도중에 42명이 도망가 버렸다.[69] 원인은 불명이지만 일본군의 위신 저하를 나타내는 사례일 것이다.

귀환선을 기다리는 사이 연합군에 성 접대를 한 위안부의 사례도 드물지 않다. 만주와 북조선에서의 여성에 대한 소련군의 폭력상은 제5장에서 서술할 것이므로 생략하지만, 그녀들의 일부가 일반 여성의 방패로서의 역할을 했던 사례는 적지 않다. 중국 항저우杭州에는 진주한 미군과 중국군이 일본군이 남긴 위안소를 그대로 사용하는 형태로 계승하여, 검진에 일본군 군의관과 헌병을 부린 사례가 보고되고 있으며 중국군이 일본인 부녀를 요구한 것에 대해 위안부를 설득, 제공한 이야기도 있다.[70] 비슷한 사례인데 남버마에서는 모울메인의 버마인 위안부를 영국·인도군이 계승했다고 전해지고, 반대의 사례로는 1944년 가을, 링린零陵·구이린桂林 진공작전 때 미공군용의 중국인 위안소를 일본군이 계승하고 있다.[71]

어떤 패턴이었는지 판단하기 어려운 것은 1946년 싱가포르의 쥬롱 집결지에서 귀국 선편을 기다리고 있던 일본 여성들의 선택이다. 영국군 장교로부터 "병사들을 상대할 사교적인 부인을 10명 정도" 차출하여

---

69 1993년 1월의 베이징 심포지엄에 제출된 관녕管寧 논문, 또 1999년 3월 30일자의 「아사히신문」 기사 참조.
70 「세이론正論」, 1997년 3월호의 토가시 에이치로富樫榮一郎(헌병 군조) 기고문 및 토가시富樫의 이야기; 야마다 메이코山田盟子(1995), 『토끼들이 건넌 단혼교ウサギたちが渡った斷魂橋』, 신니혼슈판샤新日本出版社, p. 184.
71 야마다 사다무山田定(1982), 『헌병일기憲兵日記』, 신진부츠슈판샤新人物出版社, p. 162.

달라고 요청받은 자치회 간부는 제비를 뽑을 수밖에 없다고 각오하고 여자 숙사의 백 명 정도를 모아 타진하자, "한 사람도 없을 것이라고 생각했던 희망자가 반수를 넘는 50명 이상"이라는 예상외의 결과가 나왔고, 그 중 10명을 뽑는 제비뽑기를 했다고 한다. 게다가 뽑힌 여성이 영국군 병사로부터 많은 선물을 받았다는 것이 알려져 여자들의 선망의 대상이 되었다는 이야기를 듣고 "환멸감도 컸다"[72]고, 입회한 다무라 쇼타로 대동아성 서기관은 회상한다.

한편 쥬롱에는 조선인 위안부 5백 명도 있었는데 챤기 형무소에서 석방된 조선인 포로 감시원 7백 명과 대만인 군속 등 합계 1,400명과 함께 1946년 7월말에 출항한 미국 선박 A. C. 캠벨호에 동승한 오오카미狼 사단(버마 전선에서 싸웠다)의 학도병인 이계형李桂炯은 8월 11일 부산항에서 그녀들과 헤어져 고향으로 갔다고 쓰고 있다.[73]

다른 지역에서도 현지에서 조사된 여성들의 다수는 종전에 의한 해산 뒤에는 현지에서 새로운 연합국 장교를 상대로 매춘업을 계속했던 것 같다. 예외는 자바섬의 친타들로, 그녀들의 승선을 도운 오오바 사다오 전 중위에 따르면 영국군의 지시로 약 100명이 일본군과 동행하여 일본으로 향했는데, 내지에서 가족들에게 받아들여지지 않았기 때문인지 미군 병사를 상대하는 '온리onlies'가 되고, 다수는 1년 이내에 자바로 되돌아갔다고 한다.

---

72 다무라 쇼타로田村正太郎, 『버마탈출기ビルマ脱出記』, pp. 228-229.
73 이계형李佳炯(1995), 『분노의 강怒りの河』, 랜코슈판聯合出版, pp. 296, 300.

[표 4-6] 위안부의 귀국 관련 정보

장소	기사	출처
상하이	조선부녀공제회(회장은 전 업자인 공돈孔敦)는 조선인 위안부 800명을 수용, 근처의 한커우로부터 600명이 올 예정.	「상하이대공보上海大公報」 (1945월 12월 12일자)를 인용한 후지나가 다케시藤永壯 논문 '오사카대산연구서大阪大産研叢書' 1995.
〃	1946년 3월 상하이에서 수백 명의 조선인 위안부를 만났다. 미군과 교섭하여 3월 10일 가장 먼저 부산으로 보냈다.	『여자들의 태평양전쟁』 정기영鄭琪永 기고
버마	1945년 9월 토쿠 수용소에 28명의 위안부(이 중 조선인 3명)를 인수받고, 준 간호부로서 잡역에 사용, 1946년 7월 우지나宇品로 퇴각했다. 버마에서 태국으로 후퇴하여 8명의 동료와 함께 보조 간호부 일을 하고, 1946년 60~70명의 조선인 위안부와 같이 미국 선박으로 방콕에서 조선으로 돌아갔다.	하기오萩尾 군의의 증언(센다 가코 『종군위안부從軍慰安婦』 속편 p.61)
태국	버마에서 태국으로 후퇴하여 8명의 동료와 보조 간호부 일을 하고, 1946년 60~70명의 조선인 위안부와 같이 미국 선박으로 방콕에서 조선으로 돌아갔다.	문옥주, 『버마전선 방패사단의 '위안부'였던 나』 p.144
프랑스령 인도차이나	1945년 9월 7일 연합군 명령으로 모든 위안부는 일본군과 함께 철수.	요시미 자료집 p.564
남보르네오	전쟁 말기에 치키이미루丸川九宮루 일부 위안부를 돌려보냈으나, 종전 이후 나머지 위안부(일본인 10명, 조선인 60명)가 잔류를 희망, 설득하여 전원 귀국시켰다.	츠지하시 분기치辻橋文吉 해군 대좌의 증언千田前掲書正篇 p.183
북보르네오	위안부들은 오지의 정글에 집결하여 종전, 타자수와 함께 가장 일찍 거의 전원이 귀환하였다.	후루가와 기요오古川淸夫의 증언
슘슈섬	1945년 8월 19일 소련군이 진공進攻한 날 저녁, 위안부를 포함한 400~500명의 여성 종업원을 26척의 배로 홋카이도로 탈출시켰으나, 남자는 시베리아로 연행되었다.	와카스키 야스오若槻泰雄 『전후 귀환의 기록戰後引き揚げの記録』(지지츠 우신샤, 1991) p.97
오키나와	본문 참조	
싱가포르	본문 참조	

위안부와 전쟁터의 성性

어찌 되었든 표 4-6에서 보는 바와 같이, 일본인, 조선인, 대만인 (아마도 중국인도) 위안부들은 거의 전원이 1946년 말까지 고국으로 귀환한 것으로 보인다. 중국에서도 동북(만주)에 있었던 조선인 위안부에 대한 정보는 거의 없는 편에 가까운데, 젠다오성 등 조선과 인접한 지역에서는 백만 명에 가까운 조선계 주민이 살고 있었기 때문에 거기에서 자리를 잡고 살거나 육로로 고향으로 향했을 것이다. 현재로서는 잔류한 여성들에 대한 정보가 지극히 부족한데, 태국, 캄보디아, 말레이, 오키나와 등의 예가 전해지고 있지만 중국의 우한(삼십 몇 명)을 제외하면 어디든 몇 명 정도가 다인 것 같다.[74]

오키나와의 위안부와 미국 병사들

---

74 1996년경부터 중국, 캄보디아에 잔류한 정학수鄭學洙, 이남이李南伊 등 몇 사람의 옛 위안부가 한국으로 영주 귀국하는 길이 열렸다.

5장

제諸 외국의 '전장의 성'

1. 전사前史

 "매춘은 세계에서 가장 오래된 직업"이라는 말은 익히 들어 새로울 것도 없는 금언인데, 군사용 위안부도 마찬가지였다. 최고最古의 공창제도는 고대 그리스의 입법학자 솔론(기원전 638~556년)이 창설했다고 전해지는데, 중국에서도 주周나라 장원莊園의 영주가 기원전 685년에 제도를 만들었다고 전하므로 거의 같은 시기이다. 그러나 솔론 이전에 이미 출정 병사를 위한 신전 매음이 보급되었다고도 하고, 전쟁의 승자가 약탈한 여자 노예는 매춘부가 되었기 때문에 군대용 위안부는 그 역사만큼 오래되었다고 말할 수 있을 것이다.[1]

 마그누스 히르슈펠트가 편집한 『전쟁과 성War and Sex』은 고대·중세로부터 제1차 대전기에 걸친 전장의 여성들의 생태를 소개하고 있는데, 원정 부대에는 그를 수행하는 여성 군, 진지전에서는 현지의 매춘부라는 패턴이었다. 나폴레옹의 육군대신으로 근무한 카르노는 원정하는 군대에 동행한 여성 군의 수는 "병사와 같은 수일 것이다"라고 쓰고, 풍

---

[1] 매춘의 기원과 역사는 후지메 유키藤目ゆき(1998), 『성의 역사性の歷史』; Bullough, Vern and Bonnie Bullough(1987), *Women and Prostitution: A Social History*, Prometheus Books; 후쿠다 카즈히코福田和彦(1987), 『세계 성풍속 사전世界性風俗じてん』上下, 가와데분코河出文庫; Hirschfelf, M(1953), *War and Sex*; 왕서노王書奴(1934), 『중국창기사中國娼妓史』, 샹하이성후오문고上海生活書店; 나카야먀 타로瀧本二郎(1927), 『매춘3천년사賣笑三千年史』를 참조.

기의 퇴폐와 성병은 "적군 포화의 10배나 되는 희생을 초래했다"[2]고 개탄했다. 군복과 흡사한 의복을 입은 그녀들의 '웅장함'은 파리 군사박물관의 전시에서도 다른 것 못지않게 눈길을 끈다. 나폴레옹은 이렇게 해서 유럽 속으로 성병을 퍼트렸는데, 그것이 계기가 되어 1802년 프랑스에서는 매춘부들의 등록과 성병 검진이 의무로 부과되었다. 이는 근대 공창제의 창시로서 점차 독일과 유럽 대륙 제 국가들에 보급되었다.

잉글랜드에서는 크림전쟁(1853~1858년)을 계기로 공창제가 도입되었는데, 19세기 말에 본국에서는 형식적으로 폐지되었지만 식민지에서는 계속되었다. 홍콩에서는 등록된 창부들이 "여왕의 여자들"로 불렸는데, 이는 세금을 여왕에게 납부하고 있었던 데에서 유래한 것 같다. 미국의 경우 공창제가 전국적이지는 않았지만 도시나 식민지인 필리핀에 도입되었다.

이러한 공창제의 확대는 국제적인 매춘 시장의 성립을 촉진한다. 특히 해외 파견군이나 홀몸인 출가 노동자가 집중된 지역, 결국 젊은 남성 인구 비율이 높은 곳에 여자들은 흘러들어 갔다. 보어전쟁 때의 남아프리카나 인도는 전자, 19세기 말부터 20세기 초에 걸친 미국 남부, 중국인 노동자를 주 대상으로 하는 중국인, 일본인(가라유키) 창녀군娼女群은 후자의 예이다.

여성들의 공급원은 몇 가지가 있었다. "무산계급의 여성들에게 부단한 창녀화의 압력"이 가해지고, "아무리 해도 끝이 없는 창부 예비군"[3]이 존재했기 때문이다. 그녀들은 감언, 유혹, 강간, 협박, 사기, 폭력으로 모이고, 전차금을 방패로 하는 경영자의 착취에 시달렸다. 쇼와 초년의 일본에서 사회문제가 되었던 매신賣身의 비극과 매우 닮아 있었다. 그 속

---

2 모로즈미 요시히코良角良彦(1991), 『반나폴레옹反ナポレオン考』, 아사히신문사.
3 후지메藤目 앞의 책, p. 57.

에서 선진국을 중심으로 종교 단체와 여권 단체에 의한 폐창廢娼운동이 발생한다. 최초에는 강제 검진 등 국가 권력의 공공연한 관여를 배제(사창은 묵인)하는 방향으로 나아갔지만, 곧 폐지하려는 운동이 대두했다. 그리고 어느 정도 성과를 거두었지만 전시 군대의 성 관련 문제 처리와 성병 문제 해결은 지난한 과제로 남는다.

4년에 걸친 제1차 세계대전(1914~1918년)에서 병사들의 성병 발병률은 영국군을 필두로 이탈리아군, 오스트리아군, 프랑스군, 독일군 순이었는데, 보불전쟁의 경험으로 성병 대책에서 다른 군에 비해 조금 나았던 독일군은 군의관이 점령지의 창부를 총 검진했다.[4] 미국은 거꾸로 창부들을 강제 수용하여 병사에게 접근할 수 없는 대책을 취했지만, 결과적으로 다른 연합군과 비슷한 성병 감염률을 보였기에 별 효과는 없었다고 말해도 될 것이다. 사정은 제2차 대전기에도 그다지 변하지 않는데, 여기서는 냉전기의 일부를 포함하여 주요 참전국의 실정을 개관해 보자.

"근대의 군대 가운데 그러한 제도(위안부 제도를 가리킨다)를 둔 것은 일본군뿐이고 (……) '인도人道에 대한 죄'에 해당한다"(1992년 7월 11일자 일본변호사연합회 심포지엄 보고서)라는 말로 대표되는 것처럼, 일본군이 관계된 위안부 시스템은 세계사에 유례가 없을 정도로 돌출된 잔혹한 것이었다는 주장을 자주 접하기에, 국제적 비교를 통해 그 위치를 잡는 것도 의미가 있다고 생각한다.

제2차 세계대전 참전국의 정부와 군대의 공통의 골칫거리는 성병에 의한 전력의 저하를 방지하는 동시에 젊은 병사들에게 어떻게 하면 적당한 성 배출구를 마련해 줄 수 있을 것인가 하는 문제였다. 신시아 인로

---

4 히르슈펠트 앞의 책, 제2권 제7장.

는 "병사의 사기, 성병과 건강, 매춘과 여성 사이에서 어떻게 타협할 것인 가가 당국자의 골칫거리였다"[5]고 쓰고 있다. 대처 방침은 시행착오를 거 듭했지만, 평시에서의 그 나라의 성 윤리와 풍습의 틀로부터 크게 일탈해 서는 안 되는 일이었다. 관찰한 바로는 주요 참전국의 대처 방침은 대략 다음과 같은 3개의 유형으로 나뉜다.

자유연애형

선진국인 미국과 잉글랜드는 공창 중심으로부터 사창 중심의 단계 로 들어가고 있었고, 여론 특히 고국 여성의 감시가 심했다. 또한 군 내부로 부터의 저항도 존재했으므로 위안소의 설치와 공창의 공공연한 이용은 곤 란했다. 따라서 현지인 여성을 포함한 사창의 이용을 묵인하는 방향으로 치 우쳤는데, 그 대신 성병 환자의 증대는 피할 수 없었다. 그러나 전승국으로 서의 여유인지 이를 자랑스럽게 생각했던 것도 같다. 또 부인부대의 병사(최 고 때는 미국 26만 명, 영국군은 44만 명)나 간호사의 대체 역할이 기대되었다.

특히 행실이 나쁘다고 정평이 나 있던 것은 미국의 장군들로, 아이 젠하워 원수의 전속 운전수였던 잉글랜드인 여성 병사(기혼)는 현지처의 역할을 해야 했고, 맥아더의 참모장 서덜랜드 장군은 결국 호주인 여성 병사를 전속 비서로 데리고 일본에 진주해 왔다. 뮤지컬 '남태평양'에서 의 히로인은 매력적인 간호사인데 그녀에게 거친 수병들이 떠들어대자 "어차피 사관士官 밖에 상대 안 한다"라고 야릇한 분위기로 노래하는 장면 이 있다. 그 미군 병사들도 전선에서 몇 년을 싸우고 나면 호주에서 휴가 를 즐겼는데, 달러의 위력에 복종하는 출정 병사 부인들의 바람기를 듣고

---

5 신시아 인로Enloe, Synthia(1983), *Does Khaki Become You: The Militarization of Women's Lives*, Pluto Press, p. 27.

뉴기니아 전선의 남편들은 제정신이 아니었다고 한다.

　　도쿄에 진주하러 간 미군 병사에게는 극진한 대우가 기다리고 있었다. 패전국 일본의 내무성이 설치한 RAA는 오오모리^{大森}와 요시와라^{吉原}에 위안소를 열었고, 높은 급료와 미군 병사의 선물에 끌린 일본 여성들이 쇄도한다. 그래도 "몸집이 큰 사나이"에 의한 강간 사건은 끊이지 않았는데, RAA가 "양가의 처녀"의 방파제가 되었던 실정은 두우스 마사요^{ドゥス 昌代}의 저서 등에 자세히 설명되어 있다. 일본군과 독일군이 안고 있던 위안부를 물려받는 형태로 이용한 예도 드물지 않았는데 유럽에서는 시칠리 섬, 아시아에서는 버마, 싱가포르, 항저우, 오키나와 등에서 실례가 보고되고 있다.

　　이와 같이 위안소형과 강간형도 섞였다고는 하나 미국군과 영국군은 요즘 일본에서의 터키탕^{soapland}이나 '원조 교제'와 마찬가지로 의사적^{擬似的}일지라도 '자유연애'의 명목으로 끝까지 버텼던 것이다.

　　일본군의 경우도 간호사와 일본어 교사, 타이피스트 등 점령지로 파견된 여성의 성적 자유를 허용하지 않았던 대신에, 장교, 군속, 민간인을 상대하는 요릿집과 클럽에서는 예기와 접대부가 '의사 연애' 내지 '자유의사에 의한 매춘'의 형식으로 몸을 파는 것은 묵인하고 있었다. 이러한 종류의 위안 시설에 다닐 금전적 여유가 없는 병사들은 싼 대신에 성접대만 제공하는 '위안소'로 향했는데, 양자의 경계선이 반드시 명확한 것은 아니었다.

위안소형

일본과 독일이 대표적인 예다. 공교롭게도 위안소의 수까지 1942년 일본이 약 400개소(가네하라 세츠조^{金原節三} 업무 일지), 독일도 500개소(Seidler)로 비슷한 규모였다. 양자를 비교해 보면 개설의 이유부터 관리·운영의 구조까지 흡사하여 놀라운데, 같은 본능을 가진 인간이 유사한 기능을 고안하면 그 결과가 비슷해지는 것은 당연해 보인다.

일본도 독일도 평시부터 동일한 '공창제=관리 매춘제'가 정착되어 있었기 때문에 전지에서는 감독 역할을 경찰에서 군으로 교대하는 것뿐이었다. 일본과 달리 독일에서는 최근까지 위안소 제도의 존재 자체를 아는 사람이 적었고, 실태의 해명은 되었지만 최근이 되어서야 국방군國防軍용뿐 아니라 아우슈비츠 등 강제수용소의 수인용, 외국인 강제 노동자용 위안소가 있었다는 사실이 밝혀지고 있다.

강간형

전쟁에서 강간 이야기는 항상 따라붙는 것이지만 국가와 군의 간부가 반공식적으로 강간에 의한 '복수'를 장려한 것은 소련이었다. 그런데 구 유고슬라비아의 내전(1993년)에서 '민족 정화'를 명목으로 하는 조직적인 강간이 일어나 국제재판이 열리려 한다. 그밖에도 방글라데시 독립전쟁(1971년)과 캄보디아-남베트남 전쟁(1970년)에서 비슷한 사례가 있다. 소련군이 제2차 세계대전 말기의 독일과 만주에서 대규모의 강간 사건을 전개했던 이야기는 너무나도 유명하다. 그러나 제6장의 사례가 나타내는 것과 같이 "'전시 강간'과 조직적인 '위안부' 제도를 어떻게 구분할 것인가는 현실에서 매우 어렵다"[6]고 한 측면을 부정할 수 없다.

지금부터는 주요국의 실정을 각각 관찰하고자 한다.

---

6 우에노 치즈코上野千鶴(1998), 『내셔널리즘과 젠더ナショナリズムとジェンダー』, 아오토샤青土社, p. 115.

2. 독일

　　독일 정부는 "인도에 대한 범죄에는 시효가 없다"고 선언하고, 범죄자의 추급推及과 처벌, 피해자에 대한 보상을 진행해 왔다. '인도에 대한 범죄'란 6백만 명의 유대인 살해, 2백만 명의 폴란드 지식인, 그것을 상회하는 러시아(구소련)인 살해, 50만 명의 집시(로마) 집단 학살, 대량의 인체 실험, 강제 불임 수술, 장애인과 병자의 안락사 정책이라는 일련의 나치 범죄를 가리킨다. 그러나 니시오 간지가 지적하는 바와 같이 "구 독일군에 의한 거대 규모의 관리 매춘까지는 포함되어 있지 않다".[7] 현재 책임자의 추급도, 보상의 소리도 나오지 않고 있다. 크리스타 파울은 "일본과 한국의 소동이 방아쇠가 되어 간신히 문제가 제기되었다"[8]고 쓰고 있는데, 최근까지 독일의 저널리스트들은 일본인의 가해 의식과 전쟁 책임이 독일에 비해 현저히 뒤떨어져 있다고 비난하는 경향이 있었다.

　　파울이 가지고 나온 위안부 문제에서도 "구 일본군의 참모본부가, 말하자면 창녀집의 기둥서방이 되어 조직한 범죄 (……) 대개는 조선인 미혼 여성이 (……) 거짓 약속에 속아(천황을 위해 여공이나 간호부가 되어 일하라 등의 말을 듣고) 몸값을 받고 팔렸든가 혹은 유괴되든가 해서 욕을 보고, 감금되고, 강간·능욕이 한이 없었다. (……) 결국은 관계 성청의 문서고 속에 다량의 증거자료가 발견되었다"(「프랑크푸르트 알게마이네」 1995년 7월 18일자)고 하는 신문기사가 연발되었다. 또 일본을 방문하여 전후 보상과 위안부 관

7　니시오 간지西尾幹二(1997), 『역사를 재단하는 어리석음歴史を裁く愚かさ』, PHP연구소, p. 114.
8　크리스타 파울クリスタ パウル(1996), 『나치즘과 강제연행ナチズムと強制連行』, 아카시쇼텐明石書店, 서문. 독일어 원저는 1994년에 간행되었다.

계 집회에 참가한 독일인 운동가 중에는 "독일의 사죄와 보상을 본받아라"는 식의 호소를 한 사람이 적지 않았는데, 지금까지 잊혔던 독일에서의 위안부의 존재를 일본에서 알게 되어 "돌아가 보상 문제를 제기"하겠다는 모티카 빙겐 여사와 같은 예도 있다. 그녀가 알게 된 위안부 문헌이란 프란츠 자이트라의 『매춘, 동성애, 자기파괴―독일 위생지도의 문제들賣春, 同性愛, 自己毀損―ドイツ衛生指導の諸問題 1939~1945』라는 제목의 책을 가리킨다. 독일연방군 대학의 교수직에 있는 저자가 쓴 전시 위생을 주제로 한 수수한 학술서일 뿐, 독일인조차 알지 못하는 사람이 많아도 어쩔 수 없는데, 내가 처음으로 이 책의 개요를 소개한 것은 월간지 「쇼쿤!」의 1992년 9월호에서였다.[9] 그 요점을 소개하자면 아래와 같다.

> **목표** 성병 대책, 비밀 누설의 방지, 강간에 의한 혼혈의 방지 등.
> 전시의 매춘 통제 1939년 9월 9일 독일 내무장관은 국방군[10] 군인의 건강을 지키기 위해 가창을 금지하고, 창녀집Bordell은 모두 경찰의 관리 하에 두고, 위생상의 감독을 받도록 하는 지령을 내렸다.
> 1940년 7월, 브라우힛츠 육군 총사령관은 프랑스, 네덜란드 등 서방 점령지의 독일 점령군에 대해 성병 예방을 위해 독일 군인의 이용에 적절한 창녀집을 지정하고, 그 이외의 이용을 금지하는 명령을 내렸는데, 폴란드, 독소 개전 후의 동방 점령지에도 마찬가지 조치가 취해졌다. 해군도 군항에 군이 관리하는 위안소를 두었다.

---

9 독일 유학 중에 이 책을 입수하고, 필자를 위해 번역해준 다이키木大毅 씨에게 감사하고 싶다. 관련된 독일 국방 문서는 프라이부르크의 군사문서관(RH12-23), RH36)에 보관되어 있다. 또 자이트라의 자세한 분석은 니시오의 앞의 책 p. 120 이하를 참조.
10 '국방군'은 1935년부터 1945년까지의 독일 군대를 칭한다. —역주

국방군 위안소의 설치 독일 본국에서는 특히 군 전용 위안소는 설치되지 않았다. 국방군 위안소와 친위대(SS)용의 위안소는 점령지에 개설되어 지구 사령관의 감독하에 전선의 중대장이 군의관과 협력하여 운영을 맡았다. 입장료는 2~3마르크, 고급 위안소는 5마르크로 병사가 민간의 창녀집으로 흘러가지 않도록 싼값에 운영되었다. 전체 점령지에 있어서 위안소는 500개 이상(1942년)이었다.

검진 제1차 세계대전에서 2백만 명의 성병 병사를 낸 쓰라린 경험을 가진 독일은 성병 예방을 중시했다. 위안부는 군의관과 현지인 의사에 의해 주 2회 검진을 받고, 성병에 걸리면 바로 입원시켰다. 효과는 만족할 만한 것이었다고 1943년 1월 27일자의 국방군 총사령부 보고는 자찬하고 있다.

위안부의 동원 서방 점령지에서는 종래 있었던 매춘부를 군의 관리 아래 두는 것으로 충분했지만, 동방 점령지, 특히 소련에서는 스탈린이 매춘을 금지하고 있었기 때문에 신설해야 했고 위안부는 종종 강제징집되었다. 독일 본국을 위한 강제 노동을 거부한 젊은 여성은 대신에 위안소에서 일하게 했다. 유대인 여성도 마찬가지였다.

인종 문제 인종법에서 "열등한 인종"과의 성적 교류는 금지되었지만 그다지 잘 지켜지지 않았다. 예를 들면, 1939년 10월 바르샤바의 호텔을 단속한 결과 40명의 독일 장교의 방에서 34명의 유대인 여성이 발견되었다.

자이트라가 수록하고 있는 독일 위안소의 이용 규칙을 보면, (1) 강제 등록제, (2) 경영자와 위안부의 몫은 50 대 50, (3) 이용 요금의 통제,

(4) 콘돔 사용과 사후의 소독, (5) 술 지참 금지, (6) 폭력 금지, (7) 헌병에 의한 감시, (8) 위안부의 외출 제한 등, 어디에서 보고 익힌 것은 아닌가 싶을 만큼 일본의 예와 매우 닮았다. 단, 독일군에서처럼 성병의 치료를 게을리한 여성을 처벌하는 규정은 일본군에게는 없었고 오히려 성병에 걸린 병사 쪽이 강등 처분 등을 받았다. 구태여 차이를 들자면, 독일군의 경우는 최고위급의 명령으로 규율하고, 운용과 규칙이 철저한 효율주의로 일관하였던 것에 반해 일본군은 현지 부대의 상당히 낮은 급, 그것도 수송 관계를 제외하면 업자와의 비공식적 합의에 맡겨지고, 운용도 상당히 느슨했던 것 같다는 점이다. 따라서 장래 독일의 보상 문제가 제기될 경우에는 일본과 달리 국가보상 외에는 생각할 수 없을 것이다.

독일 본국으로 강제연행한 외국인 노동자를 위한 위안소는 일본에서도 유사한 시설이 없지 않았지만(조선인 징용자, 중국인 연행자와 말레이의 현지인 병보를 위한 위안소 등), 악명 높은 강제수용소 안에서 이러한 종류의 (여성 수용자를 이용한) 남성 수용자를 위한 시설이 만들어졌다는 사실이 밝혀진 것은 극히 최근의 일이다. 크리스타 파울의 연구에 따르면 히틀러의 지시로 1942년경부터 아우슈비츠를 포함한 9개의 강제수용소 내에 설치되었다고 한다. 목적은 동성애의 배제라든가, 수용자의 단결 저지라고 하는데, 노동력을 향상시키는 자극책이기도 했다고 한다.[11] 이러한 '은전恩典'을 입은 것은 수용자의 직제에서 "카포"라고 불리던 사람들이 대부분이었는데, 정치범도 포함되어 있었던 것으로 보인다. 또한 위안소 시스템이 정비되어 있었다고 해서 독일 병사에 의한 정복지에서의 강간이 적었던 것도 아니며, 러시아 동구, 프랑스 등에서 다수의 사례가 보고되고 있다.

---

11 크리스타 파울 앞의 책.

3. 러시아

히틀러의 나치와 우열을 가리기 어려운 스탈린의 폭정이 지배한 제2차 대전기의 구소련에서는 명목상 공창제는 존재하지 않고, 일본, 독일과 기타 연합국에서 보이는 바와 같은 위안소도 없었던 것 같다. 다만 소련 군인들에게는 그것이 '복리후생'의 문제로 받아들여졌던 것 같다. 1991~1992년경 일본의 위안부 문제가 전 세계에서 이야기되던 때, 모스크바의 한 TV 방송에서 전 장군이 "일본군처럼 군사를 잘 보살폈다면 대독전對獨戰은 1년쯤 빨리 끝났을 것이다"라고 이야기한 예가 있다.

일본군이 위안소를 병사에 대한 복리 시설로 간주하고 있었던 것은 확실하다. "연대장은 (……) 일면 온정 넘치는 진짜 무인武人으로 장병의 위안에 특히 마음을 썼다"[12]든가, "중대장은 병사들의 성욕 처리에는 상당한 이해가 있었다"[13]는 병사 측의 찬사뿐 아니라 지휘관도 "그것(위안소를 말한다)은 다른 시설에 선행하여 실행될 필요가 있다"[14]고 이해를 보이고 있다.

소련군은 그 대신은 아니겠지만, 최전선의 병사들에 의한 강간을 묵인하거나 장려한 것으로 보인다. 그중에서도 유대계의 고명한 작가 일리아 에렌부르그Ilya Ehrenburg는 "게르만 여성은 제군의 전리품이다"라고 노래한 선전 팸플릿을 배포하고, 병사들의 강간을 선동했다고 한다. 본인은 자서전에서 히틀러와 괴벨스가 날조한 선동이라고 항변했지만, 60년

---

12 가가와현 버마협회香川縣ビルマ會 편, 『버마의 저녁놀ビルマの夕映え』 속.
13 구와지마 세츠로桑島節郞(1997), 『화베이일기華北日記』, 아사히분코朝日文庫, p. 247.
14 야마모토 츠토무 제5사단장 일기, 쇼와17.3-18.5.

대에 그의 작품 출판에 반대하는 캠페인이 서독에서 일어났다.[15] '에렌부르그 전설(傳說)'의 진위야 어떻든, 1945년 수도 베를린에 쳐들어간 소련 병사들이 전개한 강간의 참상은, 자신도 피해를 입은 루스 프리드리히(반나치 여성저널리스트)의 저서와 바바라 요르의 연구서가 상세하다.[16]

모든 것이 일단락된 뒤, 의사들은 "베를린 전 여성의 50%(적어도 10만 명)가 강간당하고, 10%가 성병에 걸렸다"고 하는 보고서를 앞에 두고 낙태를 금지한 형법을 지켜야 할지 논의를 거듭한다. "낳은 아이 속에 괴테가 있을지, 아니면 히틀러가……"라고 논쟁했던 것 같은데, 기독교의 영향이 거의 없는 패전 일본의 경우는 사무적으로 처리되었다. 만주와 조선반도로부터 하카타(博多), 사세보(佐世保) 등으로 철수해 온 일본 여성들 중 강간에 의한 임신부(및 성병 환자)는 의사들이 후생성의 지시로 개설한 특별 검진소에서 주저하지 않고 낙태시켰다.[17]

만주와 북조선에서의 러시아 병사의 약탈, 강간은 와카스키 야스오가 한 "무섭다는 한마디로 끝난다"고 요약되고, 조치를 한 의사는 "(피해자) 열 명 중 두세 명은 혀를 깨물고 죽었다"[18]는 체험담을 소개하고 있는데, 대상이 된 것은 일본인 여성만이 아니었다. 동북(만주) 접수를 위해

15 에렌부르그(1967), 『나의 회상わが回想』, 제5부, 아사히신문사, pp. 50~52.
16 루스 프리드리히Friedrich, Ruth-Andreas(1947), *Berlin Undergroun, 1938-1945*, Henry Holt; Sander, Helke und Johr, Barbara Johr(1992), *BeFreier und Befreite*, A. Kunstmann. 또 요르는 1945년 4월, 남독일로 진공한 프랑스군의 대규모 강간과 유고슬라비아의 빨치산부대(티토 지휘)에 의한 독일군 간호사에 대한 집단 강간, 살해에 대해서도 언급하고 있다.
17 모리사키 카즈에森崎和江(1993), 『매춘천국의 여성들賣春天國の女たち』, 겐다이쿄요분코現代教養文庫; 카미츠보 다카시上坪隆(1993), 『갓난아이의 족보水子の譜』 겐다이쿄요분코; 「세이론」, 1998년 5월호의 나카무라 쇼中村粲 논문; 「큐슈대학 의학부 산부인과학교실 동창회지」 40호, 1997년의 천아도天兒都 논문 참조, 또 그에 의하면 경성대 그룹과 큐슈대 그룹만 시술한 불법 임신 중절의 수는 합계 1천 건 전후, 역산하여 강간 피해자는 적어도 5천 명이라고 한다.
18 와카스키 야스오若槻泰雄(1991), 『전후송환일기戰後引揚げの日記』, 지지츠우신샤時事通信社, pp. 125-126.

위안부와 전쟁터의 성性

만주에 파견된 중국(국민당 정부군)의 동양핑董彦平 중장은 "소련의 병사들은 때, 장소, 주야를 가리지 않고, 또 일본인, 중국인의 구별 없이 부녀자를 강간했다. 이 때문에 동북의 각 도시에서는 오후 4, 5시 이후가 되면 길에는 사람이 끊겨 그림자가 없고, 부녀자는 공포심에 두발을 자르고 남장을 한 뒤 자신의 정조를 지키려는 이가 많았다. (……) 동북 전체에서 이르는 곳마다 제 마음대로"[19]라고 기록하고, 일본 제국주의보다 정도가 나쁘다고 평했다.

「아사히신문」이 모집한『여자들의 태평양전쟁女たちの太平洋戦争』시리즈는 약 4천 통의 투고 수기로부터 엄선한 것인데, 이때의 비참하고 끔찍한 체험과 견문을 회상한 6편을 수록하고 있다.[20] "지금도 소련군의 잔인한 얼굴을 생각하면 온몸이 떨린다"라고 쓴 데구치 마사에는 국민당 정부군 사단장이 난폭하게 굴어 훗날 중국인과 결혼하고 만주에 남았다. 그녀는 또 여성들을 감싸다 살해된 일본인회 회장의 이야기도 소개하였는데, 여학생을 제공하라는 명령을 받고 도망갔다는 이유로 사살된 교사도 있었다(나쓰 사키코那須佐紀子 기고문).

소련군으로부터 여성을 제공할 것을 명령받자 본래 창녀였던 여성들이 부탁을 받든가 지원한다든가 해서 일반인 자녀를 대신했다는 이야기도 드물지 않다.[21] 펑텐奉天 헌병대에서 근무하고 있던 후쿠나가 아키라 조장曹長은 도쿠시게德重 헌병소좌로부터 "야나기마치 위안소에 도착해서 헌병대의 검색이라고 말하고 여자를 자동차에 태워 야먀토大和 호텔의

---

19 동양핑(1991),『소련군의 만주진주ソ連軍の満洲進駐』, 하라쇼보, pp. 27, 54.
20 『여자들의 태평양전쟁』1-3권(1991~1992), 아사히신문사.
21 하야시 이쿠林郁(1988),『큰강이 흘러간다-아무르역사기행大河流れゆく-アムール史想行』, 아사히신문사.

소련군 참모가 있는 곳으로 보내시오"라는 명령을 받았다. 소장小將이 이끄는 참모 일행은 그날 오전 비행기로 진주해 온 소련군의 제1진이었다. 주인과 만나 "동침 중이라도 상관없으니 일으켜 준비해 달라"고 간청하여 4명의 젊은 일본인 여성을 야마토 호텔로 보냈다고 회상하는 후쿠나가는 "단장斷腸의 심정으로, 마음속으로 손을 모았다"[22]고 말하는데, 동료 헌병들은 다른 위안소에서 조선인, 만주인 여성도 조달했다고 한다.

이러한 종류의 요구에 대해 죽음으로 항의한 예도 있다. 1995년, 오미야시의 청엽원靑葉園 묘지에서 50주년을 맞아 건립된 현창비는 수간호사를 둘러싸고 청산가리로 집단 자결한 만주적십자 간호부 22명의 사적을 기록하고 있는데,[23] 그 외에도 비슷한 여성들의 집단 자결 사건이 전해지고 있다.

북조선에서 러시아 병사들의 만행도 만주보다 심하면 심했지 덜하지 않았다. 종전으로부터 6주 후인 1945년 9월 27일, 남부 대전의 조선군사령부는 도쿄의 참모차장 앞으로 다음과 같은 요지의 글을 타전했다.[24]

철원(경성에서 북쪽으로 80Km)으로부터 탈출한 일본인의 보고에 의하면, 진주한 소련군은 9월 1일에 히로시마야(廣島屋 유곽가)에 약탈한 24명의 일본 부녀를 가두고 매일 강간하여 6명이 사망, 나머지는 블라디보스토크로 연행된 것 같다. 또 길주에서도 250명의 부녀

22 후쿠나가 다케시福永猛(1988),『일본 헌병과 하사관의 악몽日憲兵下士官の惡夢』, 비매품, p. 72.; 후쿠나가福永의 이야기.
23 「선데이마이니치サンデー毎日」, 1952년 8월 31일호의 호리키 신코堀喜身子 기고문.
24 「Chosen Staff Message 893, dated 27 Sep. 1945」(NSA, declassified 1 Dec, 1978), Natational Archives.

가 강간당한 뒤 살해되었다고 한다. 다른 도시도 마찬가지라고 생각된다. 38도선 북부와는 연락두절인 탓에 중앙의 외교 수단으로 대처하고자 한다. 또 남조선도 미군이 없는 지역은 무정부 상태로 일본 사람들의 재산이 약탈당하고 있다.

또 10월 23일의 다카마츠 노미야의 일기에는 "조선 북부에 침입한 소련군은 백주 가도에서 통행 중인 부녀를 범한다. (……) 원산인가 청진에서는 위안부 제공을 강요하여 사람이 부족해 제비뽑기로 결정한다든가, 일본 부인 전부가 강간당했다. 강간을 당하고 자살하는 일도 적지 않다"[25]고 하는 기록이 있다. 참상은 만주보다 심했을지도 모른다. 약탈과 강간의 피해는 조선인에게도 미쳐, 소련 여성 병사에 의한 남성 사냥도 있었다고 한다.[26] 와카스키 야스오는 만주와 북조선에서의 소련군에 의한 부녀 폭행에 대해 "공공연히, 또 당연한 일처럼 벌어지고, 범행자는 원칙적으로 결코 죄가 물어지는 일은 없다. (……) 도망할 방법으로는 (……) 자살 이외는 절대로 있을 수 없다"[27]고 총결하고 있는데 그렇다고 해서 호되게 질타할 수도 없다. 일본 병사의 경우는 헌병에 의한 단속이 심하여 증거를 남기지 않기 위해 살해해 버리는 예가 적지 않았고, 독일의 경우는 친고죄밖에 인정되지 않고, 사실상 강간을 방임한 일도 지적되고 있기 때문이다.

---

25 『다카마츠 노미야 일기高松宮日記』, 제8권, 주오코론샤中央公論社, 1997, pp. 158, 176.
26 하기와라 료萩原遼(1998), 『북조선에서 스러진 친구와 나의 이야기北朝鮮に消えた友と私の物語』, 분게이순주, p. 271.
27 와카스키 야스오若槻雄太 앞의 책, p. 202.

4. 영연방군

공식 자료로는 영국 본국, 호주 정부 등이 간행한 『제2차 대전사第二次大戰史』의 군의軍醫 부분을 뽑아낸 수 책의 시리즈에 나오는 성병 대책에 관한 기술 정도밖에 발견되지 않는다.

지역과 시기에 따라 뉘앙스의 차이는 있지만, 영연방군은 제1차 대전의 전례에 따라 성병 대책에 관심은 기울이고 있었다. 그러나 병사들의 매춘을 근절하는 것은 불가능하다고 판단하고, 대략 현지인 여성 매춘부와 매춘하우스의 영업을 적극적으로 묵인하였다. 군의부軍醫部는 병사 1,000명에 대한 성병 감염률을 계산하고는 일희일비하고 있었다. 표 5-1은 그 일부이지만, 호주군은 영국 본국 군보다 자신들의 감염률이 낮다며 자랑하고, 영국 본국 군은 미군보다는 낮다며 자랑하고 있다. 그러나 성병 검사에서 걸리지 않은 감염자가 공식 통계의 몇 배였다고 말하는 소식통도 있고, 과연 유의한 차이가 있었던 것인가 의심스럽다.

[표 5-1] 영연방군의 성병(V. D) **감염률**(1,000명당)

	시기(연도)	감염률
A. 영국군		
제1차 세계대전	1914~1918	26.2
프랑스 전선	1939~1940	28.2
이탈리아 전선	1943	31.3
〃	1944	49.9
〃	1945	68.8
인도	1943	63.9

위안부와 전쟁터의 성性

	시기(연도)	감염률
B. 호주군		
제1차 세계대전	1916	79.9
중동 전선	1941	48.5
태평양 전선	1942	2.3
〃	1945	7.7
호주 본토	1942	18.9
〃	1945	17.1

※출처: 『The Army Medical Services』(London, 1959) Series, A·S, Walker, 『Clinical Problems of War』
(Canberra, 1952) 등

주 감염률은 연평균 종군 병력에 대한 감염자의 비율을 가리킨다.

오히려 부대에 의한 격차보다는 지역 특성에 따라 결정되었던 것은 아닌가 생각된다. 예를 들면 태평양전쟁 당시 호주군의 경우 전장이 뉴기니라든가 보르네오 같은 호주 인구가 희박한 미개지 중심이었으므로 대상이 될 여성이 없었기 때문 아닐까 하고, 호주 육군 군의전사軍醫戰史는 추측하고 있다. 유럽 전장에서도 제일선 부대는 감염률이 낮고, 후방 부대 또는 전투 종료 후의 주둔 생활에서는 감염률이 상승하는 경향이 있었다.

어찌 되었든 앞의 영국군 군의부 전사는 "시칠리 섬 점령 후부터 감염률이 로켓처럼 상승, 영국 본국의 20배, 전상戰傷 입원자를 상회하는 상황이 되었다"고 기술하고 있다. 곤혹스럽게 된 영국군 사령부는 1943년 12월, 각 지휘관에게 "도덕을 고양시켜라", "성병 교육을 실시하고, 감염을 은폐하는 자는 처벌하라", "콘돔을 배포하라"고 통달하고 있는데, 밥줄이 끊긴 이탈리아 여자가 활개 치고 다니는 것은 어찌할 도리가 없었고 미군과 같이 매춘하우스 출입을 금지해도 소용없을 것이라고 단념해 버리고 있었다. 그럼에도 파멸적인 참상이 어느 정도 저지되었던

시타 강(미얀마 중부를 흐르는 강) 탈출 당시 붙잡힌 중국 및 조선인 위안부들. 펜웨곤 수용소에서(임페리얼 전쟁박물관)

것은 이때쯤 가까스로 시험적으로 사용되기 시작한 페니실린의 효과였다고 한다.

극동 전장에 대해서는 인도의 델리에 개설한 위안소를 본국으로부터의 지시로 폐쇄한 사례가 나타내는 바와 같이, 미군과 유사한 명목적인 원칙은 있었지만 대신에 사창이 번창하여 성병 감염률이 격증, 이에 당황하여 콘돔의 무료 지급을 단행하고 있다. 1944년 3월, 미 본토로부터의 수송선으로 캘커타에 상륙한 일본계 2세 칼 요네다 중사는 산보하다 돌아오는 길에 매음굴을 엿보고, 실내가 환히 들여다보여 "6척 남자 영국 병사가 10살이 조금 넘은 정도의 여자 위에 올라가 있다. 저건 강간 아닌가! 이런 일이 도처에서 보였다"[28]고 말하고 있다.

통계를 보아도 인도-버마 전선에서의 영연방군의 성병 감염률은 유럽보다도 훨씬 높았다. 영국 병사는 천분비로 158, 인도 병사 66, 서아프리카 병사 90이었다.[29] 보고하지 않은 것을 포함하면 루이 알렌이 "버마 전선에서는 6명 중에 1명이 성병에 걸려 있었다"[30]고 쓴 것도 과장이

---

28 칼 요네다カール ヨネダ(1989), 『미국-정보병의 일기アメリカ─情報兵士の日記』, MPC출판, p. 59.

29 Mellor, W. F. ed(1972), *Casualties and Medical Studies*,, HMSO, p. 655.

30 루이 알렌Allen, Louis(1984), *Burma: The Longest War, 1941-1945*, J. M. Dent, pp. 590~594.

아닐지 모른다. 어쨌든 영·미 양국 군이 일본·독일·소련과 같은 대량의 강간 사건을 일으키지 않은 것은 확실하다. 알렌은 "그 대신 강간은 적었다"고 비꼬는 코멘트를 덧붙이고 있는데, 일본군이 남긴 위안부를 이용한 예도 적지 않았다. 종전 후에 영국군의 포로가 되어 랑군의 아론 수용소에 들어간 아이다 유우치는 영국인 중위인 소장의 취향을 다음과 같이 묘사하고 있다.

> 자신이 버마인 매춘부를 몇 사람이나 거실에 모아 전라全裸로 바라본다든가, 어루만진다든가, 여기서는 조금 쓰기 어려운 이런저런 동작을 시키며 즐겼던 것이다. "영국인의 교양"을 신봉하고 있던, 영문학을 했다고 하는 학도 출신의 ○소위는 그런 자리에 배석하게 되어 좋지 않은 일을 겪은 이야기를 우리에게 하며, "난세다, 난세다!"를 연발했다.

그러나 이 영국인 중위의 취향은 인도 병사와 구르카 병사의 난행에 비하면 아직 고상한 부류에 속하는 것인지도 모른다. 후퇴 도중의 위안부를 덮친 인도 병사들이라든가, 위안부의 반지를 빼앗기 위해 팔을 잘라 버린 버마 반란군 병사와 같은 이야기가 전해지고 있다.[31]

---

31 센다 가코, 『종군위안부』 정편, p. 160, 177; 니시노 루미코西野留美子, 『종군위안부와 15년전쟁從軍慰安婦と十五年戰爭』, p. 168.

5. 대독對獨 전장의 미군

식민지 시대에, 마녀재판과 나란히 매춘부에게 공개적인 채찍형을 부과한 퓨리턴Puritan(청교도)의 전통이 남아, 여성의 사회적 발언권이 강했던 미군은 전장의 성 문제에서 영연방과 같은 리얼리즘에 투철하지 않았다. 그렇다고 해도 미 육군 군의부의 제2차 세계대전의 역사가 "도덕과 건강에 유해한 매춘을 근절하는 정책을 채용했다"고 격조 높게 선언한 형식적인 말이 실태와 차이가 크게 났던 것도 확실하다.

원칙과 리얼리즘의 골짜기에서 동요하고 있었던 미군의 모습은 다나카 유키의 연구가 상세하다. 다나카에 의하면 미군은 "병사의 매춘부와의 접촉은 어떠한 지역에서도 금지"라는 방침을 명확히 세운 '5월 포고'(1941년 육군 회람장 170호 규정)를 정전까지 관철했지만, "실제로는 이것(매춘)을 묵인하고, 군 내외로부터의 비판이 있을 경우에는 일단 형식적으로는 조사하고 적절한 조치를 취하는 것으로 하였다"[32]고 한다.

"군 내외로부터의 비판"이란 무엇인가. 전선前線의 병사로부터 편지를 받은 가톨릭 신부였다든가, 종군 목사나 군의관 장교의 괴로운 심정이었든가, 여권운동 리더로부터의 비난이었던 것 같다. 군 당국의 변명도, "어떤 착오가 생겨 창녀집의 개설이 허가되었는데 (……) 곧 폐쇄 명령을 냈다"든가, "조사 지령을 냈는데 아직 답이 없다"든가 이러저러 했겠지만, 육군성이 진심으로 모순을 해결할 생각이 없었던 것은 확실하다.

---

[32] Bullough, Vern and Bonnie Bullough(1987), *Women and Prostitution: A Social History*, Prometheus Books참조.

그 주름을 폈던 것은 세계 속에 퍼진 미군 주둔지의 사령관들이었다. 후에 미군정사령부(GHQ)의 위생국장으로 일본에 부임한 샘즈 준장(군의관)에 의하면, 예방을 게을리하여 성병에 걸린 병사는 급여 지불이 정지되고, 군법회의에 회부되었다. 지휘관 쪽도 성병 감염률 60천분비를 넘으면 해임할 수 있었다고 한다.[33] 감염자는 완치될 때까지 본국으로의 귀환, 전임시키지 않는 조치를 취한 파견군도 있다. 영국군에서는 고작 하루당 1실링 6펜스의 벌금으로 끝났기 때문에 경중의 차이가 크다. 그러나 실제로는 '5월 포고'가 지켜질 전망은 없었고, 그렇다고 검진을 하는 위안소를 공공연히 만드는 것도 아니어서, 전선의 사령부와 배속된 성병 담당 군의관은 우왕좌왕하는 처지가 된다. 미군 병사의 성병 감염률은 표 5-2와 같이 제1차 대전 때와 마찬가지로 기회가 없는 일부의 전선을 제외하면 영국·호주군보다는 높다. 특히 전투가 끝나고 주둔 체제로 이행한 뒤에는 폭발적으로 상승하는 경향을 보인다.

[표 5-2] 미 육군의 성병(V. D) 감염률 (1,000명당)

지역	시기(연도)	감염률
미 본토	1942-1945	49.2
유럽	〃	64.3
지중해	〃	104.5
중동	〃	62.4
중국·버마·인도(CBI)	〃	47.3
남서태평양	〃	37.0
중부태평양	〃	17.0
해외 전역	〃	55.7

33 다나카 유키田中利幸, '왜 미군은 종군위안부 문제를 무시했는가なぜ美軍は從軍慰安婦問題を無視したのか' 上下, 1996년 10월, 11월호.

지역	시기(연도)	감염률
필리핀	1945. 5	123
미 본토	1945. 4	84
제1차 대전	1917	115

※출처: 1942~1945년에 대해서는 Office of the Surgeon General, Dept. of the Army, Medical Dept., U.S. Army-Preventive Medicine in WWII Vol. IV(Washington D.C., 1958) p.45, 그 외는 Vol. V.

창녀집의 이용을 전제로 하여, 군의 개입으로 위생 관리와 검진을 강화한 영국·호주군에 비해 표면적으로 청교도주의를 고집한 미군의 차이가 통계에 반영된 것인지도 모른다. 특히 흑인 병사의 감염률이 높은데, 미 육군 군의부의 공식 전사戰史는 평균적으로 백인 병사의 8~12배를 나타내고, 1945년 5월의 필리핀 전선에서는 백인 병사 123명에 대하여 흑인 병사 637명이라는 고율에 달했다고 기술하고 있다.[34] 대책으로서 1942년 가을, 육군 군의총감은 콘돔 15만 상자, 소독약 31만 상자를 공수해 선편으로 전선에 보낸다. 미군 병사가 평균 주 1회의 비율로 성관계를 가진다고 상정했는데, 대금은 원칙적으로 병사 부담이라는 것이 영국군과의 차이나. 그런데 이 콘돔은 누가 어디에서 소비했던 것일까?

1943년 여름, 미·영국군이 협동하여 이탈리아의 시칠리 섬을 점령한 후, 양국 군은 사이좋게 독일·이탈리아군이 운영하고 있던 위안소를 이어받아 군의관과 헌병이 감독했다고 공식 전사는 기술하고 있다. 이 위안소가 어떻게 되었는지가 불명인데, 가을의 이탈리아 전선에서는 미군의 경우 창녀집의 출입을 엄금하고 있었다고 영국 전사가 쓰고 있는 바, 오래 존속되지 않고 미국 병사들은 사창의 이탈리아 여자들에게 갔으리라

---

34 Office of the Sergeon General, Dept. of the Army, Medical Dept. U.S. Army(1960), *Preventive Medicine in WW II*, Vol. V, GPO, pp. 188, 290.

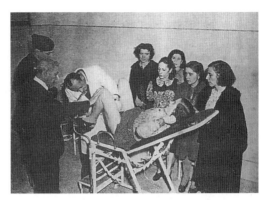

나폴리에서 이탈리아인 여성을 검진하는 미군 군의
(『미 공식 전사』)

짐작된다.

　다음 해 6월, "사상 최대의 작전"으로 불린 노르망디상륙작전이 시작되는데, 그 직전에는 피카디리와 하이드파크의 야외에서 선 채로, 엉거주춤한 자세로 병사에게 서비스를 할 정도로 바빴던 런던의 매춘부들은 하룻밤 만에 고객을 잃어버렸다고 폴 퍼셀은 쓰고 있다.[35] 그렇다고는 하지만, 곧 다음 '성性의 전장'이 대기하고 있었다. 매춘의 선진국 프랑스는 즉시 해안의 마을에 미군 전용과 흑인 지정의 위안소를 개설했는데, 워싱턴으로부터의 압력에 3일 만에 폐쇄해야 했다. 그러나 일반의 창녀집은 미군 병사로 흥청거렸고, 창녀집을 만들려고 하는 맹장 패튼 장군 등 제일선 지휘관 계급과 상급 사령부나 워싱턴과의 분쟁은 전쟁 종결까지 끊이지 않았다.

---

35 폴 퍼셀Fussell, Paul(1989), Wartime, Understanding and Behavior in the Second World War, Oxford University Press, p. 109.

6. 대일對日 전장의 미군

아시아, 태평양 전장의 미군도 원칙이 무너지는 일이 빈발했다. 평시부터 미 해군의 대 근거지였던 하와이에서는 수병들을 상대로 하는 '조직적 매춘'이 확립되어, 창녀집이 등록되고 의사의 정기 검진도 있었다.

미일 개전 후, 병사와 노동자로 전시 인구가 팽창하자 종래의 창녀집을 유지할 것인가 아닌가로 미 본토까지 포함한 대논쟁이 일어난다. 주 당국은 양가의 자녀를 성범죄로부터 지키고 본토의 1/4로 낮은 성병 감염률을 유지하기 위해 창녀집을 존속시키기를 희망했지만, 원칙을 주장하는 군에 눌려 1944년 9월에 폐지를 결단했다. 육군 군의부의 공식 전사는 "타 지역과 마찬가지로, 성병 경험과 치료의 강화로 걱정했던 것과 같은 상황은 일어나지 않았다"[36]고 자찬하고 있지만 과연 그러했는지 다른 전쟁 지역의 실정을 살펴보자.

앞서 등장한 칼 요네다는 1945년 봄, 윈난雲南성의 쿤밍昆明으로 이동했는데, "가두에는 미녀가 GI(미군 병사)에게 아양을 떨고"[37] 있는 것을 보았다. 군의관은 병사들에게 "100% 성병에 걸린" 중국 여성의 위험을 설명하고, "절대 관계를 갖지 말라"고 경고했는데, 「타임」의 기자인 시어도어 화이트도 그 3년 전에 쿤밍 주둔의 미 의용 공군(플라잉 타이거즈)이 "쿤밍의 유명한 창녀집 덕(성병)에 때로 공군의 절반이 비행할 수 없었다"[38]고 쓰고 있다. 애를 태우고 있던 클레어 셔놀트 사령관은 미군기를

---

36 *Preventive Medicine in WW II, Vol. V*, 앞의 책, pp. 283~285.
37 요네다ヨネダ, 앞의 책, p. 159.
38 시어도어 화이트White Theodore(1978), In Search of History: A Personal Adventure, Harper & Row, p. 140.

인도로 보내 병독을 갖지 않은 20명의 인도인 매춘부를 데려왔다. 하지만 청교도인 죠셉 스틸웰 총사령관이 격노하여 폐쇄 명령을 내렸기 때문에 그 이래 두 사람의 관계는 최악이었다고 화이트는 회고한다.

한편 남서태평양의 미군은 다른 종류의 문제를 안고 있었다. 미군 병사들은 정기적으로 휴가를 갖고 호주의 시드니 등에서 달러화로 기세 좋게 놀았는데, 찰스 린드버그 일기에 의하면 일본군이 "너희 남자들이 살아서 돌아오지 못한다고 생각하는 흑인과 양키들이 너희들의 부인과 딸, 연인을 능욕하고 있다"[39]고 인쇄한 선전물을 살포했기 때문이다. "너희들의 연인"까지는 고사하고, 재호주 미군은 기회가 없는 흑인 병사의 불만을 해소하기 위해 흑인 병사 전용의 관리 창녀집을 특별히 설비하는 배려를 보이고 있다. 여성을 모으기는 어려웠던 것 같은데, 파격적인 사례를 지불한다는 조건으로 문을 열 수 있었다.

쿤밍의 미국 병사를 위한
중국인 접객 여성

린드버그는 역시 현지에서의 견문으로 "나자브Nazab의 경우 간호부가 있는 야전병원에서는 병사의 습격이 우려되므로 간호사의 야간 외출을 금지했다"고 쓰고 있는데, 실은 간호부와 육군부인부대(WAAC)의 위생 관리도 미군에게는 은밀한 골칫거리였다. 부인부대에는 1942년 여름 창설 때부터 좋

---

39 찰스 린드버그Lindbergh, Charles(1970), The Wartime Journals of Charles A. Lindbergh, 1944년 5월 17일 항목, pp. 808-809.

지 않은 소문이 흘러 다니고 있었다. "90%는 매춘부고, 40%가 임신했다", "처녀는 채용하지 않는다", "전원에게 피임약을 나눠 준다"는 식이었는데, 일부 신문까지 관련 기사를 냈기 때문에 놀란 부모가 "당장 돌아오라"고 딸에게 연락하는 소동까지 일어났다.[40] 군 당국이 부정해도 수습되지 않았기 때문에 루즈벨트 대통령 부인이 훈련지를 방문, "이것은 독일의 모략 선전입니다" 하고 연설할 정도였지만, 이런 종류의 소문은 그 이후에도 사라지지 않았다.

폴 퍼셀에 따르면, "몇 개의 기지에서는 부인 부대원이 남자들을 강간하고 다니는 것이 관행으로 되어 있다"든가, "그녀들은 장교의 공인 위안부다", "해외에 가서 임신하고 오는 사람이 많다"는 식이었다.[41] 그렇다고는 하지만 성 경험이 있는 남성 병사가 75%인 것에 반해 여성 병사는 30%였다고 전하므로,[42] 소문은 상당한 진실성이 있었다고도 말할 수 있을 것이다. 그녀들의 성병 감염률도 논의되었는데, 부인부대의 공식 전사는 "그녀들의 감염률은 남성 병사의 18%에 지나지 않았다. 이것은 일반 여성의 87~90%, 영국 부인부대의 60%로 지극히 우량하다, 그 이유 중 하나는 응모 단계에서 엄격히 선발했던 것, 그리고 흑인의 비율이 낮았던 까닭이기도 하다"[43]고 쓰고 있다.

40 Office of the Chief of Military History, *The Women's Army Corp*, GPO, 1954, pp. 201~205.
41 폴 퍼셀 앞의 책, p. 66.
42 하야카와 노리요早川紀代(1994), 『전쟁과 성戰爭と性』, 「계간 전쟁책임 연구」, 3, pp. 36-37
43 *The Women's Army Corp*, 위의 책, p. 619.

클레어 셔놀트Claire Chennault장군과 미국 부인부대의 패티 루쉐 대위(우)

7. 미^美 점령군과 RAA

패전에 따라 미군의 대거 진주를 맞이한 일본 정부는 점령지에서
의 일본 병사의 품행에 대해 익히 들어 알고 있었기에 매우 당황해하고
있었다. "양가良家의 자녀"를 지키기 위해, 연합군 병사용(주로 미군 병사)으
로 "성性의 방파제"라는 착상에서, 내무성은 유력 업자에게 부탁하고 경
찰력을 동원하여 '특수위안시설협회(Recreation and Amusement Association)'[44]
를 결성했다.

대장성에 의뢰하여 3천만 엔의 긴급 융자를 받아, 미군 제1진이

---

44 미 점령기의 일본인 위안부에 대해서는 두우스 마사요(1979), 『패자의 선물敗者の贈物』, 고단샤;
   야마다 메이코山田盟子(1992), 『점령군 위안부占領軍慰安婦』, 고진샤光人社; 이노우에 세츠코いの
   うえ せつ子(1995), 『점령군 위안소占領軍慰安所』, 신효론新評論; 간자키 키요시神崎清(1974), 『매춘賣
   春』, 후지메 유키藤目ゆき(1998), 『성의 역사학性の歷史學』, 각 현의 경찰사 등을 참조.

도착하기 전날인 1945년 8월 27일, 도쿄 오오모리大森의 코마치엔小町園에 제1호가 탄생, 「아사히신문」 등에 보도되었다. "급고急告 특별 여자 종업원 모집. 의식주 및 고액의 급료 지급, 전차금에도 응한다"는 모집 광고에 따라 천 백여 명의 여성이 모여들었다. 8월 18일자로 경보국장이 전국의 경찰부장으로 보낸 통첩을 보면, 이러한 종류의 "성적 위안 시설"에 어울리는 여성은 "예기, 공사公私 창기, 여급, 작부, 상습 밀매음 범법자 등……"이라고 했는데, 겨우 연명하는 사람이 많은 세태였기 때문에 전쟁 미망인과 연인이 전사한 무경험의 여성도 몰려들었다. 개업 직후 코마치엔의 혼란스러운 모습은 대단한 것이었다. 여성 한 사람당 하루에 최저 15명부터 최고 60명까지 미군 병사를 상대하는 모습이었는데, 9월 말부터는 도쿄 각지의 옛 유곽을 동원했기 때문에 혼잡이 완화되었다고 한다.

[표 5-3] 미 진주군 전용 위안부

지역	인원수(명)	시점	호칭
옷카이노	770		특수 위안부
니가타현	276	1945. 10. 25	접객부
도쿄도	1,360	1945. 8. 28	위안부
요코하마 시	355		접객부
요코스카 시	358	1945. 12. 31	〃
효고현	1,182	1945. 12	위안부
히로시마현	725	1945. 11. 30	〃

※출처: 주로 각 현, 시의 경찰사에 의거. 이노우에 세츠코 『점령군 위안부』(신효론, 1995), 「계간 전쟁책임 연구」(1996년) 제13호, 14호의 요시미 요시아키, 윤명숙 논문.

주 야마가타현 사카타酒田 시의 예처럼, 전승 국민이 된 조선인, 중국인 전용의 위안소도 개설되어 있다.

위안부와 전쟁터의 성性

각지의 개황은 표 5-3 대로이며, 위안부의 총수는 불명이지만 가장 많을 때는 7만, 폐쇄 시 5만 5천 명이라는 자료도 있다. 어쨌든 1천만 명 아사설餓死設이 있던 시기에 일본인 남자들은 먹을 것에 뒤를 쫓기고 있었으므로, 호기롭게 19배의 이용 요금을 지불하는 미군 병사에게 여자들이 집중되었던 것도 무리는 아니다.

미 점령군을 환영하는 '게이샤 걸'들(『미 공식 전사』)

각 현의 경찰사警察史를 보면, 경찰이 보관하고 있던 공창 명부에 의지하여 여자를 모집하기 위해 바쁘게 돌아다닌 상황이 나와 있다. 양가의 자녀를 지키기 위해서라는 대의명분이 기둥이 되었기 때문인지, "일반 부녀자가 진주군 병사의 이빨에 걸리지 않고 사는 것은 이 여자들의 헌신 때문이라고 할 수 있을 것이다"(『가나가와 경찰사』)는 식으로 자찬하는 예가 많다. 민중 사이에서도 "우리가 이런 말을 하는 것은 이상하지만, 창기 분들과 예기 등을 늘리기를 바란다", "(미군 병사를) 만족시키는 향락가를 빨리 만들기 바란다"는 소리가 있고, 특히 "부녀자에게서 이런 요망이 많다"(미에三重현 지사)[45]고 말하는 상황이었다. 실제로 미군 병사들에 의한 강간 범죄가 예상보다 적었던 것은 RAA 방식 덕분이겠지만, 이것도 장기간 계속되지는

---

45 구리야 겐타로栗屋憲太郎(1996), 『현대사 발굴現代史發掘』, 오츠키쇼텐大月書店, p. 69.

못했다. 1946년 1월, 공창 폐지를 지시하는 GHQ 각서가 나온 것을 시작으로 3월경까지 미군용 위안 시설은 폐쇄되었다. 성병이 폭발적으로 퍼졌기 때문이라고도 하고, 미 본국에서 보도되어 가족의 항의로 문제가 됐기 때문이라고도 한다.

요시와라를 비롯한 각지의 위안 지구에는 "출입 금지(off Limits)"라는 게시판이 세워지고 커다란 V. D 마크(성병을 가리킨다)가 붙여졌다. 어쨌든 일본계가 운영하고 있던 「유타닛포Utah Nippo」까지도 "젊은 여성과 미군 병사의 성 문제"라는 헤드라인으로 게이샤 3천 명의 모집 광고가 도쿄의 신문에 게재될 정도라고 보도한 상황에서, 바로 그 밑에 재일 미군 헌병대장이 "호주, 하와이, 필리핀과 달리 이번에는 마치 교회에 온 것 같다"(1945년 9월 19일자)고 한 코멘트를 달아도 본토의 미군 병사 가족은 믿지 않았을 것이다.

일본 정부도 미군이 진주한 뒤로부터 시간이 조금 지나자 미국이 내거는 명목과 현실의 차이를 깨달았다. 일찍이 1945년 9월 4일자로 내무성 보안과장이 각 부현府縣 경찰 앞으로 보낸 '미군 병사의 불법 행위에 대한 대책 자료에 관한 건'이라는 제목의 통첩에서는 부녀자 강간 사건의 상황을 소개한 뒤, "위안소는 표면상 연합군사령부가 공인하지 않는 바라고 할지라도, 이러한 종류의 시설은 자위 방법으로 절대 필요하다"고 말하고, 경우에 따라서는 이동식 위안소도 고려하라고 지시하였다.[46] 그리고 이 전망은 옳았던 것 같다. "표면 (……) 공인하지 않는 바"는커녕, 부대에 따라서는 대놓고 요구해 오는 예까지 있었기 때문이다.

「아사히신문」의 키사라 주 지국장이었던 아카시 세이조에 따르면

---

46 「역사지리 연구歷史地理研究」, 1997년, 7월호의 요시카와 하루코吉川春子 논문.

1945년 9월 12일, 무장한 미군 장교 3명이 시장실로 밀어닥쳐 "여자를 제공해 주기 바란다. 바로 혈액검사를 하겠다. 30명 이상"이라고 재촉했다. 곧 업자를 불렀지만 간단히 동의하지 않았고, 전시 중에 일본 해군 비행기 탑승 요원을 단골손님으로 받았던 '해군 위안소'의 여자들을 받아들이게 되었다. 방법이 결정되자 경찰서장은 여자들을 모아 놓고, "이곳의 치안 유지를 위해 도우진 오키치唐人お吉[47]처럼 일을 하시는 겁니다. 잘 부탁드립니다"라고 인사했다고 한다.

어쨌든 하나의 금령으로 매춘이 근절될 리도 없고, 이번에는 '팡팡'이라고 불리는 가창街娼이 횡행하고, 헌병이 팡팡 사냥을 벌여 의심스러운 여성을 구치장에 넣고 강제 검진을 하는 소동이 벌어졌다. 신헌법으로 등장한 여성 의원이 말려든 사례도 있는데, 이런 종류의 일제 검거는 전시하의 미 본국에서 횡행한 방법이기도 했다. 신시아 인로는 "1944년 시애틀에서 경찰과 위생공무원에 의한 사냥으로 2,063명의 여성이 '성적性的 과실이라는 용의로 체포되고, 4~5일간 유치장에서 검사한 결과 성병을 가진 사람은 366명(17.3%)에 지나지 않았다"는 예를 소개하고 있다.[48] 그녀는 이러한 여권 침해에 분노하고 있는데, 이런 종류의 교조적인 '도덕엄숙주의'는 금주법이나 금연 조례와 비슷한 미국적 전통이라고 할 수 있을지도 모른다.

---

47 1841년에 태어났다. 미국 총영사 해리스의 간호부로 보내졌는데 실제로는 첩의 역할이었고, 1890년에 자살했다. 그녀의 삶은 1928년 소설로, 1930년에는 영화로 만들어졌다. —역주
48 신시아 인로, 위의 책, p.30.

8. 베트남전쟁과 그 후

제2차 세계대전 뒤의 냉전시대에 가장 오래 지속된 전쟁은 프랑스가 주역인 제1차(1945~1954년) 베트남전쟁과 미국이 주역인 제2차(1961~1975년) 베트남전쟁일 것이다. 여기에서도 전쟁과 성(性)의 문제가 등장하는데, 그 양태는 기본적으로 제2차 세계대전과 다르지 않았다. 베트남군은 주로 장기적 게릴라전술에 의존했기 때문에 프랑스나 미국 군에 의한 여성에 대한 강간, 고문, 학살의 사례가 적지 않았다.

프랑스군이 가지고 들어온 것은 식민지군의 전통적 관습이었던 '이동식 위안소'였다. 위안부는 북아프리카 출신자가 많았고, 존부를 둘러싸고 논의가 끊이지 않았지만, 현지인 여성은 방첩상 바람직하지 않다는 주장도 있어서 최후까지 논쟁이 이어졌다고 버나드 폴은 쓰고 있다.[49] 이러한 방식은 일본인·조선인 위안부를 데리고 전장을 다닌 중국 대륙의 일본군과 비슷하다.

제2차 베트남전쟁에서 미군은 최대일 때 50만을 넘었는데, 9할 가까이가 제일선 이외의 후방 근무였고, 사이공을 중심으로 하여 베트남 여성에 의한 매춘 산업이 지극히 번창했다. 미군의 공식 전사는 물론, 신문도 이 영역에 뛰어들어 보도한 적이 거의 없다. 그러나 라이케에 주둔한 제1사단 제3여단(병력 4천)의 주둔 캠프에 있었던 위안소의 실상에 대해 수잔 브라운밀러가 피터 아넷 기자(퓰리처상 수상자)에게 시도한 문답이 있으므로 여기에 그 요지를 소개한다.

---

49 버나드 폴Bernard B. Fall(1961), *Street without Joy*, Harrisburg, pp. 126-127.

1966년경까지 각 사단의 캠프 주위에는 "공인된 군용 매춘숙"이 설치되었다. 라이케에서는 철조망으로 둘러싸인 캠프의 안쪽에 2동棟의 "레크리에이션 센터"가 있었다. 바bar와 밴드가 연주하는 곳 외에 60개의 개인용 방이 있고, 거기에서 60명의 베트남 여성이 침식을 하며 일하고 있었다.

그녀들은 미군 병사의 기호에 맞춰 「플레이보이」의 누드 사진처럼 장식하고, 실리콘 주사로 가슴을 크게 만들었다. 성 접대는 "빨리, 요령 있게 그리고 항상 하던 대로(quickly, straight and routine)"가 모토였고, 일인당 하루에 8명부터 10명을 소화한다. 요금은 500피아스톨(2달러 상당)로 여자가 갖는 것은 200피아스톨, 나머지는 경영자 몫이었다. 그녀들을 모아 온 것은 지방의 보스였고, 돈의 일부는 시장市長에게까지 흘러갔다. 이렇게 미군은 "디즈니랜드"라고도 불린 이 위안소에 손을 더럽히지 않는 방식을 취하였는데, 감독은 여단장이고, 웨스트모어랜드 사령관도, 펜타곤도 묵인하고 있었던 것이다.

여자들은 매주 군의관의 검진을 받고, 안전을 의미하는 표찰을 들고 있었는데, 그럼에도 미군 병사의 성병 감염률은 천분비로 200(1965년)에 달했다.[50]

일본군위안부 시스템을 그대로 모방한 것이 아닌가 생각될 만큼 모든 것이 흡사한데, 그저 조건과 환경이 같아서 누가 생각해도 비슷한 방식이 확립된 것일 뿐인지도 모른다. 베트남전쟁 말기에는 이러한 종류

---

50 수잔 브라운밀러Brownmiller, Susan(1975), *Against Our Will, Simon and Schuster*, pp. 94-95.

의 여성들이 30~50만 명을 헤아렸다고도 한다. 전쟁이 끝나자 그녀들의 '갱생'이 문제가 되었다. 그녀들은 마지막에는 재활 캠프에 입소하였고, 그중에는 외국인 관광객을 위한 댄서가 된 사람도 있다고 인로는 쓰고 있다.[51]

　　베트남전에서 싸운 것은 미군만이 아니다. 영국군, 호주군, 인도네시아군도 참전했고, 최근 주목을 받고 있는 군대는, 미군 다음으로 많은 연 31만 명을 파병한, 그리고 5천 명이라고도 또 3만 명이라고도 하는 혼혈아를 그곳에 남기고 온 한국군이다.[52] 오래 터부시되고 있던 한국의 파병 문제와 병사들에게 남겨진 트라우마를 문제 삼은 영화 '하얀 전쟁'(1992년)의 공개가 시초였는데, 위안부 문제에 관계한 조선인 여성 가운데는 "한국인은 베트남인을 살해하고 여자를 거래하는 등 행실이 나쁘다는 이미지를 남겼다. (……) 베트남에 대해 한국은 삼십여 년이 넘게 과거를 청산하지 않았다"[53]라고 말하는 사람도 나오고 있다.

　　베트남전쟁에 한정되지 않고, 아시아의 매춘 산업과 미군의 기지 경제基地經濟는 끊으려 해도 끊을 수 없는 관계에 있다. 일본(오키나와를 포함한다)과 한국에서는 미군의 주둔이 반세기 전후의 기간에 이르렀기 때문에 구조화하고 있다고 말할 수 있을 것이다. 특히 아시아의 경제 수준이 낮았던 1970년대 이전에는 달러의 위력이 컸고, 미군은 기지 주변에서 특권적인 매춘 시스템을 구축, 각국 정부는 그 하청 임무를 떠맡고 있었다. 관련된 범죄가 발생해도 '치외법권'적 처리가 통하고 있었다.

51　신시아 인로(1975), 위의 책, pp. 33-34.
52　「세카이世界」, 1993년 8월호의 미야자키 마사코宮崎眞子 기고; 박근호朴根好(1993), 『한국의 경제 발전과 베트남전쟁韓國の經濟開發とベトナム戰爭』, 오차노미즈쇼보御茶の水書房 참조.
53　「세카이」, 1997년 4월호 도미야마 타에코富山妙子와의 대담에서 윤명숙의 발언.

그 사이 매춘의 양상은 변해 갔다. 일본 본토에서는 매춘방지법
(1956년)의 성립을 시작으로 여성들의 처우가 차차 개선되고 있었지만, 오
키나와에서는 1972년에 본토로 복귀하기까지 전차금 등 전시기까지 본
토에 있었던 것과 비슷한 착취 형태가 남아 있었다. 오키나와의 지위가
향상되자 이번에는 보다 값싼 필리핀 여성이 들어와 비슷한 역할을 담당
했다. 한국에서는 일본과 마찬가지로 미군 점령기인 1947년 11월 공창
제도(관리 매춘)를 금지하는 법령이 나왔지만 여전히 유명무실했다.

[표 5-4] 조선 등 주둔 미군의 성병 감염률 (1,000명당)

연도	한국	일본	해외 전역
1946	59	227	178
1947	81	94	125
1948	120	—	94
1949	226	—	115
1950	45	167	84
1951	151	181	117
1952	193	210	131

※출처: U.S.Army in the Korean War Medic's War (GPO, 1987), 육상자위대 위생학교
『조선전쟁에서의 위생전사朝鮮戦争における衛生戦史』등

주 베트남전쟁 중에는 200(1969년)이라는 숫자가 있다.

한국전쟁(1950~1953년)은 수많은 미망인과 고아를 남겼다. 한국 정
부의 1956년 통계에 따르면 전국적으로 59만 명에 이르는 전쟁미망인
이 있었고, 이러한 상황에서 생활고를 겪는 여성들이 미군 병사를 상대
하는 매춘부가 되었다. 1957년 통계에서 그 수는 4만 명으로 추정되었
고, 1962년에는 '윤락행위 등 방지법'이 성립되었는데 이는 그저 형식뿐

이었다.

한국전쟁이 끝난 후에도 미군은 계속 주둔했다. 매춘부들은 달러를 목표로 미군 기지 주변의 '특정 지역'에 모여들었다. '양공주'라고 불리는 미군 병사 상대의 매춘부는 멸시받는 존재였는데, 최근까지 2만 7천 명을 헤아린다고 한다.[54] 그 가운데서도 유명한 것이 38도선에 가까운 동두천 기지다. 최대 6,500명에서 감소하여 최근에는 육십 몇 개의 점포에서 1,500명의 미군 매춘부가 북적거리고 있다. 강제 검진 제도가 있고, 여자들은 안전 카드를 반드시 휴대해야 하는 등 과거의 일본군 위안소와 매우 흡사한 모습이다.

그러나 1982년에 이곳을 조사한 우스기 게이코에 따르면, 위안부가 된 동기는 "동거한 남자의 배신", "결혼의 파국", "가족으로부터의 소외"가 많고, 이전처럼 가정의 빈곤 같은 이유는 적다고 한다.[55] 또 미군 사단장이 매춘 억제를 지령하자, 그녀들의 상호부조 모임이 동맹 파업을 벌여 미군을 굴복시켰다는 이야기도 있다. 그 유명한 '기생 관광'과 '자파유키'상 따위도 한편에서는 페미니스트들의 맹반발을 초래했지만, 매춘에 의존하는 경제 구조에서 보면 그것은 실업 내지 외화 수입의 감소를 초래하고 빈곤으로의 퇴보를 강요한다는 모순이 있다.

54 윤명숙 편『조선인 여성이 본 '위안부문제'朝鮮人女性がみた'慰安婦問題'』의 김부자 논문 p. 176; 신혜수 앞의 책, p. 55.

55 우스기 게이코臼杵敬子(1992),『현대의 위안부들現代の慰安婦たち』, 도쿠마쇼텐德間書店에 미군기지 주변의 매춘 사정이 소개되어 있다.

위안부와 전쟁터의 성性

[표 5-5] 아시아의 매춘부 통계 (기준 만 명)

국명	인원	국명	인원
한국	2	태국	30~280
중국	1.5	말레이시아	14
대만	4~6	인도네시아	7
필리핀	30	인도	230
베트남	6~20	버마	2~3
캄보디아	1~1.5	스리랑카	1.5

※출처: 아시아태평양인신매매반대연합의 1996년도 보고. 「레키시효론歴史評論」 1998년 4월호.

주 한국의 매춘 여성은 65만 명(1990년)이라고도 한다(앞의 김부자 글에서).

베트남전쟁 기간에 미군 병사의 휴식지로 번성했던 필리핀과 태국도 미군의 철수로 심각한 타격을 받았는데, 캄보디아 내전을 수습하기 위해 유엔 평화유지부대(UNTAC)가 1992년 파견되었을 때는 일시적으로 매춘 경기가 다시 살아나기도 했다(표 5-5 참조). 그러나 구 유고슬라비아 내전(1992년)에서 '민족 정화'를 명목으로 한 조직적 강간, 강제 임신, 위안소 설치 등이 국제재판에 제소되었듯이, '전쟁과 성'의 관련 방식은 계속해서 변화하고 있는 것으로 생각된다.

한편 걸프전(1990~1991년)에서는 직업적 창부를 대신하여 병사끼리의 성욕 충족이라는 방법이 일반화되었다고 한다. 미 대통령의 자문기관인 여성군무위원회의 조사에 따르면 걸프전에 참전한 남녀 혼성 부대 병사 4,442명에 대한 조사에서 전체의 64%가 "전선에서 이성 병사와 무언가 성적 관계가 있었다"고 답했다. 그즈음 사실상 중절中絶이 금지되어 있었던 미군 관계의 병원에서도 중절 실시가 가능해졌다고 한다.[56] 사토 카

---

56 「마이니치신문每日新聞」 뉴욕발, 1992년 10월 4일자.

즈히데가 말한 "남성 병사는 여성 병사를 위안부로 삼고, 여성 병사는 남성 병사를 위안부로 삼아 (……) 전선에서 적당히 놀면 군이 중절로 뒷마무리를 해 준다"[57]는 상황이 된 것이다.

---

57 「세이론正論」, 1993년 12월호의 사토 카즈히데佐藤和秀 기고.

6장

위안부들의 신상 이야기

이 장에서는 조금 시각을 바꿔, 앞에서 살펴본 바로 그 위안부였던 이들이 말하는 자신의 '신상 이야기'를 검증하여 보기로 한다.

옛날부터 '매춘부의 신상 이야기'라 하여 구전되는 이야기들이 있다. 천진난만한 젊은이가 그대로 믿어 버리는 것을 연장자가 놀리면서 깨우쳐 줄 때 인용하는 것인데, 최근이라면 매춘부가 아니라 '호스티스'나 '러브호텔 매춘녀'라 해도 좋겠다. 나 자신도 젊은 시절에 그 비슷한 쓰라린 맛을 본 적이 있지만, 손님을 붙잡는 속임수라고 생각해 버리면 그다지 실해實害는 없을 것이다. 그러나 국가로서의 체면과 법적 처리에 관련된다면, 검증 없이 받아들일 수 없다.

예를 들면 일본 육군은 유사 이래 최초의 패전에 깜짝 놀라 어쩔 줄을 몰랐던 것인지, 종전의 날 중요 서류의 대부분을 불태웠다. 전범 재판의 재료가 될 것을 두려워했기 때문이라고 하는데, 선별할 여유도 없이 인사 기록까지 처분해 버렸다. 그 때문에 강화講和 후에 군인연금이 부활했을 때 액수를 결정하기가 매우 어려웠다. 하는 수 없이 경력이 없는 군인·군속은 신청서에 같은 부대 2인의 증명을 첨부하는 것으로 해결해야 했다. 부대 행동의 기록이 있었기 때문에 그 증명과 대조하여 계산한 것이다. 간호부도 유사한 방법으로 처리했다. 그러나 위안부의 경우는 신분이 군인도 군속도 아니었기 때문에 공적公的 서류가 없다. 업자가 여기저기에서 모아 온 경우가 많았기 때문에 여성끼리의 연결도 없고, 전우회 같은 조직도 없다. 본래의 제 이름을 쓰지 않았기 때문에 같은 위안소에 기거한 동료끼리도 본명과 출신지를 기억하지 못하는 것이 보통이었다. 게다가 위안부였다는 사실조차 입증하기 곤란한 예가 많기 때문에 수십 년의 세월이 경과된 뒤 기억에만 의지하여 말하는 그녀들의 '신상 이야 기'는 뜬구름 잡는 것과 같은 것들뿐이다. 그러나 친형제, 출신지의 노인, 이웃 사람, 경찰관, 업자, 잘 아는 손님의 이름, 부대명 등을 알 수 있다면 추적 조사도 가능한데, 그럼에도 부자연스러울 정도로 명확하지 않은 예 가 대부분이다. 인도네시아를 제외하면 현재까지 실명으로 커밍아웃한 위안부는 300명 전후로 지극히 일부에 지나지 않는데, 다음과 같은 공통 된 패턴을 볼 수 있다.

1. 위안부 생활이 평균보다 가혹했던 것 같다.
2. 전후의 생활이 행복하지 않다.
3. 자기 이름을 걸고 나서는 것을 싫어할 가족조차 없다.
4. 지력이 낮고, 자신을 치켜세우는 데 넘어가기 쉽다.

얼핏 보아 부정적이라고 생각할 이러한 조건은 역으로 소박한 관 중의 동정을 사기 쉽다는 측면도 있다. 생년과 위안소가 있었던 곳조차 기억할 수 없는 것도 초등교육마저 받을 수 없었던 비참한 상황 탓이라는 것이다.

여기에서 들고 있는 사례는 한국, 필리핀, 중국, 대만, 인도네시아, 네덜란드 등 일본의 옛 위안부들로부터 뽑은 신상 이야기들이다. 내 나 름의 검증도 시도했다. 북조선, 버마, 말레이시아 등은 적당한 사례가 없 기 때문에 생략하고, 10장 등에서 보완적으로 언급하는 것으로 했다. 이미 일본의 재판소에 소송을 제기하고 있는 경우는 원칙적으로 소장^{訴狀}에 의거했지만, 그래도 불만족스러운 것이 많다. 변호단이 '문전박대'를 당할 것이라고 예상했는지 사실관계에 대해 확인하지 않았다는 점에서 같은 방침을 취하고 있는데, 그것만이 아니다. 당시 역사적 사정에 관한 청문 담당자의 무지, 지원 운동 단체의 정치적 고려, 번역과 같은 의사소통의 부족 등 여러 요소가 겹쳐 있다. 우에노 치즈코는 "'선의'의 인터뷰어들은 자신이 듣고 싶은 이야기가 나오도록, 말하는 방식을 변형하는 권력을 그 청취 현장에서 행사했다"고 지적하였는데, 법적 전문가인 변호사까지도 그 폐해에서 벗어날 수 없었다는 사실에 문제가 있을 것이다.

1. 한국-김학순, 문옥주 등

전 아시아를 통틀어 최초로, 실명으로 커밍아웃한 옛 위안부 증언자는 김학순으로, 1991년 8월의 일이다. 전년도 11월에 결성된 여성 단체인 한국정신대문제대책협의회(대표자 윤정옥, 정대협으로 약칭)의 부름에 응한 것으로, 12월 2일에는 김학순이 TV에 출연하는 것을 본 문옥주가 나타났다.

같은 해 12월 6일에는 35명의 한국인 군인·군속 희생자에 대한 보상(1인당 2천만 엔)을 요구하며 다카기 겐이치^{高木健一} 변호사가 대리인으로서

---

1 우에노 치즈코(1998), 『내셔널리즘과 젠더』, 아오토샤^{靑土社}, p. 177.

도쿄 지방재판소에 제소했는데, 김학순을 포함한 3명의 옛 위안부도 포함되었다. 이어서 다음 해인 1992년 2월 4일에는 문옥주 등 6명이 추가되었고, 익명을 포함한 옛 위안부 원고는 총 9명이 되었다. 본래는 군인·군속으로 참전한 자와 그 유족이 주역이었는데, 매스컴과 지원 단체의 능숙한 홍보 활동과 함께 위안부만이 조명되었고, 신문은 지금도 계속 중인 이 재판을 위안부 소송이라고 부르는 일이 많다. 여기에서는 제1호인 김학순의 신고를 소장으로부터, 또 단행본으로 나와 있는 본인의 일대기로부터 문옥주의 신상 이야기를 요약하는 것 외에 특이한 사례를 몇 가지 소개하고 문제점을 검토하여 보자.

김학순의 신고(소장으로부터)

1923년 중국 동북(만주)의 지린성에서 태어났는데, 태어난 후 아버지가 곧 사망했기 때문에 평양으로 돌아왔다. 어머니는 가정부 등의 일을 하였고, 김학순은 생활고로 소학교 4학년 때 중퇴, 김태원의 양녀가 되어 14세부터 3년간 기생학교에 다녔다.

1939년, "돈을 벌 수 있다"는 이야기를 듣고 한 살 더 많은 에미코와 함께 양부가 그녀를 중국으로 데리고 갔다. 베이징을 거쳐 철벽진이라는 작은 촌락에서 양부와 헤어져 위안소로 들어가게 되었고 일본군 병사를 위한 성 접대를 강요받았다. 군의관의 검진이 있었다.

같은 해 가을, 알고 지내던 조선인 상인(조원찬)의 도움으로 탈출하여 각지를 전전한 후 상하이에서 결혼했다. 프랑스 조계에서 중국인을 상대로 전당포를 하면서 생활, 두 명의 아들을 얻어 종전 다음 해에 한국으로 돌아왔다. 한국전쟁 중에 남편은 사고사, 아들도 병사하고, 한국에서 이곳저곳을 전전하면서 술과 담배에 기대어 생활했다. 현재 친척은 없고 정부로부터 생활 보호를 받고 있다.

인생의 불행은 군대 위안부를 강요받으면서부터 시작되었다. 일본 정부는 스스로 나빴다고 인정하고, 사죄해야 한다.

[표 6-1] 김학순 증언의 변화

	A	B	C
a. 생년	1924	A와 동일	1924. 10. 20
b. 아버지의 사망	사정은 불명.	독립운동가로 일본군 총에 맞아 사망.	사인은 모른다.
c. 어머니의 재혼	14살 때 재혼.	어머니의 재혼이 마음에 안 들어 가출.	B와 동일.
d. 기생	어머니가 40엔을 받고 기생으로 팔았다.	양녀로서 기생 수업 3년.	평양의 '기생학교'에 3년간 다님.
e. 중국행의 사정	너무 어려서 조선에서는 영업 허가가 안 나오니, 1941년 중국으로 가면 돈을 벌수 있다고 양부에게 들었다.	돈을 벌기 위해 양부가 데려감.	양부가 돈을 벌기 위해 중국으로 갈 때 동행.
f. 위안부가 된 사정	베이징의 식당에서 일본 장교에게 스파이로 의심받고 양부와 따로 트럭에 실린 채 위안소로. 처녀를 빼앗겼다.	A와 동일 (중국어를 못해 중공군의 밀정 역할도 했다).	양부를 협박한 일본군이 위안소로 연행, 3개월 후에 조원찬의 도움으로 탈출.
g. 탈출과 결혼	4개월 후 조선인 아편 상인에 이끌려 인도로 탈출, 1942년 상하이에서 대금업.	A와 거의 동일함 (상하이에서 한국 광복군과 연락).	A와 동일.
h. 현재의 심경	나를 이렇게 만든 인간들을 갈기갈기 찢어 버리고 싶다.	일본 정부가 잘못했다고 사죄를 하지 않는 한, 기분은 풀리지 않을 것.	과거를 폭로하여 후련한 기분.

A 정대협 편『강제로 끌려간 조선인 군 위안부들』의 증언(원저는 1992년 2월, 번역본은 1993년 10월 간행, 청취 조사 1991년).

B 해방출판사 편『김학순 씨의 증언』(1993년 2월 간행, 1991년 12월 당시 김 씨의 증언).

C 이토 다카시伊藤孝司『증언 종군위안부 여자근로정신대』(1992년 8월 간행, 이토의 청취 조사 일시는 불명).

주 1997년 12월, 김학순이 병사한 뒤인 12월 16일 연합통신(한국)은 "1941년에 17살인 김학순은 만주에서 일본군에 연행되어, 낮에는 탄약을 운반하고, 밤에는 하루에 10~15명을 상대해야 했다"고 보도했다.

표 6-1은 본인에 대한 청문 조사를 기초로 정리한 것이므로 기억의 차이나 잘못 듣고 적은 부분이 다소 있다 해도, 중요한 부분에서 몇 가지 차이를 보이는 것은 분명 문제가 될 것이다. 예를 들면, 재혼한 어머니가 딸을 40엔에 판 사실(Ad)은 소장에도, B, C에도 나오지 않는다. 전전 일본에서도 매신으로 팔린 딸은 매춘업자의 양녀라는 형식을 거치는 예가 많았기 때문에 그녀의 경우도 전형적인 매신賣身 케이스였다고 생각된다.

양아버지와 함께 중국으로 가고, 거기에서 위안부가 된 사정도 확실하지 않은데, 현지에서 전매轉賣되었을지도 모른다. 위안소의 윤곽도 명확성이 없지만, 군의관의 검진이 있었다는 것이나 이용 요금 이야기가 A에 나오는 것으로 볼 때 극히 평범한 위안소 중 하나였을 것이다. B에서만 실부實父가 일본군에 살해되었다든가, 중공군이나 광복군과 관계가 있었다는 이야기가 나오는 것도 이해하기 어렵다. 이미 유명해진 뒤 일본에 와서 한 증언이기 때문에 단순한 위안부가 아니라 항일운동가이기도 했다고 선전하는 것인지도 모른다.

소장에서만 김학순의 생년이 1923년이라고 되어 있는 것도 마음에 걸린다. 한국은 호적제도가 완비되어 있다. 또 오키나와에서 사망한 옛 위안부의 생애를 추적 조사한 가와다 후미코(1987)의『빨간 기와집』에는 가와다가 본인 대신에 본적지의 정부 기관과 그 근처를 방문하여 일

위안부와 전쟁터의 성性

족의 소식을 조사하는 과정이 기록되어 있다. 네 종류의 정보원을 비교하면 본인의 생년도 불확실하게 적힌 재판소에 낸 소장이 가장 조악한 느낌인데, 전체를 보면 일본 정부가 책임을 지고 사죄해야 한다는 부분이 어딘가 미심쩍다고 여기는 사람이 많을 것이다. 그즈음 내가 다카기 겐이치 변호사에게 "조금 더 설득력 있는 위안부는 없는가?" 하고 질문하자 "실은 저도 그렇게 생각해서 한국으로 찾으러 다녀왔습니다. 추가분은 좋은 경우뿐입니다"라고 말했다. 그래서 소장들을 검토했지만 거의 비슷해서 구분조차 어려워 실망한 적이 있다.

그중 한 사람인 C는 정대협의 청문 조사에는 김태선(가명)으로 되어 있고, 1995년에 출판된 야타기하라 카즈노리柳原一德의 『종군위안부 문제와 전후 50년從軍慰安婦問題と戰後五十年』(모가와슈판藻川出版)에 실린 증언에는 김복선(1926년생)이라는 실명으로 등장하였다. 그녀는 1944년 여름, 식사 중에 자기가 집에서 "강제연행"될 때의 하수인을 "헌병", 그리고 "일본인 순사와 '최'라는 남자", 그 뒤에는 또 "국민복(또는 군복)을 입은 일본인과 '최'"라는 식으로 계속 말을 바꾸고 있다. '최'라는 사람이 "돈을 벌고 싶지 않은가" 하고 물었다고도 했는데, 이 남자는 같은 배로 버마로 건너가고 철수도 함께한 위안소의 관리인이라고 말했다. 따라서 단순히 기망에 걸린 경우일 것이다. 그것을 본인이나 지원자의 의도대로 핵심이 되는 부분만 고심하여 바꾼 것인지도 모른다.

덧붙임

김학순이 서울에서 기자회견을 한 것은 1991년 8월 14일이고, 다음 날 「한겨레신문」은 그녀가 기생으로 팔려갔던 사실을 보도하고 있다.

게다가 「아사히신문」 서울 특파원인 우에무라 다카시植村隆는 8월 11일자 「아사히신문」에 그녀의 증언 테이프를 정리하여 제1보를 게재했다. 니시오카 쓰토무는 우에무라가 12월에 소송을 일으킨 유족회 간부(양순임 상임이사)의 딸과 결혼했기 때문에 그 특종이 가능했던 것으로 추측하고 있다(『일한 오해의 심연日韓誤解の深淵』, 아키쇼보亞紀書房, 1992, pp. 160~164). 전술한 우에무라의 보도는 김학순이 기생 출신이라는 것을 덮었고, 게다가 여자정신대라는 명목으로 전장에 연행되었다고 잘못된 사실을 전하고 있다. 그 뒤 「아사히신문」은 12월 6일자 석간, 10일자, 25일자에서 그녀의 위안부 경력을 자세히 보도하였지만, 거기에서도 역시 기생 출신이라는 것은 감추고 있다.

역시 원고 중 한 사람인 문옥주에 대해서는 그 일대기가 1996년 2월에 간행된 『버마전선 방패사단의 '위안부'였던 나』(구성과 해설은 모리카와 마치코森田萬智子, 나시노키샤梨の木舍)에 나와 있기 때문에 같은 요령으로 소개하겠다.

문옥주 일대기(저서로부터)

1924년 4월 23일 대구에서 태어났다. 양반 가계인 아버지는 독립운동으로 분주했는데, 7살 때 아버지가 병사하고 생활이 빈곤해졌다. 12살 무렵 오무타大牟田의 요릿집 부부가 와서 감언으로 꾀어 큐슈九州로 갔다. 허드렛일을 했는데 창녀로 팔려갈 것 같아 반년만에 도망해서 돌아왔다. 그리고 견습 기생이 되었는데, 16살 되던 해 가을, 노상에서 일본인과 조선인 헌병, 조선인 형사 일행이 멈춰 세워 경찰서로 연행되었다. 다음날 아침, 다른 헌병과 조선인 형사가 동행하여 열차로 만주의 둥안東安으로 갔다.

조선인이 경영하는 위안소에서 군인을 상대로 일했다. 군의관의 검진도 있었다. 1년 후 병든 어머니를 문안하고 온다고 주인에게 거짓말을 하고 도망쳐 나와 귀향, 기생으로 일했다. 둥안 시정의 동료 두 명이 "일본군 식당에서 일하자, 돈도 받을 수 있다"고 꾀어 어머니에게 허락을 받지 않고 부산으로 갔다. 안면이 있는 마츠모토松本 등 3명의 조선인 남성이 인솔하여 1942년 7월 10일에 출항했고, 200명 가까운 처녀들과 동승했다. 버마 만달레이에 도착하여 대구에서 온 17명과 함께 방패사단(제55사단)의 위안소에 배속되었다. 처녀들 가운데는 "속았다"고 마츠모토에게 덤비는 사람도 있었지만, 문옥주 등은 어렴풋이 알고 있었으므로 놀라지 않았다.

인도 국경에 가까운 최전선 아캬브 위안소에서는 야마다이 치로우라는 병사와 공인된 사랑을 하는 사이가 되었지만, 남자는 전사해 버렸다. "조선삐"라고 욕하는 병사와 싸우다 넘어져 골절을 당해 3개월간 입원한 적도 있다. 그 뒤 퇴각전과 함께 랑군으로 갔다. 이때쯤은 "영리하고, 쾌활하고, 배려를 잘 하는 좋은 위안부"로서 장군에서부터 병사에 이르기까지 인기를 모아 팁이 계속 쌓였다. 3년이 되지 않아 2만여 엔의 저금을 할 수 있었고, 5천 엔을 조선으로 보냈다. 1천 엔 정도면 대구에서 작은 집 한 채를 살 수 있었다. 가난한 어머니를 조금 편하게 해 준다는 생각으로 기뻤는데, 종전으로 귀국해 보니 오빠가 큰돈을 모두 써 버렸다.

전후에는 군수물자를 공급하여 벼락부자가 된 사람과 결혼하여 한때 위세 좋게 생활했지만, 남편이 파산하여 다시 팔려가 기생이 되었다. 그러나 대학을 나온 양자가 도박으로 재산을 다 탕진하여 지금은 위안부를 위한 생활안정지원법에 따라 정부가 무료로 제공하는 임대아파트에 살고 있고, 의식주는 곤란하지 않다(1996년 10월 26일 병사).

파란만장한 한 여자의 일대기로서, 말을 잘하는 것은 발군拔群이고 구성자의 고증도 상당히 견실하지만, '진위'가 확실치 않은 부분이 없는 것은 아니다. 하이라이트는 랑군에서 싸우던 일본 병사의 칼을 빼앗아 찔러 죽인 사건일 것이다. 그녀는 다음과 같이 말한다. "(몹시 취한 병장이) '조선삐 주제에 건방지다'고 모욕했다. 게다가 칼을 뽑아 나를 위협했다. '그 칼은 천황폐하에게 받은 것 아닌가. (……) 조선삐라고 업신여기다니. 우리들 조선인은 일본인이 아닌가?' 그러자 '뭐야, 이년, 너는 계집일 뿐이야' 하고 병장은 무서운 표정으로 '얏' 하고 소리치며 달려들었다. 나는 잔뜩 집중하여 그에게 부딪혔다. 남자는 칼을 바닥에 떨어트렸다. 나는 칼을 주워 남자를 곧바로 찔렀다. 칼은 남자의 가슴을 찔렀다."

이런 그녀를 구하자고 데모까지 일어났고 군법회의 판결은 정당방위로 무죄 석방이었다는 '미담'이지만, 확실히 해 두기 위해 랑군 헌병대 본부에서 근무했던 요코다 마사오 소위, 후지이 사다오 원사에게 물어보았다. 두 사람이 말한 바를 종합하면, "병사가 위안부에게 살해되었다면 큰 사건이고, 그리고 군법회의에 송치하는 것은 헌병대장인데, 전혀 들은 적이 없다. 지어낸 이야기가 아닐까" 하는 것이었다. 그래서 "가령 사실이라고 치면 어떻게 처리되었을까" 하고 물었더니 "1944년부터 1945년에 걸친 시기는 임팔 전투 패배 뒤이고, 버마는 전군이 무너진 상태에 가까웠으니, 이런 일로 군법회의를 열 여유가 없었다. 살해된 병사는 명예롭게 전사한 것으로 하고, 범인은 몰래 처분했을 것이다"는 답변이었다.

그 외에, 태국으로 후퇴하여 아유타야 육군병원의 보조간호부를 하고 있을 때도 문옥주는 술김에 일본적십자사 간호부 사무실에 들어가 행패를 부렸지만, 군의관은 질책하지 않았다고 했다. 그녀는 구마모토熊本 방송이 1992년에 만든 TV 프로그램에도 등장하여 군가를 부르고, "미야자와宮澤 총리를 때려죽이고 싶다"고 말했다. 강한 의지와 서비스 정신은 그녀의 천성인지도 모르겠다.

덧붙임

문옥주는 1996년 10월에 사망했는데, 1997년 2월, 위 작품에 대해 야마카와 쿠니히데 상이 수여되었다. 수여식 연설에서 모리카와 마치코는 내가 「쇼쿤!」 1996년 12월호의 '위안부 신상 이야기를 철저히 검증한다'에서 문옥주의 일본 병사 살해에 대해 의문을 제기한 것에 대해, "문옥주가 이야기하고 싶지 않은 부분을 대신 말해 준다는 생각으로 말한 것을……"이라고 진노하며, "내 붓이 모자람을 통감한다"고 했다(「론자論座」 1997년 4월호의 가노 미키요加納實紀代 논문을 참조).

가네다 키미코金田きみ子(가명)

제2차 소송의 원고단 중 한 사람인데, 무슨 이유인지 정대협의 청취 조사 대상에서는 제외되었다. 그녀의 신상 이야기는 소장 외에 '확실히 하는 모임(핫키리회)'[2]의 우스키 게이코臼杵敬子 그룹이 청취한 것이 있다. 대동소이한데, 소장으로부터 개략을 요약하고 필요에

---

2 '일본의 전후 책임을 확실히 하는 모임'의 약칭이다. 피징용자 등 조선인 전시 노동자와 일본군 위안부를 지원하는 일본 단체로 우스키 게이코도 이 단체의 결성을 주도한 인물이다. —역주

따라 우스기의 청취(『발자취 하나하나에 눈물이 번지다足跡ひとつひとつに涙がにじ
む』, 도쿄교육유지네트워크都敎育有志ネットワーク, 1996)로 보완하고자 한다.

가네다 키미코는 1921년 경상북도에서 태어났다. 우스기에 의하
면 도쿄에서 조선인 아버지와 일본인 어머니 사이에서 태어났는
데, 어릴 때 아버지는 어머니와 헤어져 고향으로 돌아왔다고 한
다. 일한·혼혈이다. 정미소에서 일하던 아버지는 목사에 뜻을 두
고 1931년 서울의 신학교에서 공부하고, 1937년에 충청남도에서
작은 교회를 맡았다. 그러나 항일운동에 참가하여 박해를 받고 도
망, 키미코는 아버지가 전도한 집의 하녀가 되었다.

1938년 봄, 일본인의 하녀로 있던 이청자가 좋은 일자리가 있으니
함께 가자고 꾀어 가까운 일본인 소개자(우스기의 청취에서는 군속)를 통
해 서울에서 군인 2명의 인솔로 30~40명의 여자와 함께 화중으로
갔다. 톈진에서 20명이 일행이 되어 더샹德縣을 거쳐 차오챵棗強의
위안소로 갔다. 도착하고 나서 공장 일이 아니라 위안부라는 것을
알고 저항했다. 이청자는 총살되고, 키미코도 중상을 입고 회복에
20일이 걸렸다. 위생병이 가네다 키미코라는 이름을 지어 주었다.
그때부터 6년 남짓, 차오챵을 중심지로 하면서, 스좌장, 더샹 등
전선 부대 사이를 오가는 순회 위안부로 살았고, 고통을 잊기 위해
아편을 상습 복용했다. 조선인 부대장의 호의로 1944년 가을, 열
차로 고향에 돌아왔다. 돈은 한 푼도 받지 못했다.

가네다의 사례가 특이한 점은 그녀가 '핫키리회'의 여성 그룹과 밀
착하는 사이가 되어 각종 지원 활동에 참가하는 한편, 1994년에는 그들
과 함께 허베이성 남부에 있는 자신이 예전에 살았던 곳을 방문하였다는

위안부와 전쟁터의 성性

것이다. 그룹은 그녀에 대한 전사부戰史部 사료와 중국 측 정보를 대조하면서 그녀의 족적을 재현하려고 노력, 3년 뒤 보고서를 작성했다. 발언에 대한 증거 조사를 좋아하지 않는 지원 조직으로서는 드문 일이라 그 노력은 평가할 수 있지만, 충분히 해명되었다고는 말하기 어렵다.

먼저 그녀 말대로 알선업자와 인솔자가 군인·군속이었다고는 생각되지 않는다. 우스기는 충청도를 중심으로 1935년부터 4년 동안 150명의 여성을 속여 화베이로 데려간 혐의로 1939년 체포된 거물 알선업자 배장언 일파(제2장 참조)가 얽혀 있다고 생각하고 있는데, 나도 동감이다. 또 데려간 때는 1938년 봄이었다고 하는데, 1년 뒤 일을 착각하였을 가능성도 있다. 또 우스기 리포트는 차오챵의 위안소를 군 직영으로 단정하고 있지만 의문이 남는다. 위안소가 본부(대대나 중대 수준으로 주둔 부대는 몇 차례 교체되었던 것 같다)와 인접하여 있었기 때문이라고 하는데, 그런 일은 소도시에서는 어디에나 있는 일이고, 역시 경영자가 있었던 것이 아닐까? 돈은 한 푼도 받지 못했다고 했는데, 아편을 상습 복용했다면 아편 구입을 위해 많은 돈이 필요했을 것이다. 주인에게 지불해야 할 금액을 공제하고 수중에 남은 것이 없었던 것일지도 모를 일이다. 이런 것들은 그녀와 접촉한 일본 병사를 찾아내면 상당 부분 확실해질 것이다.

가네다 키미코는 전후에 가정부 등으로 생계를 유지했다. 아시아여성기금이 만들어질 때, "200만 엔은 한국에서는 개 값"이라고 함부로 말해서 유명해졌지만, 결국 기금의 '속죄금을 1호로 수령한 자'가 되어 정대협 측으로부터 '이지메'를 당하고, 한국 정부의 지원금은 받지 못했다. 근래 1993년, 일본에 온 가네다는 차오챵에서 그다지 멀지 않은 헝수이衡水에 주둔하였던 위생 하사관山岸寬과 대면,「홋카이도北海道신문」9월 13일자에 기사가 게재되었다.

다음으로는 다소 특이한 경우로, 여자정신대원 신분으로 전쟁 말기에 도야마富山에 있는 군수공장에서 일하던 중 도망하다가 헌병에게 강간을 당하고 다시 위안소에 보내졌다는 강덕경의 신상 이야기를 정대협의 증언집 등으로부터 소개한다.

강덕경

1929년 경상남도 진주에서 태어났다. 부친은 일찍 죽고 모친이 재혼했기 때문에 부유한 외갓집에서 자랐다. 16살, 길야吉野 국민학교 고등과 1학년이었던 1944년 6월경, 일본인 선생이 "공부도 할 수 있고 돈도 된다"고 해서 어머니의 반대를 무릅쓰고 부자였던 동급 우등생 한 명과 함께 일본으로 가기로 했다. 각지에서 부산으로 모인 150명을 위해 환송회도 열렸다. 시모노세키下關를 거쳐 토야마시의 후지코시不二越 공장에 입사했다. 선반을 사용하여 비행기 부품을 깎는 일이었다. 월급은 지급해 준다고 들었지만 받은 것은 없다. 언제나 배가 고팠다.

2개월 후에 기숙사에서 도망쳤지만 금방 돌아와야 했다. 곧 친구와 밤에 다시 도망갔고, 우왕좌왕 헤매다가 "아카지에서 별 3개의 계급장을 단 헌병 고바야시 타테오"에게 잡혀 트럭을 타고 가는 도중에 산속에서 강간당했다. 그 뒤 위안소로 보내지고, 매일 10명 정도를 상대해야 했다. 곧 하루가 걸리지 않는 다른 현에 있는 위안소로 옮겼는데, 고바야시는 매일 찾아왔다. 종전 후 오사카로 귀국하여 1946년 1월에 출산했다. 서울 근교의 농원에서 일하고 있는데, 동생 일가의 반대를 무릅쓰고 이름을 걸고 나섰다.

앞에 썼듯이 그녀는 '여자정신근로령'(1944년 8월에 공포된 칙령)에 따라 일본으로 갔다. 여자정신대는 내지와 조선 등 외지를 묻지 않고, 12세부터 40세의 미혼 여성이 대상으로서 위안부와는 전혀 다른 것이지만, 1992년경까지는 일본과 한국 양국 모두 양자를 혼동하는 경향이 있었다.

사사社史인 『후지코시 50년사不二越五十年史』(1978)에 의하면, 일본인 여자정신대가 최초로 들어온 것은 1944년 5월이고, 종전 당시 인원은 합계 2,689명(남자는 2만 4천 명)이었는데, 조선인 여자 1,090명 중에서 420명은 1945년 6월 평양 가까이에 건설된 사리원 공장으로 이미 돌려보내졌다.

도야마 시는 종전 직전 8월 1일 밤에 대공습을 받아 구시가지는 전소되었지만 후지코시는 전재戰災를 피했고, 강덕경의 동료들은 거의 전원이 종전 직후 함께 귀향했다. 강덕경이 말하는 도망에 대한 기억은 심히 애매한 데다가, 단독 행동이므로 증거를 가지고 뒷받침하기 어렵다. 문제는 상등병 계급장을 붙인 듯한 헌병 고바야시의 신원인데, 이 시기에 도야마 지구 헌병대(소좌 이하 20인 전후)에서 근무하고 있던 다케다 헌병 하사관, 시모토쿠 헌병 병장은 (1) 헌병은 다른 병과에서 전과해 오기 때문에 상등병은 극히 소수이고 다수가 하사관 이상이며, 병사는 시내 순회 등에서는 단독 행동을 허용하지 않았고, (2) 일반 병사와 달리 헌병의 외관은 흰 바탕에 빨간색 문자가 있는 완장을 차고, 군도, 권총 등을 휴대하며 장화를 신고 있었다. (3) 헌병대에는 승용차, 트럭은 없었고, 이동은 사이드카, 자전거, 말을 이용했다. (4) 후지코시 근처에는 유곽이 있었다고 회상한다. 두 사람 모두 짐작이 가는 사건은 없고 그런 이름을 가진 헌병은 없었다고 단언하였는데, 강 씨의 증언과 관련하여 추론하면 고바야시는 유곽과 관계가 있는 업자이고 군복과 비슷한 국민복을 착용했을 가능성이 크다. 그녀가 이동한 두 번째 "위안소"는 트럭으로 하루 가까이 걸리는 나가노長野현 마츠시로松代인 것 같다는 이야기도 있는데, 그렇다면 고바야시가 데리고 갔다는 이야기도 설명이 된다.

후지코시에 갔다고 주장하는 여성으로 강덕경 외에 김은진(가명)이 있다. 정대협의 제2차 보고서에서 그녀는 "1931년에 태어나 1945년 2월 말에 후지코시 공장이 폭격으로 파괴되어 아오모리青森로 이동해서 군인을 상대하는 위안부로 1년간 일했고, 시즈오카靜岡로 이동하여 거기에서 종전을 맞았다. 7개월 후에 고향으로 돌아왔지만 정신병을 앓았다. 3년 전에 커밍아웃했다"(밑줄은 필자)고 말했다. 인터뷰를 한 사람은 1994년 5월에 본인으로부터 몇 차례 이야기를 들었는데, 신혼 3개월째에 왜 과거를 털어 놓았는지 의문이라고 썼다. 날짜가 이상한 것에 대해서는 언급하지 않았다.

덧붙임

1992년 8월, 시민단체의 초청으로 마츠시로 대본영 자리를 방문한 강덕경은 정원의 소나무를 보고 연행된 위안소가 거기였던 것 같다고 증언했다. 마츠시로에는 니시마츠구미西松組가 7천 명의 조선인 노무자를 위해 만든 15개의 위안소가 있었다(히가키 타카시日垣隆(1994), 『마츠시로 대본영의 진실松代大本營の眞實』, p. 136; 「슈칸긴요비週刊金曜日」 1997년 2월 14일호의 바바치 나츠馬場千奈津 기고문; NHK위성 제1TV '전쟁, 마음의 상처의 기억戰爭, 心の傷の記憶', 1998년 8월 14일 방영). 또 강 씨는 옛 위안부들의 공동생활 시설인 '나눔의집'에 살면서 매주 서울 일본대사관 앞에서 열린 시위의 선두에 섰고, 1997년 2월 2일에 사망했다.

김윤심의 증언

1930년에 태어났다. 전라남도 해남 출신. 국민학교를 졸업하고 2
개월 뒤, 13살이었던 1943년 봄이었는데, 친구 3명과 고무줄넘기
를 하며 놀고 있을 때 트럭 한 대가 왔다. 타고 있던 순사, 군인과
"조선어를 잘하는 아저씨"가 꾀어 트럭에 탔는데 부탁해도 내려
주지 않았고, 3명이 함께 광주시의 한 여관으로 연행되었다. 다수
의 여자가 와 있었다. 기차와 배로 북만주 하얼빈 근처의 위안소로
보내져 성 접대를 강요받았다. 그곳에서 1년을 보냈고, 이틀 거리
가량 떨어진 다른 위안소로 옮겼다. 한 번은 도망했지만 붙잡혀 되
돌아왔다. 다시 3명이 도망, 선원에게 발견되어 고향 가까운 곳으
로 돌아왔다. 어머니가 와서 결혼을 약속했는데, 예식 직전에 전
쟁이 끝났다. 3년 뒤 남편에게 쫓겨났고, 재혼했는데 또 헤어져 아
들 하나를 키우며 살아왔다.

그녀의 신상 이야기는 전체가 너무 막연하여 검증할 도리도 없고,
34명의 증언을 모은 정대협의 제1차, 제2차 보고서에도 들어 있지 않은
데, 수록되어 있는 이귀분(경상남도 출신, 대만에서 위안부) 역시 고무줄놀이를
하다 연행되었다고 증언한 사실이 마음에 걸린다. 어쨌든 1996년 10월,
정대협 워싱턴 지부가 조지타운대학에서 개최한 심포지엄에서 그녀가
증언하자 "2백 명의 학자, 지식인으로 가득 찬 대학 강당이 눈물의 바다
가 되고 말았다"고 이동열 지부장은 자신의 수기에 썼다.

덧붙임

김윤심이 1996년 12월 일본으로 와 각지에서 증언한 신상 이야기는 아시아포럼 편(1997) 『옛 '위안부'의 증언元'慰安婦'の証言』(코세이晧星社)과 『아시아의 소리』 제11집(1997)(토호슈판東方出版)에 수록되어 있다.

2. 한국 – 대부분이 매신賣身?

다른 조선인 위안부들도 소장이나 문답 조사를 보는 한, 비슷비슷하고 '진위'를 판단할 수 없는 경우가 많다. 현시점에서 한국 정부에 등록된 옛 위안부는 118명인데, 정대협이 '자신 있게 세상에 내보낸다'는 서문을 붙여 간행한 책(239쪽 표 6-1의 A)에서 정진성(정신대연구회 회장)이 19명의 증언을 뽑아 분류, 정리한 분석 결과가 발표되어 있으므로 그 요점을 다음과 같이 제시해 보았다(한 사람이 두 번 연행된 경험을 가진 자도 있다).

(1) 가정의 경제적 배경: 대부분이 빈곤 가정
(2) 동원 방법
    a. 군인·군속에 의해 폭력적으로 연행: 4건
    b. 취업사기: 민간인에 의한 것 6건, 관 권유 2건, 군인·군속에
       의한 것 5건(대부분이 "일본에 가면 돈이 되는 일에 취업한다"고 꾄 경우)
    c. 유괴 납치: 민간인 1건, 군인 1건

d. 매매: 민간인 1건

(3) 보수의 유무

    a. 보수를 받았다: 3명

    b. 군인이 대금을 내 관리인에게 주었지만, 한번도 정산받지 못했다: 7명

    c. 관리인에게 맡겼다: 4명

    d. 대금에 대해 모른다: 5명

(4) 귀환 방법

    a. 종전 이전에 위안소를 나왔다: 8명

    b. 종전 후에 귀환: 12명

(5) 귀환 후의 생활

    a. 결혼: 6명(모두 그 뒤 이혼)

    b. 동거나 첩: 8명

    c. 결혼하지 않았다: 5명

분류를 본 감상은 사람마다 다르겠지만, 내가 주목하는 것은 친족, 친구, 가까운 사람 등 목격자나 관계자가 이상의 "증언"을 입증하는 경우는 전혀 없다는 것이다. 조사를 맡은 고혜정이 "할머니들을 만나기 위해 우리들은 서울, 경기도를 비롯하여 경상도, 전라도, 충청도 등 전국 각지를 찾아다녔다"고 했기 때문에 방증을 얻을 수 있는 기회가 있었다고 생각되지만, 그럼에도 전혀 없는 것은, 처음부터 그렇게 할 마음이 없었다, 오히려 회피했다, 이렇게 생각해도 좋지 않을까?

'동원 방법'에서 13건을 점하는 b. 취업 사기의 경우, 감언으로 속인 범인은 거의 전원이 이미 서로 알고 있는 사이인 조선인이라고 생각되

지만 실명은 나오지 않는다. "일본인의 앞잡이로 일했던 50대 정도의 남자"라든가, "김金이라는 남자"(한국에서는 인구의 4할이 김 씨 성이다)라고 애매하게 말하는 것은 '증언자가 의도적으로 사실을 왜곡하고 있는 경우'(서문)에 대해 배려했기 때문은 아닐까.

이른바 강제연행이라고 생각되는 주장인 (2) a와 유괴 납치 c를 합하면 6건이 되는데, 내 추론은 문옥주, 이귀분, 윤두리 3명에 그친다. 게다가 3건 모두 관헌의 소행이라고 생각되지 않는 점이 있다. 문옥주의 경우 앞서 말한 저술에서는 자신을 연행한 것이 "일본인과 조선인 헌병, 조선인 형사"이며, 다음 날 아침 "다른 일본인 헌병과 조선인 형사"와 함께 열차를 타고 만주로 향했다고 되어 있는데, 정대협 증언(A)에서는 "군복을 입은 일본인"에게 연행되어 다음 날 아침에 "보통 옷을 입은 일본인 남자와 조선인 남자가 열차에 동행"했다고 썼으므로 양자가 미묘하게 다르다. 무엇보다도 소장에는 결정적인 소재가 될 수 있는 기술記述 이 전혀 나오지 않는다. 나로서는 아마도 소장이 옳고, 연행(동행)자는 조선인 업자든가 브로커라고 판단하고 있다. 이귀분의 경우 12세 때 고무줄넘기를 하던 중 "일본인과 조선인 통역"에게 유괴되어 조 씨 부부의 집으로 끌려갔고, 3개월가량 감금되었다가 대만의 위안소로 갔다는 줄거리는 소장과 정대협이 서로 일치하는데, 관헌은 그와 무관한 것이 확실하다.

세 번째의 윤두리는 정대협 이외에서는 증언이 없는데, "일본인이 경영하는 공장에서 퇴근하는 길에 부산 남부경찰서 앞에서 보초를 서는 순사(일본인인지 조선인인지는 불명)가 불러 세워 경찰서로 연행되고, 두 명의 군인이 트럭을 이용해 위안소로 연행"했다고 주장하지만 너무 엉뚱해서 믿기지 않는다. 전후에는 암달러상, 아편 밀수 등도 했다고 하니 증언의 신뢰성은 낮다고 보인다.

또 매매, 즉 매신은 1건밖에 없는 것으로 되어 있지만, 내 판단으로는 적어도 김학순, 박순애, 이용녀, 이득우 4명이 이 경우에 꼭 들어맞는 것으로 보인다. 분류에는 나오지 않지만 가출이 선행한 경우도 많다. 무엇보다도 그녀들이 창부 내지 위안부로 빠져든 사정을 정직하게 답해 주리라 기대하는 것은 무리일지도 모른다. 배봉기라는 위안부를 수년간 밀착 취재하여 『빨간 기와집』이라는 역작으로 정리한 가와다 후미코도 어린 시절과 오키나와에서의 위안부 생활을 성실하게 발굴하였다. 그러나 19세 때 "게으른 남자와의 결혼 생활을 스스로 단념하고" 마을을 나오고 나서부터 오키나와로 향하기까지의 13년의 발자취는 캐묻지 않았고, "그 당시 20대에, 말할 수 없는 깊은 상처를 입었음에 틀림없다"고 밖에 쓰지 않았다. 정대협은 1997년 4월에 제2차 증언집(18명 분)을 발표했지만, 제1차에서 탈락한 '떨어진 이삭'을 줍는 것 같은 수준 이하라 판단하여 여기에서는 거론하지 않는다.

[표 6-2] 방일한 조선인 옛 위안부들의 신상

성명	생년	출신	생가	본인의 주장
1. 김순덕 金順德	1921	경상남도	빈농	1937년 '처녀 공출'로 '인솔자'에 군의 잡용雜用이라고 속아 상하이의 위안소로. 학대당하며 자살 미수도. 종전 직후 동료 위안부들이 다수 죽임을 당함.
2. 김은례 金殷禮	1926(?)	북조선	조모와 두 사람	17살 때 내지의 방적 공장으로 간다고 순사(조선인)에게 속아 한커우 위안소로.
3. 정서운 鄭書沄	1924		지주	14살 때 구장으로부터 바늘공장이라 듣고 시모노세키에서 스마랑으로. 동행 23인, 학대받은 몸은 지금도 상처덩어리. 아편 중독. 종전 시 일본군의 위안부 생매장 계획을 듣고 연합군에 통보하여 조치. 현재 72세.

성명	생년	출신	생가	본인의 주장
4. 이용수 李容洙	1928	대구	빈가	동네 아주머니의 소개로 일본인에 이끌려 1945년 초 다롄에서 대만의 신주 위안소로 가는 선상에서 군인에 강간당했고, 도착해서는 특공병사를 상대.
5. 김윤심 金允心				(생략)

주 1996년 여름, '아시아태평양 지역의 전쟁 희생자에 뜻을 전하고, 마음에 새기는 집회'에 초대 받아, 일본 각지에서 강연한 한국 옛 위안부의 증언(동회 『아시아의 소리』 제11집, 1997).

표 6-2는 1996년 여름, 일본 NGO인 '마음에 새기는 집회'의 초청으로 일본에 와서 전국 각지 집회를 돌며 증언한 옛 조선인 위안부 5명의 증언을 요약한 것이다. 5명 중 정대협의 증언집에 등장하는 이는 이용수뿐이다. 왜 다른 4명의 이야기가 증언집에 수록되지 않았는지 그 이유는 불명이지만, 내용이 불확실하기 때문에 정대협이 채록하지 않은 21명(채록한 것은 19명)에 포함되었는지도 모른다.

예를 들면 정서운의 경우 본인은 14세를 거듭하여 강조하고 있지만, 연새 72세(1996년)다는 계산과는 맞지 않는다. 사바섬 스마탕에 산 것이 1942년이었다고 해도 19세, 1943년이라면 20세가 된다. 김순덕의 "처녀 공출" 이야기도 의심스럽다. 남자들을 상대로 한 '강제연행'과 함께, 한 가족당 15세 이상의 딸을 하나씩 공출하게 했다는 것인데, 그에 가까운 상황이 보이는 것은 1943년 전후이기 때문에 6년이나 차이가 난다. 이용수의 대만행이 1945년이라는 것도 의문으로, 이 시기에는 대만과의 해상 교통이 두절되어 있었다. 게다가 폭탄이 명중하여 죽은 사람까지 나오는 배 안에서, 군인들이 편승한 여성들을 하나하나 강간했다는 것도 상식적으로 있을 수 없는 일이다. 또 김순덕과 정서운의 경우 일본군이 종전 시에 조선인 위안부들을 집단 살해했다든가, 처분 계획을 세우고 있었다는 이야기도 나오는데 이 역시 믿기 어렵다. 종전을 맞아 '독립이 가까웠다'고 믿고 전승자의 기분이 된 조선인을, 귀국을 기다리던 일본인들이 조심했다는 경우가 많이 보고되었고, 무엇보다 그러한 사건이 있었다면 연합군이 전범으로 처벌했을 것이므로 만들어 낸 이야기가 아닐까 짐작한다. 게다가 5건 모두 위안부가 된 계기를 '취업 사기'로 볼 수 있으므로, 이것저것 종합해 보면 조선반도에서는 일본 관헌에 의한 위안부의 강제 연행 식 조달은 없었다고 단정해도 좋다.

3. 필리핀 – 강간형

필리핀의 옛 위안부(성 피해자) 18명이 다카기 겐이치 변호사 등을 대리인으로 하여 도쿄 지방재판소에 소訴를 낸 것은 1993년 4월 2일이다. 반년 뒤에는 28명이 추가되어 합계 46명이 되었다. 1992년 7월에 결성된 여성 단체 '태스크포스'(뒤에 리라 필리피나로 개칭)의 호소에 따라 9월에 제1호로 커밍아웃한 마리아 로사 엘 헨슨은 "한국의 위안부가 소리를 높였다는 것을 듣고 결심하였다"고 마쓰이 야요리松井やより에게 말했다.

그녀들의 체험 기록은 헨슨을 포함한 21명의 증언을 모은『필리핀의 일본군 '위안부'フィリピンの日本軍'慰安婦'』(아카시쇼텐明石書店, 1995)에도 있지만, 여기에서는 책의 회상기(후지메 유키藤目ゆじめ, 1995)를 번역,『어느 일본군 '위안부'의 회상あの日本軍'慰安婦'の回想』(이와나미쇼텐岩波書店)을 간행한 헨슨의 주장을 소개한다.

헨슨의 고난(저서로부터)

소작농가에서 태어난 모친이 19세에 하녀로 있던 대지주 헨슨에게 강간을 당하고 임신하여 1927년 12월 5일, 마닐라 근교 파사이의 어머니가 소실로 계시던 집에서 태어났다.

1942년 2월, 근처의 산길에서 3명의 일본 병사에게 강간을 당했다. 직후에 항일인민군 후크단(후크발라합)에 가입, 앙헬레스 지구에서 전령 일과 물자조달을 담당했고, 다음 해 4월 조직의 지시로 남성 게릴라와 함께 짐차에 무기와 탄약을 숨겨 운반하던 도중 일본군 검문소에서 체포되어 그 주둔지에 감금, '위안부'가 되었다. 1944년 1월, 게릴라 동료들이 습격하여 풀려났다. 종전되던 해 여름에 결혼한 남편은 1950년 다른 여자를 따라 반정부 게릴라 후크단에 투신하였다가 전사했다. 그 뒤는 여공 등을 하면서 아이를 길렀다. 1992년 9월 3일, 넬리아 산쵸의 호소가 있어 라디오를 통해 커밍아웃하게 되었다.

헨슨은 위안부들의 리더격으로, 아시아여성기금에는 반대했지만 그 뒤 마음이 바뀌어 1996년 8월, 역시 제1호로 200만 엔의 '속죄금'을 수령했다. 그녀가 여자수도회에서 운영하는 사립소학교를 졸업하기 직전 전쟁이 났고 학교를 중단했지만, 영문으로 회상록의 원고를 집필한 것으로 보아 상당히 높은 지적 능력을 소유한 것으로 보인다. 자신이 태어난 날도 모르는 위안부가 많은 가운데서 예외적인 존재라고 할 수 있다. 기술도 조리가 있고, 증명이나 방증이 가능한 것 같은데, 그녀를 9개월간 감금한 부대 이름과 대장 이름이 없는 것은 아쉽다. 등장하는 인명은 다나카 대위 하나로 이마저도 성뿐이고 어디에나 있는 성씨이므로 특정하기 어렵다. 전시의 항일로부터 전후에 반정부 투쟁으로 전환한 공산 게릴라 후크단과 그녀의 관계도 불투명하다.

후크단 단장이었던 루이스 타르크의 회상록『필리핀 민족해방투쟁사フィリピン民族解放闘争史』(산이치쇼보, 1953)에 의하면, 아라얏 산 주변을 근거지로 하여 후크단이 결성된 것은 일본군이 마닐라를 점령한 뒤인 1942년 3월 29일이었다. 모두 5개의 군관구로 구분되어 있었는데, 앙헬레스를 포함한 팡팡가주州를 담당한 제2군관구를 이끌었던 것은 통칭 다얀 다얀이라는 이름의 "골격이 늠름하고 난폭하고 몸집이 큰 여자"였다고 한다. 미·필리핀군 게릴라와도 연계하여 일본군 창고 폭파, 매복 기습, 마카필리 등 대일 협력파에 대한 습격 납치, 주민에 대한 가입 강요 등 자유자재로 작전을 전개했다고 한다. 마을마다 부녀자 5인조를 만들었다고 하니 헨슨 일가도 편입되어 있었을 것이다. 애를 먹은 일본군은 바탄 전투가 끝난 뒤 제16사단(사단장 오오바시 유우헤이大場四平)의 보병 33연대 제1대대가 팡팡가주도인 남南산페르난도에 위치하여 제3대대(카바낫챤), 제2대대(타르락크)와 함께 1942년 말부터 본격적으로 토벌작전을 전개한다.

방위청 전사부戦史部가 소장한 '도집단정보기록철-대장병토벌상황' 등에 따르면, 1942년 12월의 전과는 "유기된 사체 25명, 포로 561명(그중에서 미국인은 9명), 투항자 3,067명, 포획한 기관총 14개, 소총 300정, 우리 측 전사 없음"이라고 한다. 그 후에도 비슷한 속도로 토벌작전이 계속되지만 후크단의 세력은 약해지지 않았다. 타르크는 12월 7일의 교전에서 일본군에게 사상 200명의 피해를 입혔는데, 게릴라 측의 전사는 겨우 18명, 1월 9일에는 병력 300명의 일본군과 싸워 83명을 살해했는데 아멘이라는 처녀가 백병전으로 몇 사람을 쓰러트린 후 전사했다고 쓰고 있다.

　1년 후인 1944년 1월이 되어도 전황은 마찬가지였고, 제16사단은 중순에만 "토벌작전 352회, 유기 사체 84명, 포로 159명, 투항 8,572명, 용의자 26명, 내통자 68명, 우리 측 전사 1명"이라고 보고했다. 헨슨이 잡혔다든가 풀려났다든가 하는 것은 이러한 시기인데, 그에 대응하는 일본군의 기록은 발견되지 않는다. 타르크 헌병 분대에 있었던 키타자키 시게조우北崎茂三 소위는 신출귀몰하는 게릴라와의 싸움으로 병사들이 거칠어졌기 때문에 그녀가 주장하는 그런 상황은 있을 수 없었을 것이라고 말한다. 다나카 대위라는 인물은 33연대의 편제표에는 없지만, 앞에서 말한 기록철의 1944년 1월 20일 기록에는 "다나카 소위와 그 부하가 카바낫챤 남방에서 교전, 유기 사체 3명, 포로 10명"이라고 나와 있다. 어쨌든 제16사단은 1944년 5월 마닐라로 이동하고 그 뒤 레이테섬으로 건너갔는데, 같은 해 가을 미군의 대규모 공격으로 전멸했다. 생존자는 거의 없었다.

　헨슨을 포함한 21명의 옛 위안부들의 증언을 보면 신상 이야기는 헨슨과 대동소이하고, 요코다 유이치橫田雄二 변호사의 해설에서 보면 다른 지역에 비해 "피해자와 군 사이에 민간업자 등이 개입할 여지는 전혀 없었다. 군의 이동 중에 우연히 조우, 계획적이라고 생각되는 여성 자택 습격, 작전 행동 중의 강제연행 등 군의 말단 조직이 (……) 다짜고짜 폭력적으로 여성을 '주둔지'로 납치"[3]하는 것이 특징이었다고 한다. 실상 21명의 신상 이야기에서 위안소 생활을 했던 여성은 한 사람밖에 없다. 그것도 납치된 후라고 주장하고 있다. 21명 속에는 후크단뿐 아니라 미군과 연결된 항일 게릴라와 관련되었음을 보여 주는 여성이 6명이다. 대일 협력

---

3 『필리핀의 일본군 '위안부'フィリピンの日本軍'慰安婦'』, 아카시쇼텐明石書店, 1995, p. 120.

파를 포함한 게릴라 토벌과 정찰에 '편승'하는 방식의 학대와 강간이 많았을 것이라고 추론할 수 있지만 그것만은 아닌 것 같다.

남방의 점령 지역에서 필리핀 제14군은 군기가 어지럽기로 정평이 나 있었다. 1942년 5월 2일의 육군성 회의에서 오야마大山 법무국장이 "남방군의 범죄 건수는 237건, 지나사변에 비해 적다. 제14군에는 강간이 많다. 여자가 일본인 편이 됨으로써 (……) 엄중한 단속으로 격감했다"고 보고하였는데, 1942년 7월까지의 범죄 건수가 444건, 그중 14군이 252건을 차지한다. 그래서 (1) 본대에서 떨어져 분주分駐하는 약소 부대에서 발생하기 쉽고, (2) 몇 사람이 공동으로, 때로는 십여 명이 공동으로, (3) 지나사변 체험자에게 발생하기 쉽다고 분석하였는데, 철저한 검거 및 피해자의 적극적 고소 때문인지도 모른다고 주석을 붙여 말하고 있다.[4]

미군이 재침공하게 되는 1944년 가을까지의 필리핀 체험을 생생하게 회상하는 수기로 다카미야 야테이高宮亭二 『루손에서 스러지다ルソンに消ゆ』(시로마슈판白馬出版)가 있다. 다카미야는 도쿄대학교를 졸업하고 척식성拓殖城 관리로 취직한 직후에 소집되어 1943년 초, 주계主計 장교로 필리핀에 부임했다. 그는 이때의 점령지 풍경을 "걱정 없이 이곳에 익숙해진 파견군은 도대체 무엇을 하고 있는가? 군사령관 구로다 중장은 홍등가에서 여자와 놀고, 평화로운 마을에서 사랑을 속삭이고, 주색에 빠져……"라고 썼다. 다카미야 자신도 친구에게 돈을 빌려서까지 마닐라의 위안소에 들락거린 뒤 세부섬에 부임, 게릴라 토벌로 매일을 보냈는데, 그 사이에 위안부 모집을 하게 되었다. "앞서 응모하는 자도 있었지만 건실한 여성을 실수로 데려와서 뒤에 돌려보내는 실수"도 있었다고 한다. 1944년 3

---

4 「정치경제사학政治經濟史學」 283호(1990)의 기타 히로아키北博昭 논문.

월, 다카미야 소위의 독립보병부대는 북北 루손의 츠게가라오로 주둔지를 옮겼다. 선무공작宣撫工作으로 친교파티를 열어 젊은 남녀와 교류하는 동시에 농부나 야채 납입업자 그리고 미소녀와 관계, 후자와는 '약혼'했다. 게릴라는 이 정도의 '대일 협력파'도 용서하지 않고, 뒤에 그녀를 윤간한 뒤 살해하였다.

여기에서 떠오르는 것은 사교를 통해 일본군 간부에게 '협력'하면서 교묘하게 자녀를 지키는 상층계급, 댄스홀과 위안소에서 이루어지는 상거래의 세계, 일본 병사의 발작적인 강간에 노출되어 있던 게릴라 내지 하층계급 여성들이라는, 지금도 남아 있는 필리핀의 다중적인 구조이다. 위안부라기보다 강간에 의한 성적 피해자가 가장 마지막 그룹에 집중되어 있는 것은 확실하지만, 개개의 검증 작업은 다른 무엇보다도 곤란하다고 생각된다.

1944년 가을부터 약 1년, 필리핀 전체가 전화戰火의 광풍에 휘말렸다. 파견된 일본군 60만 중 50만 명이 전사하고, 100만 명 전후의 현지 주민이 사망하는 비참한 전장에서 무슨 일이 일어났다고 한들 부정할 도리가 없다. 그녀들의 주장 중 다수는 사실을 반영하고 있다고 생각되지만, 거꾸로 방증을 위해 죽은 자들을 불러낼 수도 없다. 그렇다면 아시아여성기금과 같은 민간 베이스의 구제가 가장 어울리고, 실제로 그로부터 수취할 의지를 처음으로 표명한 것도 이 나라의 여성들이었다. 지원 활동에 참가한 마쓰이 야요리松井やより는 "빈곤 속에서도 따뜻한 육친에 둘러싸여 살아가는 여성이 많다"고 하는데, 한국(이나 중국)과는 대조적이라고 말하고 있다. 그녀들이 대체로 느긋하고 또 가톨릭의 영향인지 일본인을 용서하는 관대한 생각을 가진 사람이 많다고 말하는 사람도 있다. 한편 헨슨은 아마도 구원받을 심정으로 썼겠으나 자신의 저서에서 "큰돈을 벌려는

꿍꿍이 속"이라고 매도당한 경험을 말하고 있다.

　　종전 후 1945년 10월, 육군성 군무국장으로부터 미 점령군 앞으로 '대동아전쟁 기간 군법회의 처형, 약탈·강간 등 범죄 사례'라는 제목의 문서가 제출되었는데, 30개 사례 중 필리핀이 20개를 점하고 있다. '아키바秋葉 하사 외 8명에 의한 주거침입, 강간 및 강간 미수'(1942년 4월 27일)에서는 "피고인 등은 필리핀 누에바에시하주 가팡에서 숙영 중 수차례에 걸쳐 필리핀 부녀자를 강간하거나 미수"하여 "각각 징역 6년 형"에, '가타야마片山 이등병에 의한 강간'(같은 해 3월 18일)에 대해서는 "다모르테스에 주둔 중 징발을 위해 부락으로 가 필리핀인 가옥에 침입, 부녀자(당시 27세)와 다른 부녀자(당시 20세)를 강간"했다는 이유로 징역 3년 6개월에 처해졌다고 쓰고 있다. 군법회의에 처해진 것은 아마도 빙산의 일각이고 실제 강간은 훨씬 많았다고 생각되지만, 게릴라가 횡행하는 가운데 민심이 이반해서는 모든 것을 잃게 되기 때문에 군 간부는 골치를 썩고 있었다. 그 때문이라도 위안소 개설은 불가결하다고 생각했을 것이다.

　　나라奈良 병단에 속하고 북부 루손의 바욘본 지구에 주둔한 시모쓰유 중위는 1942년 5월경 악평이 나 있던 부하 병사가 술에 취해 민가에 침입, 처녀를 강간(미수)한 사건으로 대대장이 격노, 촌장을 불러 사과하고 용서를 빈 뒤 속죄금을 지불하고, 병사를 영창 10일에 처한 일을 회상한다. 그 뒤 중위는 대대장으로부터 위안소를 개설하라는 명령을 받고 각지를 돌며 촌장들에게 모집을 의뢰했다. "생활이 곤란한, 그러한 경험이 있는 여자가 금방 우르르 응모"했고, 면접하여 "젊고 건강한 미인 50여 명을 채용"[5]했다. 어쨌든 성 접대를 지원하는 필리핀 여성은 부족하지 않았

---

5 시모쓰 유下津勇(1978),『진창과 먼지泥濘と黃塵』, 게이자이세시오샤슈판코쿠經濟政潮社出版局, p 292.

던 것 같다. 루손 헌병대 본부에서 근무하고 있던 사타케 히사시佐竹久 헌병
준위의 회상에 의하면, "마닐라 시내에서는 강간하지 않고도 돈을 내면
얼마든지 놀 수 있다. 그러나 농촌에 가면 평범한 마을인데 위안소가 한
집이나 두 집밖에 없다. 그다음으로 벽촌 부락이라든가 대여섯 명이 경
비를 서고 있는 곳은 위안소가 없기 때문에 강간 사건이 많았다"고 한다.
"마닐라에서 북쪽으로 조금 떨어진 부라칸주 마롤로스에서 (……) (헌병)분
주分駐 소장으로 간 하사관이 대영주처럼 썩어 버려서 (……) 밤이면 밤마
다 여자를 바꾸고 있다는 소문이 있었다. 그런 놈은 본국으로 바로 송환
되었지만……"이라고도 쓰고 있다. 헌병들이 강간을 저지르는 정도였기
때문에 말단 부대의 경우 그 행태는 더더욱 심했으리라 짐작된다.

4. 중국-산시성山西省의 위안부들

　　1996년 7월, 처음으로 옛 위안부 2명이 도쿄 지방재판소에 출두하
고, TV에 출연(리 슈메이)도 하여 주목받은 산시성 위안부들의 사례를 살펴
보자.
　　오야마 히로시尾山宏, 오오모리 노리코大森典子 변호사 등 3명이 대리
인이 되어, 완 아이화 등 5명의 옛 중국인 위안부가 한 사람당 2천만 엔의
보상을 요구하며 도쿄 지방재판소에 제소한 것은 1995년 8월 7일(다음 해
2월 23일, 허우 챠오리안, 궈 시쿠이가 추가)인데, 최초의 커밍아웃은 1992년 8월
로 거슬러 올라간다. 그해 12월에는 완 아이화가 일본으로 건너와 지원

그룹의 회합에서 증언을 했는데, 중국 정부는 그녀들의 움직임이 반체제 파에 이용되는 것을 경계했던 탓인지 변호단의 현지 입회를 허가하지 않았고, 제소는 늦어졌다.[6]

완 아이화 외에 4명은 산시성 위현의 산촌에서 태어나 모두 진구이셔촌에 주둔하는 일본군에 납치, 감금되어 위안부가 되었다고 주장하고 있다. 그러나 모두 생년월일조차 확실하지 않은 막연한 증언이기 때문에 날짜가 명확하고 소장 외에 일본에서의 증언 기록[7]도 있는 완 아이화와 제2차 소송에서 합류한 허우 챠오리안의 예를 들기로 한다.

완 아이화의 체험(소장과 증언으로부터)

1929년 12월 12일 내몽고에서 태어난 한족. 생활고로 인해 4살 때 동양창童養娟(매신에 의한 일종의 노예 부인婦人)으로 산시성 위현 양촨에 있는 리 우슈에의 집으로 팔려 갔다.

11살 때부터 공산당에 입당, 항일운동에 참가했는데, 15살인 1943년 6월 일본군에 잡혀 진구이셔촌 거점으로 연행되었다. 야오동에 감금되어 붉은 얼굴의 대장과 치아가 긴 장교 및 다른 병사들에게 팔로군의 정보를 말하라고 고문당하고 윤간을 당했지만, 한마디도 하지 않았다. 3일 후에 도망하여 마을로 돌아왔지만 8월에 다

---

6 「계간 전쟁책임 연구」 제15호(1997)에 기고한 오오모리 노리코는 통정登增(반체제 활동가)의 의뢰로 1994년 가을, 소송 준비에 착수, 1995년 1월, 3월, 7월, 11월에 베이징, 타이위안에서 리슈메이 등에게 청문 조사를 했는데, 그녀들이 거주하는 산시성 위현은 "미개방 지역"으로 "외국인의 출입을 인정하지 않는 지역"이었기 때문에 현지 방문이 불가능했다고 쓰고 있다. 그래서 필자는 "변호단의 현지 출입을 허가하지 않는다"(처음 나온 것은 「쇼쿤」 1996년 12월호)고 쓴 부분에 대해 "추측에 기초한 잘못된 기술이다. 변호단은 현지 출입을 중국 정부에 신청한 일이 없고, 또 거절된 일도 없다"고 주석에 썼다. 거절될 것이라고 예상했기 때문에 신청하지 않았다는 뜻일까?

7 완 아이화는 산시성의 관리인 허칭의 시중을 받으며 1992년 12월, 1996년 8월에 일본으로 건너와 각지 집회에서 증언했다. 후자는 앞의 『아시아의 소리』 제11집에 수록되어 있다.

시 잡혔고, 1개월 후에 또 도망했지만 12월에 다시 잡혀 돌아왔다. 뼈가 부러지고 실신한 뒤에 물가에 버려졌는데 도움을 받았다. 그러나 불구와 같은 몸이 되었고, 사실상의 남편인 리 우슈에는 나를 다른 남자에게 팔아 버렸다. 현재는 마을을 떠나 타이위안에서 살고 있다. 나는 일본군을 죽을 만큼 미워한다. 나는 지금도 당원이고, '옛 위안부'가 아니다.

허우 챠오리안의 체험(오오모리 변호사의 논고로부터)[8]

1942년, 13살 때 위현 시안진 웨이장촌에서 부모, 언니, 동생과 살고 있었다. 아버지는 촌장으로 팔로군의 일도 하고 있었다. 어느 날 아침, 일본 군인이 와서 아버지와 허우를 체포했다. 같은 마을에서 다른 6명의 여성이 잡혀 진구이셔촌으로 연행되어 큰 건물의 한 방에 감금되었다. 허우와 여성들은 그날부터 매일같이 강간당했다. 중국인 반역자들에게도 강간·폭행당해 전신이 붓고 보행도 곤란해졌다. 아버지도 고문을 당했다. 40일 뒤, 친척이 700은(銀)을 내고 아버지와 허우를 빼냈다. 6명의 여성은 1주에서 10일 만에 풀려났다. 3, 4년 뒤에 결혼했지만 이혼하고 두 번의 재혼을 거듭, 모두 5명의 아이들을 얻었다. 생활은 힘들다.

앞서 완의 주장에서 주목되는 것은 그녀가 어릴 때 동양창으로 팔렸던 경험이 있었다는 것, 팔로군의 항일 게릴라 활동과 관련이 있었다는 점 등이다. 일본 각지의 집회에서 그녀의 곁을 따른 허칭은 완을 "용감하

---

8 「법학 세미나法學セミナー」 1997년 8월호의 오오모리 노리코의 논고.

게 싸운 항일 전사"라고 소개했다. 어린 여아를 창기 후보로 매매하는 풍습은 전전戰前의 일본에도 있었지만 지금은 상상도 할 수 없는 이야기가 되었다. 그러나 중국에서는 최근까지도 이러한 종류의 악습이 대규모로 만연해 있다. 특히 1920년대나 30년대의 농촌에서는 평시에도 인신매매가 "소나 말을 사고 파는 것처럼 빈번한"[9] 현상이었던 것 같다. 중국공산군의 대장정(1934년)에서 8만 명에 가까운 남성 병사와 행동을 함께 한 여성 간부 30명의 인생을 묘사한 구오 첸에 의하면, 주 더朱德의 부인과 보 구博古의 부인을 비롯하여 절반 가까이가 동양창 출신의 여성이었다고 한다.[10]

1996년 10월 3일자 「아사히신문」은 공안성公安省 간부에 대한 취재라면서 "인신매매, 하루 48명 일자리를 찾는 여성을 속이다, 빈곤 지역에 '며느리'를 제공"이라는 상하이 특파원의 통신을 게재하고 있다. 그에 따르면 최근 5년간 속아서 팔린 8만 8,759명이 당국의 손으로 구출되었는데, 그중 아동이 약 9%를 차지하였다고 한다. 필시 발견하지 못한 피해자는 그 몇 배나 될 것이다.

비슷한 이야기는 한국에도 있다. 니시오카 쓰토무는 "1991년 10월 31일자 한국 주간지 「시사저널」은 '실종여성찾기운동'을 하고 있는 민주시민연합을 인용해 1990년에 신고된 4백여 명 중 구출된 92명은 거의 전원이 사창가에 억류되어 있었다고 한다. 또 200여 명은 도망했지만 태반은 결국 같은 액운을 만나게 되었다"고 말한다.

앞서 살펴본 필리핀에서도 그러했는데, 항일 게릴라와의 관계는 생사를 건 투쟁인 만큼 취조에 직면하여 가혹한 고문이나 학대가 가해지는 일은 드물지 않았다. 그녀들이나 허우 일가는 그 희생자일지도 모른다

---

9 Smith, A.(1899), *Village Life in China: A Study in Socialogy*, Flemming H. Revell, p. 259
10 궈첸郭晨(1989), 『여자들의 장정女たちの長征』, 도쿠마쇼텐德間書店, p. 109.

고 생각되는데, 실태에 다가가기 위해 다른 여성의 주장도 검토해 보자.

[표 6-3] 중국인 위안부의 피해 신고

성명	증언
a. 리 슈메이李秀梅	15살 때 4명의 일본병에 의해 자택에서 당나귀에 태워져 진구이셔進圭社 마을의 일본군 주둔지 스둥石洞으로 연행, 5개월간 감금되어 불그레한 얼굴의 대장 이하에게 연일 강간당하여 우안右眼을 실명, 오른쪽 다리가 부러지는 등의 상해를 입었다. 어머니가 은 600냥을 냈으나 효과가 없자 자살하였다. 18살에 타 촌의 남성과 결혼.
b. 류미엔환劉面煥	15살 때 3명의 매국노가 와서 마을 사람들을 모아 놓고 일본인 '수염 대장ヒゲ隊長'이 3명의 여성을 골라 진구이셔 마을의 주둔지로 연행. 스둥에 끌려가 우선 매국노 임이덕林是德이 강간하였고, 이어서 대장도 강간했다. 아버지가 은 100냥을 내고 신병을 확보하여 40일 뒤에 귀가, 19살 때 결혼.
c. 첸 린타오陳林桃	20살 때 십여 명의 매국노가 와서 당나귀에 태워 연행, 리슈메이와 같은 스둥에 감금, 중대장 이하에게 강간당하고 오른쪽 발이 부러졌다. 남편이 은 400냥과 양모 50두 분을 지참하여 7개월 뒤에 석방되었다.
d. 죠시샹周喜香	19살 때쯤 서너 명의 일본군이 들이닥쳐 진구이셔 마을의 스둥에 끌려가 연일 강간당함, 2주(?) 뒤 남편의 곁으로 돌아왔다.
e. 호우돈가天㣪侯	22살 때쯤 한간의 촌장이 일본군을 접대했을 때 딸을 대신하여 기혼인 후侯를 제공. 거점에서 연일 폭행과 강간을 당했다(1994년 병사).

※출처: a-d는 수잔, e는 「슈칸긴요비」 1996년 8월 19일호의 바춍의邢忠善 기고

이미 다룬 바와 같이, 허우를 포함하여 리 슈메이 이하 7명(표 6-3 참조)은 위현의 서로 이웃이 되는 작은 산촌 출신인데, 생년이 불확실하고 사건이 일어난 시기를 특정할 수 없다. 그러나 완 아이화는 첸 린타오, 류미엔환과 같이 스둥石洞으로 연행되었다고 진술하고, 첸 린타오는 리 슈메이와 같이 증언하고 있기 때문에 그녀들은 거의 같은 시기, 즉 1942년부터 1943년경 피해를 입었을 가능성이 높다. 그래서 이 시기의 진구이셔촌에 주둔하고 있던 일본군을 찾아보려 시도했는데, 위현(타이위안의 동쪽) 일대를 수비하고 있던 독립 혼성 제4여단의 독립보병 제14대대 제1중대

가 1944년에 신설된 62사단(이시石병단)에 편입되어 다음해 오키나와에서 옥쇄한 것으로 파악되었다.

힘들게 전우회를 통해 찾은 결과, 오키나와로 이동하기 전 내지로 전근한 제1중대의 생존자 3명을 발견할 수 있었는데, 가미오 유키오, 쿠즈노 요지, 스기사와 토시노(모두 하사관)로서, 1942년부터 1943년에 걸쳐 1년 전후를 진구이셔에서 주둔하고 있었다. 게다가 자세하게 들으니 제1중대(중대장은 이마이 중위가 1942년에 토벌작전에서 전사한 뒤 다케다 중위)는 1942년 위현으로부터 이동하여 1943년 봄, 더 남쪽으로 이십여 킬로미터 떨어진 시옌西煙진으로 이동했지만, 진구이셔에는 모리 지휘하에 30명 정도의 분견대가 남아 있었던 것으로 보인다.

진구이셔는 주민 2~3백 명 정도의 작은 산촌이고, 일본군은 민가나 사당에 나누어 숙박하고 있었다. 이 시기의 치안은 양호하고, 다른 지구로 출동하는 팔로군에 대한 토벌작전을 제외하면 주변에 전투는 없었다고 한다. 그녀들의 주장에 대한 감상을 묻자 3명 모두 "있을 수 없는 일이다"라며 강하게 부정했다. 그 이유는 다음과 같다.

"진구이셔는 팔로군에 대해 가장 앞서 있는 전초 지점이고, 민심을 잃으면 그들이 팔로군과 모의하여 금세 전멸한다", "이마이, 다케다 양 중대장과 모리는 군기에 매우 까다로운 사람이었다. 3명 모두 빨간 얼굴도 아니었고, 모리는 오히려 파리하고 여윈 사람이었다", "아무리 쇠락해도 몸값을 거두는 등의 일은 생각할 수 없다. 알려지면 총살이다", "일본군을 가장한 불량 중국인 소행이라고도 생각된다."[11]

---

11 1998년 8월, 소송 준비를 위해 위현을 방문한 가와다 후미코는 그녀가 면접한 2명의 "피해 여성"으로부터 "가족이 돈을 준비해 오면 일본군에게 풀어 주라고 이야기를 해 준다"고 "중국인 반역자"가 이야기해서 남편과 아버지가 논을 팔아 풀려났다는 증언을 이끌어내고 있다. 「가나

위안부 이용 상황에 대해서도 물어보았는데, 여단 사령부가 있던 양취안陽泉, 대대본부가 있던 위현 등에는 조선인 위안부가 있는 위안소가 있고, 시옌진에는 중국인 위안부가 있어서 부대의 중국인 통역이 매음숙(삐야)의 경영을 겸하고 있었던 듯하고, 진구이셔에 조선인 순회 위안부가 한두 차례 온 일은 있었다는 것이다. 위현에 있던 야마모토 이즈미(제4중대)에 따르면, 강간은 때로 일어났지만 어떤 하사관의 경우 대질한 뒤 중대장이 100엔을 지불하고 당사자들 간에 해결했다. 또 중대장이 촌장을 사이에 두고 위안부의 조달을 의뢰했다고 전하는 바, 비슷한 사례는 다른 곳에서도 있었으리라 생각된다.

7년 가까이 산시성에서 싸운 다무라 타이지로(작가)가 복귀 직후에 쓴 『매춘전賣春傳』(1947)은 훗날 '새벽의 탈주曉の脫走'라는 영화로도 만들어졌는데, 톈진의 아케보노초曙町 유곽에서 동료 두 명과 함께 위현의 위안소로 옮겨 온 조선인 위안부 '하루미春美'와 한 병사가 사귀는 이야기를 축으로 하고 있다. 다무라에 따르면 중공군 게릴라전에서 일본군은 주민에 대해 가혹한 보복으로 대응했기 때문에 주민이 중공군에게 매달렸고, 표면상으로는 치안이 유지되었다고 한다. 거기에서 문제가 되는 것이 그녀들의 진술에서 나타나는 대일 협력파의 역할일 것이다. 그들은 촌장을 포함한 마을의 간부였다든가, 경관이었다든가, 보안 대원과 밀정, 통역 등 기타 일들을 맡은 믿을 수 없는 사람들인데 그중에는 팔로군과 내통하는 자도 적지 않았다. 후술하는 『위현 역사자료盂縣文史資料』에는 전 소학교 교사인 탄 얀준이 진구이셔 유지회維持會 회장, 청향대장淸鄕隊長으로서 항일파 적발에 열심이었다는 이야기가 나온다.

———
가와대학평론神奈川大學評論」 31호(1998)의 가와다 기고문.

종전 후에는 처형되거나 도망한 자도 있는데, 그 응어리는 지금도 지역 사회에 그림자를 드리우고 있는 것 같다. 1996년 5월에 위현을 방문한 전우회그룹(NHK가 동행 취재)은 현지에서 환영을 받았지만 이전에 알던 사람들과의 재회를 원했던 바, 현청의 간부는 아야베^{綾部} 단장에게 "전대일 협력파 사람들은 별로 나오지 않을 것이다"라고 부드럽게 거절했다고 한다. 그녀들의 행동에 대해 중국 정부와 지자체 당국이 냉담하고, 이미 파악하고 있다고 생각되는 주둔 부대 대장의 이름 등도 알려 주지 않으며, 변호단의 출입 조사도 거부한 것은 사건이 파헤쳐져 모처럼 자리잡은 마을의 안녕이 어지러워질까 걱정했기 때문이 아닐까? 『위현 역사자료 제4집 일본군 폭행록』(1985)을 입수한 가사하라 도쿠시^{笠原十九司}는 이 책에 23건의 사례가 수록되어 있으며, 해당하는 기록은 발견되지 않았지만 소장에 쓰인 것 같은 "감금 강간의 가능성은 상당히 높다"[12]고 말한다.

산시성^{山西省} 약도

---

12 「계간 전쟁책임 연구」 제17호(1997)의 가사하라 도쿠시 논고.

양취안의 조선인 위안부
(야마모토 이즈미 제공)

위현 성동문盂縣城東門
(야마모토 이즈미 제공)

일본군을 환영하는 위현의 처녀들
(야마모토 이즈미 제공)

위안부와 전쟁터의 성性

5. 대만

대만의 위안부들은 지원 조직인 타이베이 시 부녀구원婦女救援 사회
복리 사업기금회가 개별적인 청취 조사 결과를 공표하지 않고, 1998년
말 현재로는 소송도 하지 않기 때문에 사진기자인 이토 다카시伊藤孝司
등이 1992년 이래 수집해 온 청취 조사 기록을 이용하여 몇 개 사례를 소
개하고자 한다.[13]

가와구치 미사코(일본명)

1926년생. 1941년 말, 남양의 일본군 식당에서 조리사나 급사로
일하면 3배의 급료를 받을 수 있다고 일본인이 꾀어 어머니와 함
께 가기로 했다. 전도금前渡金 400엔은 아버지가 받았다. 도착한 곳
은 인도네시아 켄다리(남南셀레베스)의 해군 753항공대로, 위안소라
는 것을 알게 되었지만 차금 때문에 따를 수밖에 없었다. 어머니는
먼저 돌아가고, 나는 잔류했다. 돈을 나누는 비율은 6할이고, 일본
인 여성(약 20명)은 하사관 이상, 조선인(약 20명)과 나는 병사, 인도네
시아인은 군부軍夫를 상대했다. 수라바야로 옮겨 가는 도중에 배가
격침되어 3명의 조선인이 죽고, 나는 화상을 입어 입원, 종전까지
수라바야의 회사에서 회계 사무를 보았다.

---

13 이토 다카시 편(1993), 『깨진 침묵破られた沈黙』(후로진샤風媒社)으로부터 가와구치, 가네코, 후미
코를, 「슈칸긴요비」 1898년 8월 7일호로부터 이타루 다나하, 「세카이」 1997년 12월호의 야나
기모토 미치히코柳本通彦 논문으로부터 마사코, 히데코의 신상 이야기를 요약했다.

덧붙임

본인은 "속아서"라고 의식하고 있지만, 부친이 처와 딸을 팔았을 것이다. 일본군이 여성들을 안전한 곳으로 후퇴시키는 도중에 해난이 있었다고 추정된다.

가네코

1920년생. 하녀로 일하고 있을 때 대만인 남자로부터 "식당을 소개해 준다"는 말을 듣고 필리핀으로 갔다. 같은 배에 속아서 온 여자 30명이 타고 있었다. 마닐라에서 병사를 상대하는 위안부가 되었다. 월수입은 200엔, 4년 후 귀국했다.

후미코

1924년생. 빈가에서 자라 18세 때 "식당을 여는데 높은 급료를 준다"는 말에 속아 두 살 위인 언니와 함께 하이난섬으로 가서 5개월 대기하고 위안소로 갔다. 일본 · 조선 · 대만용이 각각 1개 건물로 대만인 건물에는 40여 명이 있었고, 타이베이에서 온 일본인 부부가 관리하였다. 차금은 없었지만 경영자가 6할을 가졌다. 1년 예정이 4년이나 되었다.

이타루 다나하

타로코족, 화롄현에서 1931년에 태어났다. 어릴 때 양친을 잃고, 큰어머니 집에서 자랐다. 1944년, 일본인 경찰관이 근처의 여성 3명과 함께 가까운 일본군 화물 창고에서 일하라고 명령했다. 주간에는 월급 10엔으로 청소, 세탁, 차 끓이기를 하며 만족하고 있었는데, 2~3개월 후부터 밤에 병사를 상대로 성 접대를 해야 했다.

마사코

부눈족 출신으로 1921년생이다. 1942년 8월, 같은 종족 테루오와 결혼하여 반년 뒤 남편은 군속으로 중국 대륙으로 갔다. 남편은 동행하자고 했지만 가오슝高雄에서 헤어지고 홍콩으로 갔다. 장교 숙사의 여급을 하면서 밤에는 성 접대를 해야 했다. 1년 뒤에 귀향, 남편은 종전 후에 돌아왔다. 고사高砂족의 옛 위안부 제1호로 커밍아웃했고, 1996년 여름 일본으로 가 포럼에서 보고한 후 차차 고사족 중에서 커밍아웃하는 사람들이 나왔다.

히데코

타로코족 출신으로 1924년생. 16세에 같은 타로코족 이치로우와 결혼, 1942년 여름, 남편은 큰딸을 두고 고사의용대에 지원, 뉴기니아로 가서 돌아오지 않았다. 1944년, 마을의 경찰관이 꾀어 가까운 일본군(시마야부대)에서 나츠코, 스미코와 함께 일했다. 어느 날 미주구치 하사관이 3명을 모아 놓고 "나라를 위해 일하고 있는 군인이라 불쌍하니 모두 몸을 써라"고 말하고, 성 접대를 시켰다. 히데코는 마츠모토 대장의 첩이 되었고, 아이를 낳았다.

6. 인도네시아 – 마르디엠 등

인도네시아에서는 2만 2,234명(병보협회 등록)이라는, 다른 지역에 비하면 단위 자체가 다른 '옛 위안부'가 나왔는데, 소송에 이르지 않은 경우도 있고, 상세한 신상 이야기가 기록되어 있지 않다.

제1호는 1992년 7월에 현지 신문이 보도한 투미나라는 여성(68세)으로 "가족을 부양하기 위해 네덜란드 식민지 시대부터 밤이면 가로등 아래 서서 매춘일"을 하고 있었는데, "19세가 되던 어느 날, 몇 사람의 일본군에게 납치되어 검진을 받은 후 솔로 시내의 일본군 위안소에서 일하게 되었다"고 말하고 있는 바, 직업적 매춘부 출신이라는 점에서 한국의 제1호와 비슷하다. 그러나 그녀가 "많은 소녀들이 나와 마찬가지로 연행되었지만, 나를 제외하고 그녀들은 남자를 알지 못하는 무구한 소녀들이었다"[14]고 말한 것이 일부 여론을 자극한 것 같다.

다른 데서도 단편적인 보도가 있었는데, 1993년 4월, 무라야마 아키라村山晃 변호사 등 일본변호사연합회의 조사단이 인도네시아 법률부조협회(LBH)와 공동으로 중부 자바의 족자카르타 등에서 8명의 옛 위안부와 면접하여 청취 조사한 개요를 보고서에 게재했다.[15] 이 단계에서는 전원이 익명이고, 경력은 한 사람당 몇 행 정도의 요약에 지나지 않았다. 조금 본격적인 청취 조사를 시작한 것은 가와다 후미코(전후 보상실현 시민기금 대표)의 팀이고, 1995년 가을부터 현지에서 3차례에 걸쳐 십여 명의 "옛

---

14 「여성들의 21세기女たちの21世紀」 제10호(1997년 3월)의 기무라 코이치木村公一 원고, 고토 켄이치後藤乾一(1995), 「근대일본과 동남아시아近代日本と東南アジア」, 이와나미쇼텐岩波書店, 제5장을 참조.
15 일본변호사연합회(1993), '전쟁피해 해외조사 보고서'.

위안부"와 면접했다. 제1회는 족자카르타에서 남보르네오로 이송된 7명의 그룹, 제2회는 서부자바의 수카부미(인구 3만)에서 15명, 제3회는 반든에서 6명이라는 내역인데, 이로부터 대표적인 증거를 요약하여 소개하겠다.[16]

남보르네오조組의 증언

마르디엠(당시 13세)

그중 한 사람인 마르디엠은 1929년 족자카르타에서 태어나 자랐는데, 1942년 5~6월 무렵 초경도 없던 13살에 어려서부터 친했던 여성 가수 렌치가 "보르네오로 가서 함께 연극을 하자"고 하여 48명이 배에 타고 남보르네오의 수도 반제르마신으로 갔다. 인솔자는 현지에서 수십 년 거주한 일본인 치과의사로 반제르마신 시장인 쇼겐지 캉고正源寺寬吾였다. 보내진 곳은 변두리의 위안소(관리인은 치카다)로 하루 15명 정도의 일본 병사를 상대해야 했다. 가격은 2엔 50전부터 3엔 50전으로 티켓제였고, 금액을 저금하면 돌아올 때 돌려준다고 했지만 받지 못했다. 동행한 48명 중 8명은 식당에서, 16명은 극장에서 일하고, 24명이 위안소로 갔다. 일행 중에는 귀향한 자도 있었지만 새로 온 여성도 있었다. 제3진에 속한 수하르티는 지구地區의 공무원이 권하여 오게 되었다고 한다. 전후에 인도네

---

16 남보르네오조에 대해서는 「슈칸긴요비」 1995년 11월 10일호의 가와다 후미코 기고, 『아시아의 소리』 제11집(1997)의 마르디엠의 증언, 수카부미조에 대해서는 「계간 전쟁책임 연구」 제11집(1996), 반둥조에 대해서는 「가나가와대학평론」 25호(1996)의 가와다 후미코 논문, 이들을 보정, 집약한 가와다 후미코(1997), 『인도네시아의 위안부インドネシアの慰安婦』(아키시쇼텐)를 참조. 또 수카부미조의 마리암의 증언은 마지막 가와다 후미코 저서에서는 "자택에 밀어닥쳐"가 "학교에서 돌아오는 길"로, "부대본부"가 "부대본부 가까운 집"으로, "츠치무라"가 "츠무라"로 달라졌다. 또 테티와 우이다닌시의 증언에서는 모두 "병영"이 "건물"로 바뀌었다.

시아 국군 병사와 결혼했지만 사별하고, 연금으로 살고 있다.

남보르네오는 해군의 군정 지역이고, 반제르마신에는 보르네오 민정부民政部가 위치해 있었다. 자바는 육군 군정 하에 있고, 거기에서 위안부를 모집하는 일은 전전부터 자바에 살았고 일본군이 점령한 후에 복귀한 민간인이 개입했을 가능성이 있는데, 모집을 담당한 것은 인도네시아인으로, 마르디엠은 본인이 알지 못하는 사이에 그 부친에 의해 매신된 경우가 아닐까?

수카부미조組의 증언

우미쿠슨(당시 13세)

어느 날 밤, 5, 6명의 일본군이 침입하여 아버지에게 <u>총검</u>을 들이대고, 언니 둘을 연행, 2~3개월 뒤에는 나를 <u>군막사</u>로 연행, 윤간했다(밑줄은 필자. 이하 동일).

마리암(13세)

1942년 10월, 학교에서 <u>집으로</u> 돌아왔는데 4명의 일본군이 강제로 들어와 <u>총검</u>을 들이대고 다른 4명과 함께 구라모토 <u>부대본부</u>로 연행하였다. 나는 츠지무라의 방에 감금되고 장교 전용 위안부가 되었다. "도망하면 부모를 죽인다"고 위협했다. 풀려난 것은 일본군이 수카부미를 떠난 1945년이다.

테티(18세)

어느 날 두 마리의 말에 탄 군인이 <u>집으로</u> 왔다. 며칠 뒤 3명의 병

위안부와 전쟁터의 성性

사를 데리고 찾아와 총검으로 위협하여 트럭에 싣고 병영으로 데려갔다. 강간당하고, 다른 15명과 함께 위안부가 되었다. 1년 뒤 군대가 반둥으로 갈 때 내버려 두고 갔다.

우이다닌시(15세)

다른 집 가사를 돕고 있던 1943년경 저녁 무렵, 6명의 일본군 병사(대장은 다나베)가 와서 "간호부로 일하지 않겠는가"라며 꾀어 차에 태워 병영으로 연행하였다. 그날 밤부터 매일 다나베에게 강간당했다. 성병 검사가 있고, 요금 수수는 없었다. 4개월 후 부대와 함께 보고르로 이동, 또 1년 후 반둥으로 옮기고, 종전까지 위안부로 살았다. 양친은 "딸을 찾으면 죽는다"고 협박받았다.

가와다 후미코는 15명 중 10명이 3개월부터 2년 이상 구속되었다며, 복수의 일본병에 의해 막사로 납치, 감금된 후 윤간당했으며, 당시 연령이 고작 13세에서 15세로 지극히 어렸음이 인상 깊다고 썼다. 과연 이 4명의 증언은 어느 정도 정확한 것일까? 진위를 확인하기 위한 실마리는 구라모토부대겠지만, 이는 자바에 주둔했던 일본군 편제를 확인하면 곧 짐작이 간다. 점령 전 기간을 통해 수카부미에 주둔한 것은 독립보병 제150대대(부대장은 구라모토 유조倉本勇造 대좌)로, 1942년 봄의 자바진공작전이 수주 만에 끝나고, 제2사단과 제48사단이 다른 지역으로 전출하자 그와 교대로 1942년 9월에 편성되었다. 처음에는 제13독립수비대, 1944년 1월부터는 독립 혼성 제27여단(사령부는 반둥)에 소속되었고, 병력은 약 6백 명, 경비 부대이므로 다수가 소집병이었다.

구라모토부대에서 근무한 학도 출신 마츠우라 고헤이松浦豪平 소위는 "부대는 군규軍規가 엄정하고 군 막사는 잘 정돈되어 있었다. 있을 수 없는 이야기다"고 전면 부정하는데, 여기에 병사의 비행非行 단속을 임무로 하는 보고르 헌병분대장 타니구치 다케지谷口武次 대위가 가와다의 보고를 읽고 나에게 보낸 편지의 일부를 게재한다.

나는 전쟁의 전 기간을 자바에서 근무하고, 보고르 헌병분대장을 2회 지냈다. 수카부미에는 보고르분대(33명)의 분견대(이시자키 다카시 石崎隆 준위 이하 7명과 그 외에 현지인 병보)를 두고 있었기 때문에 자주 순찰하러 갔고, 구라모토 대좌와도 만나고 있었다. 분견대의 옛 부하(기니와 다카시木庭喬 조장)에게도 확인했지만, 부대 병사兵舍는 헌병분견대와 코 닿는 곳에 있고, 거기에서 그런 종류의 비행을 저지를 수 있는지 의문이다. 게다가 병사 입구에는 일본군·인도네시아군 위병이 서 있기 때문에 몰래 여자를 데리고 들어온다든가, 장기에 걸쳐 감금하는 것은 불가능하다. 모든 경우가 총검으로 위협하여 병사로 납치한 유형인 것이 부자연스럽고, 다른 사람으로부터 지시받은 것이 아닐까 생각한다. 또 구라모토부대에 말馬은 없었다.

주민은 성 관념이 지극히 느슨하고, 가는 곳마다 인도네시아인, 화교, 혼혈(유라시안) 매춘부가 있었다. 자카르타의 길거리에는 길가에 늘어선 여자들이 손님을 끌어들이고 있었다. 일을 악화시키지 않아도 언제, 어디에서나 볼일은 볼 수 있었다. 강간을 저지른 조장을 종전 후 여자가 네덜란드군에 알려 형을 받은 예도 있고, 이처럼 악질적인 사건이 속발하고 있었다면 전범이 되었을 터인데, 그 전에 이미 현지인 병보가 침묵하고 있지 않았을 것이다.

위안부와 전쟁터의 성性

반둥조의 증언

수하나(1926년생)

아버지는 반둥 교외 치마히의 노천상이었는데, 부재중에 몇 사람의 군인에게 납치되어 신판로의 게반 쿠라반에 있던 위안소에 들어가 1년 반 동안 위안부 생활을 해야 했다. 딸을 찾으러 온 아버지를 헌병대 가까이에서 군인이 베어 죽였다. 3명의 중국인 화교가 경영하는 같은 위안소에 있던 이즈 에미이(15세)도 비슷한 방식으로 연행되었는데, 오모 사라마(17세)의 경우는 일본군의 감언에 속아서 왔다. 전후 3명이 함께 "일본의 여자"라는 낙인이 찍혀 미혼으로 살았다.

아미나(당시 13세)

근처에 있는 농가에서 태어나 수카부미의 중학에 들어가기 위해 지인 집에 하숙하고 있었다. 그 집의 남편은 네덜란드인, 처는 인도네시아인으로 4명의 혼혈 딸이 있었다. 4명의 딸들이 고르의 억류소에 들어간 부친에게 물건을 들이기 위해 나갔을 때 동행했는데, 헌병대본부로 연행되었다. 울부짖던 4명의 행방은 알지 못한다.

아미나는 헌병대에 3일간 억류되고 4일째에 미시마 대위의 집으로 인계되었는데, 그가 없는 중에 헌병대장인 가츠무라 대위 등 몇 사람이 와서 윤간하고 국부에 고름이 생겼다. 미시마가 데려온 고바야시 군의가 치료하였는데, 식탁 위에서 수술을 받았고 이후 아이도 낳을 수 없는 몸이 되었다.

6개월 뒤 미시마의 집에서 니치멘 공장으로 일하러 갔고, 아버지도 직업을 소개받았다. 1943년 8월, 전근하게 된 미시마는 "전쟁이 끝났기 때문에 돌아가 아미나와 결혼하겠다"고 아버지에게 약속했다. 전후 3번 결혼하고, 모두 이혼했다.

그런데 반둥조의 증언을 분석하면, "일본병"에 의한 연행의 패턴은 수카부미조와 거의 동일하다. 단, 모두가 '강제연행'은 아니었음을 알 수 있다.

반둥헌병대에 근무한 사사하라 유네스케笹原勇之進 군조에 따르면, 치마히에는 화물창과 병기창이 있고, 일반 일본인도 많았다. "야치요八千代", "다마메田每", "기센喜仙" 등 5개소(그중 2개소는 조선인 경영과 장교 클럽, 나머지는 중국인 경영)에 위안소가 있었는데, 희망자가 쇄도해도 성병을 가진 자가 많았기 때문에 조금 난폭하게 모집했을 가능성도 있을 것이다. 그래도 중국인 경영자 때문에 일본병이 납치 행위를 한다는 것은 부자연스럽고, "연행"한 것은 그 부하가 아니었을까 짐작된다.

수하나 등에 비하면 아미나의 증언은 조금 이질적이고, '미시마', '가츠무라', '고바야시'라는 실존을 확인할 수 있는 군인이 등장하기 때문에 적어도 그녀가 보고르헌병분대와 관계를 갖고 있었던 것은 확실해 보인다. 이 점에 대해 전시 전 기간 보고르에서 근무한 도야마 사다무遠山貞 헌병군조는 다음과 같은 감상을 말했다.

보고르분대에서 걸어서 20분 정도 거리에 중국인이 경영하는 위안소가 있고, 일본병이 이용하고 있었다. 아미나는 10명 정도의 현지인 위안부 중 하나였을지도 모른다.

고참 헌병하사관은 부대에서 가까운 곳에 독립가옥을 숙사로 받았고, 하인과 하녀를 고용했다. 미시마三島 조장도 그러했는데, 13

세 정도의 소녀를 귀여워하고 학교에 넣어 주고 싶다고 말했던 것을 기억하지만, 1943년 봄에 만주로 전근했다. 그녀가 미시마의 애인이었다면, 가츠무라勝村 분대장이나 고바야시小林 군의와 면식이 있었을 가능성은 있다. 그러나 그녀가 주장하는 것 같은 난폭한 행동을 했다고는 생각되지 않는다. 가츠무라 대위는 연합군 스파이를 적발, 처형한 건으로 사형되었다.

타니구치 다케지가 말하는 "성 관념"의 정도는 그야말로 각인각설로, 지역, 인종, 계층, 종교가 얽혀 있어 일반론은 곤란하지만, 인도네시아인이 대체로 느슨했던 것만은 확실해 보인다. 수마트라 각지에서 근무한 타이헤이 후미오太平文夫 헌병조장은 "섬 전체에서 위안부는 200명 정도로 추정되는데, 다른 섬에서 돈을 벌러 온 사람이 많았다. 농가 주부도 쉽게 매춘부가 되었다. 그러나 아체Aceh인은 매춘을 하지 않았다"고 회상한다. 전쟁이 시작되기 전인 1941년 7월, 자바를 정찰 여행한 후케다深田 육군군의 소좌는 귀국 후 육군성 회의에서 "원주민은 생활난 때문에 매음하는 자가 많다"[17]고 보고했는데, 성 관념과 생활난은 분리할 수 없는 요소였을지도 모른다.

---

17 '가네하라 세츠조 일지 적록金原節三日誌摘錄', 1941년 7월 26일 항목.

7. 인도네시아-병보협회兵補協会의 설문 조사

이미 소개한 것과 같이, 인도네시아에서 위안부였다고 나선 여성들의 청취 조사를 읽으면 가장 많은 것이 "집에서 가까운 노상에서 일본 병사 몇 명에게 협박을 받고 납치되어 위안소로 가게 되었다"는 유형이다. "반항하면 가족을 죽인다고 했다"고 증언한 예도 적지 않다. 이러한 유형을 만든 유인이 있었던 것은 아닐까 생각하다가 짐작한 것이 1995년 11월, 인도네시아 병보협회兵補協会가 위안부였다고 커밍아웃한 '옛 위안부'에게 배포한 설문 조사다. 회수한 것은 760명분으로, 번역한 것(키마츠 고이치木松公一 번역)을 보면 질문 사항은 25개인데 상당히 날림이다(표 6-4 참조).

[표 6-4] 병보협회에 따른 옛 위안부에 대한 설문 조사

문3) '종군위안부'가 되기 전의 신분은?	%
답) a. 학생	19
b. 실업 또는 학교 중퇴	35
c. 상점 등에서 근무	3
d. 가사도우미, 노동, 장사	43
문5) '종군위안부'가 된 이유는 무엇인가?	%
답) a. 취업, 취학 등의 꾀임	45
b. 일본 병사의 협박, 강제연행	45
c. 권유에 응함	1
d. 납치, 유괴	9

위안부와 전쟁터의 성性

문13) '위안소'의 위치는?	%
답) a. 자바섬	36
b. 수마트라 섬	9
c. 인도네시아의 타 지역	55
d. 말라이, 필리핀, 태국 등	1
문21) '위안소' 생활 기간은?	%
답) a. 1943~1945년	53
b. 1944~1945년	6
c. 기억 없음	41
d. 1945년부터	1

※출처: 가와다 후미코 『인도네시아의 '위안부'』(아카시쇼텐, 1997).

주1 커밍아웃한 22,234명 중 2,000명을 대상으로 한 설문 조사에서 760명분이 회수됨.
주2 25항목의 질문에서 4항목을 저자가 발췌함.

예를 들면, 질문5의 "종군위안부가 된 이유는 무엇인가"라는 설문에 대해 a. 간호부가 된다, 학교에 보내 준다, 직장을 소개한다 등으로 속았다, b. 거역하면 가족을 죽인다고 일본 병사에 의해 협박을 받고 강제 연행되었다, c. 부추기고 꾀어서 스스로 그런 마음이 되었다, d. 집에 돌아오는 중 또는 노상에서 납치, 유괴되었다. 이렇게 4개의 답이 준비되어 있다. 어떤 것인지 동그라미를 붙이는 형식인데, "부모에게 팔렸다"든가, "수입이 좋았기 때문에"와 같은 선택지는 없었다. "권유에 응했다"가 1%밖에 되지 않는 것도 매우 부자연스럽다.

또 "성적 봉사를 요구한 것은 누구인가"라는 질문11에 대한 답은 a. 일본 군인(95%), b. 조선 군인(1%), c. 대만 군인(1%), d. 인도네시아 군

인(1%) 이렇게 4개뿐이다. 당시 자바에는 군인 수를 상회하는 사쿠라조
組라고 불리는 일반 일본인(매춘업자를 포함한다)이 있었지만, 일본인이라면
모두 군인이 되어 버리는 틀을 취하고 있다. 설문 조사의 대전제가 일본
정부에 대한 보상 요구였기 때문에 속였다든가 연행한 것이 인도네시아
인(언어 문제 때문에 그 이외의 인종을 생각할 수도 없지만)이었다 할지라도, 거기에
동그라미를 적는 여성은 없었을 것이다.

병보협회의 라하르조 회장은 이 설문 조사는 다카기 겐이치 변호
사의 지시로 시작했고, 그들이 만든 문안으로 시행했다고 「산케이신문」
기자에게 말했는데, 다카기는 "조언은 했지만 우리가 적극적으로 한 것
은 아니다"[18]라고 변명했다. 수카부미에서 가와다 팀을 안내한 것은 병보
협회 지부장이므로, 면접에 응한 옛 위안부들은 이 설문 조사가 예정한
구도 내에서 신상 이야기를 했을 공산이 높다.

8. 네덜란드 – 네덜란드 억류 여성의 수난

네덜란드 정부의 보고서에 의하면, 전시의 자바를 중심으로 하는
네덜란드령 인도네시아에서는 15만을 넘는 네덜란드인이, 일본군이 관
리하는 포로수용소와 민간인 억류소에 수용되었고, 그 가운데 2만 명이
여성이었다.

---

18 「산케이신문」, 1996년 11월 3일자.

점령 전반기(1943년 중반경)까지 여성의 다수는 억류소 외의 장소에서 거주하는 것이 허용되었는데, 일손을 잃은 빈곤한 여성 중에는 민간 매춘숙이나 풍속업계에서 일하는 이도 적지 않았다. 백인 여성이 경영하는 매춘숙도 있고, 마담들 중에는 일본군 간부나 민간인의 첩이 된 자도 있었다고 1994년 네덜란드 정부 보고서는 말하고 있다.

그러나 전황의 악화에 따라 일본 육군성은 '군 억류자 취급 규정'(1943년 11월 7일 육아밀 제7391호)을 각 군에 통달하고, 네덜란드인을 포함한 적국인 전원을 포로수용소에 병설된 군 억류소로 옮기도록 지시했다 (네덜란드·인도네시아 혼혈의 유라시안은 원칙적으로 대상에서 제외). 그 결과 지정 거주 구역에 살고 있던 네덜란드 여성은 매춘부를 포함하여 군 억류소로 들어가게 되었고, 급양給養 조건이 나빠 불만이 높아지고 있었다. 이러한 상황에 주목한 것이 군 담당자와 위안소 업자로, 좋은 대우를 약속하면 상당수의 위안부가 모일 것으로 추측했을 것이다. 이러한 종류의 권유나 설득은 표 6-4가 시사하는 것처럼 이른 단계부터 시작되었지만, 어디까지 강제성이 작동하였는지는 미묘한 문제다.

억류소를 관리하고 있던 제16군 군정감부(1944년에 들어서면 군 직할로 이행)는 강제하지 않을 것과 자유의사로 응모한 것을 입증하는 본인의 사인이 있는 동의서를 받을 것을 지시했지만, 그를 위반하는 부대도 있었다. 뒤에 '시로우마사건'으로 불리게 된 스마랑 위안소의 강제 매춘 사건은 여성들의 고발에 의해 전후 BC급 법정에 회부되고, 10여 명에게 사형을 포함한 유죄가 선고된다.[19]

---

19 이 사건에 대해서는 「계간 전쟁책임 연구」 제3호, 제4호, 제6호(1994), 「아사히신문」 1992년 7월 21일자 석간, 7월 22일자, 8월 30일자의 기사, 사카 쿠니야스坂邦康(1968), 『네덜란드령 인도 법정蘭印法廷(1)』, 토우쵸샤東潮社, 수가모법무위원회巣鴨法務委員會(1952), 『전범재판의 실상戰犯裁

피해자 중 하나였던 얀 오헤른Jan Ruff O'Herne이 체험을 공표한 것은 1992년의 일로, 1994년 1월에는 엘리 플루흐Elly Ploeg가 일반 억류자 7명과 함께 보상을 요구하며 도쿄 지방재판소에 제소했다. 여기에서는 1992년 12월, 오헤른과 플루흐가 일본에서 한 증언을 호주의 TV 프로그램(NHK가 1996년 8월 16일 방송) 등으로부터 요약, 소개하겠다.

얀 오헤른의 증언

1923년, 네덜란드인 사탕수수 농장주의 딸로 자바의 스마랑에서 태어났다. 1942년 19세 때 어머니, 여동생과 함께 암바라와 억류소로 들어갔다.

1944년 2월 어느 날, 트럭에서 내린 일본 군인들이 17세 이상의 미혼 여성을 정렬시키고 검사하여 16명의 소녀가 남겨졌다. 비명과 울부짖음 속에서 연행되어 매춘숙에 들어갔다. 다음 날 일본인으로부터 위안소 일을 하라는 명령을 받았고, 3월 1일에 개관하자 장교들이 찾아왔다. 식당 테이블 아래로 도망했지만 끌려 나왔고, 저항했지만 군도로 위협하고 강간했다. 여기저기 방에서 울부짖는 소리, 그때부터 매일같이 폭행이 계속됐다. 머리카락을 자르고 빡빡머리를 해 봤지만 소용없었다. 검진하는 군의관으로부터도 강간당했다. 3개월 후에 풀려나 열차로 보고르의 억류소로 옮겨져 가족과 재회했다. 전후 네덜란드로 돌아가 이를 이해하는 남편과 결혼, 오스트리아로 이주. 두 명의 딸이 있다. 일본인이 한 일을 지금은 용서하지만, 잊지는 않는다.

判の實相』참조. 또 바타비아군사법정의 재판 기록은 헤이그에 있는 국립공문서관에 보관되어 있고, 일부는 열람할 수 있지만, 전문은 2025년까지 비공개로 되어 있다.

위안부와 전쟁터의 성性

엘리 플루흐의 증언

1923년 네덜란드에서 태어나 부모와 함께 동부 자바로 이주, 어머니, 언니, 남동생과 함께 스마랑의 할마헤라 억류소로 들어갔다.

1944년 2월, 15~35세의 여성들을 모아 5~7명의 일본군 앞을 걷게 하고, 3일째에 나를 포함한 15명이 뽑혔다. 버스에 실려 위안소로 갔고, 처음으로 "일본 병사에게 기쁨을 주는 일이다"는 것을 알게 되었고, 도망하면 가족에게 해를 끼치겠다는 위협을 받았다. 2월 26일에 클럽이 개장했고, 군인들은 사진을 보고 맘에 드는 여자를 결정, 티켓을 사서 성 접대를 시켰다. 돈은 받지 않았다. 3개월 후에 풀려났다. 전후에 결혼했지만 이혼했다.

1948년 3월 24일, 네덜란드 군사법정은 "생각할 수 있는 가장 악질적인" 범죄라고 판결, 당사자인 남방군 간부후보생대幹部候補生隊의 오카다 케이지岡田慶治 소좌를 사형, 노자키能崎 중장(대장)에게 징역 12년, 이케다池田 대좌에게 징역 15년 등, 11명에게 2~20년의 유기형을 부과했다(표 6-5 참조). 그중에는 4개소의 위안소를 경영한 4명의 일본인 업자가 포함되었다.

BC급 재판 법정은 위안부가 된 35명 가운데 25명이 강제연행되었다고 인정했다. 1994년의 네덜란드 정부 보고서도 네덜란드령 인도 각지의 위안소에서 일한 2~3백 명의 백인 여성 중 적어도 65명은 강제 매춘의 희생자라고 판정했다. 분노의 감정과는 거리를 두고, 사실관계를 냉정하게 규명하려고 하는 네덜란드 관헌의 공정성에 감명한다. 나머지는 자발적 지원이라고도 해석되는데, 요시미 요시아키吉見義明 교수는 "강제성의 인정과 그 기초가 되는 강제의 정의가 지나치게 좁은 것은 아닌가. (……)

시각의 협소함을 느낀다"고 네덜란드 정부 보고서에 대한 해설을 통해 고언했다.

　　그런데 이 시로우마사건의 실태를 제대로 알기 위해서는 피고인 측의 말도 들어 둘 필요가 있는데, 사형을 당한 오카다 케이지 소좌가 남긴 『청장일기靑壯日記』라는 제목의 옥중수기가 그중 하나이다. 일중전쟁기의 전장 체험부터 쓰기 시작한 반半 자전적인 글인데, 사건에 대해 다음과 같이 쓰고 있다.

　　장교 클럽의 부인들을 애정을 가지고 대우할 생각 (……) 그녀들이 고소했다. 그래도 거짓말을 늘어놓고 (……) 시세가 변했기 때문에 우리들에게 협력했던 것이 밝혀지면 그녀들의 입장이 곤란하다고 생각 (……) 기소장을 보면 주모자로 되어 있다. (……) "그렇군. 기르던 개에게 손을 물린 것이다. 이제 아무것도 말할 게 없다"고 각오했다. (……) 적의 총구 앞에 서서, 일본 군인이 죽는 모습을 보여 줄 것이다.

얀 오헤른

　　갑자기 태도가 강경하게 바뀌었다고 생각할 수 있는 논지인데, 그 나름의 사정이 있었을 것이다. 오카다의 수기에 따르면, 발단은 주청州廳에서 희망자를 모아 위안소를 만들려는 구상을 들은 노자키 소장少將이 내무 관료 출신인 미야노宮野 스마랑주州 장관과 그에 대해 이야기를 했고, 오카다 케이지는 상관인 이케다 대좌, 오쿠보大久保 대좌로부터 명령을 받아 업무를 담당하게 되었다는 것이다. 개개의 선정에는 간섭하지 않고, 장교 클럽이 개관하기 전전날 밤에 그간 모은 여성들과 최초의 회합을 하며 다양한 주문을 들어주었고, "(그녀들은) 대단히 명랑하고 젊은 장교와 마음으로도 해 주면 좋은데 하고 걱정하고 있을 정도입니다"라고 시찰하러 온 참모에게 보고했다고 한다.

여기에서는 여성들에게 "미치코道子" 등 일본 이름을 붙였기 때문에 자신은 꽃 이름을 받았다고 말한 '얀'은 다른 위안소였다고 짐작된다. 재판 기록에 의하면 억류자의 리더가 저항하여 징집을 단념한 억류소도 있었기 때문에 얀과 플루흐가 체험한 강제적 선정과 강간은 지나친 "착오"인지도 모른다.

[표 6-5] 스마랑 위안소 사건의 피고인과 재판

성명	계급	직명	죄명	구형	판결
노자키 세이지	중장	간부 후보생 대장	②③④	사형	12년
이케다 쇼이치	대좌	간부 후보생 대부	①②③	〃	15년
오카다 케이지	소좌	〃	①②③	〃	사형
가와무라 치요마츠 河村千代松	〃	〃(부관)	①②	10년	10년
무라가미 루이죠 村上類蔵	의소좌	〃	④	10년	7년
나카시마 시로 中島四郎	의대위	〃	③④	20년	16년
이시다 에이이치 石田英一	대위	〃	④	2년	2년

성명	계급	직명	죄명	구형	판결
미하시 히로시 三橋弘	사정관	스마랑 주청		5년	무죄
후루타니 이와오 古谷巌	업자	스마랑 클럽	②	사형	20년
모리모토 유키오 森本雪雄	〃	히노마루 클럽日の丸楽部	②	20년	15년
시모다 신지 下田真治	〃	청운장青雲荘	②	5년	10년
츠다기 켄지로 蔦木健次郎	〃	장교 클럽	②	〃	7년

※출처: 스가모법무위원회巣鴨法務委員会『전쟁 재판의 실상戦争裁判の実相』(마키쇼보槇書房, 1952),
요시미 요시아키『종군위안부』(이와나미신쇼, 1995).

주1 죄명 ①은 부녀자를 강제 매춘에 강제연행한 죄, ②는 매춘 강제죄, ③은 강간죄, ④는 억류자를 부
당하게 취급한 죄.
주2 그 외에 주된 책임자로 간주된 오쿠보 아사오大久保朝雄 대좌는 소환을 앞두고 1947년 1월 17일 센
다이에서 자살했다.
주3 종전 당시 계급.

　　　그러나 재판에서도 '지원志願이라는 원칙을 강제로' 만들어 버린 책
임의 소재는 밝혀지지 않았다. 그에 더해 오쿠보는 자살, 이케다는 미쳐
버리고, 오카다만 극형의 운명에 조우한다. 오쿠보가 그의 유서에 "오카
다 소좌는 젊고 강인한 언동을 한다"고 쓴 까닭인지도 모른다. 판결문도
"자유의지로 매춘을 한 여성은 거의 없든가, 있어도 극히 소수이며, 매
춘을 시키기 위해 실력 행사가 행해지는 것을 알면서, 혹은 당연히 의문
을 가져야 할 위치에 있으면서 여성들에게 매춘부로 일할 것을 명령했
다"(「계간 전쟁책임 연구」 제3호 1994년)는, 상당히 무리한 이론을 내세우고 있
다. 오카다의 경우는 중간관리직이면서 감독 책임을 한 몸에 진, 조금 딱
한 사례일 것이다.

어쨌든 스마랑 위안소는 길어도 2개월밖에 영업하지 못했다. 자카르타의 제16군 사령부로부터 폐쇄 명령이 하달되었기 때문이다. 네덜란드 정부 보고서는 딸을 뺏긴 억류소의 부모가 시찰하러 온 육군성 대좌에게 직소直訴하였기 때문이라고 하지만, 군정감부 본부에서 근무하고 있었던 스즈키 히로시鈴木博史 대위는 "위안소에서 심한 비명소리가 들린다는 이야기를 듣고 야마모토山本 군정감(제16군 참모장 겸임)에게 전하자, 야마모토는 '졸렬하다, 즉시 멈춰라'고 화를 내고, 다음 날 폐쇄 명령을 내렸다. (……) 그 후에 그녀들을 모아놓고 변명의 여지가 없는 일이라고 사죄했다"고 기억하고 있다. 나는 이 스즈키의 증언 쪽이 옳은 것이 아닐까 생각한다.

[표 6-6] 네덜란드인 여성이 관계된 강제 매춘의 예

위안소 명(장소)	출신자 억류소 명	시기	사항
사쿠라 클럽 (바타비아)	시덴(바타비아)	1943. 9	11명의 유럽인 여성이 연행되어 위안부로 (지원자도 있었다).
포트 드 코크 (수마트라)	파당(수마트라)	1942~ 1943	11명의 유럽인 여성이 강제 또는 지원하여 위안부로.
테레시아 클럽 (바타비아)	치하피트(반둥)	1944. 1	11명의 유럽인 여성이 업자에 설득당하여 위안부로.
마겔랑 (동부 자와)	문띨란	1944. 1	연행 당시 폭력 충돌이 발생하여 진압, 3일 후에 13명의 유럽인 여성을 위안부로 연행.
스마랑	암바와라 등 4곳	1942. 2	본문 참조
플로레스섬		1944. 4	스마랑에서 모은 17명(그중 유럽인 7인)을 플로레스섬에 수송하여 위안부로.
파당(수마트라)		1944	인도인 업자 밑에서 유럽인 여성 약 20명이 강제 매춘.

※출처: '일본 점령 하 네덜란드령 동인도의 네덜란드인 여성에 대한 강제 매춘에 관한 네덜란드정부 소장 문서 조사 보고(1994년 1월) 「계간 전쟁책임 연구」 4호에 수록.

시로우마사건과 비슷한 다른 사례는 표 6-6에 게재했는데, 네덜란드 정부가 당시나 지금이나 관심을 기울이는 것은 피해자가 네덜란드 여성인 경우에 한정되는 것 같다. 유일한 예외는 해군 점령 치하에 있었던 남보르네오의 강제 매춘 사건이다. 1천 명 이상의 현지 주민을 항일 분자로 대량 처형한 폰티아낙Pontianak 사건(1944년 초기)의 부산물로 드러난 것으로, 주로 일본인 현지처였던 인도네시아 여성을 강제로 위안부로 삼았기 때문에 13명의 해군 특경대원들이 유죄(그중 3명은 사형)를 선고받았다.[20] 한편 같은 시기에 역시 해군 관할의 셀레베스섬 칸피리에서 하사관인 억류소장(야마지 타다시山地正)이 직을 걸고 위안부 150명의 징집 계획을 저지한 미담도 있다.[21]

9. 침묵하는 일본 여성

1991년부터 2년에 걸쳐 위안부 문제가 '폭발'한 이래 6년 이상의 시일이 흘렀지만, 일본인 옛 위안부가 공식적으로 자신이 위안부였다고 나선 예는 단 한 건도 없다. 1995년에 아시아여성기금이 설립되고, 1인당 200만 엔이 지급되기 시작한 후에도 사정은 변하지 않았다.

그와 조금 비슷한 일례가 없었던 것은 아니다. 1992년 3월, 일한협

---

20 「세카이」 1993년 7월호의 오무라 테츠오大村哲夫 기고를 참조.
21 상세는 키쿠시 마사오菊池政男(1960), 『하얀 살과 황색의 대장白い肌と黃色い隊長』, 분게이순주, 「신효新評」 1972년 8월호의 산치山地 논고.

회 사키타마埼玉 현 연합회의 '다이얼 110번'에 익명으로 전화한 65세의 여성으로, 자신의 신상 이야기(표 6-7 참조)를 한 후, "우리들 일본인 위안부도 아무쪼록 보상해 주면 좋겠다. 어쨌든 군의 명령이었으니까"라고 말했는데, 그뿐이었던 것 같다. 왜일까? 페미니스트 논객들도 마음에 걸렸던 것 같고, "차별 의식"(스즈키 유코)인지, "우월감"(카노우 미키加納實紀)인지, "일종의 수치심"(후지메 유키)인지 의견은 갈라졌지만, "일본 페미니즘의 허약함의 증거"(우에노 치즈코)인지도 모른다.[22]

[표 6-7] 일본인 위안부들의 내력

성명	기사	출전
이시가와 타마코 石川たま子	1908년 요코하마 출생 → 타마노이 → 1941년(?) 테니안 → 1942년 라바울 → 1943년 사이판 → 포로 → (오키나와에서 주부)	가와다 후미코『종군위안소의 여자들從軍慰安所の女たち』(1993)
사사쿠리 후지 笹栗フジ 게이코慶子	1916년 후쿠오카 출생 → 1933년 후쿠오카에서 사창(20엔) → 1937년 지나 → 보르네오섬 → 라바울 → 1943년 버마 → 1947년(귀국, 창부) → (모텔의 잡역부)	센다 가코『종군위안부 게이코從軍慰安婦慶子』(1981)
쿠로스 카나 黑須かな	1905년 히로시마 출생 → 1918년 후쿠오카에서 게이샤 → 1931년 만주 → 1938년 산시성 → 1940년 경영자 → 1943년 만주에서 접객녀 → (큐슈에서 게이샤, 접객녀)	가미츠보 류上坪隆 기고, 김일면 편『종군위안부』(1977)
시마다 요시코 嶋田美子	1913년 후쿠오카 출생 → 1934년 몸을 팔다(메이슈야銘酒屋: 명주를 파는 것으로 위장한 갈보집) → 1939년 만주 → 1944년 하녀 → 1947년 귀국(여관 종업원) → (주부)	「겐다이現代」(1972. 4)

---

22 「임팩션インパクション」107호, 1998, pp. 117~120; 우에노 치즈코(1998),『내셔널리즘과 젠더』, p. 128.

성명	기사	출전
시로타 스즈코 城田すず子	1921년생 → 1937년 몸을 팔다(게이샤) → 요코하마 유곽(500엔) → 1938년(?) 대만 마궁馬公(2,500엔) → 1940년(?) 사이판(3,000엔) → 트럭Chuuk섬 → 1944년 팔라우 → 1946년 귀환 → (창부) → (1965년 카타니 부인마을) → 1993년 사망	시로타 스즈코城田すず子『마리아의 찬가』(1971)
다카나시 타카 高梨タカ	1903년생 → 19살에 사창(500엔) → 1931년 사이판 → 1939년 난징 → 1940년 만주 → 1942년 셀레베스 → 1944년 수마트라, 그 사이 여러 번 결혼	타마이 노리코玉井紀子『히노마루를 허리에 감싸고日の丸を腰に巻いて』(1984)
다카시마 준코 高島順子	1914년생 (?) 야마가타 출생 → 1930년 타마노이玉の井(700엔) → 중지中支(1,500엔) → 1940년 폐업, 결혼 → (작은 요리점 경영)	「겐다이」(1972. 4)
다카와스 야에 高安やえ	1914년생(?) → 1932년 몸을 팔다(요시와라吉原) → 1942년 라바울 → 상하이 → 다카오高雄	다카와스 야에高安やえ『여자들의 라바울 노래女たちのラバウル小唄』(1979)
야마우치 게이코 山内馨子 기쿠마루菊丸	1925년 아오모리 출생 → 1936년 몸을 팔다(300엔) → 도쿄에서 게이샤 → 1942년 트럭섬 → 1943년 귀국(공장) → 1945년(RAA) → 다이에이 뉴페이스大映ニューフェース → (게이샤) → (결혼) → (접객녀) → 1972년 (자살)	히로다 가즈코広田和子『종군위안부 종군간호부従軍慰安婦従軍看護婦』(1975)
익명	1927년생 → 시코쿠 거주 → 1941년 대만의 여관 잡역 → 1942 만다나오에서 위안부 → 홍콩	일조협회사이타마현련日朝協会埼玉県連『증언·조선인 종군위안부証言·朝鮮人従軍慰安婦』제2집(1993)
토시코登志子	1919년 사이타마 출생 → 1941년 기사라즈木更津 유곽(1,200엔) → 1946년 결혼	니시노 루미코西野留美子『일본군 '위안부'를 쫓아日本軍 '慰安婦'を追って』(1995)

주 괄호는 종전 후 직업, 금액은 본인이 말한 전차금.

나는 당초부터 위안소 시스템의 실정을 해명하는 데는 일본인 위안부와 브로커를 찾아내는 것이 빠르다고 생각하고 전국에 지국망을 펼치고 있는 큰 신문과 TV 방송국의 관계자들에게 권유도 해 보았는데, 무슨 이유인지 그들은 한결같이 내켜 하지 않았다. 나 자신도 그 나름의 연고를 더듬어 탐색에 애를 썼지만 사망했거나 소식이 두절되었거나 거부당하거나 하여 직접 증언을 얻지 못했다. 일본인 위안부에는 매춘 경험자, 말하자면 직업적으로 매춘 일을 하다가 전직하는 경우가 많고 따라서 평균 연령이 높았던 사정도 영향을 미쳤을 것이다.

그러나 문제의 '폭발' 이전에는 위안부 체험을 쓰거나 말하거나 하는 예가 적지 않았다. 취재하는 쪽도 전기물戰記物을 꾸며 주는 에피소드로 가볍게 생각하고 있었기 때문에 도리어 이야기하기 쉬웠는지도 모른다. 그 대신에 1992년 이래 쟁점으로 거론되었던 부분에 대해 깊이 파고들며 다루는 것은 불충분했다. 그녀들의 신상 이야기로부터 비교적 신뢰성이 높은 것을 택해 표 6-7로 요약했는데, 모두 1992년 이전의 증언이다. 그녀들의 교육 정도는 대부분 의무교육(소학교) 수료 정도로 추정되는데, 조선과 다른 아시아 여러 나라의 예와 비교하면 기억력과 윤리성은 현격히 뛰어났다. 취재자의 자질이나 소통의 용이함이 영향을 미쳤을지도 모른다.

그녀들의 신상 이야기에서 공통되는 점은 거의 전체가 부모의 매신에 의해 창녀의 처지로 떨어졌다는 것이다. 가난한 집 출신이 많은데, 가업의 파탄이나 불량소녀로 자포자기하거나 하는 등 다양한 유형이다. 군 전용의 위안소(다수는 작부의 이름으로)로 전직한 동기는 이시가와 타마코의 경우 "모든 차금을 갚을 수 있기를 바랐다"고 말하는 바, 고수입이 매력이었을 것이다. "민간에서는 40%인데 위안소는 50%"(이시가와)라든가, "징용이 온다는 소문이 있고 포주가 불러 지금의 10배로 돈을 벌 수 있다고 하고, 돌아와서 장사를"(다카와스 야에)이라고 하는데, 기대한 대로였다는 증언도 있다. "남양의 섬에서 2년 일하면 저금도, 결혼도"라고 부친의 반대를 무릅쓰고 트럭섬의 해군사관용 위안소로 갔던 기쿠마루는 2년이 지나지 않아 4천 엔의 차금을 모두 갚았고, 한 동료는 1만 엔을 저금했다.

패전으로 모든 게 '0'이 되어 버렸지만, 전후의 생활은 가지각색이었다. 그녀들은 중년에 접어들자 결혼, 기적妓籍에서 몸을 빼는 것, 유곽 주인의 시종, 작은 요릿집 경영, 할멈 창녀, 하녀나 접대부 등 다양한 진로를 택했다. 쿠로스 카나의 경우는 만주에서 작부였다가 1938년 산시성 동부의 위안소로 갔는데, 여주인과 싸워 8개월 만에 뛰쳐나와 군 간부의 소개로 독립한다. 일본인 1명, 조선인 여성 3명을 사서 위안소를 경영했는데, 채산이 맞지 않아 본인도 아편 중독이 되고 폐점, 만주의 요릿집 접대부로 흘러가 전후에도 오구라小倉에서 게이샤와 접대부로 일했다.

자살한 기쿠마루는 오래 알고 지낸 취재기자에게는 누구보다도 낙관적인 모습으로 보였던 것 같다. "시마다島田의 가발을 쓰고 나라를 위해 계속 노력하는 기쿠마루"와 화려한 트럭섬의 생활 모습을 수기에 썼던 그녀에 대해 "노후와의 격차를 메울 수 없었던 것인가" 하고 취재기자였던 히로다 카즈코廣田和子는 생각한다.

옛 위안부 중에서 가장 유명한 존재가 된 사람은 사회 복귀가 어려운 전 매춘부들의 마을로 건설된 '카타니 부인마을'(시설장 후카츠 후미오深津文雄)에서 1993년에 사망한 시로타 스즈코(본명은 미하라 요시에三原良枝)일 것이다. 자서전 형식을 취한 『마리아의 찬가マリヤの讚歌』는 1971년에 출판되었는데, 이미 1958년경부터 그 일부가 주간지와 월간지에 소개되었다. 전체적으로 어둡고, 특히 각성제에 빠져 미군을 상대하는 창부로 살았던 황폐한 삶, 일변하여 기독교 세례를 받는 극적인 생애 등이 강한 인상과 공

감을 불러일으켰을 것이다.[23]

1985년, 그녀의 소망을 받아들여 후카츠 목사는 다테야마 만帆山灣을 내려다보는 산정에 '아, 종군위안부'라는 비를 세웠는데, 「아사히신문」의 보도 등이 계기가 되어 한국의 운동가인 윤정옥과 김문숙도 방문하는 등 '숨은 성지'가 되었다. 김문숙은 그녀를 만나 비를 세운 동기가 "일본이 범한 추한 범죄에 대해 자신이 가능한 사죄를 하기 위해"[24]라고 했다지만 과연 사실일지 의문이 남는다. 나 역시 두 번 정도 이 비를 보러 갔는데, 건립자의 이름도, 날짜도 새겨져 있지 않은 것이 인상에 남아 있다.

위안부는 아니지만 하녀로서 주변 사정을 견문한 시바오카 토시오柴岡トシオ(1916년생)의 신상 이야기를 들을 기회가 있었기에 마지막으로 그 요지를 부가해 둔다.[25]

농가에서 9명의 형제 중 장녀로 태어났는데, 소학교는 3학년까지인가 다녔고, 8세 때부터 아이 돌보기, 뒤이어 수년을 계약한 하녀를 거쳐 18세에 오사카의 방적 여공이 되었다. 일급 1원 20전을 벌어 전액을 부모에게 송금했다.

고향에 돌아와 1년 좀 못 되게 월급 10엔에 작은 요릿집에서 일했고, 이후 시모무라下村 모某라는 알선업자로부터 쿠보가와 출신 부부가 쑤저우에 연 요릿집으로 전차 600엔, 연계 3년에 작부로 가

23 시로타 스즈코의 관련 정보에 대해서는 『마리아의 찬가』 외에 「카타니 편かにた便」, pp. 41~60호 참조.
24 김문숙金文淑(1992), 『조선인 군대위안부朝鮮人軍隊慰安婦』, 아카시쇼텐, p. 34.
25 1998년 5월 8일, 9일의 시바오카 토시오에 대한 인터뷰, 니시모토 켄이치西本謙一 헌병준위(1939~1944년에 쑤저우 헌병대 근무), 타다 토요주多田豊三 헌병군조(1938~1943년, 同)의 증언.

지 않겠는가 하는 권유를 받았다. 나는 부친에게 말하면 전차금으로 계집질에 사용해 버릴 것을 알고 있었기 때문에 도장을 훔쳐 동의서를 경찰에 내고 가출과 마찬가지로, 전차 없고 도항 여비도 내가 부담하는 조건으로 쑤저우로 향했다.

지원한 18세의 어린 여성과 동행하여 스쿠모^{宿毛} 항에서 벳부^{別府}로 건너갔는데, 경찰과의 관계를 이용해도 허가가 나오지 않았고, 경영자인 여주인, 빨리 돈을 벌려는 인쇄업자, 이렇게 3명이 쑤저우에 도착한 것은 1939년 여름이었다.

'쇼치쿠^{松竹}'라는 그 요릿집은 일본인 13명, 조선인 2명의 작부가 있고, 견습을 반년 한 뒤 나는 접대부가 되었다. 손님의 배정이나 영사관 경찰과의 교섭이 내 일이었고, 몸을 팔지 않았기 때문에 수입은 팁뿐이었지만 1일 10엔 정도가 되어 난징과 상하이도 여행하고, 고향에도 자주 송금하고, 생활은 풍요로웠다.

그 사이에 출입하고 있던 군 통역과 결혼(입적하지 않았다)했지만 오래 가지 않고 헤어졌다, 일본이 작부 중에서 손님을 가리는 2명이 있어 사이가 나빠졌고, 조선인 중심의 '위안소'로 전매되어 버렸다. 조선인 작부 한 사람(카오루)은 아편 중독으로 입원해서도 치료가 되지 않았고, 그 와중에 아이를 낳는 것을 내가 도왔는데, 뒤에 아이를 데리고 조선으로 돌아갔다.

군인 손님으로부터 전황을 듣고 귀국을 결심, 열차로 조선을 거쳐 1945년 봄, 벚꽃이 필 무렵 시코쿠로 겨우 돌아왔다. 뇌물을 써서 50kg의 화물 5개를 부쳤는데 무사히 고향까지 가지고 돌아온 것은 운이 좋았다고 생각한다. 전후 인플레이션 기간에도 가지고 온 입을 것 등을 처분하여 먹고사는 데는 문제가 없었는데, 경영자 부

위안부와 전쟁터의 성^性

부는 종전 다음 해 등짐 하나로 귀환했다. 그 후 결혼도 했지만 이혼했고, 오사카의 토건 회사에서 20년 일한 뒤 지금은 고향 집에서 연금으로 독신 생활을 하는데 나쁘지 않은 인생이었다고 생각하고 있다.

그녀의 낙천적인 모습이 의외라는 생각도 들지만, 80세까지 병 한번 걸린 적 없는 튼튼하고 건강한 몸이 그 이유의 하나였는지도 모르겠다. TV도 잘 보고 있다고 해서 "왜 일본인 위안부는 자신이 위안부였다고 나서지 않는 것인가요?" 하고 물으니 "2백만 엔, 안 될 겁니다. 2천만 엔이라면 나서는 이가 있을지도 모르지만……" 하고 그녀는 웃으며 얼버무렸다.

'카타니 부인마을かたに村' 위안부 비 제막식(1986년 8월 15일).
휠체어는 시로타 스즈코. 전년에 건립했을 때의 나무 기둥을 석비로 바꿨다.

7장

요시다 세이지 吉田清治 의 작화 作話

1. 제주도로

일본군이 범했다고 하는 전쟁범죄가 매스컴에서 문제가 되면, '반드시'라고 말해도 좋을 정도로 '참회꾼' 내지 '작화사作話師'가 등장한다. 최초의 '고백'이 신문의 지방판 혹은 주간지에 나온 뒤, 시민단체가 강연에 끌어내 전국을 돌고, 첫 번째 저서를 내고, 호평이면 두 번째 저서를 쓰고, 피해자 쪽 나라로 가서 사죄하는 유형도 틀이 잡혀 있다.

유명한 난징학살사건에서도 이런 종류의 인물이 몇 사람인가 등장했는데, 나는 그 한 사람과 뉴욕에서 동숙同宿한 적이 있다. 중국계 미국인 조직의 심포지엄에 출석했을 때 일인데, 그는 회장會場에서 학살, 강간 등의 체험을 눈물을 흘리면서 고백하고, 땅에 엎드리기까지 했다. 그런데 호텔로 돌아오자 나에게 "캔 맥주를 사오라"고 명령을 하고, 윗옷을 벗고 맥주를 마시면서 "강간한 아가씨 맛을 잊을 수 없구나" 하며 쩝쩝거렸다. 같은 류의 작화사에게 몇 번인가 휘둘린 경험이 있는

요시다 세이지

탓에 (위안부 문제에도) 깊은 의심을 하게 되었는지 모른다.

제1차 위안부 소송 전후부터 급히 '위안부 사냥'의 산증인이라고 극구 찬양받게 된, 노무보국회勞務報國會 시모노세키 동원부장이었다고 자신을 칭하는 요시다 세이지吉田清治의 언동에 대해 내가 의혹을 느낀 것은 이러한 고약한 체험 탓도 있으리라 생각한다. 새삼스럽게 1983년에 그가 간행한 『나의 전쟁범죄私の戰爭犯罪』를 다시 읽고 미심쩍은 마음이 깊어진 나는 우선 본인에게 문의해 보았다. 특히 확인하고 싶었던 것은 요시다가 1943년 5월, 9명의 부하를 데리고 제주도로 '위안부 사냥'을 나갔을 때, 서부사령관으로부터 받은 다음과 같은 '동원명령서'의 진위 여하였다.

1. 황군 위문 조선인 여자정신대 2백 명

1. 연령 18세 이상 30세 미만

1. 신체 건강한 자(특히 성병 검진을 할 것)

1. 기간 : 1년

1. 급여 : 매월 30엔. 준비금으로 선급금 20엔

1. 근무지 : 중국 중부 방면

1. 동원지구 : 조선반도 전라남도 제주도

1. 파견 일시 : 1943년 5월 30일 정오

1. 집합 장소 : 서부군 제74부대(시모노세키 포병연대의 통칭이다)

(『나의 전쟁범죄』, p. 101.)

면회는 거절되었지만 전화로는 상당히 긴 시간에 걸쳐 그가 답해 주었기 때문에 1992년 3월 13일과 16일에 요시다와 교환한 문답의 요점을 여기에 소개한다.

위안부와 전쟁터의 성性

필자 당시의 「방장신문防長新聞」(1942년 7월 9일자)을 보면, 노무보국회 시모노세키 지부는 "항구 도시 시모노세키의 장長 들로 편성된다"고 했는데, 당신이 거기에서 맡은 일은 무엇이었는가?

요시다 경찰 하청으로 날품팔이(자유노동자)의 노무 조달을 하는 것이 노보의 임무였는데, 시모노세키에는 약 1만 명의 조선인 자유노동자가 살고 있었기 때문에 주요한 조달 대상이 되었다. 그러나 전쟁 후반에는 그것으로도 부족했기 때문에 조선반도에서 모아 왔다.

필자 위안부 조달도 했던 것인가?

요시다 여자정신대라는 명목으로 그와 동일하게 위안부도 조달했다. 합계 950명으로 기억하고 있지만, 부하는 2천 명이라고 말하고 있다. 매춘업자와 쟁탈하고 있었기 때문에 여자가 부족해서 제주도로 사냥하러 갔다.

필자 '서부군 → 야마구치山口 현지사 → 시모노세키 경찰서장 →요시다'와 같은 명령 계통으로 조선군이 관할하는 제주도로 사냥하러 가는 것은 관료 조직에서는 있을 수 없는 일이라고 생각한다. 게다가 노보의 업무 범위는 내지인에 한정되고, 조선반도에서는 역시 자유노동자를 동원하는 '노무보공회労務報公會'도 있었을 것인데……

요시다 전시 중에는 모든 것이 초법적이었다.

필자 서부군의 동원명령서(1943년 5월)는 부인의 일기에 써 두었다고 하는데, 당신의 지난 저작에서 결혼은 1944년 2월이라고 되어 있다.

요시다	그때는 사실상의 결혼과 입적 신고가 어긋나는 것이 상식이었다.
필자	그러면 사실상의 결혼은 언제였는가?
요시다	전쟁 시작 전이었으니까, 1941년인가…….
필자	당신은 1940년부터 감옥에 들어가 1942년에 출소했다고 썼다. 옥중 결혼인가?
요시다	처가 죽었기 때문에 조사하기 어렵다.
필자	증거를 얻고 싶으니 옛 부하 누군가를 소개해 달라.
요시다	이 책을 쓸 때 10명 정도의 옛 부하에게 함께 쓰자고 권유했지만 모두 두려워하며 거절했다. 그래서 2, 3명에게 이야기를 확인한 뒤 나 혼자 책으로 낸 것이다. 절대로 가르쳐 줄 수 없다.
필자	위안부 문제는 이후 어떻게 전개될 것이라고 생각하는가?
요시다	지금까지 미국이 한국의 반일운동을 억눌러 왔지만, 냉전의 무게가 없어졌기 때문에 나도 운신하기 쉽게 되었다. 나를 지지하는 NGO도 많으니까 머지않아 유엔에 가지고 가서 큰 문제로 만들 것이다.

나는 이 문답 후 내 힘으로 요시다의 "옛 부하"를 찾을 수밖에 없다고 판단하고 야마구치현 출신의 이점을 살려 시모노세키로 가서 찾아보았다. 몇 사람의 노보 관계자는 사망했고, 결정적인 단서를 찾지 못한 채 그 길로 제주도로 향했다. 제주 국제공항에 내려선 것은 1992년 3월 29일 점심 전이었다. 여행의 인상은 지난 저서 『쇼와사의 수수께끼를 쫓다昭和史の謎を追う』하권(1993년) 제41장에서 적은 바 있기에 생략하지만, 요시

위안부와 전쟁터의 성性

다가 생생한 필치로 묘사한 위안부 사냥 중 성산포의 조개 단추 공장에서의 연행 풍경을 다시 소개한다.

> 여공들이 빠른 손으로 대바구니 속에서 조개껍데기를 꺼내 쇠틀 속에 넣고 발로 밟는 기계를 조작하자 1전짜리 구리 동전보다 조금 작은 단추가 동시에 10개 정도 만들어지고 있었다. (……) 대원들이 재빨리 공장 내 2개소의 출입구를 막고 목검 끝을 들이밀며 여공들을 일으켜 세웠다.
> "체격이 큰 처녀가 아니면 감당할 수 없을 거야" 하고 야마다^{山田} 가 큰 소리로 말하자 대원들은 웃음소리를 높이고, 끝에 있는 여공부터 순번에 따라 얼굴과 몸매를 들여다보며 위안부용 아가씨를 고르기 시작했다. 젊고 몸집이 큰 처녀에게 야마다가 "앞으로 나오라"고 소리쳤다. 아가씨가 무서워 옆의 나이든 여자에게 달라붙자 야마다는 (……) 그쪽으로 돌아가 처녀의 팔을 잡고 끌어냈다. (……) 여공들은 일제히 아우성을 높이고, 우는 소리가 커졌다. 대원들은 젊은 처녀를 끌어내는 데 애를 먹고, 목검을 사용하여 등과 엉덩이를 때리기까지 했다. (……) 여공 가운데 위안부로 징용된 처녀는 16명이었다.

나는 이 조개 단추 공장이 있었다는 성산포에도 가 보았다. 해녀 연구자이기도 한 강대원^{姜大元}(게이오대학 출신)의 통역으로 당시 4, 5개소가 있었던 조개 단추 공장의 전 조합원 등 5명의 노인과 대화했고, 남자 징용은 있었지만 위안부 사냥은 없었던 것으로 안다는 이야기를 들을 수 있었다. 공립도서관에서는 1976년경 요시다가 제주도를 여행했을 당시의 관련 기사를 신문에서 찾아보았지만 발견할 수 없었다. 그러나 생각하지 못한 수확이 있었다. 1989년 요시다 저서의 한국어 번역본(청계연구소 현대 사연구실)이 나왔을 때, 「제주신문」의 허영선 기자가 서평을 겸한 소개 기사를 썼다는 것이다. 1989년 8월 17일자의 기사는 다음과 같다.

> 해방 44주년을 맞아 일제 강점기에 제주도 여성 205명을 위안부로 징용해 갔다는 기록이 나와 큰 충격을 주고 있으나 뒷받침할만한 증언이 없어 파문을 던져 주고 있다.
>
> (다음으로 요시다 저서의 개요를 소개한다. - 필자)
>
> 그러나 이 책의 기록에 의한 성산포 단추 공장에서 1516명을 강제 징발했던 기록물이나 법환리 등 마을 도처에서 행해졌던 이 위안부 사건 이야기는 증언자들이 거의 없다. 그들은 이를 터무니없는 일로 일축하고 있어 기록의 신빙성에 더 큰 의문이 인다. 성산리 주민 전옥단 씨(85)는 "그런 일은 없다. 2백 50여 가호밖에 안 되던 마을에서 열다섯 명이나 징용해 갔다면 얼마나 큰 사건인데 (……) 당시 그런 일은 없었다"고 잘라 말했다.
>
> 향토사학자 김봉옥 씨는 "1983년 원본이 나왔을 때 몇 해 동안 추적한 결과 사실무근인 부분도 있었다. 오히려 그들의 악독한 면을 드러낸, 도덕성이 결여된 책으로 얄팍한 상술도 가미되었을 것으로 본다"고 분개했다.

말하자면 요시다 설의 전면 부정에 가까운데, 그날 저녁 지금은 「제민濟民 일보」의 문화부장으로 자리를 옮긴 허영선 여사를 만날 수 있었다. 민완 기자라는 느낌의 그녀로부터 "무슨 목적으로 이런 작화作話를 쓴 것일까요?" 하는 질문을 받고 답이 궁했던 기억은 지금도 선명하다.

귀국한 뒤 나는 월간지 「세이론」 6월호(1992년 5월 1일 발매)에 연재 중이던 '쇼와사의 수수께끼를 쫓다' 시리즈에 제주도에서의 견문도 포함한 '종군

요시다 저서의 한국어 번역판에 대한 기자 서평
『제주신문』 1989년 8월 17일)

위안부들의 춘추從軍慰安婦たちの春秋'를 발표, 「산케이신문」이 전날(4월 30일) 조간에 요점을 보도했다. 그 사이에도 여기저기에서 요시다에 관한 추가 정보가 들어왔다. 당시 노보의 동료 3명 가운데 오시마小島 지부장이 사망, 1명은 노쇠하여 누워 있고, 1명은 행방불명이라 실망했지만, 시모노세키를 중심으로 하는 헌병, 경찰, 노보의 관계자로부터는 모두 부정한다고 해도 좋을 자료들뿐이었다.[1] 특히 NHK 야마구치山口 방송국이 요시다 증언을 축으로 한 프로그램을 기획하여 4~50명을 취재했지만, 도저히 증거에 대한 사실관계가 확인되지 않고, 요시다의 출판사로부터 "그것은 소설이다"라고 듣기도 하여 2월에 기획을 중단했다는 연락을 받았다. 한편

---

1 요시다의 라이프 히스토리를 조사할 때 다음과 같은 여러분의 증언과 협조를 얻었다. 有吉進 (시모노세키 수상경찰서장), 伊東和三郎(대구헌병대), 池田鐵夫(시모노세키 헌병분대장), 金子武雄(노보 본부), 鎌田福市(시모노세키 헌병분대장), 神田好武(중화항공 파일로트), 北原時雄(제주도 헌병분주소장), 白石武雄(시모노세키 헌병분대), 永田繁(시모노세키 수상경찰서), 西尾禪敬(시모노세키 헌병분대), 廣西榮(보신오회), 森安精(상하이헌병대 경무과장), 吉本茂(산업보국회 시모노세키지부), 靑野繁, 板倉由明, 上森千年, 金石範, 辛基秀, 末光貞夫, 藤原淸孝, 町田貢, 村上雅通, 森王琢, 吉田淸治. 그 외에 우에스기 치토시(1996), 『검증 종군위안부』 증보판, 全貌社; 후지오카 노부카츠藤岡信勝(1997), 『'자학사관'의 병리 '自虐史觀'の病理』(분게이슌주)를 참조.

'감정사鑑定士는 다른 데도 있구나' 하고 안심이 되기도 했다.

2. 속아 넘어간 「아사히신문」

그에 비해 매스컴, 특히 「아사히신문」의 요시다에 대한 몰입은 심상치 않았다. 표 7-1은 요시다의 매스컴에 대한 발언 중에서 일부를 골라낸 것인데, '나의 8월 15일'이라는 주제에 응모한 1963년의 「슈칸아사히」수기로 시작된다. 이때는 시모노세키 시내의 조선인 남자 노무자의 조달체험에 머물렀고, 위안부 사냥이나 강제연행이라는 말을 쓰지 않았기 때문에 임팩트가 부족했는지 선외選外 가작에 그쳤다. 거꾸로 말하면, 문장력은 충분하기 때문에 소재 여하에 따라서는 입선했을지도 모른다는 뜻이다(당시 1등은 콘도 토미에近藤富枝, '그 순간의 아나운서실'이었다).

[표 7-1] 요시다 세이지의 대 언론 발언

	날짜	요약
「슈칸아사히」공모 수기	1963. 8. 23	'나의 8월 15일'에 응모, 가작 당선(시모노세키에서의 노무 조달 풍경).
첫 번째 저작 간행	1977. 3. 1	
「The People」	1982. 6. 29	6월 18일 오사카부립 필로티 호텔에서 요시다 세이지의 강연, 내용은 두 번째 저작과 거의 동일.
「아사히신문」(오사카 판)	1982. 9. 2	오사카에서의 전일 시민집회에서 한 강연 취지, 내용은 두 번째 저작과 거의 동일(사진 포함).

	날 짜	요 약
도쿄지방법원에서의 증언(제1사할린 재판)	1982. 9. 30 1982. 11. 30	두 번째 저작과 거의 동일한 내용.
두 번째 저작 간행	1983. 7. 31	
「아사히신문」 '사람'란	1983. 11. 10	강제연행에 대한 사죄비를 한국에 건립한다는 뉴스를 소개(사진 포함).
강연	1988. 1. 15~16	'요시다 세이지 증언회'에서 강연(8월에 사무국에서 인쇄물 간행).
「아사히신문」(오사카 판)	1991. 5. 22	"목검을 휘둘러 강제로 동원"(사진 포함).
「아사히신문」(오사카 판)	1991. 10. 10	위안부에는 유부녀가 많았고, 매달리는 아이를 떼어내고 연행, 정부는 자료를 숨기고 있다(이노우에井上裕雅 편집위원의 인터뷰, 사진 포함). 『여자들의 태평양전쟁』(전 3권)에도 수록.
「홋카이도신문」 석간	1991. 11. 22	아프리카의 흑인 노예사냥과 같은 형태의 사냥 몰이를 했다.
「도쿄신문」 석간	1991. 12. 6	위안부 사냥은 군 명령(사진 포함).
「아카하타赤旗」	1992. 1. 17	제1작, 제2작의 요점을 소개.
「아사히신문」 석간 '창窓'란	1992. 1. 23	연행한 여성은 950명, "내가 강제연행한 조선인 중 남성의 절반, 여성의 전부가 사망했다고 생각한다"는 요시다 발언, "언론에 요시다의 이름이 나가면 피해를 입지 않을까 걱정되어 물으니, 각오가 되어 있는지 '아니다, 이제는 상관없다'"라고 기타바타케 키요야스北畠清泰 논설위원의 소개 기사.
「아카하타」 일요판	1992. 1. 26	연행한 위안부는 1,000명 이상(사진 포함).
「고베神戸신문」	1992. 2. 25	이토 히데코伊東秀子 의원의 의뢰로 요시다가 3월 3일~10일 중 어느 한 날에 중의원예산위원회에 출석, 증언하는 것이 결정되었다고 보도(무산됨, 사진 포함).
「산케이産経신문」	1992. 4. 30	하타秦의 제주도 조사 결과를 보도한 기사에 "유교의 전통이 강한 한국에서 피해자의 가족리 커밍아웃 하지 않는 것은 당연"이라는 요시다 입장 표명.
「아사히신문」	1992. 5. 25	요시다가 7월 한국으로 '사죄의 여행'을 떠난다는 기사. 남녀 6,000명을 조선반도에서 강제연행한 경험을 "국회든 어디에든 가서 말할" 예정이지만, 아직까지 실현이 안 되고 있다고 보도.

	날짜	요약
「뉴욕타임스」	1992. 8. 8	도쿄지국장의 인터뷰 기사(사진 포함). 요시다는 2,000명의 여성을 조선반도에서 사냥했다고 말했지만, 하타 교수는 그를 사기꾼이라고 주장하고 있다.
「마이니치每日신문」	1992. 8. 12	방한한 요시다의 소식과 '1,000명을 위안부로서 징용'이라고 소개.
「마이니치每日신문」	1992. 8. 13	요시다는 8월 12일 서울 시내의 위령제에서 옛 위안부들에게 사죄, 또 보상을 위해 일본에 의한 한국 고속철 계획의 비용 부담을 주장.
「요미우리読売신문」 석간	1992. 8. 15	오사카에서 8월 15일에 열린 집회에 요시다가 출석, 100명의 조선인 여성을 제주도에서 연행하였다는 등 증언.
「슈칸신초週刊新潮」	1992. 11. 24	요시다는 1993년 봄에 방미하여 미 언론, 주미 조선인(약 100만 명)을 설득하여 유엔사무국장에 위안부 문제를 어필할 예정이라고 말함.
「아카하타」	1992. 11. 14	2년간 조선반도에서 작게는 950명, 많게는 3,000명의 여성을 강제연행했다는 요시다의 새로운 증언과 요시다가 '정신대국제원호회'를 결성했다는 보도(사진 포함).
구마모토熊本 방송 TV	1992. 3. 26	50분간 방송된 '표박의 끝-조선인 종군위안부 50년의 한'에 요시다 출연.
「슈칸신초」	1992. 12. 24 12. 31	요시다의 "내가 쓴 것은 모두 사실, 하지만 타인에게 피해를 주면 안 되기에 불투명하게 쓴 것이 있다. 거기에 집착하여 매파와 어용학자가 (……)"라는 코멘트.
「슈칸신초」	1995. 1. 5	요시다 증언은 모두 허위 날조라고 기술한 기사에 대해 "내가 이 이상 말하면 옛 위안부와 그 가족들에게 피해가 간다. 허위 날조라 해도 상관없다. 나의 역할은 이미 끝났다"라는 요시다의 코멘트.
「슈칸신초」	1996. 5. 2 5. 9	요시다는 전화 인터뷰에서 "책에 진실을 써도 아무런 이익도 없다. 사실을 숨기고 자신의 주장을 날조하여 쓰는 것은 신문사도 하지 않느냐"라고 말함.
「아사히신문」	1997. 3. 31	요시다 증언의 진위는 확인할 수 없다.

위안부와 전쟁터의 성性

위안부 사냥이라는 '고백'이 처음 등장한 것도 1982년의 「아사히신문」으로 『나의 전쟁범죄』(두 번째 저작)가 산이치쇼보 출판사에서 간행되기 1년 전이었다.

1977년의 첫 번째 저작, 『조선인 위안부와 일본인朝鮮人慰安婦と日本人』(신진부츠오라이샤新人物往来社)은 노보에 들어가기까지의 신상 이야기가 주된 것이고, 조선반도에 출장하여 남자 노무자를 사냥한 것과 시모노세키에서 조선인 위안부를 조달한 체험담이 주이다. 하지만 위안부는 사냥이 아니라 조선인 지구의 여자 보스가 이야기를 매듭짓고 노보에 중계하는 방식으로 되어 있다. 그러나 두 번째 책이 나온 뒤 3개월이 지난 1983년 11월, 전 노보 징용대장 명의로 천안시 국립묘지에 사죄비를 세우기 위해 요시다가 방한한 것을 다룬 「아사히신문」의 '사람'란에는 남자 징용뿐이

고 위안부 사냥 이야기는 나오지 않는다. 인터뷰를 한 미조타溝田 기자의 식견인지도 모른다.

다음으로 TV 취재반이 2개 회사나 동행한 1992년 8월의 방한에서 요시다는 한국의 매스컴에 대해, "재일 한국인 위안부 5천 명에게 민족적 긍지를 심어 주기 위해 대통령 선거 투표권을 주기 바란다, 계획 중인 서울-부산 간 고속철도를 일본 정부가 보상의 의미로 건설해 줘야 한다고 제안했다"고 한다.[2]

「슈칸아사히」(1963년 8월 23일자)

---

2 구로다 가쓰히로黒田勝弘, '일한 최악의 여름日韓最悪の夏', 「쇼쿤!」, 1992년 10월호.

이러한 일련의 과정을 주의 깊게 관찰하면, 요시다가 20년에 걸쳐 주제를 조금씩 부풀리고, 제주도의 위안부 사냥으로까지 확장시켰다는 사실을 알 수 있다. 계획적 책략은 없었던 것으로 보이는데, 전후의 작품을 비교하여 읽어 보고 죽은 부인의 일기 문제와 같은 '폭발'(실수)이 여기저기에서 발견된다는 점을 보면 알 수 있다.

어쨌든 「아사히신문」은 위안부 문제가 뜨거운 화제가 된 1991년 중반부터 1년 동안 네 차례나 요시다를 지면에 등장시켰다. 그리고 응모한 글을 단행본으로 만든 『여자들의 태평양전쟁女たちの太平洋戰爭』 전3권(「아사히신문」, 1991~1992년)에 기타바타케北畠와 이노우에井上 두 기자가 특별히 요시다 관련 기사를 끼워 넣을 정도로 열중하는 모습을 보였다. 모두 아무런 검증 없이, 이성적으로 의심조차 하지 않는 모습을 볼 수 있다. 그러나 나의 제주도에서의 조사 결과를 1992년 4월 30일 「산케이신문」이 보도한 후, 「아사히신문」은 요시다에 대해 쓰기를 멈췄다. 그러나 정정 기사는 나오지 않았다.

1996년 봄, 유엔의 쿠마라스와미 보고서(후술)가 요시다를 인용했을 때도 이 부분에 대해서는 다루지 않았다. 그러나 1997년 3월 31일, 오래간만에 2면을 통째로 사용하는 이례적인 위안부 캠페인 특집에서는 요시다 증언에 대해 "「아사히신문」 등 몇 개의 미디어에 등장했지만, 곧 이 증언을 의문시하는 소리가 높아졌다. 제주도 사람들로부터도 요시다의 저술을 뒷받침하는 증언은 나오지 않고, 진위는 확인할 수 없다. 요시다는 '자신의 체험을 그대로 썼다'고 말하지만, '반론할 생각은 없다'고 하면서 관계자의 성명 등 자료 제공을 거부하고 있다"(밑줄은 필자)고 설명했다. 의문 내지 부정하는 소리가 나오고 나서 5년이나 지났기 때문에 "진위"를 확인할 의무가 있다고 생각한다는 것인데, 진위를 확인하기는커녕 다

위안부와 전쟁터의 성性

른 곳에서는 "'강제'를 '강제연행'에 한정할 이유는 없다. 강제성은 어떻게 옛 위안부의 '인신의 자유'가 침해되고, 그 존엄이 짓밟혔는가 하는 관점에서 물어지는 것이다"라고 논점을 딴 데로 돌리고, 사설에서는 "역사에 눈을 감지 말라"는 일반론으로 도망치고 있다.

다음 날 「산케이신문」 사설이 "(아사히의) 특집은 일견 지금까지의 자신의 주장을 (……) 보강한 것처럼 볼 수 있지만, 실제로는 지금까지의 보도의 파탄을 두드러지게 한 것"이라고 비평한 그대로라고 할 수 있다. 따라서 아사히가 의연히 요시다의 증언을 믿고 있다고 생각하는 독자가 있어도 이상할 것이 없다. 바로 그렇기 때문에, 1997년 2월 7일 '목소리聲' 란에 "나는 적어도 천 명은 징용했다"라고 TV에서 전 군인(요시다를 가리키는 것이 분명하다)이 말하였는데, "당사자의 목소리에 왜 귀를 닫는가" 하고 분개하는 주부의 투고문이 게재되었을 것이다. 그러나 변호사조차 지금도 여전히 요시다의 저서를 인용하는 논문을 당당히 쓰고 있을 정도이기 때문에(표 7-2 참조) 이 주부의 사례를 웃어넘길 수는 없다.

[표 7-2] 요시다 증언을 채용한 저작물

이에나가 사부로家永三郎 (역사학자)	요시다의 『나의 전쟁범죄』의 일부를 4페이지에 걸쳐 인용, 사죄비를 세운 것을 소개.	이에나가 『전쟁책임戰爭責任』 (이와나미쇼텐岩波書店, 1985) p. 104. 이하.
사토 카즈히데佐藤和秀 (논픽션 작가)	(요시다의 고백를 읽고) 나는 눈물을 억누를 수 없었다.	「우시오潮」 1992년 3월호.
스즈키 유코鈴木裕子 (여성사 연구가)	"(요시다는) 위안부 사냥에 종사 (……) 전후 그들이 저지른 죄업을 후회하며"(요시다의 묘사를 인용).	스즈키 『조선인 종군위안부 朝鮮人從軍慰安婦』(이와나미부클릿, 岩波ブックレット 1992년 3월).
스기이 시즈코杉井静子 (변호사)	"위안부는 (……) 그야말로 총검을 들이대어 강제연행되었던 것이다. (……) 이 일은 요시다 세이지가 생생하게 증언"(요시다의 묘사를 인용).	「분카효론文化評論」 1992년 4월호.

일변연국국제인권부회보고	요시다 저서를 인용하여 "경찰과 군대를 이용하여 강제적인 사냥 몰이도 실시되었다"고 결론.	'일본의 전후처리를 묻다' 심포지엄(1992년 7월).
다카기 겐이치 변호사	요시다의 '체험'을 26페이지에 걸쳐 소개.	다카기 『종군위안부와 전후보상從軍慰安婦と戦後補償』(산이치쇼보, 1992)
쿠라하시 마사나오倉橋正直 에히메 현립대 교수	"강제연행을 말하는 사료로써 (……) 요시다 세이지라는 분의 증언이 나와 있다."	쿠라하시 『종군위안부 문제의 역사적 연구從軍慰安婦問題の歴史的研究』(쿄에이쇼보共栄書房, 1994) p. 78
시데하라 히로幣原広 변호사	"요시다 세이지 『나의 전쟁범죄』 등에 의하면"이라고 말하며, 제주도 위안부 사냥의 개황을 소개.	「법학 세미나」 1997년 8월호.
소네 카즈오曾根一夫 전 병사	상동	『전 하급 병사가 체험 견문한 종군위안부元下級兵士が体験見聞した従軍慰安婦』(시라이시쇼텐白石書店, 1993) p. 45

　　역사가나 연구자 가운데 요시다의 두 번째 책에 신속히 주목하여 전면적으로 인용한 것은 교과서 소송으로 유명한 이에나가 사부로 교수다. 제주도에서 요시다가 벌였다는 위안부 사냥의 하이라이드 장면을 저작권법 위반에 해당하지 않는가 걱정할 정도로 장장 4페이지에 걸쳐 인용하고 있다. 그리고 요시다가 사비로 한국에서 '사죄의 비'를 세우고 땅에 엎드려 조아린 일을 치켜세우면서도, "말단의 실행 행위자 개인이 사죄했다고 해서 일본 국가의 책임이 청산되지는 않음은 물론"[3]이라고 거듭 확인하고 있다.

　　과연 최근에는 연구자 사이에서도 요시다의 증언을 믿는 사람은 없는 것 같지만, 허구로 단정하는 것도 망설이는 이 역시 적지 않은 것 같

---

3 이에나가 사부로(1985), 『전쟁책임』, 이와나미쇼텐, pp. 104~107, 241.

위안부와 전쟁터의 성性

다. 일례로 『'종군위안부'를 둘러싼 30개의 거짓과 진실'從軍慰安婦'をめぐる30の
ウソと眞實』(오츠키쇼텐大月書店, 1997)로부터 요시미 요시아키 교수의 기술을 인
용해 보자.

> (요시다의) 증언에 대해 많은 의문이 제기되었는데, 요시다는 반론하
> 지 않고 있다. 그래서 우리들은 1993년 5월에 요시다를 방문하여
> 적극적으로 반론해야 한다고 제안했다. (……) 요시다는 일기를 공
> 개하면 가족에게 협박이 미치기 때문에 할 수 없다고 답했다. 그
> 외 회상에는 일시나 장소를 바꿔 말한 경우도 있다는 것이다. 그래
> 서 우리들은 요시다의 이 회상은 증언으로는 사용할 수 없다고 확
> 인할 수밖에 없었다. (……) (나는) 요즘 요시다의 증언은 일체 사용하
> 지 않고 있다. (……) 요시다는 위안부 징모徵募에 관해 몸소 체험한
> 것을 전해들은 것과 구별하여 정확히 증언하기 바란다.

요시미와 함께 요시다를 만나 이야기한 우에스기의 설명은 조금
뉘앙스가 다르다. 1997년 3월 25일, '교과서에 진실과 자유를' 연락회連絡
會의 기자회견에서 우에스기는 필자의 제주도 조사를 언급하고, 1993년
에 윤정옥이 제주도에서 피해자로 추정되는 한 증언자를 발견했는데, 주
위에서 설득하고 제지당하여 증언을 얻을 수 없었던 일이 있다고 소개했
다. 그러나 이 여성이 요시다의 위안부 사냥의 당사자였는지를 포함하여
요점은 확실하지 않다.

우에스기는 그로부터 비약하여 "섬 안에는 함구령이 내려졌을 가
능성을 부정할 수 없다"고 말하고, "하타 이쿠히코의 논거만으로 요시다의
증언을 거짓말로 단정할 수 없다"고 결론 내렸다. 아직 미련이 남아 있는

것 같은데, 같은 전쟁책임자료센터의 회원인 니시노 루미코^{西野留美子} 처럼 "쌍방에 얽매이지 않고, 가능한 한 객관적인 청문을 하고 싶다"며 시모노세키까지 가서 요시다와 면식이 있는 전 경찰관과 만나고, 제주도의 위안부 사냥에 대해 "아니. 없다. 들은 바 없다"[4]는 증언을 끌어낸 사람도 있다.

또 일본교직원노동조합 활동가인 듯한 쿠보이 노리오^{久保井規夫}와 같이 "요시다의 증언은 신빙성이 없다는 것이 (하타에 의해) 입증되었다", "나는 조선에서는 공공연히 폭력을 휘두르는 (……) 강제연행은 거의 없었다고 판단"[5]한다고 쓴 사람도 있지만, 요시다 자신이 "모두 허구"라고 공언하지 않는 한, 제주도 신화는 사라지지 않을 것 같다.

3. 거짓말로 점철된 '라이프 히스토리'

요시미나 우에스기가 지금도 요시다에 대해 극진한 배려를 보이는 진의는 불분명하지만, 1997년 4월 6일에 내가 요시다와 전화로 이야기하며 알게 된 것은 일찍이 요시다의 증언을 믿고 소개한 '피해자'인 저널리스트들이 종종 전화로 요시다의 상태를 체크하는 것 같다는 점이었다. 아무래도 그들이 걱정하고 있는 것은 요시다 자신이 "모두 만들어 낸 이야기다"라고 고백하는 사태가 아닌가 하고 짐작했다.

---

4 니시노 루미코(1995), 『일본군위안부를 따라日本軍慰安婦を追って』, 나시노키샤梨の木舍, p. 83.
5 쿠보이 노리오(1997), 『교과서에서 지울 수 없는 역사教科書から消せない歴史』, 아카시쇼텐明石書店, p. 100.

이러한 과정은 1992년 당시에도 예상되었던 것으로, 나는 제주도에서 돌아온 후에도 잇따라 자서전풍으로 쓰인 요시다의 첫 번째 책을 실마리로 그의 라이프 히스토리를 자세히 조사했다. 친구인 이타쿠라 요시아키板倉由明, 우에스기 치토시上杉千年나 그의 출신지 사람 몇 명도 협력해 주었다. 친척들도 만났는데, 그 결과 그가 거짓말로 도배한 인생을 살았음이 판명되었다. 그 요점은 표 7-3에 실린 그대로인데, 정확한 것은 생년 정도이고, 이름부터 실명과 필명이 몇 번이나 바뀌고 있다. 학력, 직업 경력도 대부분 확인할 수 없지만, 야마구치현 노무보국회 시모노세키 지부장으로 재직하고 있었던 것만은 확실해 보인다.

[표 7-3] 요시다 세이지의 증언—허와 실

	본인의 진술	실제
1. 성명	요시다 세이지	본명은 요시다 유토吉田雄兔, 별명은 토지, 에이지
2. 생년월일	1983년 70세(신문)	1913년 10월 15일
3. 본적지	야마구치현(I, p.19)	후쿠오카현 아시야마치芦屋町 니시하마(西浜)
4. 학력 (A)		1931년 모지시립상업학교門司市立商業学校 졸(졸업생명보에는 상망喪亡이라 기재).
5. 학력 (B)	"도쿄의 대학을 나와"(I, p.7).	호세이法政대학 전문부 법과 중퇴(?)
6. 경력 (A)	1937년, 만주국지적정리국(I, p.7)에 취업.	상동
7. 경력 (B)	1939~1940년 중화항공 상하이 지점(I, p.62).	1992년 5월 중화항공 사원회에서 요시다를 기억하는 자 없음(우에스기上杉, p.58).
8. 김영달	도쿄 출생의 김영달을 1937년에 양자로 입적. 요시다 나가다츠吉田永達는 1937년 12월 10일 만주에서 오가와 교코(소학교 교원)와 결혼, 익월 고구라 연대에 입대, 1938년 9월 1일 간도성에서 전사(I, 2~6장).	1937년 4월 30일 이정욱(1917년생)을 양자로 입적, 1942년 결혼, 전후 큐슈에서 노조운동의 간부로 활동, 1983년 사거死去.

	본인의 진술	실제
9. 입옥	김구(조선 독립운동의 수령)를 수송한 이유로 1940년 6월 헌병에 체포되어 군법회의에서 징역 2년의 형, 1942년 6월 20일 이사하야諫무 형무소 출소(I, 7장).	본인은 1996년 3월 27일 하타에게 김구가 아닌 충청군의 대좌라고 정정, 죄명은 아편 밀수에 얽힌 '군사물자횡령죄'라고 말했다.
10. 결혼	1944년 2월 상순(I, p.156).	1944년 5월 18일 오오노 후사에大野フサエ 결혼(우에스기, p.48)
11. 노무보국회	1942년 9월, 동향 선배 덕분에 노보 시모노세키 지부의 동원부장으로 취직(I, p.71).	요시다의 근무를 기억하고 있는 사람(복수) 있음.
12. 제주도의 위안부 사냥	1943년 5월 15일자의 '서부군동원명령'(요점은 부인의 일기에 기재, II, p.156)에 따라 1943년 5월 17일 시모노세키 발, 익일 제주도 도착, 병사 10명과 함께 205명의 여성을 위안부 요원으로 강제연행, 폭행한 자도 있음(II, 제3장).	1944년 2월(I, p.156, 실제는 1944년 5월 18일)에 결혼한 부인의 일기에 동원명령의 요점이 기재되어 있을 리가 없으므로 전체가 허구로 생각됨.
13. 전후의 경력	I, II 모두 일체의 언급이 없음.	1947년 4월 시모노세키 시의원에 공산당으로 출마했으나 낙선, 1970년 즈음 모지門司의 일소협회 임원으로 일한 것 외엔 불명.

주1 쌀오 안의 'I'는 요시나의 첫 번째 서삭 『소선인 위안루와 일론인朝鮮人慰安婦と日本人』(신신부즈오라이샤, 1977), 'II'는 두 번째 저작 『나의 전쟁범죄私の戦争犯罪』(산이치쇼보, 1983), 우에스기는 우에스기 치토시 『검증 종군위안부検証従軍慰安婦』(젠보우샤, 1993)를 가리킴.

주2 '실제實際'의 제 사실은 1993~1996년에 걸쳐 하타, 이타구라 요시아키板倉由明, 우에스기 치토시 등이 시모노세키를 중심으로 요시다의 친척, 지인 등을 통해 조사한 결과다.

주3 5의 '학력(B)'에 관해서는 「아사히신문」이 호세이대학 졸업이라 보도했고, 요시다는 하타에게 동대학을 중퇴했다고 말했으나, 호세이대학에는 재적 기록이 없다. 『저작권대장』(1990년판)에는 '호세이대학 졸'이라고 되어 있다. 1996년 3월 27일에 요시다는 하타에게 자신은 다른 일을 하면서 호세이대학 전문부 법과에 다녔었다고 말했다. 쿠마라스와미 보고서는 요시다를 도쿄제국대학 졸업이라고 기재했으나, 본인은 짐작 가는 바가 없다고 했다.

노무보국회(노보)라는 반공반민半公半民의 조직은 대정익찬회大政翼贊會 산하로, 1942년 10월에 대일본산업보국회(산보)의 일환으로 후생·내무

양성兩省이 공동 관리하는 것으로 설립되었다. 산보가 기업과 조직 노동자로 구성된 것과 달리, 노보는 노무 공급업자와 청부업자(갑회원), 그리고 전국 약 120만의 자유노동자(목수, 미장이, 하역 노동자, 토목 노동자) 등 을회원으로 조직된 것이다.

　　'노무보국회 설립요강'은 그 목적을 "대일본 산업보국회와 긴밀한 연락 하에 업자와 그 소속 및 사용 노무자의 산업보국운동을 전국적으로 실시, 통할하고, 일용 노무자의 적정한 배치를 꾀함"[6]으로 내걸었다. 중앙 기구로 일본노무보국회, 지방 기구로 도부현 노무보국회를 두고, 더욱이 그 아래 하부 기구로서 지부를 설치하고, 운영은 "관계 경찰서장 및 국민직업지도소장의 지도를 받는다"고 되어 있었다. 야마구치현 노보(회원수 5만)는 지사知事가 회장을 겸하고, 시모노세키 지부는 시모노세키 경찰서장이 겸임하였는데, 당시 지방 신문 등에 의하면 실무는 가고토라구미 야쿠자 보스가 맡고 있었다.[7]

　　시모노세키의 특질은 수천 명의 조선인 남녀를 안고 있었다는 것이고, 항만 공사, 재해 복구, 비행장 건설 등에 데리고 나왔다. 탄광 노동에도 투입된 것 같은데, 업무의 범위는 내지에 한정되어 있었다. 조선총독부 관내에서는 조선노무협회와 내지의 노보에 해당하는 노무보공회勞務報公會가 있었기 때문에 노무 조달을 위해 내지의 노보 지부원이 나가 직접 징집할 이유는 없었다. 아마도 요시다의 노무자 사냥 광경은 시모노세키에서의 체험, 조선으로부터 노무자를 건네받을 때 전해들은 내용을 뒤섞은 것이 아닐까. 1996년 3월 27일, 표 7-3을 작성하던 도중 4년 만에 전

6 노무성勞働省(1961), 『노동행정사勞働行政史』 제1권, pp. 1193~1195.
7 『방장연감防長年鑑』 1943년판, 『야마구치현 경찰사山口縣警察史』 下, 「간몬닛포關門日報」, 1942년 9월 17일자 등.

화로 82세의 요시다와 통화했다.[8] 청취한 요지는 다음과 같다.

> 지바대학으로 옮긴 것인가? 최근 3년, 매스컴이나 시민운동과 함
> 께하지 않고 있다. 내 아버지는 해군 군인이었다. 징병 검사는 호
> 세이法政대학 재학 중에 받았고, 제2종으로 병역은 면제되었다. 전
> 시 중에 두 번 소집 영장이 나왔지만, 노보에서 절차를 밟아 주어
> 그날 바로 귀향하게 되었다.
> 양자로 삼은 이정욱은 전후에는 일본인으로 생활하고 있었기 때문
> 에 차별을 피하기 위해 김영달이라는 가명을 사용하고, 전사한 것
> 으로 해 두었다. 본적을 야마구치현으로 바꾼 것도 같은 이유이다.
> 1939년, 만주국 정부에 적을 둔 채로 상하이의 항공수송대에서 잡
> 용雜用으로 일하고, 곧 중화항공으로 옮겼다. 투옥되고 2년 뒤에 출
> 소한 뒤 노보에서 일하고 있었다. 제주도의 위안부 사냥은 허구가
> 가미된 것이다. 그녀들에게 폐가 되지 않도록 배려하여 장소도 묘
> 사도 일부러 바꿨는데, 사실인 부분도 있다. 나치 전범에게 시효
> 가 없는 것처럼, 이제 82세인 나도 평생을 처벌받을 각오로 살아
> 왔다. 지금도 같은 마음이다.

나는 요시다가 지금까지의 자신에 대한 비판을 소화하고, 앞질러
교묘한 변명을 늘어놓는 것을 듣고 놀랐다. 양자 일가와 옛 위안부의 주
변을 배려하여 체험의 일부를 바꿨다는 논리인데, 그가 "제주도의 위안

---

8 요시다는 나와 직접 만나 대화하는 것은 거절했지만, 장시간의 전화 인터뷰에는 항상 응했다.
인터뷰는 1992년 3월 13일, 같은 해 3월 16일, 1996년 3월 27일, 1997년 4월 6일, 1998년 9월 2
일에 실시되었다.

부 사냥 광경은 실제로는 전라남도에서의 사건이었다"고 말했기 때문에 "그러면 전라남도에서의 이야기는 모두 진실인가?" 하고 묻자 "아니다. 전라남도의 피해자에게 폐가 되면 안 되기 때문에 다른 장소에서의 이야기가 섞여 있다⋯⋯"고 답하는 데 이르렀고, 나는 그 이상 추궁할 의지를 잃었다. 이 문답은 사실상 그의 증언이 대부분 허구임을 자인한 것으로 봐도 되지 않을까. 바로 그 직후에 「슈칸신초」가 시도한 인터뷰에서 요시다는 다음과 같이 답한 것 같다.[9]

> 하라 이쿠히코는 내가 쓴 책에 대해 이것저것 말하지만. 책에 진실을 써도 어떤 이익도 없다. (⋯⋯) 사실을 감추고, 자신의 주장을 섞어 쓰는 것은 신문사도 하는 일 아닌가? 뒤죽박죽인 부분이 있어도 어쩔 도리가 없다.

1998년 9월 2일, 요시다에게 전화로 "요시다의 저서는 소설이었다"는 성명을 내면 어떤가 하고 권하자 그는 "인권운동가에게 이용된 내가 나빴다"고는 말했지만, "나에게도 프라이드는 있고, 85세나 되어 지금 (⋯⋯) 이대로 두자"고 답했다. 표 7-1에서 알 수 있는 것처럼, 1992년 8월의 요미우리 보도 이후 매스컴의 요시다 보도는 모두 끊어지고, 1993년 이후에는 거의 보이지 않게 되었다.

간신히 요시다의 교묘한 '작화(이야기 짓기)'를 알아차렸으나, 한국에서는 정대협과 같은 지원 단체는 물론이고, 정부도 1992년 7월 31일의

---

9 요시다는 「슈칸신초」의 기자에게 1996년 3월 27일 필자에게 했던 거의 동일한 내용을 말하고, "내가 교수형이 되어 위안부의 분노가 풀린다면 기쁘게 처벌받을 것"이라고 말했던 것 같다. 「슈칸신초」 1996년 5월 2일, 9일호.

'일제하 군대위안부 실태조사 보고서'에서 요시다의 저서를 '위안부 강제연행'의 증거로 수록하고 그 후에도 수정하지 않았다. 그래도 이후 한국 측에서 적극적으로 요시다의 증언을 거론하는 일은 잦아들었지만, 1996년 봄 요시다는 유엔의 쿠마라스와미 보고서 덕에 오래간만에 숨을 돌린다. 그 전년 여름에 쿠마라스와미 여사가 일본에 왔을 때 내가 요시다는 '직업적 작화사professional liar'라고 거듭 다짐해 두었지만, 그녀는 그것은 언급하지 않고 요시다 저서의 한 부분(NGO의 누군가가 부분번역한 것인지)을 인용하여 1천 명의 위안부를 사냥했다는 그의 '체험'을 소개했다. 이에 대해서는 9장에서 상술하고자 한다.

　　이렇게 요시다라는 한 노인이 내외에 미친 해독은 유형, 무형을 포함하여 헤아릴 수가 없다. 「아사히신문」을 필두로 한 국내 매스컴에 대한 영향력도 컸지만, 한국 정대협의 기폭제가 되었던 것도 역시 요시다였다. 위안부였음을 밝히고 나선 사람들 속에는 "1991년 11월의 「동아일보」에 요시다 세이지의 기사가 나왔다. (……) 나는 그 기사를 오려서 서울의 MBC 방송국으로 가 위안부였음을 밝혔다"[10]고 하는 사람도 있었으므로, 그는 전시에 하지 못했던 '위안부 동원'의 꿈을 전후 40년 만에 이루었다고 말할 수 있을 것이다. "다음은 유엔으로 가지고 가서……"라는 전술도 유효했던 것으로 입증되었다.

　　말할 것도 없지만, 위안부를 둘러싼 일대 광시곡은 그 혼자의 힘으로 만들어 낸 것이 아니다. 선의인지 악의인지는 별개로 하고, 요시다를 떠받들고 내외의 매스컴과 NGO를 규합한 다카기 겐이치, 도츠카 에츠로戸塚悦郎 등 말하자면 '미니 요시다'들이 수행한 역할도 작지 않다. 다음과

---

10 야나기하라 카즈노리柳原一徳(1995), 『종군위안부문제와 전후 50년從軍慰安婦問題と戰後五十年』, 모가와슈판藻川出版의 김복선金福善 증언, p. 39.

같은 이노세 나오키猪瀬直樹의 평론을 인용하여 총괄에 대신하고 싶다.[11]

　　그렇다 치더라도 단지 한 사람의 작화사가 일한 문제를 험악하게 만들고, 일본의 교과서를 고쳐 쓰게 만들고, 유엔에서 보고서까지 만들게 한 것이다. 거짓으로 말장난하는 요시다라는 남자는 어떤 의미에서는 또 하나의 아사하라 쇼코麻原彰晃라고도 할 수 있지 않을까?

---

11 「슈칸분슌」, 1996년 11월 28일호의 이노세 나오키, '뉴스의 고고학'.

8장

화근을 남긴 고노 河野 담화

1. 키워드는 "대체로"

1993년 8월 5일, 각 신문은 일제히 전날 공표된 위안부 문제에 관한 제2차 조사 결과와 관련한 고노 요헤이河野洋平 내각관방장관 담화를 게재했다.

"위안부 '강제' 인정하고 사죄—대체로 의사에 반했다"(「아사히신문」), "종군위안부—정부, 강제연행을 사죄"(「요미우리신문」), "위안부 문제 '미야자와宮澤 정권'에서 결착決着—일한의 이해 일치"(「마이니치신문」) 등이 주요한 제목으로, 한국 측의 반응에 대해서는 각 신문에서 "한국이 보고서를 평가"로 일치했다.

일본과 한국 모두 예상대로의 반응이었다고 할 수 있는데, 내 인상에 남은 것은 "고심 끝에 '강제' 넣었다"고 한 「아사히신문」 사회면의 제목과 "이번 조사 결과는 한국 측의 의향에 따르는 형태가 되었다"(「요미우리신문」), "위안부 대부분이 '강제연행'이었다는 것이 단 하나의 역사적 사실이 되어 버리는 것은 위험하다"(「산케이신문」)고 쉽게 쓴 2개의 사설이었다. 모두 이 "결착"이 정치적 배려의 산물이었던 것을 시사하고 있지만, 가장 깊이 파고들어 내부 사정을 쓴 것은 아사히의 기사였고, 다음과 같은 요점이었다.

한국 정부는 "'강제성'의 인정과 '사죄'로 좁혀 거기에서는 양보하지 않는다"고 했다. (일본 정부의) 발표문의 표현을 둘러싸고 상대의 안색을 살피면서 진행한 조정 방식에 대해서는 비판의 의견도 있다. "대체로"를 삭제한다는 등 다양하게 흔들리던 표현이 확정된 것은 발표 전날부터 당일에 걸쳐서였는데, "대체로"를 한국 정부 측은 "전체적으로"로 번역하고, "일본 정부가 전체적으로 강제를 인정했다"고 평가했다. 미묘한 표현의 차이에 양국 정부의 생각의 차이가 드러난다. "대체로"는 전부는 아니지만, 대강은 그렇다는 의미.

문제의 고노 담화와 내각관방 외정심의실이 배포한 '조사 결과'에는 아사히가 궁한 나머지 선택한 세 글자로 표현된 "대체로"를 포함하여 "당시의 조선반도는 우리나라의 통치 아래에 있어 그 모집, 이송, 관리 등도 감언, 강압에 의하는 등 대체로 본인들의 의사에 반해 행해졌다"는 부분은 나오지 않는다.

고노 담화는 '조사 결과'(8월 4일자)를 1/4정도로 요약한 것으로, 거기에 "마음으로부터 사과와 반성의 뜻"을 부가하는 형식으로 되어 있어 여기에 인용하는 "대체로"라는 말은 사무 관료가 아니라 관방장관 자신이 판단하여 부가한 것임을 알 수 있다. 그 결과 고노 담화에는 부분적으로 중복되는 개소가 생겨 후일의 해석을 혼란하게 하는 하나의 원인이 되었다. 중복 개소란 "위안부의 모집에 관해서는 군의 요청을 받은 업자가 주로 이를 맡았으나, 그런 경우에도 감언, 강압에 의하는 등 본인들의 의사에 반해 모집된 사례가 많았으며, 더욱이 관헌官憲 등이 직접 이에 가담한 적도 있었음이 밝혀졌다"고 하는 부분이다. 단순한 중복이 아니라 감언과 강압을 사용한 주체를 '조사 결과' 쪽은 '업자'로 명시하고 있지만,

위안부와 전쟁터의 성性

고노 담화에서는 사라졌다. 결국 주어가 빠진 것이다. 그러나 고노 담화에서 "관헌 등"이 가담자로 나오기 때문에 주어는 "관헌 등"이라고 오해하는 사람이 있을지도 모른다. "가담"의 어감도 사람에 따라 다르겠지만, 형법상의 '공동정범'으로 받아들이는 사람도 많을 것이다.

나는 고노 담화 공표 전날 밤 늦게 외정심의실장으로부터 팩스로 원안을 받았고 코멘트를 요청받았다. 한번 읽어 본 뒤 모집 단계에서 관헌이 강제연행한 듯한 인상을 주는 것은 좋지 않다는 생각이 들었다. 어느 정도 정치적 타협이라고 해도, 확실한 증거 없이 강제연행을 인정하는 듯한 표현을 넣으면 반드시 장래에 화근을 남길 것이라고 나는 잘라 말했지만 시간이 없다고 했다. 그래서 후일의 악영향을 조금이라도 경감한다는 견지에서 "강압"을 "위압威壓"으로, "대체로"를 "때로는"으로, "직접 이에 가담"을 "직접, 간접적으로 이에 관여"로 수정할 것을 제안했다. 특히 나는 "대체로"라는 부분을 중시했다. "때로는"이라면, 예외적으로 읽히기 때문이다.

유감스럽게 내 제안은 모두 채택되지 않았다. 내부 논의는 다음 날 아침까지 이어졌다고 하니, 현장에 서둘러 도착했으면 좋았을 걸 하는 후회가 밀려왔다. 그렇지만 고노 담화의 문안을 잡는 데는 외부로부터 또 다른 주문도 있었던 것 같고, 키요미즈 스미코清水澄子 의원은 "군에 의한 조직적, 강제적인 행위였다"든가, "군은 여성을 성적 노예로 삼아 인권을 침해했다"는 문언을 넣도록 강하게 제안했지만 채택되지 않았다고 회상한다.[1]

또 한 가지 덧붙여 말하면, 문제 부분의 정부 번역이 "at times,

---

1 오누마 야스아키大沼保昭 외(1998), 『'위안부' 문제와 아시아여성기금慰安婦 問題とアジア女性基金』(東信堂)의 키요미즈 스미코 증언, p. 18.

administrative/military personel directly took part in the recruitment"로 되어 있는데, 영자 신문인 「재팬타임스Japan Times」는 "모집에 대해서는 (……) 업자가 주로 이것을 담당했지만" 부분을 번역하지 않고, "at times"(그런 경우)를 빼고, "administrative/military personel"을 "military personel"(군당국)로 번역하였다고 지적한 것은 마에다 오사무前田脩였다(「쇼쿤!」, 1998년 4월호). 마에다는 의도적인 이 오역이 "고노 담화가 외국에서는 일본군에 의한 위안부 강제연행을 인정한 것으로 해석되어 버린 한 요인"이 되었다고 결론짓는다.

2. 성난 고함 속의 청문회

그러면 전년도인 1992년 7월 6일의 제1차 조사 결과(각 성청으로부터 127건의 관련 문서를 발견했다고 공포) 발표에 즈음하여 가토 고이치加藤紘一 관방장관이 "정부는 관여했지만 (……) 강제연행했다는 것을 뒷받침하는 자료는 발견되지 않았다", "성심성의껏 찾아보았으나 없었다는 사실은 한국 정부도 믿어 줄 것이라고 생각한다"고 명언明言했는데, 1년 뒤에 '역전'된 이유는 무엇인가. 그 이유를 찾는 데는 미야자와宮澤 방한 후의 내외 정세를 거슬러 올라가 개관해 둘 필요가 있다.

니시오카 쓰토무는 "미야자와가 사과하도록 만든 것은 요시다 세이지의 증언, 「아사히신문」의 1면 톱기사, 김학순의 증언 이 세 가지입니다. 그런 의미에서 미야자와 총리의 사죄는, 이 세 가지 사실을 재료로 하여 정신대로 강제연행했다는 것을 일본 정부가 사실상 인정해 버렸다는 의미입니다. 간단한 사실관계조차 조사하지 않고, 게다가 국제사회에 그것을 인정해 버렸습니다"[2]라고 관찰하고 있는데, 그 뒤의 전개는 그러한 선제점 확보를 노린 일한 간의 흥정으로 옮아간다.

일본 정부의 제1차 조사로부터 3주 뒤인 1992년 7월 31일에는 한국 정부의 '일제하 군위안부 실태 조사 중간보고서'[3](이하 '중간보고서')가 발표되었다. 미야자와의 방한으로부터 약 반년 뒤에 해당하고, 제1차 조사의 일본 측 주장을 의식해서 쓰인 것인데, 대부분은 일본 측에서 이미 공표한 자료였고 200페이지나 되지만, "독자적인 조사에 의한 새로운 사실은 거의 없다"(「산케이신문」 구로다黑田 특파원)고 평가되었다.

최대의 쟁점인 '강제연행'의 유무에 대해서는 "1943년부터는 19세기 아프리카에서의 흑인 노예사냥과 비슷한 수법으로 위안부를 모았다"고 단정하였지만, 그것을 뒷받침하는 증거는 이미 의문부호가 찍혀 있는 요시다 세이지의 증언뿐이었기 때문에 자신이 없었는지, 논의를 정리하는 역할을 한 한국 외교부 아주亞洲 국장은 "강제나 강제에 가까운 방법을 사용했다고 하는 결론을 도출하는 것이 가능"(「닛케이日經신문」 아라이新井 특파원)이라는, 많이 망설이는 듯한 코멘트를 덧붙였다. 성명을 밝히지 않은 옛 위안부의 증언 13개도 첨부되어 있지만, 뒷받침할 증거를 전혀 얻지 못했는지 취할 수 없는 수준의 신상 이야기뿐이다. 후술하는 정대협 보고서의 등장인물과 중복되는 사람은 없지만, 중앙의 지시로 지방 관청 창구에 신고된 것을 제대로 체크하지 않고 접수했기 때문인 것 같다. 그러나

---

2 니시오카 쓰토무(1997), '종군위안부론은 파탄났다從軍慰安婦論は破綻した', 일본정책연구센터日本政策研究センター, p. 23.
3 요점은 「확실히 통신ハッキリ通信」 제4호, 1992년.

그녀들이 업자와 함께 수입을 "4:6 정도의 비율로 분배했다고 보인다"든가, 종전 후에는 "수용소에 수용되고, 대부분이 귀국했다"고 인식한 점은 주목된다.

이와 같이 중간보고서는 이리저리 왔다 갔다 한 끝에 "일본 측의 조사가 불충분"했다며 일본 정부에 "사죄의 뜻이 충분히 나타날 수 있는 성의 있는 조치"를 요구한다. 이에 대해 가토 관방장관은 7월 31일의 기자회견에서 보상에 대해 "사죄의 마음을 나타내는 조치"를 다음 해 예산으로 실시한다는 생각을 표명했다. 이 구상은 곡절 끝에 아시아여성기금의 설립으로 실현되었다.

여하튼, 1992년 가을부터 1993년 초에 걸쳐 한국 정부는 강제연행은 없었다고 확신하기에 이른 것으로 생각된다. 특히 1993년 2월, 중요한 존재인 정대협이 40명의 옛 위안부에 대해 문답하고 그중에서 신뢰도가 높은 19명의 체험기를 뽑아 한울출판사에서 책으로 간행하였는데(일역日譯 본은 같은 해 10월에 간행), "지금까지 발견된 군 문서 속에서 위안부의 동원 방법을 구체적으로 설명하는 것은 한 건도 없다"고 단언하고, 요시다 세이지의 증언도 "일본 국내에서 그 신빙성에 대해 의심을 품은 사람들이 있다"(정신대연구회 회장 정진성 덕성여자대학 교수의 해설)고 쓴 것은 결정적인 영향을 주었다. 강제연행은 부정된 것과 다름없게 되었지만, 치솟던 반일 여론을 되돌리는 것은 정치적으로 불가능에 가까웠다. 공노명孔魯明 주일 한국대사가 1993년 7월 14일 일본 기자클럽에서 강조한 것과 같이, "옛 위안부의 명예 회복을 위해 일본 정부가 강제연행을 인정하는 것이 제1의 조건"[4]이 되어 버린 것이다.

---

4 사쿠라이 요시코櫻井よしこ·김병기金兩基(1997), 『해협은 넘을 수 있는가海峽は越えられるか』, 주오 코론샤中央公論社, p. 20.

　　　위안부와 전쟁터의 성性

이러한 상황에서 한쪽은 양보해야 했다. 1993년 3월호 「분게이슌주文藝春秋」의 대담에서, 노태우 전 대통령이 아사리 케이타淺利慶太에게 "(위안부 문제는) 실제로는 일본의 언론 기관이 이 문제를 제기하여 우리나라 국민의 반일 감정을 부채질하고, 국민을 분격하게 해 버렸다"고 솔직하게 이야기하는 것과 같이, 양보할 수밖에 없는 것은 일본 측이었다고 말할 수 있다. 이러한 상황을 배경으로 하여 일한 양 정부는 함께 해결 방안을 모색한다.

1993년 2월에 막 취임한 김영삼 대통령은 3월 13일, "이 문제는 일본 측이 진실을 명확히 하는 것이 중요하고, 물질적 보상은 필요하지 않다"(13일자 「요미우리신문」)고 발표, 그에 이어 한국 외교부는 3월 29일, 한국인 옛 위안부에 대한 생활 지원 조치를 결정했다. 생활 지원의 내용은, 이미 정부에 신고한 약 140명을 대상으로 하여, (1) 생활보호기본금(일시금) 약 500만 원 지급, (2) 매월 15만 원(뒤에 50만 원으로 증액) 지급, (3) 의료비 무료화, (4) 공영주택 우선 입주 등을 골자로 하는 것이었다.

일본 정부에 있어서 보상 요구의 철회는 뜻밖의 횡재로 보였을 것이다. 고노 관방장관은 3월 23일의 참의원 예산위원회에서 그때까지 소극적이었던 옛 위안부에 대한 청취 조사를 단행할 의향을 분명히 했다. 같은 날, 「마이니치신문」은 "자료 조사만으로는 한국 측이 강하게 요구하고 있는 '강제연행' 성격의 입증은 불가능하다고 판단, 방침을 전환했다"고 해석하였다. 그때까지 내각 외정심의실이 실시한 일본인 전 군인, 전 총독부 관리, 업자 등 관계자로부터의 청문 조사에서는 강제연행을 뒷받침할 정보는 없고, 오히려 반대의 사례가 많았기 때문에,[5] 한국인 옛 위

---

5 예를 들면, 1993년 2월 25일, 해행사偕行社에서 군의관을 포함한 전 군인 4명에 대한 기무라 마사유키木村政之 내각 심의관 등에 의한 사정 청취가 이루어졌다. 그 정황에 대해서는 「헌우憲友」

안부로부터의 청취 조사를 하는 것 이외에는 한국 측의 기대에 따를 수단이 없었다고도 말할 수 있다.

그럼에도 불구하고 나는, 청취 조사 대상이 된 16명은 거의 전원이 앞서 서술한 정대협의 책에 체험담을 게재한 여성이고, 새로운 정보는 기대할 수 없었기 때문에 한 사람도 실명으로 나서지 않은 한국인 업자를 한국 정부에 의뢰하여 찾아내고 그에 대해 청문 조사를 해야 한다고 담당관에게 제언했다. 업자, 그중에서도 알선업자라면, 모집으로 시작되는 전 과정을 수십 명 규모로 숙지하고 있었을 것이므로 진상 규명에는 최적이라고 생각했기 때문이었지만, "그런 이야기를 가지고 나와도 매정하게 거절할 것이다"며 따르지 않았다. 입회자로 동행하고 싶다는 내 희망도 거부되었다. "아, 이것은 세리머니^{ceremony}구나"하고 직감했다.

외정심의실의 다나카田中 심의관 등에 후쿠시마 미즈호福島瑞穂 변호사 등을 더한 10명의 일행은 7월 26일부터 30일에 걸쳐 서울의 태평양전쟁희생자유족회 사무실에서 청취 조사를 실시하기로 했지만, 지원 단체와 매스컴에 떠밀려 "우선 사죄하고 시작하라"는 요구를 받는 등 끔찍한 대접을 받고 일본으로 돌아온다. 한국 정부의 시설이 아니라 유족회라는 민간단체 사무소를 무대로 한 것도 비굴했지만, 더 과격한 정대협이 협력을 거부했는데도 한국 정부의 통제력을 과신하면서 청취 조사에 응했던 것도 치명적인 실수였다고 말하지 않을 수 없다.

67호의 스즈키 마사미鈴木正己 원고를 참조. 이들 청취 조사 내용은 1998년 12월 현재, 아직 공개되지 않았다.

3. 당사자의 고백

이 청취 조사는 고노 담화의 어두운 부분을 일시적으로 위장하는 역할을 했지만, 그 진상은 수년 뒤에 폭로된다.

시작은 「분게이순주」 1997년 4월호(3월 10일 발매)에 발표된 사쿠라이 요시코樱井よしこ의 '밀약외교의 대가—위안부 문제는 왜 어려워졌는가'라는 제목의 논문이었다. 뉴스캐스터로서 풍부한 체험과 인맥을 가진 그녀는 그 직전에 "종군위안부의 강제연행을 뒷받침하는 사실은 없었다"고 강연한 일로 '가나가와 인권센터'(히다카 로쿠루日高六郎 이사장) 등으로부터 항의를 받고 두려워하던 주최 단체가 차차 강의 일정을 취소하는 상황에 처해 있었다. 그녀는 그 일로 기죽지 않고, 전부터 의문을 갖고 있던 고노 담화의 성립 사정을 가토 고이치(전 내각관방장관), 고노 요헤이河野洋平, 이시하라 노부오(당시의 관방부장관官房副長官) 등을 취재(미야자와 전 수상은 취재 거부)하여 '제1차 조사와 제2차 조사 때의 "조건은 거의 같았다. 그럼에도 불구하고 양 장관의 담화는 강제연행에 대해서는 정반대의 답을 낸" 것은 무슨 이유인가 하는 관점에서 문제의 고노 담화가 나온 사정에 접근했다.

취재에 응한 이들 중 가장 솔직하게 답한 이시하라가 "한국의 위안부 16명의 증언이 결정적이었다"고 말한 것을 실마리로 삼아 사쿠라이는 "일본 정부가 청취 조사를 하겠다고 결정한 순간부터 그것은 구 일본군에 의한 강제연행의 '근거'가 될 운명이었음을 알 수 있다"고 결론 내렸다. 게다가 그녀는 한걸음 더 나아가 "강제연행을 인정한 배경에는 일한 간의 합의, 밀약"이 있었다고 추측하고, 그러한 "재주를 부리는 외교"는 "진실한 의미에서 위안부였던 여성들의 명예를 회복시키는 일이 아니라고 생각한다"[6]고 끝을 맺었다. 직후에 이시하라, 고노 등은 신문과 국회 등에서 거듭 질의를 받았다. 그중에서 주목할 만한 발언을 뽑아 보자.[7]

이시하라 노부오

"제1차 조사에서는 모집의 강제성은 발견되지 않고, 한국 정부도 당초 이 문제에 그다지 적극적이지 않았기 때문에 이것으로 수습될 것이라고 생각했다."

"관여를 인정하는 것만으로는 해결되지 않는다고 생각했다."

"(청취 조사에) 가기로 결정한 시점에서 (강제성을 인정한다고 하는) 결론은 어느 정도 상정되어 있었다."

"'대체로'라는 것은 고노의 의향이 문장이 되었다고 생각한다."

"그녀들의 명예가 회복되기 때문에 강제성을 인정한 것이다."

"당시 외정심의실에는 매일 같이 옛 위안부와 지원자들이 몰려와 울부짖는 상태였다."

"최후까지 갈피를 잡지 못했다."

"진실보다 외교적 판단을 우선시했다."

"(위안부의) 증언만으로 결론을 내렸다. (……) 비판은 각오하고 있다."

"밀약은 없었다."

고노 요헤이

"문서는 없었다. 그렇지만 본인의 의사에 반하여 모집되었던 것을

---

6 사쿠라이 요시코(1996), 「쇼쿤!」, 세카이분카샤世界文化社.
7 이시하라는 「산케이신문」 1997년 3월 9일자, 4월 10일자, 고노는 「아사히신문」 같은 해 3월 31일자, 「산케이신문」의 6월 18일자, 히라바야시는 「산케이신문」 3월 13일, 19일자, 타니노는 「분게이슌주」의 사쿠라이 논문으로부터.

강제성으로 정의하면 강제의 경우가 다수 있었다."

"(옛 위안부의) 증언은 체험하지 않으면 말할 수 없는 내용을 포함하고 있다. (……) (군의 관여가) 있었다고 생각하지 않을 수 없었다."

"'강압'이란 식민지 통치 시절 군이 배후에 있는 것 (……) 거절할 수 있는 상황이 아니었다."

히라바야시 히로시平林博(내각 외정심의실장)

"(옛 위안부의) 증언을 얻은 후에 개개의 증거 조사를 한 적은 없다."

"사전에 우리 쪽이 의도하는 바를 (한국에) 통보하는 일이 직전에 있었다고 들었다."

"모집 단계에서 (……) 관헌 등이 직접 관계되는 일은 없었다."

"군, 경찰과 비슷한 복장을 한 사람들이 있었기 때문에 위안부로서는 정부의 관여로 받아들인 경우가 있을지도 모른다."

타니노 사쿠타로谷野作太郎(당시의 외정심의실장)

"(청취 조사 보고서를 읽고) 무서운 내용이었다. 미야자와에게 보이자 보지 못하고 시선을 돌렸다. 읽고 싶지 않다고 말씀하셨다. 꼭 공표하려고 생각했지만 (……) 너무 오싹했기 때문에 내지 않았다."

"그대로 믿을 것인가 아닌가 묻는다면, 의문은 있다."

조금 장황할 정도로 인용이 나열되었는데, 일련의 증언으로부터 떠오르는 줄거리는 아마도 다음과 같은 것이리라. 문제 처리의 주도권은 내각 외정심의실 → 관방부장관 → 관방장관 → 수상의 라인에 있었다. 고노 관방장관 담화가 나온 1993년 8월 4일은 이미 호소카와細川 연립정권의 탄생(같은 날 6일 성립)이 결정되어 있었다. 그 전에 현안을 매듭지으려는 초조함이 마지막 순간의 방한 청취 조사, 고노 담화가 되었다.

위안부에 대한 보상은 하지 않아도 되는 대신에 '강제성'을 인정한다는 '교섭 조건'은 떠나가는 미야자와 정권에 있어서는 매력적으로 생각되었겠지만, 그것은 함정이기도 했다. '강제성'을 주어가 빠진 애매한 표현으로 극복하려고 한 이시하라 부장관 이하의 저항을, 고노 관방장관이 "대체로"를 넣도록 강요하고 미야자와 수상도 납득했다. '비둘기파'적 심정이 강한 고노와 미야자와가 위안부 증언의 충격과 위안부나 일본인을 포함한 지원 세력의 집요한 압력에 동요하여 흐트러졌다고 해도 어쩔 수 없을 것이다. 경관의 맹렬한 취조에 굴복하여 하지 않은 범행을 자백, 죄를 뒤집어 쓰고 억울한 눈물을 흘리게 되는 사례들처럼, 고노 담화는 비슷한 효과를 발휘한다. 후술하는 유엔의 쿠마라스와미 권고도, 관부 재판의 판결(1998년 4월)도, 이것이 기점이 되었다. 무슨 일이 있으면 고노 담화를 방패로 삼을 수 있는 화근이 된 것이다.

그러나 한국의 매스컴과 여론의 태도는 고노 담화 발표 직후 찬반이 절반으로 나뉘었는데, 마침내 일본 국내의 반체제파와 호응하여 정대협을 선두로 일본에 국가보상을 요구하는 운동이 고조되어 간다. "이것으로 수습"이라고 생각한 일본정부의 기대는 배반당한다. 유미리柳美里가 말한 바와 같이, "관방장관이 강제연행을 인정한 것은 정치적 판단에 불과했다"[8]고 한다면, 일본의 외교적 패배라고 말해도 좋을 것이다.

---

8 「신초新潮 45」 1997년 12월호의 유미리 기고문.

위안부와 전쟁터의 성性

9장

쿠마라스와미 선풍

1. 유엔인권위를 무대로

쿠마라스와미 권고가 나오기까지의 흐름을 쭉 훑어보면, 위안부 문제를 유엔의 무대로 가져가게 된 것은 1992년 2월 한국 정대협이 이효재 대표를 유엔 본부로, 재일 한국인 목사 최창화를 제네바의 인권위원회로 보내 어필한 것이 최초일 것이다.[1] 그것은 미야자와 수상의 한국 방문으로부터 1개월 후에 해당한다.

서울에서 수상이 사죄를 거듭한 것은 이미 이야기했는데, 일본 정부는 1965년 일한조약으로 법적 처리는 끝났기 때문에 새로운 국가보상은 어렵다는 견해를 내세우고 있었다. 이후 유엔에 대한 공작이 벌어졌는데, 그 뒤에는 일본변호사연합회(일변련)의 도츠카 에츠로戶塚悅郎 변호사(런던대학 객원연구원, 국제연구개발 'IED'와 국제우호회國際友和會 'IFOR' 등 유엔인권위원회에 관계하는 비정부국제기구NGO의 리더)의 획책이 있었다.

2월 17일에 인권위원회에서 위안부를 인도人道의 죄로 위치 지우고, 유엔의 개입을 요구하는 발언을 한 도츠카는 그 동기에 대해 "일본이 범한 과거의 중대한 범죄 문제에 대해 일본인으로서 스스로 그 책임을 명확히 하지 않으면 일한 양 민족 간 진실한 우호와 화합은 있을 수 없다고

---

1 ICJ 국제세미나 도쿄위원회(1996), 『재판을 받는 일본裁かれるニッポン』(니혼효론샤日本評論社)의 신혜수(정대협 국제협력위원장)의 원고.

생각하기 때문"[2]이라고 설명했다. 때마침 구 유고슬라비아 내전에 즈음하여 '민족 정화'를 명목으로 하는 계획적인 집단 강간 사건이 발생한 것이 국제적으로 주목을 받고, 법정에 세우라는 목소리가 높아지고 있었다. 위안부 문제는 이 집단 강간에 끼워 팔기 형태로 유엔인권위에 모인 많은 NGO에 의해 중대 사안으로 다루어졌고, "유엔에서 이 문제에 대한 심의는 이례적이라고 할 수 있을 만큼 빨리 진행"(도츠카 에츠로)되었던 것이다.

심의는 현대 노예제 작업부회作業部會, 차별방지소수자보호 소위원회 등의 하부 기구를 거쳐 유엔인권소위원회로 가는 과정으로 진행되었는데, 그 사이에 국제법률가협회(ICJ)의 중간보고(1993년 5월), 동同 최종 보고(1994년 11월), 카렌 파커(IED) 보고서(1993년 5월), 판 보벤 보고서(1993년 7월) 등이 착착 공표되었다. 사실관계의 틀은 모두 정대협＝도츠카 계열의 정보에 의존하였는데, 일본 정부는 "논의는 유고슬라비아 등 현재의 인권 침해에 한정하라", "도쿄 지방재판소의 판결을 기다리고자 한다", "일한 조약으로 해결이 끝났다", "유엔 창립 이전의 사건을 문제 삼을 권한은 없다"는 논법을 내세워 수세로 일관하였다,

1993년 8월, 인권소위원회는 미국인 여성 린다 차베스를 "내전을 포함한 전시의 조직적 강간과 성노예제와 그에 준하는 관행"을 조사할 특별보고관으로 지명했지만,[3] 1994년 3월 유엔경제사회이사회에 속한

---

2 「계간 전쟁책임 연구」 제5호(1994)의 도츠카 논문, 국제인권연구회國際人權研究會 편(1993), 『책임과 보상-위안부·강제연행責任と償い·慰安婦·強制連行』(신센샤新泉社)의 도츠카 논문. 게다가 그는 유엔을 중심으로 하는 활동에 대해 「법학세미나」 1994년 1월호부터 '일본이 모르는 전쟁 책임'이라는 제목의 연재 리포트를 매월 게재하고 있다. 연재는 제64회(1999년 5월호)로 끝났다. 제58회에서 그는 "비화이지만……"이라고 말한 뒤, 1992년 2월, "필자 등 관계 NGO는 일본군 성노예로 좁혀 연구하는 결의 원안을 은밀히 제안"했지만, 위원으로부터 구 유고 등의 조직적 강간도 대상으로 하기를 원한다는 제안이 있었고, NGO도 동의했다고 한다.
3 차베스는 유엔이 조사를 위한 예산을 대지 않았기 때문에 개인 조사로 바꾸고, 일본, 아시아의 여러 국가를 방문한 뒤 1995년 7월, 인권소위원회로 작업 보고서를 제출했다. 그 속에서 그녀는

인권위원회는 결의 45호에 의해 쿠마라스와미[Radhika Coomaraswamy] 여사를 임기 3년의 '여성에 대한 폭력에 관한 특별보고자'로 다시 임명했다. 1994년 11월 22일자(다음 해 1월 공표)로 예비 보고서가 제출되고, 인권위원회는 1995년 3월 8일자로 그를 채택, 1996년 2월 5일자로 본* 보고서가 인권위원회에 제출, 공표되었다.

본 보고서(E/CN4/1996/53)에는 일본의 종군위안부 문제를 다룬 부속 문서1(Addendum 53-1)과 가정 내 폭력을 주제로 한 부속 문서2(Addendum 53-2)가 첨부되었다. 부속 문서1은 다른 부분에 앞서 1월 4일자로 인권위원회에 제출되어 2월 5일에 공표되었다. 여기에서 말하는 '쿠마라스와미 보고서'란 이 부속 문서1을 가리킨다. 정확히 말하면 표제는 '전시의 군사적·성적 노예제 문제에 관한 보고서'이다. 영문으로 된 원문을 참조하면 "조선민주주의인민공화국, 한국 및 일본으로의 조사 여행에 의한다"고 한정되어 있고, 일본과 기타 아시아 여러 나라의 위안부에 대해서는 언급하지 않았기 때문에 실질적으로는 제2차 세계대전 당시 일본의 식민지(외지)였던 조선반도 출신의 조선인 위안부만을 대상으로 한 것이다. "군용성노예제(military sexual slavery)"라는 음산한 작명인데, 이른바 '종군위안부'를 가리킨다.

우연한 계기로 그 발단에 관계된 나는 1995년 7월에 일본으로 온 쿠마라스와미 여사와 면담했던 인연도 있고 해서 권고의 내용에 주목하고 있었다. 쭉 훑어보았는데, 오인과 오판이 적지 않았기 때문에 문제점을 거론해 보기로 했다. 쿠마라스와미 보고서는 영문으로 37쪽, 9부, 139항으로 되어 있고, 25개의 각주와 옛 위안부 16명을 포함한 합계 78명의

20만 명의 여성이 강간 등에 의해 일본군의 위안부가 되었다고 말했다. 그 뒤 차베스는 구 유고 내전의 집단 강간에 관심을 옮긴 사정도 있었고, 위안부 문제로부터는 멀어졌다.

면접자 목록이 붙어 있는데, 우선은 문제의 일본 정부에 대한 6개 항목의 권고의 요점을 「아사히신문」(1996년 2월 6일자 석간)으로부터 인용하자.

1. 일본제국 육군이 만든 위안소 제도는 국제법에 위반된다. 정부는 그 법적 책임을 인정하라.
2. 일본의 성노예가 된 피해자 개개인에게 속죄금을 지불하라.
3. 위안소와 그에 관련된 활동에 대해 모든 자료를 공개하라.
4. 피해자 여성 개개인에 대해 공개 서면을 통해 사죄하라.
5. 교육의 장에서 이 문제에 대한 깊은 이해를 갖게 하라.
6. 위안부 모집과 위안소 설치를 맡은 범죄자의 추급推及과 처벌을 가능한 한 행하라.

2. 쿠마라스와미 권고 - 열렬한 환영의 목소리

1991년 12월의 한국인 옛 위안부 3명에 의한 제1차 소송, 다음 해 1월에 방한한 미야자와 수상이 군의 관여를 인정하고 사죄한 이래 4년 남짓이 경과하고 있었다. 그 사이에 일본 측은 그 나름의 대응책을 강구하고 있었다.

위의 권고 2에 대해서는 정부가 사무비를 부담하는 '여성을 위한 아시아여성평화기금(아시아여성기금)'이라는 민간 기금이 1995년 8월에 설립되어 모금을 시작하고 지불 준비를 하고 있었다. 권고 3에 대해서는

1993년 8월까지의 탐색으로 관련 공문서 234건을 정부 내에서 발견, 공개했다(그 뒤에도 약간의 추가 자료가 발견되어 공표되었다). 권고 4도 아시아여성기금의 모금 배분에 즈음하여 사죄문을 첨부할 계획이라고 무라야마 도미이치村山富一 총리가 약속했다. 5의 경우 한국에서 기술한 예가 없지만, 일본 측에서는 "고교 역사 교과서 7개 회사 9책 모두에 종군위안부가 등장"(1993년 7월 2일자 「산케이신문」)했다. 그 후의 조사에서는 더욱 증가하여 실로 14책 중 13책에 기술되었고(1997년 4월부터 사용된 중학교용 사회과 역사 분야 교과서는 7개 회사 7책 전체에 새로이 위안부가 등장), 그러므로 충분함을 넘는다고 평할 수 있을 것이다.

　　남는 것은 1과 6인데, 특히 "범죄자의 추급과 처벌"을 요구한 6은 법의 원칙과 인권이 얽혀 가볍게 다룰 수 없는 논점이다. 다시 영문을 보고 필자 나름의 직역을 시도하면, "제2차 세계대전 중의 위안부 조달 및 위안소의 제도화(recruitment and institutionalization)에 관여(involve)한 범인을 가능한 한 특정하고 처벌(identify and punish)해야 한다"가 된다. '명령자'라면 몰라도 '관여자'라면 해석과 운용에 따라 처벌 대상자의 범위가 얼마든지 넓어질 가능성이 있는 것이다.

　　시효의 벽(20년)으로 인해 안전하지 않은가 하는 의견도 나오겠지만, 위안부 문제에 관계해 온 내외의 인권파 법률가 사이에서는 나치 범죄의 예를 인용하여 "인권 문제에 시효는 적용되지 않는다"든가, "사후 입법하면 된다"는 논의가 이루어지고 있었고, 쿠마라스와미 여사는 콜롬비아대학의 로스쿨을 졸업하고 미국 변호사 자격을 가진 법률 전문가였기 때문에 이러한 정도의 논의는 알고 권고를 냈다고 보아도 좋을 것이다. 이와 유사한 위안소 제도는 제2차 대전기의 독일, 이탈리아, 미국, 잉글랜드, 소련 등에도 존재했는데(자세한 것은 요시미 요시아키, 『종군위안부』 VI; 하

타 이쿠히코,『쇼와사의 수수께끼를 쫓다昭和史の謎を追う』하권 42장을 참조), 일본만 처벌하라고 하는 것은 공평하지 않은 것이 아닐까.

시효 없음의 사후입법, 게다가 뒤에서 서술하는 것과 같은 불확실한 상황 증거만으로 일본의 '관여자'만 제재를 받는다고 하면, 일찍이 있었던 도쿄재판과 BC급 전범재판, 가까이는 한국의 광주사건보다 훨씬 더 자의적인 '정의正義'가 될 것이다. 옴진리교 사건의 흉악범이라도 이런 종류의 포악한 논리는 나오지 않았는데, 왠지 일본의 매스컴, 법조계, 학계, 종교계에서는 쿠마라스와미 권고를 전면적으로 지지하는 소리가 높다. 그 직후에 나온 몇 개의 대표적인 예를 소개해 보자.

신문 중에서 위안부 문제에 대해 가장 열심인 「아사히신문」은 2월 6일자 석간 제1면에 개요를 보도한 뒤, 제10면에 자세한 해설 기사도 싣고 있다. "법적으로 반론할 것은 한다"고 하는 하시모토橋本 수상의 코멘트, "기금의 활동은 계속한다"는 아시아여성기금 사무국장의 이야기, 한국, 필리핀의 반향을 전하는 특파원 통신, "이번의 권고가 법적, 정치적인 논의를 부활시키는 계기가 될 가능성이 있다"고 하는 제네바 특파원의 통신, 4명의 지식인과 관계자의 코멘트 등 대단히 많은 내용을 다루고 있다.

그 4명은 "권고 내용은 당연하다"는 재일 조선인 옛 위안부 송신도宋神道, "보고서는 우리들이 일본 정부에 요구하고 있던 바와 큰 틀에서 일치한다"는 요시미 요시아키 주오대학 교수, "유엔 전체에 인식이 되고 또 일본 정부도 그러한 생각을 가질 것을 기대한다"는 다카기 겐이치 변호사, "백점 만점의 내용이다"고 말하는 지원 그룹의 양징자梁澄子로서, 모두 권고 지지파들뿐이라 의도적인 지면 만들기로 밖에 생각되지 않았다. 요시미는 "쿠마라스와미가 직접 내 의견 청취를 했다"고 소개하고 있는데, 마찬가지로 청취를 하고, 보고서에 그 내용이 실명으로 등장하는 두 사람 중 또 하나인 나는 어떠한 코멘트도 요청받지 않았다.

아사히의 견해는 조금 불분명하지만, 취재처의 면면과 "개인에 대한 국가보상을 피해 온 일본 정부에 대해 유엔의 인권전문가가 명확히 'NO'라는 사인을 냈다. 구 일본군의 성노예제도와 그 후유증으로 고통받아 온 여성들은"이라고 표제를 뽑은 사실로부터 권고에 대한 지지 방침을 명확히 했다고 볼 수 있을 것이다. 「마이니치신문」은 제1보에서는 권고의 요점만 보도하는 데 그쳤지만, 2월 7일자에서는 "위안부 문제 외면하지 않고 국가배상을 요구하며 시민단체 결성"이라는 표제를 붙여 '응하라! 유엔 권고'라는 명칭의 시민단체(호소인은 무샤코지 킨히데武者小路公秀 교수, 여성사 연구자인 스즈키 유코)가 탄생, 백만 명 규모의 전국 서명운동을 전개한다고 보도하고, 동조하는 태도를 보였다.

이 시민운동에는 가톨릭과 일본기독교협의회도 합류, 「가톨릭신문」 2월 25일자에는 "일본 정부는 법적 책임을 지라"는 시라야나기白柳 추기경의 말과 "처벌이라는 권고도 받아들여야 한다"는 오츠大津 협의회 총간사의 이야기가 게재되었다. 내가 의외로 생각한 것은 일본변호사연합회(일변련)가 2월 7일자의 츠치야 코겐土屋大獻 회장에 의한 성명에서 "일변련은 이 보고서가 유엔인권위원회에서 채택되기를 강하게 희망한다"고 쓰고, 일본 정부가 "그 실행을 망설이지 않고" 착수하는 것이 "국제사회에서 일본이 명예로운 지위에 있다는 평가를 얻는 최후의 기회"라고 호소한 것이다. 일변련은 그때까지 수년, 인권파 변호사를 동원하여 실지조사와 구원救援 활동을 하고, 수차례의 위안부 소송도 맡아 왔다. 말하자면 경험이 풍부한 프로 법률가 집단이지만, 위안부 인권을 구제하기 위해 "일본인 모집 관여자"의 인권을 희생해도 상관없다고 받아들이는 감각은 충격적이기조차 했다.

2월 27일, 필자는 일변련 본부를 방문하여 사무차장인 아이타니 쿠니오藍谷邦雄 변호사를 면담할 때 츠치야 회장 이름의 성명 전체를 받기도 했고 약간의 질문을 거듭했다. 내가 특별히 바로잡은 것은 쿠마라스와미 권고 6항으로, 시효 개념을 무시하고 처벌이 가능한가 하는 점이었다. 그에 대해 츠치야는 "일변련은 지금까지 처벌을 제언한 적은 없다"고 말했다. 따라서 나는 "그러나 회장 성명에서는 쿠마라스와미 권고의 실행을 망설이지 말라고 하였는데, 이것은 처벌하라는 의미가 되지 않는가" 하고 물었고, 그는 횡설수설하며 답을 하지 못했다. 또 회장 성명은 회원을 구속하는지 물었고, "구속하지만 개개의 변호사의 해석은 다양할 것이다"는 답변 또한 요령부득이었다.

뒤에 나는 아이타니가 「계간 전쟁책임 연구」 제10호(1995년 12월 발행)에 쓴 '전후 보상 재판의 현상과 과제'라는 논문을 발견했는데, 거기에서 그는 "민법의 불법 행위에 대한 청구권의 시효는 3년이고, 또 20년이 되면 이유 여하를 묻지 않고 청구가 불가능하다는 청구의 제척除斥이라는 이론이 있다. 최고재판소는 1991년의 판례에서 이것을 확정하였다. (……) (1995년 7월의) 판결은 (……) 카미시스카上敷香 사건의 판결은 (……) 제척 기간의 문제를 전후 보상 재판에서도 당연히 적용하는 것으로 하였다"고 썼다.

NGO의 하나인 국제법률가협회(ICJ)가 1994년 11월의 권고에서 위안부의 "배상청구권에 시효는 없다"고 주장한 것은 알고 있지만, 최고재판소 판결에 구속되는 일본 정부가 시효를 무시한 보상은커녕 처벌까지 실행할 수 있는 것은 아닌데, 법률가들의 공적 조직인 일변련이 각계의 정서를 진정시키지 않고 그것을 부채질하는 회장 성명을 낸 것은 이해하기 어렵다.

3. 대학생이 쓴 보고서였다면 낙제점

살펴본 바, 쿠마라스와미 보고서에 정면으로 이의를 제기한 평론은 「산케이신문」의 칼럼 '산케이쇼產經抄'뿐이었다. 그 주장은 뒤에 다루는 것으로 하고, 다음으로 보고서가 전술한 권고를 도출하는 데 충분한 논증을 하고 있는가 어떤가를 검토, 분석하여 보자. 결론부터 말하면, 이 보고서는 구미에서의 일류대학 학생의 보고서라면, 낙제점을 줄 수밖에 없는 수준의 조악한 작품이다.

나는 하버드, 콜롬비아 양 대학에서 배우고, 프린스턴대학에서 가르친 경험이 있다. 보고서를 쓰고 채점 받은 일도 있지만, 채점한 적도 있다. 채점할 때는 우선 말미의 각주를 점검하는 것이 관례일 것이다. 인용 문헌의 수, 참조한 문헌의 질, 필수 문헌에서 빠진 것은 없는지 확인하는 수순을 밟는다. 그 단계에서 중대한 실수가 발견되면 내용을 읽기 전에 E(낙제점)를 주는 교수도 있을 것이다.

쿠마라스와미 여사는 예일, 콜롬비아 양 대학에서 배우고, 하버드에도 있었던 것 같은데, 따라서 이러한 보고서 작성 기법을 잘 이해하고 있을 것이다. 그런데 이 보고서의 사실관계에 관한 부분은 모두 오스트레일리아 저널리스트 조지 힉스George Hicks가 1995년에 간행한 『위안부The Comfort Women』라는 통속서로부터의 인용이다. 이용한 참고문헌이 한 권뿐이라면 그대로 베낀 것이라고 판정받아도 도리가 없는데, 그 힉스의 저서에도 문제가 많다. 책 끝에 36개의 참고문헌이 적혀 있지만(필자의 논문, 저서는 발견되지 않는다), 구미에서는 일반서라도 각주를 붙이는 것이 관례인데 이상하게도 각주가 붙어 있지 않다. 즉 어느 문헌에 기초하여 기술한 것인지 대응 관계를 알 수 없는 구조로 되어 있는 것이다. 그럼에도 참고 훑어봤지만, 초보적인 잘못과 왜곡투성이로 구제할 도리가 없다고 느꼈다.

일례를 들면, "스즈키 유코의 저서에 따르면, 1932년의 제1차 상하이사변 중 일본군 오카무라岡村 중장이 나가사키현 지사에 의뢰하여 기타큐슈로부터 일단一團의 조선인 여성들을 상하이의 위안소로 보냈던 것이 제1호"(Hicks, p. 19, 밑줄은 필자)라고 하는 요지의 기술이 있다. 그래서 스즈키의 저서 『종군위안부·내선결혼從軍慰安婦·內鮮結婚』(미라이샤未來社, 1992)과 대조해 보니, 요지는 같지만 밑줄 친 부분은 없었다. 스즈키가 전거로 인용한 『오카무라 야스지 대장 자료―전장 회상편岡村寧次大將資-料―戰場回想編』(하라쇼보, 1970)을 보아도 역시 밑줄 친 구절은 없었다. 결국 조지 힉스가 스즈키의 저서를 인용하는 단계에서 "조선인 여성들"이 혼입된 셈인데, 힉스의 서문을 읽고 짐작이 갔다.

서문에 의하면, 저자는 일본어를 읽을 수 없기 때문에 도쿄대학의 다카하시高橋 교수에게 부탁하여 재일 한국인 여성인 이유미를 소개받고, 그녀가 일본의 운동가들로부터 자료를 모아(아마 영역英譯도 하여) 보내 주었다고 한다.[4] 힉스가 자료의 80%는 그녀에게 의존했다고 쓰고 있을 정도이기 때문에 문제의 추가 부분은 힉스와 이유미가 자료를 주고받는 단계에서 창작되어 그대로 쿠마라스와미 보고서의 제24항에 옮겨 적혀 버렸다고 추정할 수 있다.

또 제21항에는 미크로네시아에서 70명의 위안부가 일본군에게 학살당했다고 하는데, 힉스가 인용한 김일면의 저서[5] 어디에도 사람 수는

---

4 조지 힉스(1995), *The Comfort Women*, Allen & Unwin, Australia, pp. vi-vii.
5 힉스, 같은 책, p. 115; 김일면(1976), 『천황의 군대와 조선인 위안부天皇の軍隊と朝鮮人慰安婦』, 산이치쇼보三一書房, pp. 246-247; 니시구치 카쓰미(西口克己)(1969), 『구루와廓』, 토호슈판샤, p. 346.

나와 있지 않음에도 홀연히 보고서에 70명이라는 수가 출현한다. 그래서 김일면이 인용한 니시구치 카쓰미西口克己의 『구루와廓』를 보니 해당 기술이 있었다. 저자는 교토京都, 후시미伏見의 2대에 걸친 "색싯집"의 자식으로 태어나 교토 시의원(일본공산당)을 지낸 인물이고, 어릴 때부터 견문한 매춘업자의 내막을 소설풍으로 정리한 것인데, 이 책의 말미에 미크로네시아 트럭섬에서의 위안부 처분이라는 에피소드가 등장한다.

1944년 2월 17일의 미군 함전기에 의한 공습으로 위안소가 불타는 가운데, 미군의 상륙을 예상한 모 참모가 모 소위에게 밀령을 내리고, 소위는 병사들을 데리고 가 방공호에 대피하고 있던 "6~70명"의 위안부를 기관총으로 모두 죽였다는 줄거리다. 이유는 확실하지 않고, 하수인이 육군인지 해군인지도 확실하지 않으며 이야기의 출처도 없지만, 저자의 아버지인 듯한 인물이 내지로부터 데리고 간 위안부(조선인?)일 가능성도 부정할 수 없다. 나는 이 이야기가 '픽션'이라고 판단한다. 처분한다면 미군 상륙 시에 실행하면 되는 것이고, 종전 후에 진주해 온 미군은 대규모의 트럭섬 전범재판에서 다수 일본군을 재판하였지만 여기에서도 다루어지지 않았기 때문이다. 무엇보다도 김일면은 무슨 이유인지 "6~70명"이라는 부분은 인용하지 않았기 때문에 실제로는 쿠마라스와미 보고서의 기초자起草者가 김일면이 아닌 니시구치의 저작으로부터 직접 인용하는 기괴한 모양이 되어 버린다. 그것은 보고서가 쿠마라스와미 본인이 아니라 모 일본인 운동가에 의해 쓰여졌다는 풍문을 뒷받침하는 것인지도 모른다.

때마침 트럭섬의 제4해군 시설부에서 전화교환원으로 근무하였던 아베 키요阿部キヨ의 회상에 의하면, 대공습 직후에 여성 총 귀국의 지시가 내려와 2월 28일에 병원선 히카와마루氷川丸에 승선하여 팔라우로 향했

고, 거기에서 화물선으로 갈아타고 내지로 돌아왔는데, 백 명가량의 위안부가 동승하고 있었다고 한다. 남아 있는 히카와마루의 항해 기록과 관계자의 수기도 아베의 증언을 뒷받침하고 있다.[6] 만약 살해 사건이 있었다면 소문이 났을 것인데 그런 기억은 없다고 그녀는 단언하고, 몇 사람의 트럭섬 근무자도 같은 증언을 하였다.[7]

다시 말하지만, 전쟁 후반의 패퇴기에 일본군은 위안부를 포함한 여성을 일찌감치 최전선으로부터 물러나도록 나름대로 노력했다. 트럭섬에서는 1944년 2월 3일 라바울로부터 후퇴해 온 60명을 포함하여 해군병원에 근무하는 약 140명의 일본적십자 간호부가 있었는데 차차 귀국시키고, 7월 13일에는 히카와마루로 최후까지 남은 70명이 환자와 재류민과 함께 내지로 향했다. 그중 한 명이었던 카이 사토甲斐サト 수간호사가 돌아오고 나서 들은 바로는 병원선의 침몰이 잇따르고 있었기 때문에 히카와마루를 보내도 될지 여부로 해군 상층부 사이에서 며칠에 걸친 대격론이 있었는데, "여성을 전선에 방치해서는 무사도가 쓰러진다. 만난萬難을

---

6 전우회戰友會 편(1983), 『트럭섬 해군 전투기トラック島海軍戰記』(비매품)의 아베 키요, 오이시 테츠오大石鐵夫 수기, 사토 마사유키佐藤政行 메모, 아베의 이야기, 후지키 요시카즈藤記義一(1982), 『트럭섬의 종언トラック島の終焉』, 켄소샤幻想社 등. 일본우선역사자료관日本郵船歷史資料館의 히카와마루 항해 기록에 의하면 1944년 1월 31일 라바울 출발, 2월 3일 트럭섬 도착, 1944년 2월 28일 트럭섬 출발, 3월 2일 팔라우 도착, 4월 27일 트럭섬 출발, 5월 1일 팔라우 도착, 7월 13일 트럭섬 출발, 8월 1일 요코스카 도착의 각 편이 트럭섬을 출입하고 있다. 전술한 사토의 메모에는 "2월 28일 환자와 여자들, 히카와마루로 귀환", 후지키의 저서에는 "7월 13일 마지막 편으로 히카와마루 입항 (……) 재류 일본인, 70명의 해군병원 간호부 등 돌아가다"(p. 296.)라고 쓰여 있다. 오이시 수기에서는 4월 4일에 병원선 다카사고마루高砂丸가 환자와 일본적십자 간호부(라바울로부터 후퇴한 사람들)를 수송했다고 적고 있는 바, 여자들이 수차례에 걸쳐 후퇴했던 것이 분명하다. 또 오이시는 미군 상륙이 임박했다고 판단되었을 때 자결용으로 청산가리 봉지가 몰래 수간호사에게 건네진 일이 있다고 썼다.(p. 196.)

7 예를 들면, 가네코 토우타金子兜太의 '나의 이력서私の履歷書', 「니혼게이자이신문日本經濟新聞」, 1996년 7월 12일자, 전우회 역(1983), 『트럭섬 해군 전투기』.

물리치고 구출하자"[8]고 결정했다고 한다. 굳이 추측하면, 3월 30일의 폭격으로 잔존하고 있던 N이라든가 K 등의 요정이 전부 무너지고, 일찍이 해군병원을 도운 적도 있는 위안부 중 몇몇의 즉사자와 부상자가 나왔다는 기록이 카이 일기에 있는데, 그것이 잘못 전해진 것인지도 모른다. 이러한 종류의 왜곡과 오기는 다른 곳에서도 많이 발견되는 바 표 9-1을 참조하기 바란다.

[표 9-1] 쿠마라스와미 보고서의 문제점

영문판의 기술	필자의 코멘트
15항 (a) 국가총동원의 성립은 1932년. (b) 여자정신대와 위안부를 혼동하고 있다.	(a) 1938년의 실수(No.29에는 1938년으로 되어 있음). (b) 일부 한국에서 그대로 채용.
17항 내지에서도 매춘 시설이 없는 지역에 위안소를 설치.	원칙으로 일본 내지에 위안소는 없었다(전거 불명).
19항 모집 방법에 관한 문서는 거의 없다.	어느 정도는 있다는 것인가?
22항 많은 위안부가 병사와 함께 자살 공격 등의 전투에 참가하도록 강요받았다.	총의 조련법을 모르는 여성은 전투에 참가하지 못했음. 전투력에 도움이 안 됨.
26항 (a) 군 직영의 위안소가 많았다고 시사. (b) 모집에 관한 정보는 대부분 옛 위안부의 증언 뿐.	(a) 일중전쟁 초기의 한두 가지 예외를 빼고 군 직영은 없었다. (b) 그대로다.
28항 소개업자, 조선인 경찰이 여성을 속였다.	속여서 성공한 것은 여성과 소개업자 혹은 경찰이 일면식이 있었기 때문. 속일 경우 경찰은 개입하지 않았을 것이다.
29항 요시다 세이지는 공무로서 1,000명의 조선인 여성을 위안부로 조달.	한국에서 커밍아웃한 수백 명의 옛 위안부 중 요시다에게 사냥당했다고 생각되는 여성의 증언은 아직 없다. 요시다 저서의 허구성에 대해서는 따로 쓴 바 있다.

---

8 나카츠카 테츠오中束徹夫(1964), 『트럭섬 제4해군병원—일본적십자 종군간호부의 수기ㅏ ㅜ ッ ク島 第4海軍病院—日赤從軍看護婦の手記』, 비매품, p. 113.

영문판의 기술	필자의 코멘트
34항 위안부의 거실은 넓이가 3×5 피트로 침대가 있다.	3×5 피트는 병사의 신장보다 짧다.
36항 여성의 벌이는 패전으로 제로가 됐다.	병사도 동일, 국민도 동일. 가족에게 송금한 여성의 예도 있다.
43항 (a) 군사령부가 trader를 임명했다. (b) 모집에 관한 공문서는 일본 정부가 은폐하고 있어서 발견하기 어렵다.	(a) 임명 행위는 있을 수 없다. (b) 은폐하고 있다는 증거가 있는가.
61항 위안부의 총수는 20만 명.	숫자의 근거가 적시되어 있지 않다. 명백하게 과장이다.
69항 20만 명 대부분 죽임을 당했다.	근거 불명. 필자는 90% 이상이 생환했다고 추정.
93항 군인이 직접 모집에 개입했음을 일본 정부가 인정했다.	인정한 바 없다.
128항 (a) 마카오에 위안소를 설치. (b) 일본군이 위안소를 직영.	(a) 마카오는 포르투갈령이며 일본군은 없었다. (b) 26항 (a)를 참조.
Note 10 요시다 저작의 영역이 인용되고 있다.	요시다 저서의 영역英譯서는 없다. 이는 개인적인 부분번역인가? 무엇 때문인지 페이지가 적시되어 있지 않다.
Note 19 Putchard	Prichard의 오기인가.

그런데 조지 힉스로 돌아가면, 보고자인 쿠마라스와미 여사에게 고의성이 있었다고는 생각하고 싶지 않지만, 표지에 반라의 위안부 사진을 디자인하고 "군신軍神과 비너스"(제1장), "인육시장"(제2장)과 같이 선정적인 표제를 붙인, 비학술적 문헌에 전면 의존한 부주의에 대한 책임은 묻지 않을 수 없다. 쿠마라스와미 보고서에는 그 외에도 국가총동원법의 성립을 1932년이라고 쓰고 두 페이지 앞에서는 1938년(이것이 옳다)이라고 쓰는 따위의 부주의한 실수가 두드러지는데, 나 자신도 유사한 실수로 피해를 입었다.

앞서 말한 바와 같이 1995년 7월 23일, 나는 도쿄에서 쿠마라스와미 여사(핀란드 출신의 여성 보좌관 마릿 코넨과 동석)와 면담했다. NGO가 쇄도하여 한 사람당 5분씩 발언이 제한되었기에 영문 요약본(2쪽 분량)을 펴고 1시간 정도 설명과 질의의 시간을 가졌던 것은 이례적인 행운이었을지도 모른다.

그 8개월 전에 그녀가 정리한 예비보고서를 읽고 대체적인 경향은 이해하고 있었기 때문에 신중히 이야기할 요량이었는데, 내가 강조한 것은 (1) 위안부 '강제연행'에 대해 일본 측에서 유일한 증인이 된 요시다 세이지는 "직업적 거짓말쟁이(professional liar)"다, (2) 폭력으로 연행되었다고 주장한 위안부의 증언에서 객관적 증명이 이루어진 것은 단 하나의 사례도 없다, (3) 위안부의 고용계약 관계는 일본군과의 관계에서가 아니라, 업자(위안소의 경영자)와의 사이에서 맺어졌다는 것 등이었다. 그리고 (3)의 실태는 1944년 버마전선에서 포로가 된 일본인 업자 부부와 20명의 조선인 위안부를 심문하여 미군 정보부가 작성한 보고서(미국 국립공무서관 소장)가 가장 적당한 것으로 생각한다고 말하고, 미군 보고서의 복사본을 건네주었다.[9] 그러나 쿠마라스와미 보고서 제40항은 (3)의 논점에 대해 나의 논지를 다음과 같이 정반대로 왜곡하여 소개하고 있다.

> 역사가로서 지바대학의 하타 이쿠히코 박사는—대다수의 위안부는 일본 육군과 계약을 맺었고, 평균적인 병사 월급(15~20엔)의 110배나 되는 수입(1,000~2,000엔)을 벌었다고 믿고 있다고 내게 말했다.

---

9 1944년 8월 10일에 버마전선에서 연합군의 포로가 된 일행의 심문 보고는 요시미 요시아키 역(1992), 『종군위안부 자료집』(오츠키쇼텐), p. 440 이하에 있다.

이에 대해 다퉈도 결말이 나지 않을 이야기지만, 다행히 내 바로 옆에는 앞서 말한 그녀에게 건넨 영문 요약이 남아 있다. 거기에는 전술한 미군 심문 기록에 근거한다고 하면서 "브로커(소개업자 —역자)(및 경영주)는 300~1,000엔의 전차금을 부모에게 지불하고, 여성들은 그 채무를 위안소에서의 수입으로 반환하였다. 경영자와의 수입 분배 비율은 40~60%, 여성들의 수입은 월 1,000~2,000엔, 병사의 월급은 15~25엔"이라고 기록되어 있다. 고용 관계의 유무는 법적 책임을 묻는다든가 보상을 검토한다든가 할 때 중요한 사항이다. 예를 들면, 도쿄공습으로 순직한 정규 소방수는 사망 하사금과 연금이 지불되지만, 도와준 민간인은 받을 수 없다. 전재로 사망한 일반 시민이 나라의 방공 책임을 묻고, 특별입법으로 보상을 요구하는 목소리도 없지 않았지만 실현되지 못했다.

위안부는 공창제도의 연장선상에서 탄생했다. 평시에 창기나 포주를 감독하고 지도하던 것은 경찰이었는데, 전지에서는 그 역할을 군이 담당한 것이다. 굳이 차이를 찾자면 배나 트럭 등 수송 수단을 군이 제공한 예(편의 제공)가 많았다는 점이다. 위안부 중에는 전시前身이 직업적 창부였던 예도 적지 않았기 때문에 보상하게 된다면 범위는 끝없이 넓어진다. 관여와 감독 불충분의 책임을 물으면, 전후의 '자파유키'들에 대한 보상을 거부할 이유도 사라질 것이다.

신용조합과 주택금융회사 문제로 세금의 사용 방법에 대해 심한 요구가 뒤따르는 시대이기도 하므로, 딱하더라도 고용 관계의 유무로 선을 긋는 것은 어쩔 수 없다고 생각했다. 쿠마라스와미 여사에게도 그러한 입장에서 설명할 생각이었지만, 미군의 보고서를 무시하고 고용 관계가 있었던 것처럼 곡해해 버린 것은 참으로 어처구니없는 일이었다. 단, 고용 관계의 유무에 관계없이, 관헌에 의한 강제적 조달이 있었다고 한다면

위안부와 전쟁터의 성性

이야기가 다르고, 일본 정부는 특별입법을 해서라도 보상하지 않으면 안 된다고 나는 생각한다.

관헌인가 아닌가를 별개로 하면, 이러한 종류의 현상이 있었던 것은 확실하고, 일중전쟁 초기인 1938년 3월 4일에 육군성으로부터 현지 군에 지시한 '군 위안소 종업부從業婦 등 모집에 관한 건'[10]을 보면, "위안소 설치를 위해 내지에서 그 종업부 등을 모집함에 당면하여 고의로 군부 양해 등의 명의를 이용하고 (……) 모집의 방법이 유괴와 유사하여 경찰 당국에 검거, 취조를 받는 자"가 있기에, 군의 위신과 치안 유지를 위해 업자를 확실히 단속하도록 요구하고 있다.

이 통달은 어쨌든 군이 관여한 것을 입증하는 공문서로 이용되고 있지만, 한편으로는 범인이 악질적인 경영자나 소개업자고, 경찰은 검거 등으로 단속하고 있었던 사실도 보여 주고 있다. 이러한 유괴와 흡사한 모집의 실태를 가장 자세히 알고 있었던 것은 본인(및 부모)과 경영자의 다리 역할을 한 소개업자였기 때문에 그들을 찾아내 증언을 얻는 것이 신속한 방법이라고 생각했는데, 수년간 단 한 사람도 나서는 자가 없고 찾아낸 예도 없다. 따라서 관헌에 의한 '강제연행'의 존재를 주장하는 것은 일본인으로서는 이미 말한 요시다 세이지의 고백뿐이고, 그 뒤로는 옛 위안부들의 증언뿐이다.

쿠마라스와미 여사는 요시다의 증언을 인용하고는 있지만, 내가 주의를 주었기 때문인지 본인으로부터 면접이 거절되었기 때문인지 자신이 없었던 것 같다. 보고서의 다른 개소에서 "모집 방법을 입증하는 서류는 거의 남아 있지 않다"(19항)라든가, "실제 모집의 경과에 관한 공문

---

10 육군성 부관으로부터 북지나北支那 방면군 및 중지나 파견군 참모장 앞 통첩(육지밀 제745호), 방위연구소 도서관 소장의 '육지밀대일기陸支密大日記' 1938년 제10호에 게재.

서는 없고, 거의 모든 위안부의 모집에 관한 증거는 피해자 자신의 구두 증언뿐이다"(26항)라며 강제연행을 부정하는 것 같은 뉘앙스의 서술도 있다. 그러나 최종적으로는 1993년 8월 4일의 고노 요헤이 관방장관 담화를 인용하는 형식으로 "위안부의 모집에 대해서는 군의 요청을 받은 업자가 주로 그를 담당했는데 (……) 관헌 등이 직접, 간접적으로 이에 관여한 일도 있다"(129항)고 여사는 결론 내렸다.

결국 보고서는 중간 단계에서는 부정적인 견해를 보여 주면서도 최종적으로는 일본 정부의 조사 결과에 의한 '종합 판단'으로 결말을 맺어 버린 것이다. 단, 이 결론은 그녀가 평양과 서울, 그리고 도쿄에서 만난 옛 위안부들의 증언으로부터 도달한 것이 아닌가 하고 주장하는 사람이 있을지도 모르겠다.

4 옛 위안부의 신상 이야기는

위와 같은 이유로, 그녀들의 증언의 신뢰성에 대해 약간의 검토를 해 두고자 한다. 특별보고자가 면접한 옛 위안부는 평양 4명, 서울 11명, 도쿄(재일) 1명으로 합이 16명이고, 내외의 매스컴 등에 몇 차례나 등장한 "이야기꾼"도 몇 사람 포함되어 있다. 그중에서 보고서에 증언이 인용된 것은 4가지 예인데, 고개를 갸웃할만한 이야기뿐이다. 여기에서는 2쪽 분량으로 장황하게 소개하고 있는 정옥순이라는 북조선에 거주하는 옛 위안부의 신상 이야기를 요약한다.

1920년 12월 28일에 함경남도에서 태어나 13살 때 물을 길어 오다가 일본 군인에게 납치되어 트럭으로 경찰서로 끌려가 몇 사람의 경관들에게 강간당했다. 그때 서장에게 왼쪽 눈을 맞아 실명했다. 10일 후에 혜산시(지점은 불명이지만 만주?) 일본군 숙사로 끌려갔는데, 거기에서는 400명의 젊은 조선 여성이 매일 5천 명의 일본 병사를 위한 성 접대를 강요받고 있었다. 양친은 내 실종을 알 수도 없었다. 동료 중 한 사람이 하루 40명이나 상대하는 것은 심하다고 고충을 말하자 야마모토 중대장은 고문을 한 뒤 머리를 자르고 "이 머리를 삶아 먹게 하라"고 명령했다. 성병 소독을 위해 삶은 철봉을 국부에 찔러 넣는다든가, 생매장을 한다든가, 문신을 새긴다든가 하여 소녀의 절반 이상이 살해되었다. 나는 5년 뒤에 도망하여 조선으로 돌아갔지만 불임과 언어장애로 고생하고 있다(제54항).

이 소름 끼치는 '체험담'을 읽고 나는 어디선가 들은 이야기가 떠올라 오래된 파일을 찾아보았다. 1992년 7월 15일자 「로동신문」(평양)에 공표되고, AP가 세계에 알린 이복녀의 신상 이야기였다. 그녀는 1943년 만주의 위안소로 연행되어 낙인이 찍히고, 사람 머리로 끓인 스프를 먹어야 했다고 주장했다. 장소도 시기도 다르기 때문에 다른 사람이겠지만, 이야기의 내용은 비슷비슷하다.

시나리오 작가의 구성력이 너무나 조악하여 어이가 없지만 약간의 주석을 달자면, 우선 정옥순이 납치된 1933년의 조선반도는 평시로서 유곽은 있었지만 군 전용 위안소는 존재하지 않았다. 위안부의 살해와 학대는 이런 종류의 신상 이야기에 종종 등장하는데, 그녀들은 업자에게는 전차금을 지불한 장사의 수단이며, 군에 있어서도 병사에게 서비스를 해

주는 존재였기 때문에 그 나름대로 대우를 하고 있었을 것이다. 살해한다든가 상처를 입혀서는 본전까지 잃게 되기 때문이다. 단, 도망을 시도한 여성들을 감시한다든가, 본보기로 폭력을 휘두르는 감시자는 일본 내지의 유곽에도 있었기 때문에 유사한 현상이 위안소에서도 일어났을 수 있다.

사실을 더욱 확실히 해 두기 위해 나는 조선총독부에서 근무했던 츠보이 유키오坪井幸生(종전시 충청북도 경찰부장), 타이시도 츠네야스大師堂經慰(강원도 지방과장) 두 사람에게 물어보았는데, 두 사람 모두 위안부 강제연행은 있을 수 없다고 전면 부정한 뒤, "조선인 사이에는 반일 분위기의 저류가 있었기 때문에 우리는 치안 유지에 상당히 신경을 쓰고 있었다. 만약 요시다 세이지 류의 사냥을 하면 폭동이 일어났을 것이고, 조선인 경관이 따르지 않았을 것이다. 또 종전 후에 총독부 관리와 가족은 무사히 귀국할 수 없었을 것이다"라고 번갈아가며 말했다.[11]

다른 예를 들어 보자. 역시 쿠마라스와미 여사가 면접한 재일 한국인으로 일본의 공식 사죄와 1억 엔의 보상 등을 요구하며 제소 중인 송신도宋神道가 「아사히신문」의 취재에 응하여 털어놓은 신상 이야기다.

1922년 충청남도 생. 16세에 부모가 결정한 상대와 결혼했지만 식을 올린 다음 날 가출했다. 대전에서 조선인 여성에게 "전지戰地

11 타이시도에게는 '조선인 종군위안부는 강제연행되었다고 생각할 수 없다'(1995년 12월)라는 제목의 공개되지 않은 논고(75페이지)가 있다. 이 속에서 타이시도는 만약 20만의 위안부가 있었다면, 그녀들이 '강제연행'되는 것을 목격한 친족이나 이웃이 그 10~20배, 즉 65세 이상 인구의 10%가 있었을 텐데, 그러한 노인의 증언이 나오지 않는 것은 이상한 일이라고 말하였다. 타이시도는 1999년에 『위안부 강제연행은 없었다慰安婦強制連行はなかった』(덴덴샤展轉社)는 제목의 저서를 간행했다.

에 가서 나라를 위해 일하면 돈도 번다"는 말에 속아 평양으로 갔고, 다른 많은 사람과 함께 중국의 우창^{武昌}에서 위안부 생활을 해야 했다.

종전으로 제대한 일본인 조장^{曹長}이 "함께 일본으로 가자"고 하는 청혼을 받고 하카다^{博多}로 갔다. 상륙하자 그냥 버려졌다. 미야기현에서 재일 조선인 남성과 살게 되었는데 15년 전에 사별, 지금은 생활보호를 받으며 혼자 산다. (1993년 9월 21일자 석간)

취재한 기자는 이 여성으로부터 "조선인은 아직 북과 남으로 전쟁을 하고 있다. 그래서 아주 싫다"든가, "재판 따위는 장난 반, 진심 반으로 하는 것이다"는 말을 듣고 갈피를 잡지 못했지만, "위안부 문제에 대해 자신의 관점을 정하기 위해" 그녀를 위한 지원 그룹에 뛰어든 일본인이 적지 않다고 하여 나는 도무지 이해할 수 없었다.

예로부터 '여자의 신상 이야기'라는 속담이 있다. 나도 젊었을 때 호스티스의 신상 이야기를 듣고 그것을 모두 믿어서 선배의 웃음거리가 된 경험이 있다. 그래도 재판소에 제출한 소장은 변호사가 정리해 주기 때문에 다소는 더 나을 텐데, 다카기 겐이치 변호사 등이 매달리고 있는 위안부 소송의 소장에 들어간 신상 이야기는 조악한 것이 너무 많다. 승소를 예상하지 않고 홍보 효과만 노렸기 때문에 손도 보지 않았겠지만, 일례로 심미자^{沈美子}가 주장하는 위안부 경력을 요약해 보자.

1924년 조선 황해도 봉산에서 출생. 아버지는 독립운동에 관계하여 만주로 가고 없었다. 12살에 소학교에 들어가 16살인 1940년 3월, 경관이 학교에서 연행, 경찰서에서 아버지의 일로 취조를 받고 고문을 당하고 강간당했다. 며칠인가 의식을 잃었고 정신이 들었을 때는 모르는 곳에 있었다. "여기가 어딘가" 하고 같은 방의 여자들에게 묻자 "후쿠오카"의 군 위안소라고 했다. 토, 일요일은 40~50명의 병사들에게 성 접대를 해야 했다. 1년 반 후에 고베神戶로, 8개월 후에는 오사카의 장교 위안소로 옮겼는데, 1전도 받지 못했다.

오사카에서 종전을 맞아 공장에서 일하다가 1953년에 한국으로 돌아왔다. 현재는 생활보호를 받고 있다.[12]

이 여성은 '이야기꾼'의 한 사람으로 몇 차례나 매스컴에 등장하고 쿠마라스와미도 면담하였는데, 상식을 초월한 이야기뿐이다. 그중 며칠간 실신하고 눈을 뜨자 후쿠오카였다는 이야기는 기상천외하다. 황해도라고 하면 38선 이북, 그 농촌 마을에서 간선철도의 역까지 운송하고, 열차로 부산까지 열 몇 시간, 그로부터 관부연락선으로 시모노세키로 건너가다, 게다가 다른 연락선으로 모지門司로 옮기고 열차로 후쿠오카로 가는데, 누가 어떻게 그녀를 옮긴 것일까? 또 내지에는 군 전용 위안소가 없었기 때문에 그녀가 있었던 곳은 일반인을 위한 유곽이었던 것 같은데, 증거를 찾는 데 필요한 날짜, 지명, 인명 등이 불투명한 것은 다른 위안부의 주장과 공통이다. 그녀들의 교양 수준이 낮기 때문에 기억하지 못 해도 이상한 일이 아니라고 변호하는 사람도 있지만, 그녀를 속여 연행한 조선인 주선업자나, 수년간 함께 기거한 위안소 경영자에 대해서도 성명을 진

---

12 1991년 1월 12일, 일본 정부를 상대로 도쿄 지방재판소에 소송을 낸 '아시아태평양 한국인 희생자 보상청구사건'의 소장을 기재한 히라바야시 히사에平林久枝 역(1992), 『강제연행과 종군위안부強制連行と従軍慰安婦』, 일본도서센터日本圖書センター, p. 189

술한 경우가 하나도 없다는 것은 부자연스럽다. 오히려 진위를 확인하지 못 하도록 종용하고, 내용을 규제하는 흑막의 참모가 있다고 생각할 만한 일인지도 모른다.

다음으로 쿠마라스와미 여사가 "성노예적 상황의 가혹함과 잔학성"으로부터 "군용 성노예"(제37항)라고 단정한 위안소의 생활환경을 검토해 보자. 전지였으나 후방의 비교적 안전한 지역이었던 북버마의 미티나의 위안부에 대해 이미 인용한 미군정보부의 보고서는 다음과 같이 서술하고 있다(요시미 요시아키 편, 『종군위안부 자료집』)

"위안부들은 통상 개인 방이 있는 2층의 대규모 가옥에서 숙박하고 (……) 일어나고 영업했다. (……) 그녀들의 생활 모습은 다른 곳에 비하면 사치라고도 할 수 있을 정도였다."
"원하는 물품을 구입할 돈은 충분히 받았기 때문에 그녀들의 생활은 좋았다."
"그녀들은 (……) 장병과 함께 스포츠 행사에 참가하며 즐겁게 지내고, 또 소풍, 연예회, 디너파티에 출석했다. 그녀들은 축음기를 갖고 있다든가, 도회에서는 쇼핑하러 외출하는 것도 허락되었다."
"위안부는 접객을 거부할 권리를 인정받았다. (……) 일부 위안부는 조선으로 돌아가는 것을 허락받았다."

미티나의 생활 모습이 예외적이지 않다는 것은 같은 버마의 수도 랑군에서 위안부 생활을 한 문옥주의 체험기로부터도 뒷받침되기 때문에 일부를 인용하여 두자.

"지금까지보다 훨씬 자유롭게, 한 주에 한 번이든가, 한 달에 2번, 허가를 받고 외출할 수 있었다. 인력거를 타고 쇼핑하러 가는 것이 즐거웠다."

"중국 시장에 가서 악어가죽 핸드백과 신발을 샀다. 어머니를 위해서도 무언가 샀다."

"장교들이 지프에 태워 페구의 석가모니 열반상을 보러 갔다. 야마다 이치로(일본군 연인)와 대구의 엄마가 무사하도록 기도하고 돌아왔다."

상황은 장소에 따라, 시기에 따라 천차만별이었을 것이다. 또 사람들에게 질문을 받고 즐거웠던 부분만 말하는 사람도 있을 것이고, 반대로 고통스러운 경험만을 과장하여 말하는 사람도 있을 것이다. 이런 점을 고려해도, 그녀들의 생활 조건이 쿠마라스와미 여사가 말하는 정도로 비참한 것이었다고는 생각할 수 없다. 그러나 여사는 내가 미군 보고서의 복사본을 전달해 주었음에도 불구하고 무시하고, 살펴본 일이 없었다.

5. 제네바의 공방전

그럼에도 쿠마라스와미 권고는 1996년 3월 18일부터 제네바에서 개최된 유엔인권위원회에 제출되었다. 일본 정부가 반대표를 던졌고, 게다가 채택되면 "리튼 보고서Lytton Report의 재래再來"(도츠카 에츠로 변호사)라고 외치는 사람도 있었다. 1933년의 일본은 보고서의 채택 문제에서 패배하고, 국제연맹을 탈퇴했다. 위안부 문제에서의 유엔 탈퇴는 있을 수 없었지만, 42 대 1 정도의 표차는 벌어진다고 생각했을지도 모른다.

나는 끊임없이 이 움직임에 대응하여 쿠마라스와미 보고서가 내 설명을 왜곡한 점을 지적하고 정정을 요구하는 1996년 3월 15일자의 주장문을 쿠마라스와미 여사와 인권위원회 사무국장에게 발송했다. 처음에는 일변련에 조언을 구했지만 아이타니藍谷 사무총장 대행에게 거절당했기 때문에 외무성에 의뢰하여 보내기로 했다.[13]

4월 10일의 유엔인권위원회는 쿠마라스와미 보고서에 대해 토의했는데, 그에 앞서서 일본 외무성은 '부속 문서1에 대한 일본 정부의 견해'(이하 '일본 정부의 견해')라는 40쪽짜리 반론 문서를 작성했다. 이 문서는 일단 인권위원회 사무국에 인쇄, 배포를 위해 제출되었지만 곧 철회하고 3월 27일자의 '이른바 종군위안부 문제에 관한 일본 정부의 시책'(이하 '일본 정부의 시책')으로 바뀌었다. 외무성은 전자의 전문을 공표하지 않았지만, 4월 10일 전후에 새어 나와 기자단과 NGO가 입수하였고, TV 아사히와 NHK도 보도에 이용했다.

'일본 정부의 견해'는 1. 요약, 2. 여성에 대한 폭력 및 '위안부' 문제에 관하여 일본 정부가 행한 노력, 3. 사실의 기술에 대한 반론, 4. 법적 문제에 대한 반론, 5. '권고'에 대한 회답의 5개 장으로 구성되어 있다. '1. 요약'에서 이 문서는 "특별보고서라는 것은 국제사회 전체의 존중을 받을 보고서로서 중립적, 객관적으로 신뢰할 수 있는 보고원報告源에 기초

---

13 하타 이쿠히코, '왜곡된 나의 논지歪められた私の論之'「분게이슌주」, 1996년 5월호, 그 영역은 "The Flawed U.N. Report on Comfort Women", *Japan Echo*, 가을호 1996, 별도로 한국어, 독일어, 프랑스어, 스페인어판으로도 나왔다.

한 보고서를 제출해야 하며, 제안된 법률적 의견은 국제법에 대한 정확한 이해"에 기초해야 하는데, 부속 문서1은 "이 기준을 만족시키고 있다고 주장하기 어려우므로", 일본 정부는 "위원회가 이 문서를 명확히 거부(reject)하고, 이 분야에서의 일본의 의도와 노력을 더 정확히 이해할 것을 강하게 희망한다"고 쓰고 있다. 거부하는 이유로 제시된 예를 몇 개 요약하여 둔다.

1. 50년 전의 일본 '위안부' 문제를, 게다가 본문에 앞서서 그것이 가장 중요한 현재의 여성에 대한 폭력의 결과인 것처럼 취급하고 공표했다.
2. 제2장의 대부분은 그 중립성을 의심받고 있는 요시다 세이지와 조지 힉스의 저서와 같은 간행물로부터 그녀의 주장에 부합하는 부분만을 꺼내 그에 의거하여 서술했다.
3. 제4장의 '위안부'에 의한 증언의 일부는 보고자 자신이 아니라 관계자의 인터뷰에 의한 것이고, 게다가 확실한 증언이 아니다,
4. 한편 미군 보고서와 같이 자신의 결론에 불리한 객관적인 자료는 무시하였다.
5. 보고자의 법적 논의는 자의적이고, 근거가 없는 국제법적 '해석'에 기초한 정치적 발언이다.
6. 보고자가 근거도 없이 일본 정부가 관계 자료의 존재를 은폐해 온 것처럼 서술하는 것은 극히 유감이다.
7. 전쟁범죄자의 처벌은 도쿄재판 등으로 종료되었다.

아마도 일본 정부가 유엔 기관에 제출한 문서로서는 전례가 없을

정도로 솔직하고 강렬한 비판이었다. 그러나 이 문서는 관계 여러 나라와 일본 사이의 비공식 교섭에서는 사용된 것으로 보이지만, 그것으로 충분히 효과를 거뒀다고 판단했는지 외무성은 제출 즉시 회수와 함께 철회하여 버린다.

다음으로 제출된 '일본 정부의 시책'은 훨씬 짧고, 고노 관방장관 담화 등 그때까지 일본 정부가 위안부 문제에 대해 취해 온 견해와 여러 시책을 열거한 뒤 아시아여성기금 소개에 중점을 두고 있다. 그 대신 쿠마라스와미 보고서에 대한 비판은 고작 반 페이지로 줄였고, 그것도 "법적인 논의는 충분한 근거에 기초하지 않았다"고 쓰는 정도에 그쳤으며, "일본 정부는 특별보고자의 법률론의 주요 부분에 대해 중대한 유보를 붙인다"고 결론 내리고 거부 요구는 사라졌다. 이러한 급전急轉은 왜 일어난 것인가? 정확한 이유는 알 수 없지만 4월 27일자 「요미우리신문」은 오츠카大塚 제네바 특파원의 상당히 자세한 해설 기사로 그 사이의 사정에 대해 추측을 시도하였다.

일본 제네바 대표부는 그럭저럭 "일본 정부의 견해"에 따라 상당히 강력한 사전 교섭을 하고, 쿠마라스와미 보고서의 결함을 서방 측 여러 나라 대표에게는 충분히 이해시켰지만, 한국, 북조선, 중국, 필리핀 등의 관계국은 강하게 반발하였고, 현지에 모인 NGO 사이에서는 쿠라마스와미에 대한 개인 공격 내지 중상은 없었는가 하는 비난의 소리도 있었던 것 같다. 많든 적든 유사한 전후처리 문제를 안고 있는 서방 측 여러 나라는 위안부 문제를 계기로 그러한 사안들에 다시 불이 붙는 것을 원하지 않았고, 그러는 한편 '가정 내 폭력'에 관한 쿠마라스와미 보고서가 좋게 평가되고 있었으며 인권위원회가 임명한 쿠마라스와미 여사의 명예를 과도하게 손상시키고 싶지 않다는 생각이 얽혀, 대표부와의 사이에서

비공식적인 조정이 진행되었다. 오츠카 기자는 "일본 정부는 쿠마라스와미에 대한 비판을 그만두는 보상으로 보고서에 대한 구미 제국의 '환영'도 삼가하는 이득을 얻었다. 그러한 거래가 있었던 것이 아닐까" 하고 추측하였다. 정확하지는 않지만 그와 비슷했을 것이다.

그런데 4월 10일의 인권위원회에서는 우선 쿠마라스와미 여사가 요지에 대한 설명을 하고, 다음으로 엔도 미노루遠藤實 대사가 앞서 말한 '일본 정부의 시책'을 설명하고, "입장을 유보한다"는 결론을 내렸다. 그 뒤 19(?)개국 대표가 차차 의견을 밝혔다. 쿠마라스와미 여사의 연설은 대부분 가정 내 폭력에 집중, 부속 문서1의 위안부 문제에 대해서는 가볍게 다루고, "다양한 편지를 받고 있다"고 부가하는 것으로 끝났다. 이 '편지' 속에 내가 3월 15일에 보낸 영문 요약을 첨부한 주장문(영문)도 포함되지 않았을까 생각해 본다. 내 주장문은 4월 1일에 스리랑카 주재 일본대사관으로부터 본인에게 직접 인도했다는 것을 확인했는데, 이를 수령한 여사는 다른 화제는 다루었지만 내 항의 내용에 대해서는 아무 언급도 하지 않았던 것 같다(현재까지 쿠마라스와미 여사로부터 답장은 받지 못했다).

그 전후에 요시미 요시아키 교수도 쿠마라스와미 여사 앞으로 편지를 보냈다. 전문은 공표되지 않았지만, 일본의 전쟁책임연구센터가 3월 1일자로 간행한 'R. 쿠마라스와미 유엔보고서'에 대한 해설은 "솔직히 사실 오인으로 생각되는 개소가 몇 군데 있다. 신속한 정정이 이루어지기를 기대한다"고 하였고, 요시미가 쿠마라스와미 여사 앞으로 보낸 편지에서 지적한 요점을 소개하고 있다. 그 요지를 인용해 두고 싶다.

오류의 원인에 대해 말하자면, 조지 힉스에 의거한 점이 문제다. 이 책은 오류가 대단히 많은 저서이므로 주석부터 삭제하는 것이

위안부와 전쟁터의 성性

좋다고 생각한다. 일례를 들면, 그는 요시다 세이지의 경력을 잘못 알고 있다. 그는 도쿄대 졸업이 아니라 도쿄에 있는 대학을 졸업한 것이다(요시다의 책에 의한다).

또 힉스가 인용한 요시다 저서의 "위안부" 징집에 대한 부분은 많은 의문이 제기되고 있음에도 불구하고, 요시다가 반론하지 않고 있다. (……) 요시다가 반론하는 것은 어렵다고 생각한다. 요시다의 책에 의거하지 않아도 강제라는 사실은 증명할 수 있기 때문에(누가 강제했는가를 별개로 하면, 일본 정부도 징집 시와 위안소에서의 강제를 인정하고 있다) 요시다와 관련된 부분은 삭제할 것을 권한다.

요시미 요시아키의 서간은 중간 부분까지 필자의 서한과 동일한 요지이지만, 결론 부분은 크게 다르다. 나는 쿠마라스와미 보고서를 부정했지만, 요시미는 역시 답장을 받지 않았음에도 불구하고 일부를 정정하면(또는 정정하지 않아도) 지지한다는 입장이었다. 그러나 힉스와 요시다의 부분을 삭제하면 쿠마라스와미 보고서의 실질은 소멸하는 것과 같지 않은가. 사실관계의 검토는 빼고, 처벌 등 권고 부분만을 살리라고 권하는 것인가? "누가 강제했는가를 별개로 하면"이라는 구절도 이해하기 어렵다. 범인이 누구인지 알지 못해도 처벌은 하라는 원칙만 내걸어 둔 것일까?[14]

여하튼 지지 진영으로부터도 비판을 받는 쿠마라스와미 여사의

---

14 「쇼쿤!」 1996년 8월호의 가미사카 후유코上坂冬子와의 대담에서, 내가 "요시미 교수는 쿠마라스와미 여사에게 잘못된 인용을 했다고 나보다 먼저 항의 편지를 보냈지만, 여전히 회답이 없는 것 같다"고 말한 것에 대해, 요시미는 「세카이」 9월호에서 "내가 보낸 것은 항의가 아니라 조언의 편지고, 쿠마라스와미도 사실을 오인한 부분이 있다면 기회를 봐서 정정하고 싶다고 내게 다른 사람을 통해 전해 왔다"고 반론했다. 그러나 1998년 12월 현재까지 이 "정정"은 실행되지 않고 있다.

기세가 꺾이고 현지 NGO 회합에서도 침묵으로 버티려고 한 것은 당연한 일일지도 모른다. 그러나 가정 내 폭력에 관한 요지는 호평을 받았고, 끼워 팔기의 모양새가 된 위안부를 따로 떼어내는 것도 기술적으로 곤란했기 때문에 결의안을 기초하는 단계에서 재조정을 도모하게 되었다.

[표 9-2] 제52회 인권위원회 결의 중 특별보고자의 보고서에 대한 평가 표현

1. commend(상찬賞賛) - 2본
   결의 33호(고문拷問), 53(사상표현의 자유)

2. welcome(환영歡迎) - 8본
   결의11호(경제적 사회적 문화적 권리의 실현), 71(구 유고), 73(수단), 74(초법규적 처벌), 76(르완다), 80(미얀마), 84(이란), 85(아동의 권리)

3. take note with appreciation(평가하며 유의) - 11본
   결의 4호(이스라엘의 입식入植), 10(인권과 극빈), 30(강제적 실종), 52(국내 피난민), 54(캄보디아), 69(쿠바), 72(이라크), 75(아프가니스탄), 77(자이르)

4. take note(유의留意) - 10본
   결의 1호(부룬디), 3(팔레스타인), 14(유독 폐기물), 21(현대적 인권주의), 23(종교적 불관용), 28(자의적 구금), 34(사법의 독립), 49(여성에 대한 폭력의 근절), 57(소말리아), 66(적도 기니)

※출처: 유엔 관계통의 제공 자료.

주1 국명뿐인 표제는 그 국가의 '인권 상황'에 관한 조사를 가리킴.
주2 80호는 요코다 요조橫田洋三 도쿄대 교수, 49호는 쿠마라스와미가 특별보고자.
주3 3에는 take note with interest(30호), with gratitude(58호)를 포함했다.

6. '유의留意'에 대한 해석 논의

1996년의 제52회 유엔인권위원회(53개 국가로 구성)에서는 항상 그랬듯이 100개 이상의 결의안이 제출되고 채택되었는데, 이 중에서 인권위

원회가 임명한 특별보고자에 의한 보고서는 쿠마라스와미 보고서(결의49 호) 외에 요코다 요조橫田洋三 도쿄대 교수에 의한 미얀마의 인권 상황에 관한 보고서 등 31건을 헤아렸다.

　　종래의 예라면 투표에 의한 채택도 없지 않았지만 사전에 조정하여 전원일치(컨센서스)로 채택하는 것이 통례이고, 이 경우 평가의 정도를 나타내는 표현으로 2. '환영(welcome)'을 사용하는 예가 많고, 1. '상찬賞讚(commend)', 3. '평가하며 유의(take note with appreciation)', 그리고 4. '유의(take note)'도 사용되었다. 형식적으로는 인권위가 위촉한 보고서이기 때문에 대단한 일이 아닌 한 '부인(reject)'으로 결정되지는 않는다. 이번에는 표 9-2가 나타내는 바와 같이 3(11표)이 가장 많고, 4(10표), 2(8표)가 뒤를 이었다. 쿠마라스와미 보고서에 대한 결의안을 기초하는 것은 쿠마라스와미가 담당하였고, 4월 19일의 인권위원회에 제출되었다. 그때까지 수면 아래서 각국의 줄다리기와 같은 공식 절충이 거듭되고, 도츠카 에츠로 변호사가 이끄는 NGO 그룹은 일본대사관에서 데모를 한다든가, 로비 활동에 분주했던 것 같다. 결의 채택 직후의 모습을 「요미우리신문」의 오츠카 특파원은 다음과 같이 전했다.

　　19일의 유엔 구주歐洲본부(제네바) 대회의실. 의장이 만장일치로 채택을 고하는 의사봉을 두드리자 옛 위안부에 대한 국가보상을 요구하는 한국과 필리핀, 거기에 일본의 비정부기구(NGO) 회원들은 일제히 일어섰다. "축하합니다" 하며 포옹하고 지원자들 (……) 엔도 대사는 "우리나라로서는 이 결의에 만족한다. 종군위안부 문서가 받아들여지지 않은 것은 명백하다"고 했고, 대립하는 쌍방이 "승리 선언"을 하는 기묘한 광경이었다.

비슷한 모습은 도쿄에서도 보였는데, 결의를 어떻게 읽을 것인가는 다음의 원문에 근거하여 검토해 보자.

(1) Welcomes the work of the Special Rapporteur on violence against women, its cause and consequences, and takes note of her report(E/CN.4/1996/53 and Add. 1 and 2).
"여성에 대한 폭력과 그 원인 및 결과에 관한 특별보고자의 작업을 환영하고, 그 보고서에 유의한다."

누가 번역해도 오역이 일어날 것 같지 않은 짧은 문장인데, 거꾸로 너무 짧기 때문에 의미를 둘러싸고 해석의 차이가 생기는 원인이 되었다고도 말할 수 있을 것이다. 이어지는 다음과 같은 문장과의 관련 속에서 읽으면 이해하기 쉬우리라 생각한다.

(2) Encouages the Special Rapporteur in the work on violence in the community.
"지역사회에서의 폭력에 관한 특별보고자의 (이후의) 작업을 장려한다.

(3) Commends the Special Rapporteur for her analysis of violence in the family.
"가정 내 폭력에 관한 특별보고자의 분석을 상찬한다."

결국 결의는 쿠마라스와미의 작업과 3개의 보고서(본문과 부속 문서1, 2)를 구분하여 주의 깊은 평가 표현을 사용하고 있는 것이다. 쿠마라스와미 보고서에 위안부 문제(부속 문서1)가 포함되어 있었기 때문에 결의는 아마도 "환영"이든가 "상찬"의 표현을 사용하고 있을 것이다. 그러나 비판이 많은 위안부 문제가 들어가 버렸기 때문에 부속 문서2처럼 그것을 뽑아내 언급하는 것은 피하고 전체를 "유의"로 톤을 낮춰, 작업 노력에 대해서도 "환영"으로 하는 것이 최대한이었다고 생각된다.

그러나 매스컴은 (2)와 (3)의 대비 없이, (1)의 범위에서만 논평했다. 예를 들면 4월 20일자의 「아사히신문」은 "활동을 '환영'하는 한편, 권고를 포함한 보고서에 대해서는 '유의(take note)'라는 약한 표현에 그치는 애매한 문언이 되었다", "동 보고를 '지지한다'거나 '환영한다'보다 톤을 낮춘 '유의'라는 말로 타협을 꾀했다"고 보도하고, 「교도共同통신」은 "유엔 결의의 용어로 '유의'는 '청취해 둔다'에 가깝고, 존재는 부정하지 않지만 '환영' 등은 할 수 없는 것을 나타낸다"고 해설하고 있다.

아사히는 지식인 코멘트로서 요시미 요시아키와 필자의 반응을 게재했다(20일자 조간). 요시미는 "일본 정부의 시도에도 불구하고 쿠마라스와미 보고서가 인지認知된 것은 국제사회가 일본에 자료 공개, 법적 책임의 승인, 처벌, 사죄, 배상으로 이루어진 근본적 문제 해결을 요구하고 있는 것이다. (……) 보고서의 일부에는 사실 오인도 있지만, 전체 골격에 영향을 주는 것은 아니다"(밑줄은 필자)고 말했다. 내 감상은 "유엔에서 채택되기에는 너무나도 조악한 것 (……) 가정 내 폭력을 주제로 하는 본 보고서의 부속 문서라는 체재體裁이므로, 위안부 부분만 떼어내는 것은 기술적으로 어려웠을 것이다. '유의'라는 것은 '인지'가 아니라, 그러한 보고가 있었다고 '청취해 둔다'는 정도의 의미로 구속성도 없다. 시효도 무시하고 '관여자를 처벌하라'는 인권침해적인 권고는 통하지 않았다고 말할 수 있다"는 것이었다.

'응하라! 유엔 권고' 등의 NGO는 4월 20일, 학사회관學士會館에서 공동 기자회견을 열었고 거기에서 무샤노 코우지武者小路 교수는 "일본은 (……) 보고서의 존재를 기록으로부터 뺄 것을 요구하였다. 보고서가 인정된 이상 국가보상을 실현할 토대가 생긴 것이다"(「아사히신문」, 3월 21일자)라고 진술했다. 예상 밖의 약한 논조였지만, 부인否認을 꾀한 일본 정부의 당초 목표로 보면 대폭적인 후퇴와 패배, 즉 NGO 측의 승리라는 인식에 거의 전원이 일치하고 있었던 것 같다. 이 기자회견에는 나를 포함한 아라이 신이치荒井信一, 사카모토 요시카즈坂本義和, 쓰미야 미키오隅谷三喜男, 야스에 료스케安江良介, 요시미 요시아키, 가와다 후미코川田文子, 스즈키 유코, 타츠루 요오코田鶴陽子, 테루슌 슈수코暉峻淑子, 마쓰이 야요리松井やより, 야마자키 토모코 등 여러 사람이 참석했다. 참가가 예정되어 있던 사람들 중에서 츠치야土屋 전 일변련 회장(3월 말에 이임), 시라야나기白柳 추기경은 나타나지 않았다.

준비되어 있던 '전후 보상의 조속한 실행을 정부에 요구한다'는 제목의 호소에는 "특별보고자에 의한 권고를 승낙하는 결의가 채택되는 식으로 부끄러운 사태가 되어 버렸다. 우리들은 정부가 이 권고를 받아들여 (……) 하루라도 빨리 실행할 것을 다시 강하게 요망한다"고 했다. "'작업'과 '보고서'가 나뉘어 작성되었기 때문에 동 부속 문서의 권유 수락을 일본 정부에 요구하는 주장은 결의안에 전혀 들어 있지 않다"(4월 19일자 외무성 코멘트)고 하는 정반대의 해석이었는데, NGO 측의 인식은 제2차 세계대전 중의 패전에 대해 대본영이 "이겼다, 이겼다"고 연호했던 모습을 떠올리게 하는 것으로 조금 억지로 보인다.

기자회견에서도 "사실상 채택되지 않은 것으로 보는 신문도 있고, 왜 이렇게 논조를 낮춘 것인가"(아사히), "패전이 아닌가? 이후에는 무엇을 지렛대로 삼아 운동을 계속할 것인가?"(NHK) 하는 질문이 나왔다. 그에 대해 "'welcome'이 붙어 있다"라든가, "세계에 공약한 것입니다" 등의 강한 발언도 있었지만, "전망은 전혀 없다. 지푸라기에 매달릴 생각이다. 매스컴에 의지할 것이다"라는 무기력한 발언을 하는 사람도 있었다. 그 때부터 회장의 분위기는 흥분의 기미가 보였고, 특히 여성들로부터는 히스테릭한 절규도 튀어나왔다. 내 메모에서 몇 개의 발언을 인용한다.

> "나라가 거듭 수치를 당했다."
> "외무성 문서는 인간이 쓴 것이 아니다. 여성 차별의 극단이다. 즉시 특별입법을 하라."
> "이런 나라에서 사는 것이 수치스럽다."
> "아시아여성기금을 해체하라."

등줄기가 오싹할 정도였는데 아무래도 다음 목표는 의원입법議員立法에 의한 국가보상과 쿠마라스와미 권고의 실현, 각국 지원 단체와 연계하여 기금의 수취를 거절하게 하는 운동의 추진, 매스컴의 포섭에 있는 것으로 보였다. 4월 26일에는 우시고메구민牛込區民 호텔에서 모토오카 쇼지本岡昭次 참의원 의원, 도츠카 에츠로 변호사 등 제네바에서 돌아온 NGO의 귀국보고회가 열리고, 나도 방청했다. 인상에 남는 몇 개의 발언을 요약해 둔다.

> "일주일 정도 제네바에 체류, 도츠카 변호사와 함께 활동했다. 이후는 의원입법에 의한 보상법을 목표로 하는데, 아시아여성기금은 여당 3당이 만든 것이기 때문에 예측은 곤란하다." _ 모토오카 의원

"(무대 뒤에서의 경과를 오랫동안 보고했지만 생략) 4월 19일의 결의는 '거부'도 '유보'도 없었으므로, 실질은 '쿠마라스와미 권고에 따르라'는 것이라고 이해한다. 따라서 나는 100% 만족한다. 이후는 특별입법과 국제중재재판으로 가져가고 싶다. 기금의 활동을 정지시키기를 원한다." _ 도츠카 에츠로 변호사

"1개월 가까이 제네바에서 로비 활동을 했다. 일본 정부가 필리핀을 무너트리려 하기에 나는 거기에 달라붙어 있었다. 4월 18일, 남한, 북조선, 필리핀, 대만의 5개 지원 단체가 아시아여성기금으로부터 수령을 거부할 것을 제네바에서 합의하고 선언한 것은 성과라고 생각한다."

_ 다카시마 다츠에高島たつエ('필리핀 전 '종군위안부'를 지원하는 모임' 사무국장)

10장

아시아여성기금의 공과功過

1. 규탄 속의 탄생

1996년 봄의 쿠마라스와미 선풍 뒤, 위안부 문제는 아시아여성기금의 '속죄금' 지급 활동을 둘러싸고 전개되었다. 따라서 기금의 탄생부터 지금까지의 활동 상황을 공죄 양면에서 관찰해 두자. 바로 뒤에서는 나라별, 관계자별 동향을 살펴보고, 우선 역사적 위치를 총괄하고 싶다.

아시아여성기금이 설립된 것은 전후 50년에 해당하는 1995년 7월로, 이사장에 하라 분베이^{原文兵衛}(전 참의원 의장), 이사장 대행에 아리마 마키코^{有馬眞喜子}가 취임했는데, 탄생까지는 다소의 곡절이 있었다.[1]

고노 관방장관의 담화(1993년 8월)와 위안부 문제에 대한 반성과 사과를 표명한 무라야마^{村山} 수상 담화(1994년 8월)를 이어받아 여당3당(자민, 사회, 신당사키가케)의 전후 50년 프로젝트로 위안부 구제를 위한 민간기금 구상이 부상한 것은 1994년 여름경이다. 이를 추진하고 조정하는 역할을 한 것은 사회당 출신의 이카루 히로조^{五十嵐廣三} 관방장관과 외무성 출신의 타니노 사쿠타로^{谷野作太郎} 내각 외정심의실 실장이었다.

---

1 경과에 대해서는 오누마 야스아키 외(1998), 『'위안부' 문제와 아시아여성기금』(도신도東信堂)에 수록된 관계자 삼십여 명의 기고, 좌담 기사; 이카루 히로조五十嵐廣三(1997), 『관저의 나선단계官邸の螺旋段階』, 교세이きょうせい; 「아시아여성기금 뉴스アジア女性基金NEWS」의 각호(11호까지 발행)를 참조.

야당 시절의 사회당은 전후 처리를 피해자에 대한 개인 보상으로 해야 한다고 주장해 왔다. NGO와 연계한 좌파와 여성 의원 가운데는 '강제연행' 등을 포함한 포괄적 전후 보상기금을 특별입법으로 설치해야 한다는 의견도 강했다. 그러나 최대 여당인 자민당과 외무성 등은 '배상', '재산청구권' 문제는 대만, 북조선을 제외하고, 관계 국가들과의 문제로 법적 처리가 끝났다고 하여 강하게 반대했다.

여름부터 가을에 걸쳐 프로젝트의 위안부 문제 등 소위원회(3당 혼성, 좌장은 타케베츠武部 자민당 의원)는 우왕좌왕 논의를 거듭했는데, 개인 보상은 하지 않고 구제 대상을 옛 위안부만으로 좁히는 것으로 하고, 법적 정합성을 확보하기 위해 국민 모금에 의한 '민간기금'이라는 형태로 타결을 본다. 3당 합의라고 불리며 12월 7일에 발표된 소위원회의 '제1차 보고'는 위안부 문제에 대해 "여성의 명예와 인권을 심대하게 손상시키는 것"이었다는 인식에서, "일본은 도의적 입장에서 그 책임을 다하지 않으면 안 된다"며 "이들 옛 위안부들에 대해 사과와 반성의 마음으로 국민적 보상을 한다"는 입장을 표명했다.

구체적으로는 국민이 참여하는 '기금'을 설립하고 "피해자에게 직접 도움이 되는 형태"로 기존의 공익 조직(일본적십자사를 상정했다)을 통해 필요한 조치(위로금의 지불)를 취하는 것으로 했다. 게다가 위안부로만 한정하지 않고, 여성의 명예와 존엄에 관한 문제의 해결을 위한 활동의 지원(이른바 존엄사업)도 더불어 하는 것으로 하고, 정부에 대해 '기금'의 거출醵出을 포함하여 전면적인 협력을 하도록 요청하였다. 정부의 협력이란 기금 운영을 위한 사무 경비의 지출을 의미했는데, 곧이어 정부가 부담하는 '의료·복지 원조'가 추가되어 실질적으로는 국가보상과 민간 모금을 함께 하는 것으로 바뀌었다.

위안부와 전쟁터의 성性

그러나 설립 전부터 한국 정대협이 "법적 책임을 회피하려는 부도 덕하고 기만적인 처사"라고 강경한 반대 의견을 표명, 내외의 지원 조직 도 점차 동조하면서 철저하게 국가보상으로 하라는 캠페인을 강하게 전 개했다. 그러한 풍조를 고려했는지 한국 등 관계 각국 정부의 기금 구상 에 대한 반응은 환영과 반대의 명확성을 결여하고 있었다. 이 점은 일본 의 주요 매스컴도 마찬가지였다. 문제는 기금 구상의 추진자인 오누마 야 스아키大沼保昭 도쿄대 교수조차 "현재 그녀들(옛 위안부)로부터 비판의 목소 리가 들린다. 지원 단체도 반발하고 있다. 나 자신도 불만은 강하다. 그럼 에도 지금 이것을 해야 한다"(「요미우리신문」, '논점', 1995년 6월 28일자)고 논한 것처럼, 관계자 대부분이 불만족스러운 생각을 버리지 않고 대결 분위기 가 충만한 속에서, 충분한 준비도 안 된 채 발차한 사실에 있을 것이다.

1995년 6월 14일, 이카루 히로조 관방장관은 '여성을 위한 아시아 평화우호기금'(가칭)의 설립 구상을 정식으로 발표했다. 사업 내용, 정부 의 지원 방식이 소개되었고, 7월 18일에는 미키 리쿠코三木陸子, 오누마 야 스아키, 와다 하루키和田春樹 등 19명의 "호소인"[2]에 의한 '호소문'과 수상의 '인사'가 발표되었다. 그 후의 첨삭을 포함하여 주요 사업 내용은 (1) 국민 으로부터의 모금에 의한 '속죄금'을 옛 위안부들에게 지급, (2) 그녀들의 의료·복지 사업에 대한 정부의 거출금(10년 계획으로 7억 엔), (3) 역사의 교 훈으로 삼기 위한 역사 자료 정비, (4) 현재의 여성 문제와 관련된 보조 사 업(이른바 존엄사업)으로 결정되었다. (2), (3), (4)는 정부 예산인데, 전술한

---

2 19명 중 미키 전 수상 부인은 1996년 5월에 사의를 표명, 하시모토橋本 수상을 방문하여 국가보 상으로 바꿀 것을 제의했다. 미키는 츠루미 슌스케鶴見俊輔와 함께 전년 7월, 기금 설치 반대를 호소하는 호소인으로도 이름을 올리고, 「세카이」 1995년 8월호에서 편집장의 질문에 대해 "양 쪽에 발을 걸치는 것 같은 보기 싫은 일을 저지르고 있다"며 대립되는 쌍방에 이름을 올리는 모 순을 자인하고 있다.

기금 운영을 위한 사무 경비 또한 정부의 보조금이었고, 1995년도에는 4.8억 엔, 1996년도는 6.3억 엔, 그 뒤는 4억 엔 전후가 지급되었다.

　　1995년 8월에 정식 발족한 '여성을 위한 아시아평화국민기금'(약칭 '아시아여성기금')의 이사장에는 하라原 전 참의원 의장이 취임했다. 이카루 五十嵐 회상록에 따르면 오누마 야스아키 교수와 동행하여 참의원 의장으로 은퇴 예정인 하라를 끈질기게 설득했다고 한다. 이 세 사람은 다카기 겐이치 변호사와 함께 사할린 잔류 선인의 귀국 지원 사업을 실현한 인연으로 이어져 있었다.

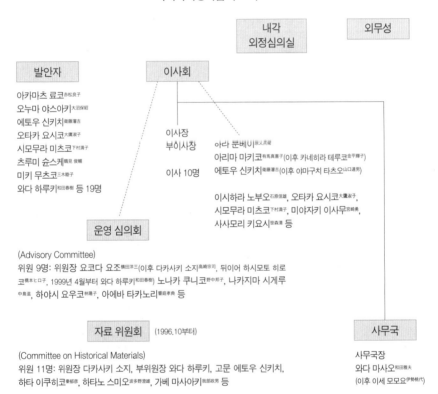

아시아여성기금의 조직도

다음으로 기금의 조직도에서 보는 바와 같이 이사장 아래 부이사장 1인(뒤에 2명으로 증원)을 두고, 의사결정 기관으로서의 이사회, 실무를 담당하는 운영심의회와 이사국으로 구성되었다. 실제로는 이사회, 운영심의회에 호소인 일부를 추가한 3자간담회회의로 기금은 운영되었다. 3자간담회회의 면면으로 짐작할 수 있듯이, 기금의 간부는 사무국원을 포함하여 전직 관료, 정당, 노조, 페미니즘 단체, 인권 NGO로 구성되었고, 본래는 국가보상파에 속했던 사람이 적지 않다. 그들은 이전의 동료로부터 "정부의 앞잡이", "부끄러움을 모른다", "배신자" 등으로 지탄받았지만, 그것이 도리어 '속죄금' 지급을 향한 집념을 지탱하는 계기가 된 면도 부정할 수 없다.

　　또 기금에 몸을 두면서, 어느 정도 공공연히 국가보상파의 입장에 따라 행동하는 사람도 적지 않았다. 예를 들면 다카사키 소지高崎宗司는 2대 운영심의위원장으로서 지급 사업의 중추에 있던 1996년 12월에 간행한 『검증 일한회담檢證日韓會談』(이와나미신쇼)의 마지막 페이지에 "국내법으로 '보상법'을 제정하든가 해서 옛 '위안부' 등에게 보상하는 것이 필요하다"고 논하였다. 기금의 대원칙에 정면으로 배치되는 주장으로, 자신이 속했던 국가보상파에 대해 자신을 증명하는 것으로 받아들여져도 어쩔 수 없을 것이다.

　　설립으로부터 약 1년간 기금은 속죄금의 재원이 될 모금 캠페인으로 매우 분주했다. 1995년 8월 25일, 전국지全國紙 6개에 '호소문'과 무라야마 수상의 '인사'가 전면 광고로 게재되었다. 전 각료가 각각 10만 엔을, 이카루 히로조는 관방장관과 함께 퇴직금 전액을 기부한다고 발표, 그날 안에 1,455만 엔의 금액이 모이고, 8월 말에는 모금액이 3,788만 엔에 달했다. 개인으로는 중국 전선의 병사였다고 하는 81세의 회사 사장이 익명으로 기부한 1천만 엔이 최고액이었다.

목표액은 우선 20억 엔, 이어서 10억 엔으로 설정되었지만, 초반에 예정하고 있었던 일본적십자사가 거절하고, 재계 또한 열의가 없었던 탓에 여의치 않았다. 그래도 연말에는 1억 엔을 돌파하고, 기금의 재단법인화, 신문광고, 면세 조치 등의 영향으로 1996년 6월에는 4억 엔을 넘어서서 지급 개시의 전망이 보였다. 그 뒤로 기금은 늘어나지 않았고, 기업이나 자위대원에 대한 반강제적인 할당을 포함해도 1998년 말 현재 4억 8,300만 엔에 머물렀다. 당초 목표에는 훨씬 미치지 못했지만, 반反 기금파의 맹렬한 저지 운동도 있었고 수령자가 100명 정도밖에 되지 않았기에 자금 부족은커녕 모금의 과반이 사실상 동결 상태에 놓이는 얄궂은 사태가 초래되었다.

2. '속죄금'의 행방

설립으로부터 1년 후인 1996년 8월 15일을 기하여 사업 개시를 목적으로 했던 아시아여성기금은 그 전에 해결해야만 했던 중요한 과제가 있었다.

1. '속죄금'의 1인당 지급액
2. 의료·복지 원조 추가
3. 인정(옛 위안부였는지 아닌지 사실을 확인하는 작업을 말한다. ─역자)
4. 지급 경로의 개척

1에 대해서는 대상자의 수(표 10-1)와 모금 총액을 고려하지만, 미정인 채로 미뤄 두고 있었다. 한국, 대만과 물가가 싼 필리핀 등에 차이를 둘지 어떨지도 문제가 되었다.

[표 10-1] 국가별 커밍아웃한 위안부와 여성기금 수령

국명	인수(a)	인수(b)	비고	여성기금의 수령자
한국	164	152 (1998/5)	최고일 때 178명에 달했으나, 한국 정부는 1998년 3월 현재 158명, 별도로 사망 34명이라고 공표.	약 30
북조선	260	20 (1998/7)	시기에 따라 변동, 1996년 1월에 216명이라고 전달, 1998년 7월에는 41명(그중 생존 20명).	
중국	11			
대만	32	45 (1998/7)	1998년 7월 현재의 부원회婦援會 인정자는 45명, 별도로 사망자 10여 명.	10
필리핀	162	45	1998년 현재 216명(그중 사망 40명)이 커밍아웃하고, 그중 45명을 인정.	약 60
인도네시아	6,508	2만 명 이상	병보협회에 신고 수는 1996년 3월 마감일에 22,234명, 별도의 LBH에 신고 수 1996년 10월 현재 250명.	
말레이시아	8			
네덜란드		약 80? (1998/7)		
마셜		31	1998년 7월, 비엔 방일 시의 보고는 31명.	
파푸아 뉴기니		16,161	1998년 7월, 라크 방일 시의 보고는 16,161명.	
일본	0	0		0

주 '인수(a)' NHK 조사(1995년 12월 13일 방송의 ETV 특집)에 의한 커밍아웃한 여성, '인수(b)'는 최근의 숫자.

국제법률가협회(ICJ)의 1인당 400만 엔(1994년 11월의 권고), 위안부 소송의 2천만 엔을 참고로 하여 논의를 거듭하고, 금액이 낮다고 수령이 거절될까 우려하여 기금은 일률적으로 300만 엔 지급을 주장했지만, 정부 측이 난색을 표하여 1996년 5월, 200만 엔으로 타결을 보았다. 전시 중의 일본계 강제 수용자에 대해 1988년 미국 정부가 2만 달러를 지불한 선례를 유엔 관계자가 알려준 것이 결정적이었다고 한다.

200만 엔이라고 해도 상정하고 있던 300명에 대한 지급은 무리이기 때문에 정부로부터의 보전이 암묵적으로 전제된 일이었다. 게다가 500만 엔 정도를 기대하고 있던 한국 측에 대응하기 위해 기금은 정부에 대해 '정부 대 정부'의 원조 방식을 예정하고 있던 2번의 의료·복지 예산을 당겨서 현금으로 추가 지급하는 방식을 요청하기로 했다. 그러나 다음 해 1월 지급에 즈음해서는 결단을 통해 200만 엔에 더하여 228만 엔이 추가되었다. 그 외에도 희망자가 수령하기 쉽도록 국가보상을 요구하며 재판을 벌이고 있는 '피해자'에게 취하를 지급 조건으로 하지 않고, 그녀들이 모국 정부로부터 받는 생활 지원과 일시금이 중복돼도 상관치 않는 등 기금에 맡기는 형태로 정부는 차차 양보를 거듭해 간다.

3번의 확인 문제도 다소의 논의가 있었지만, 소속된 나라가 위탁한 기관이 인정하면 무조건 대상자로 간주하는 편법이 채용되었다. 부적격자가 섞일지라도 책임은 확인하는 측에 있다는 논리였다. 한국 정부는 기금의 요청에도 불구하고, '확인'한 옛 위안부의 성명, 주소, 신상서 등을 현재까지 제공하지 않고 있다. 대만도 마찬가지로, 확인을 위임받은 부원회는 등록자에 관한 정보를 기금에 전혀 전하지 않고 있다. 필리핀의 경우는 사법성이 확인 작업을 담당하고 있지만, 기준에 대해서는 1회의 강간이나 단기간의 피해자는 제외하고 있다고 전해지는 정도로, 역시 상세는 불명인 상태다.

　　이러한 방식 탓에 곤란해지는 것은 일본인 여성이 신청하게 되는 경우인데, 본래부터 지급 대상으로 할지 어떨지, 누가 확인할 것인지를 둘러싸고 적절한 안을 찾지 못하고 있었는데, 다행인지 불행인지 지금까지 나선 '옛 위안부'는 없다.

　　마지막 4번에 대해서는 1994년 5월경부터 한국, 대만, 필리핀 3개 국에 대화팀을 파견하여 정부, 유력 지원 단체, 매스컴 등과 접촉, 지급 경로를 어떻게 만들면 좋을지 살펴보았다. 그러나 앞서간 의원과 NGO 등의 선동이 영향을 미쳐 반응은 좋지 않았고, 지원 조직을 의식해서 정부도 매스컴도 찬동하는 기색은 거의 없었다. 특히 위안부들과의 직접 접촉은 기금 지지로 돌아선 '확실히 하는 모임'(한국 유족회 계열 위안부 그룹)을 제외하고는 불가능에 가깝다고 판단되었다. 현지 신문광고를 통해 대상자에게 호소하는 방법도 고려되었지만 상대방의 여론을 지나치게 자극할 가능성을 걱정하여 실행되지 않았다(뒤에 실시).

　　7월 말이 되어도 전망이 서지 않았고, 8월 15일의 지급 개시는 연기할 수밖에 없다고 생각되는 시점에서 필리핀 상황이 급변했다. 그때까지 기금에 반대하던 유력 지원 조직 '리라 필리피나'가 지급을 희망하는 옛 위안부의 의향을 존중한다는 방침으로 전환한 것이다. 필리핀 정부 사법성도 그에 따라 급히 확인 작업을 진행하고, 제1호인 헨슨 등 4명의 위안부에게 마닐라 주재 일본대사의 입회하에 8월 14일, 기금의 아리마有馬 대표로부터 200만 엔의 '속죄금'(그와 별개로 의료·복지 120만 엔)이 지급되었다. 그때 "마음으로부터 사과와 반성"을 표명한 하시모토 수상 명의의 편지가 첨부되었다.

　　그 후에도 필리핀에서는 '속죄금'의 수급을 희망하는 옛 위안부가 속속 나타나 사업은 순조롭게 진행되었지만, 대만과 한국에서는 난항이 지속되었다. 대만은 부원회가 기금과의 대화를 계속 거부하고, 한국에서는 여전히 기금과의 대화에 응하지 않는 정대협 등이 1996년 10월부터 '피해자' 1인당 200만 엔을 목표로 하여 대항 모금에 나섰다. 한국 정부도 이미 지급하고 있던 생활지원금을 1997년부터 두 배로 증액하는 계획을 발표하는 등 기금과의 대결 자세를 강화했다.

이러한 막다른 상황을 어떻게 타개할 것인지에 대해 기금 내부의 의견은 갈라졌다. 한국 정부로부터의 "당분간 지켜보기 바란다"는 요청에 따르자는 신중론과 지급을 행하자는 적극론이 있었다. 후자는 국가보상파와 필리핀 담당자에 대한 대항의식으로부터 기금 측이 고집해서라도 돈을 건네야 한다는 생각도 있었던 것 같다. 그리고 12월, '확실히 하는 모임' 계열의 가네다 키미코金田きみこ가 수급을 신청해 왔다. 그것을 계기로 강행 지급이라는 방향이 확고해지고, 1997년 1월, 기금의 킨페이金平 이사 등은 서울에서 가네다 등 7명의 옛 위안부에게 각각 속죄금과 의료·복지의 첫해 분을 더한 428만 엔을 지급했다. 정대협 등의 방해 공작이 예상되었기 때문에 한국 정부와의 사전 협의나 매스컴의 노출 없이 행해졌으므로 지원 단체와 한국 매스컴은 "매수 공작", "기습, 사기"라며 비난하고, 7명의 수급자는 이런저런 고초를 당하게 된다. 그 후에도 물밑에서 진행하는 지급은 계속되었지만 대만의 상황은 더욱 악화되고 부원회와의 연락은 단절된 채로 원주민 8명에게 지급하는 데 그쳤다.

한국, 대만과는 다른 전개를 보인 것은 인도네시아다. 기금 발족 전후에 병보협회가 옛 위안부 등록을 호소한 바, 차차 등록 여성이 밀어닥치게 되었고, 1996년 3월 마감 시점에는 실로 2만 2천 명이 이름을 올렸다. 전시에 주둔하고 있던 일본군의 숫자에 육박하는 인원이었다. 많아

위안부와 전쟁터의 성性

도 100명 전후였던 타국에 비해 백배 이상의 차이가 있었고, 기금이 상정한 속죄금의 범위에서 조달할 수 있는 규모가 아니었다. 등록자 속에는 좁은 의미의 옛 위안부만이 아니라 강간 등의 성적 피해자와 '애인'이라고 불리던 '현지처'도 포함되어 있는 것 같다는 사실이 알려지게 되었는데, 분류나 확인의 방법도 없는 상황에서 다른 해결책이 모색되었다.

그 결과 일본과 인도네시아 정부의 대화로 인도네시아 사회성이 실시하는 고령자 복지사업에 일본 정부가 기금을 통해 10년간 3.8억 엔을 지출하게 되었고, 1997년 3월에 각서가 교환되었다. 구체적으로는 인도네시아 정부가 경영하는 양로원에 병설하는 형태로 시설을 만들어 위안부 피해자를 우선적으로 입소시키는 것으로 하고, 정원 500명의 50개 시설 중 제1호가 1998년 1월, 북北수마트라의 메단에 개설되었다. 병보협회와 '인도네시아 법률부조협회(LBH)' 등의 지원 단체는 당연하게도 이 해결책에 불만을 표시했지만, "옛 위안부를 특정하는 것은 어려운 일이고, 설령 확인해도 피해자와 가족의 존엄이 손상되기 때문에 개인에게는 지급하지 않는다"고 결정한 인도네시아 정부가 강행하는 모습이 되었다. 중국, 북조선, 말레이시아, 파푸아뉴기니 등에 대한 대응책은 이후의 과제로 넘겨진다.

여기에서 기금에 대한 반대파의 동향을 개관해 두면, 기금 설치 전후에는 상당히 폭넓고 기세가 높았던 반대 운동[3]도 1996년 봄의 쿠마라스

---

3 예를 들면, 학자, 문화인에 의한 '국가보상의 실현'과 기금 설치 반대를 호소한 사람들(12명)과 찬동자(84명)의 주장이 「세카이」 1995년 8월호에 게재되었다. 전자에는 아키야마 치에코秋山ちえ子, 이노우에 히사시井上ひさし, 이리에 아키라入江昭, 사카모토 요시카즈坂本義和, 사와치 히사에澤地久枝, 츠루미 카즈코鶴見和子, 미키 료코三木陸子, 야스에 료스케安江良介 등이, 후자에는 아라이 신이치荒井新一, 다나카 히로시田中紘, 에이로쿠 스게永六輔, 츠루미 슌스케鶴見俊輔, 마루야마 마사오丸山眞男, 모리무라 세이이치森村誠一, 요시미 요시아키의 이름이 보인다.

와미 보고서를 정점으로 약해져 간다. 반대파의 거점이 될 사회당과 유력 노조가 3당 연립정권의 틀 속에서 기금 구상을 추진하는 측으로 돌아선 것, 한국 정부를 포함하여 관계 각국과 쿠마라스와미 여사 등 유엔 관계자가 어느 정도 양호한 평가를 나타낸 것 등이 영향을 미쳤다고 생각된다.

그럼에도 내외의 지원 조직과 NGO의 반대 운동이 반드시 수그러진 것만은 아니었다. 그 목표는 우선 옛 위안부들의 수령 거부 내지 방해 공작으로, 다음으로는 독자적 모금 활동과 국가보상을 실현하기 위한 특별입법으로 향하는 것이었다. 유엔인권위원회와 국제노동기구(ILO)를 대상으로 한 활동도 이어지고, 남은 반대파의 운동은 오히려 과격화하고 있다고 볼 수도 있을 것이다. 예를 들면, 1998년 4월에 서울에서 개최된 '제5회 일본군 위안부 문제 아시아 연대회의'에서는 일본, 한국, 대만, 필리핀, 인도네시아 등의 지원 조직으로부터 약 150명이 참가했는데, 일본 정부에 "옛 위안부에 대한 국가보상"과 "아시아여성기금의 해산"을 요구하고, 위안부 제도의 책임자를 재판하기 위한 '일본군 성노예에 관한 여성 국제전범법정'을 개정한다고 결의했다,

한편 반反 기금파의 위안부 문제에 대한 인식과 운동에 대한 반발로부터 그에 날카롭게 대립하는 우파·보수파의 조직도 독자적인 운동을 전개했다. 자유주의사관自由主義史觀 연구소와 '새로운 역사 교과서를 만드는 모임' 등이며, 대표적 논객인 후지오카 노부카츠藤岡信勝는 "위안부 여성은 직업으로서의 매춘부"로 "위안부 강제연행 사실은 없었다"고 하는 인식에서 국가보상에는 반대하지만, 기금의 사업을 반드시 부정하지는 않았다.[4] 1997년 4월부터 중학교용 교과서 모두가 위안부 문제를 게재(표

---

4 후지오카 노부카츠(1997), 『'자학사관'의 병리自虐史觀]の病理』(분게이슌주), pp. 20, 23.

10-2 참조)하는 사실이 분명해지자 후지오카 등은 중앙·지방의 보수파 정치가와 재계 인사의 지지를 얻어 게재 중지를 목표로 하는 전국적 운동을 전개, 1997년 1월에는 문부대신을 만나 뜻을 밝혔지만, 이미 문부성이 검정을 통과시킨 탓에 성공하지 못했다. 헌우회(전 헌병의 친목 조직) 등 전우회의 일부도 같은 뜻의 운동을 일으켰지만 구체적인 성과를 얻지는 못했다.

[표 10-2] 1997년도 중학교용 교과서의 '위안부' 기술

출판사명	내용
일본서적日本書籍	(조선, 대만의) 여성을 위안부로서 종군하여, 가혹한 취급을 하였다. (p. 264.)
도쿄서적東京書籍	다수의 조선인이나 중국인이 (……) 종군위안부로서 강제적으로 전장에 보내졌다. 젊은 여성도 다수 있었다. (p. 263.)
오사카서적大阪書籍	또한 조선 등의 젊은 여성들을 위안부로 전장에 연행하였다. (p. 260.)
교육출판教育出版	또한 많은 조선인 여성 등도 종군위안부로서 전지에 내보내졌다. (p. 261.)
시미즈서원清水書院	조선이나 대만 등의 여성 중에는 전지의 위안 시설에서 일해야 했던 자도 있었다. (p. 259.)
제국서원帝国書院	조선이나 대만의 사람들 중에서도 많은 희생자가 나왔다 (……) 종군위안부였던 사람들. (p. 271.)
일본문교출판日本文教出版	(대만이나 조선에서도) 위안부로서 전장의 군에 수행된 여성도 있었다. (p. 252.)

※출처: 후지오카 노부카츠 『'자학사관'의 병리』(분게이슌주, 1997) p. 13-14.

3. 궁지에 빠진 기금

1997년 1월에 진행된 한국인 옛 위안부 7명을 대상으로 한 기금 지급이 예상 이상의 반발을 초래하자 아시아여성기금은 필리핀을 제외한 한국, 대만에서의 사업을 '개점휴업' 상태로 약화시키지 않을 수 없게 되었다.

대만에서는 정부도 부원회도 "다소의 문제는 묵인하자"는 분위기였지만, 기금의 하나씩 낚아 올리는 식의 방법에 대해 경계심이 커진 한국 정대협은 위안부들을 만류하기 위해 제2차 모금 운동을 시작했다. 그러나 때마침 경제 위기로 모금이 어려워지자 이에 당혹한 정대협은 부족분을 한국 정부가 부담하라며 1998년 2월에 막 성립한 김대중 정권에 요청하기 시작한다. 이를 받아들인 한국 정부는 4월부터 여성기금의 속죄금은 받지 않는다는 서약서와 맞바꿔 136명의 옛 위안부에게 약 350만 엔씩의 일시금을 지급했다. 제1차 민간 모금과 합하면 기금의 지급액과 거의 같은 금액에 가깝다. 대통령은 그 의도를 "할머니를 보살피는 일은 자국 정부가 한다. 외국인의 '시혜'는 불필요하다"고 설명한다.

일본 측의 반응은 복잡했다. 외무성은 한국 정부의 조치를 명목은 어쨌든 실질적으로는 일본 국가에 의한 개인 보상을 요구하지 않는다는 의사 표시로 이해했다. 노무자 '강제연행' 문제 등으로 파급되면 수십조 엔의 재원이 필요해진다고 걱정하고 있었던 만큼, 안심했다고도 말할 수 있을 것이다. 그러나 이 조치를 "기금 존망에도 관련되는 사태"로 받아들인 여성기금은 5월 7일, "할머니들에게 아시아여성기금을 수취하지 말라고 국가가 강제하면 인권에 대한 새로운 침해가 되지 않겠는가"라고 비난 성명을 발표, 와다 하루키 도쿄대 명예교수(운영심의위원)는 "기금의 사업이 한국 측에 있어서 불충분한 것은 인정하지만 사업은 일본 정부와 국민의 '미안하다'는 마음을 표현한 것이며, 후퇴는 할 수 없다. 한국 측에서 추가할 것이 있다면 일본 측에 말하기 바란다"(『아사히신문』 5월 29일자)고 도전적인 코멘트를 발표한다.

5월 19일의 3자 간담회에서는 다음과 같은 발언이 속출, 외무성과 외정심의실 간부를 규탄하는 양상이 되었다. 출석자의 메모로부터 일부를 인용한다.

> "기금 설립 시에 정부는 전면적 지원을 약속했는데 지키지 않았다. 당사자 능력이 결여되어 있다."
>
> "이사장 이름으로 대통령에게 편지를 보내고, 모금자 전원의 이름과 메시지를 첨부하면 어떤가."
>
> "따돌림을 당하고 기금 반납을 독촉받고 있는 7명에게 변명이 되지 않는다."
>
> "한국 정부가 인정한 피해자 자료를 보여 달라고 요청했는데 아직 받지 못한 것인가." (요청했지만 한국 정부로부터 '위안부 문제에 대해서는 양국 간에 신뢰가 없기 때문에 인도하지 않는다'며 거부당했다는 취지로 외무성 측이 변명.)
>
> "한국으로부터의 철수는 기금의 패배다. 그때는 일본 정부의 책임을 분명히 하고 세상에 물을 생각이다."

이러한 강경론이 부채질한 것인지, 하라 이사장은 김대중 대통령 앞으로 보내는 편지를 가지고 6월 11일 주일 한국대사와 면담했지만 반응은 냉담했다. 대사는 "기금과 정대협이 함께 이야기하면 어떤가", "2중

수령(일본과 한국 양쪽으로부터의 수령)은 절대 피하고 싶다", "대신에 떠 있는 속죄금으로 위령비를 세우는 것은 어떤가" 등 후퇴하라는 말로밖에 받아들일 수 없는 이야기로 시종始終했던 것이다. 대통령의 답장을 기다리지 않고, 돌아오는 길에 '한국 정부의 입장'이라는 제목의 서명이 없는 메모를 기금 측에 전달했던 것도 "한국 정부의 일방적 조치에 의해 종결시키려고 하는 신 정권의 결단"을 나타내는 것이었다.

외교 교섭의 관행상 '중단 선언'으로 판단하고, 외무성은 더 이상 떠미는 것은 예의가 아니라고 이해하였는데, 여성기금으로서는 물러나는 데 불복했다. 6월 7일의 이사회에서는 (1) '비밀 지급'을 계속한다, (2) 한국 측의 제안을 받아들여 위령탑, 기념관의 건설 등으로 전환한다, (3) 다른 새로운 활용책을 검토한다는 3개의 선택지를 검토했지만 결론을 내지 못했다. 그래도 (1)은 실시 불가능, (2)도 목적 외 사용이 가능하다는 인식이 대세를 점했는데, 와다和田는 「아사히신문」의 '논단'(7월 28일자)에 '아시아여성기금을 후퇴시키지 말라'는 제목의 논고를 발표한다. 할머니에게는 "일본으로부터의 사과와 속죄금이 불충분하더라두 수령할 권리가 있는데" 그 권리를 빼앗는 것은 비민주주의적이라고 나무란 후 갑자기 한국 정부가 말했다고 하는 위령탑을 세우고, 수상 이름의 사죄문을 새겨 넣자고 제언하였다.

기금의 자료위원회 위원이었던 나는 정책 사항은 다루지 않고 있었지만, 1개월 뒤의 「논단」(8월 27일자)에 '아시아여성기금은 후퇴하라'는 제목으로 반론했다. "한국 정부와 지원 단체가 속죄금에 상당하는 금액의 지원금을 지급한 이상, 그 목적은 달성되었기 때문에 기꺼이 손을 떼고 물러나야 하지 않는가"라는 요지였다. 위령탑 안案에 대해서도 "누가 '위령'의 대상이 되는가, 일본과 한국, 어느 쪽에 세울 것인가, 게다가 필리핀에서는 속죄금을 수취하고 수상의 사과 편지는 퇴짜를 놓은 예도 있다. 위령비 건설은 일부러 새로운 불씨만 만드는 것이 아닌가"라고 의문을 표시했다.

여기에서 내가 속하고 있던 '위안부관계 자료위원회'에 대해 약간의 설명을 붙여 둔다. '역사교훈(사실규명)사업'은 기금 발족 때부터 4개 주요 사업의 하나로 제시되어 있었지만 첫해는 급여 사업에 쫓겼고, 구체화한 것은 1996년 가을이었다. 나는 고토 켄이치後藤乾, 구라사와 아이코倉澤愛子, 아가베 마사오我部政男, 하타노 스미오波多野澄雄 등 11명 중 한 사람으로 위원직을 맡았다. 요시미 요시아키, 하야시 히로후미林博史 등 국가보상파 역사가에게도 권유했지만 거절당했다. 그리고 기금 측에 의해 다카사키 소지가 위원장, 와다 하루키가 부위원장, 에토우 신키치衛藤瀋吉가 고문에 선임되었다.

제1회 회합(12월 2일)에 배포된 자료에 의하면, 위원회는 "역사적 자료·사료의 수집을 주요 목적으로 모인 전문가 집단이며, 기금의 사업 방침에 대한 찬반과는 선을 그은 중립적 성격의 조직"이라고 규정하였다. 위원회는 월 1회 정도 개최되고, 지급 사업이 휴지休止 상태에 빠진 사정도 영향을 미쳐서, 상당히 활발한 조사 연구가 진행된다. 위원만 아니라 외부 전문가에 대한 위탁을 포함하여, 미국, 미크로네시아, 인도네시아, 네덜란드, 독일, 오키나와로의 파견 조사, 방위청과 구 내무성 문서의 분석을 실시하였다.

그러나 본래의 목적인 현 한반도에서의 현지 조사는 위원장과 부위원장이 이 지역 전문가임에도 불구하고 착수되지 못했기 때문에 내외로부터 불만이 높았고, 제2차 연도부터 활동은 정체에 빠지고, 1998년 말에 예산이 끊기게 되었다. 그래서 2년간의 조사 결과로 나온 9편을 논집으로 정리하게 되었는데, 필자가 집필한 것을 포함한 3편이 게재 중지가 되는 사태가 일어났다.[5] 정체停滯로 말하면, 기금 본 조직과 마찬가지로 이 사회와 3자 간담회는 김대중 대통령에 대한 호소가 불발로 끝난 뒤 반년 이상이나 열리지 않았고, 국가보상파에 내응內應하는 일부 운영심의위원(와다, 다카사키, 하시모토 등)를 제외하고는 임원의 다수가 관심을 잃고 접근하지 않게 되었다.

와다 하루키는 이 궁지를 타개하고자 1998년 12월, 무라야마 전 수상과 함께 김대중 대통령을 만나 '직소直訴'했지만, 대통령은 "한국 정부는 속죄금을 받지 말라고도, 받으라고도 말하지 않는다"며 회피하였고, 한국의 지원 단체 그리고 피해자와 이야기하기 바란다고 말했다. 와다는 "한국의 지원 단체에 함께 이야기할 것을 요구하고, 막다른 상황을 타개하고 싶다"[6]고 「마이니치신문」의 묘친明珍 기자에게 말했는데, 1998년 7월에 정대협과 교섭하는 과정에서 "어떤 기금의 돈도 한국에 유입되는 것을 반대한다. 돈은 일본 국내에서 후세 교육에 사용하기 바란다"[7]고 거절당했기 때문에 공전 상태가 해소될 전망은 보이지 않았다.

극단적인 방안으로서 (3)은, 1998년 5월에 한국 정부에 서약서를 제출하고 그와 교환하여 돈을 받은 뒤 기금에 몰래 또 신청한 수십 명의 '피해자'들에게, 일거에 '비밀 지급'을 강행하고 사업을 중단하는 안을 제기했다. 거기까지 결행하게 될 것인가? 한편 기금 사무국은 다른 관점에서 존속을 모색하고 있다. 원조 교제의 실태 조사라든가, 여성 희롱이나 강간

---

5 상세는 하타 이쿠히코, '아시아여성기금에 둥지를 튼 흰개미들', 「쇼쿤!」 1999년 2월호와 ''위안부' 전설을 재검토한다―그 수량적 관찰」, 「겐다이코리아」 1999년 1, 2월 합병호 참조.
6 1999년 1월 12일자 「마이니치신문」, '전망'.
7 「정대협회보」, 제14호, 1998년 7월 14일, 16일.

에 따른 정신적 치료라든가, 아프리카에 여성회관을 세우는 사업을 여성존엄사업의 틀 내에서 진행한다는 계획이 마구 터져 나왔던 것이다. 이쯤에서 원위치로 돌아가, 다음 절 이하에서는 기금의 활동에 대한 한국, 대만, 필리핀 등 주요 각국의 대응 양상을 나라별로 정리하고자 한다.

4. 한국

한국 정부의 대처 방침은 매스컴의 반일 논조, 커밍아웃하고 나선 위안부들의 다채로운 압력, 정대협 등 페미니스트 단체를 주로 하는 지원 조직의 압박 때문인지 일관성을 결여하고, 동요해 왔다. 그러나 1965년 일한조약으로 식민지 시대의 청구권 문제는 "완전하고 최종적으로 해결"(제2조 1)되었다고 한 조항을 의식했는지, 일찍부터 정부 차원의 보상 교섭은 무리하다고 판단하였던 것 같다. 그래서인지 커밍아웃한 위안부에 대한 경위 조사는 적당히 넘겨 버렸다. 고구마덩굴이 딸려 올라오듯이 당시 조선인 관공리, 경찰관, 업자, 브로커의 책임 문제로 파급될까 두려운 탓도 있었을 것이다.

오히려 한국 정부는 노태우 전 대통령이 방일했을 당시 아사리 케이타淺利慶太와의 대담에서 "일본의 언론 기관 측이 이 문제를 제기하고, 우리나라 국민의 반일 감정에 불을 붙여 국민을 격분시켰다"[8]라고 불평한

---

8 「분게이이슌주」 1993년 3월호의 대담.

것처럼, 일본 매스컴과 NGO가 정대협 등과 함께 일대 문제로 만든 것을 귀찮아하고 있었던 것이다. 이러한 흐름을 이어받아 1993년 2월에 취임한 김영삼 대통령은 "일본에 물질적 보상을 요구하지 않는다. (……) 한국의 예산으로 생활보호지원을 한다"고 발언, 외교부 장관이 "(이것은) 피해자의 개인적 요구까지 부정하는 것은 아니다. 정부 차원에서 요구하지는 않는다는 의미"라고 부언했다. 이 부언은 이미 제소한 위안부 재판 등을 의식한 것일 터이다.

한국 매스컴에서도 「조선일보」와 같이 "우리가 보상하고, 이제 이 부끄러운 과거의 막을 내리자는 것이 아닌가"(1993년 8월 5일자) 하고 호소하는 경우도 있었다. 그러나 「아사히신문」은 '일본의 도의가 시험받고 있다'는 제목의 사설에서 "그렇다고 해서 (……) 그를 쉽게 받아들이는 것은 용인되지 않는다. (……) '보상은 요구하지 않는다'는 한국 측의 태도에 간단히 대응하는 것은 가능하지도 않다"(1993년 3월 20일자)고 불만을 표시했다. 이것이야말로 노태우가 한탄한 일본 매스컴에 의한 "불붙이기"의 표본일 것이다.

한국 정부는 1965년 일한조약으로 일본으로부터 수령한 3억 달러의 '속죄'금 중 "일본군에 의해 군인·군속 혹은 노무자로 소집 또는 징용되어 (……) 사망한 자"의 유족에게 28억 원 가까이를 지불했다.[9] 옛 위안부는 거명하지 않았던 사정도 있는데, 우선순위가 낮다고 보고 지급 대상에 넣지 않았던 것이다. 따라서 공노명 전 외교부 장관과 같이 "보상을 요구한다면 한국 정부에 하기 바란다"는 논리로 해석되지 않을 수 없다. 그러나 실제로 이 논리를 관철하는 것은 쉽지 않았다.

---

9 다카사키 소지(1996), 『검증 일한회담』, 이와나미신쇼, p. 203.

국가가 인정한 옛 위안부들에 대해서는 1993년 8월에 일시금 500만 원과 월 15만 원(1996년부터 50만 원)의 생활지원금 지급, 의료 부담, 공공주택 제공이 개시되었지만, 아시아여성기금이 지급 사업을 시작하자 그에 대항하는 형태로 정대협을 중심으로 하는 '강제연행된 일본군 '위안부' 문제 해결을 위한 시민연대'(밑줄은 필자)가 결성되어 모금 활동을 진행했다. 구로다 가쓰히로黒田勝弘에 따르면 원안에는 들어가 있지 않았던 '강제연행'이라는 네 글자가 발족 집회에서 옛 위안부의 주문에 의해 부가되었다고 한다. 30억 원의 목표액은 1997년 5월 마감 당시 5억 5천만 원에 그쳤지만, 약 150명의 옛 위안부에게 1인당 350만 원이 분배되었다. 여성기금이 남몰래 기금을 신청한 가네다 키미코 등에게 서울의 한 호텔에서 토요일 오후 "비공식적으로 전달식"을 갖고 428만 엔(4,494만 원)을 지급한 것은 시민연대의 모금 운동이 한창 고양되고 있던 1997년 1월의 일이었다.[10]

그만큼 한국 측의 반발은 격렬했다. 정대협과 시민연대는 공동으로 "일본 정부는 기금을 통한 매수공작을 백지화하고 공식 사죄하라", "기금을 수취한 7명의 할머니들의 행동은 옳지 않다"고 성명을 냈고, 계좌 번호에서 빼낸 7명의 실명을 공표하는 등 학대가 지속되었다. 한국 외교부도 "한국 및 대다수 피해자의 요구에 등

'위안부 문제'로 항의하는 한국인 여성
(서울의 일본대사관 앞)

---

10 「분게이슌주」1997년 3월호의 다카사키 소지 기고문.

을 돌리고 일시금 지급 등을 강행한 것은 실로 유감"이라고 성명을 냈다. 위안부 관계 단체의 이해를 얻을 때까지 지급을 기다릴 것을 요망한다는 뉘앙스를 포함하였는데, "2백 년이 걸려도 일본에 의한 보상을 쟁취하겠다"고 공언한 정대협의 강경 자세에 기금 측의 초조함도 커지고 있었다.

결과적으로 이 '강행' 지급은 기금과 지원 단체와의 균열을 심화시켜 버린다. 정대협 측은 위안부의 동요를 막고 기금의 공세를 피하기 위해 제2차 모금 운동을 시작했다. 그러나 목표로 한 1인당 3,500만 원은 때마침 발생한 경제 위기에 직면하여 모금 사정이 좋지 않았고, 1할 정도에 그쳤기 때문에 차액을 예산에서 지출하도록 정부에 로비를 하였다.

1998년 2월에 출범한 김대중 정권은 '과거 청산'을 내세웠는데, 선거 운동 중의 공약도 있어서였는지 정대협의 요구를 거의 전면적으로 받아들여 문제의 7명 등을 제외하고 예산 지출로 1인당 3,150만원을 제2차 민간 모금(300만 원)에 더하는 것으로 결정, 5월부터 138명에게 지급했다. 그때 아시아여성기금의 속죄금을 수령한 것으로 의심되는 20여 명에게는 지급을 유보하고, 수급자에게는 "이후에도 여성기금은 받지 않는다"는 서약서를 쓰게 했다. 정대협은 "일본 정부에 의한 보상을 자신들이 대신 떠맡았다"고 해석하고 아시아여성기금의 해산을 요구했는데, 김대중 대통령은 4월 21일의 국무회의에서 "일본 정부가 자발적으로 반성, 사죄하고 배상한다면, 그것은 그것대로 여러분에게 지급되어야 할 것이다. 민간단체가 일본 정부에 계속하여 배상금을 요구하는 것에 대해 한국 정부는 개입하지 않는다"(1998년 4월 21일자 「아사히신문」 석간)고 말했다.

미묘한 표현이지만 '여성기금은 속죄금 지급을 중단하기 바란다'는 의향이 명확했고, 일본 정부도 기금에 의한 사업은 중단시키지 않을 수 없게 되었다. 어찌 되었든 한국의 옛 위안부는 아래와 같이 4개로 나누어지는 복잡한 양상을 노정한다.

> (1) 여성기금으로부터 속죄금을 받지 않는다는 서약서와 교환하
>   여 한국 정부의 지원금과 민간의 모금 합계 약 350만 엔을 받
>   은 자(전체의 약 9할)
> (2) 전술한 외에 여성기금으로도 지급받은 사람(10여 명)과 받기를
>   원하여 몰래 기금에 신청을 했든지 그를 타진 중이었던 사람
>   (30여 명)
> (3) 여성기금으로부터 428만 엔을 받은 가네다 키미코 등 7명
> (4) 이름을 걸고 나서지 않아 지급받지 못한 사람(수는 불명, 수백 명 이상?)

　그녀들이 '소속'된 지원 단체도 각각인데, 대충 구분해서 정대협파
와 유족회파(2~3파로 분열)가 거의 반반, 박수남朴壽南 그룹이 10여 명이라고
한다. 근래 수년간 매주 수요일에 서울 일본대사관 앞에서 연좌시위를 계
속하고 있는 것은 정대협파, 대사관 앞에서 단도를 휘둘러 자살을 기도한
것은 박수남파이다.

　분열과 분파는 근친 증오 감정을 낳기 쉽다. 그중에서도 정대협이
여성기금의 속죄금을 솔선하여 수령한 유족회 계열의 7명에 가한 따돌림
은 상당히 심했던 것 같다. 그러나 7명 쪽이 패배한 것은 아니다. 1997년
봄경부터 그녀들은 정대협이 일본의 기독교계 단체로부터 수취한 격려
금(1억 원 이상)을 감추고 있었던 것을 고발, 데모도 반복하였다. 같은 해 여
름에는 정부에 항의하러 가는 가네다 그룹과 급히 달려온 정대협파가 서
울 가두에서 논쟁을 벌이기도 했다.

　초점은 지원 조직을 둘러싼 사람과 돈의 쟁탈이라고 생각한다. 정

대협은 2차에 걸친 국민 모금을 하는 한편, 여성기금의 돈은 일괄적으로 정대협이 수취하여 배분하는 방식을 생각하고 있었지만, 할머니들이 직접 수령하고 싶다고 반발한 적도 있었다. 7명은 또 중간착취의 배제, 현금 지상주의(위령비 등은 불필요 등), 철저한 신상 조사를 주장해 왔다. 한국 정부의 '인정'은 믿을 수 없고, "대다수가 가짜 위안부"라는 것이다. 7명 중 5명은 1998년 7월 말에 기금 사무국을 방문하여 5월에 한국 정부가 배분한 것과 동액의 돈을 보충하여 지불하라고 요구하였다가 거절당했다.[11]

그러나 지금으로서는 정대협의 우위가 흔들림이 없는 것 같다. 이 조직은 윤정옥, 이효재(모두 이화여자대학교 출신이고 모교의 교수), 김윤옥(변호사) 등 3명의 공동대표제를 취하고 있고 윤정옥이 회장 자격인데, 간부는 상류 가정 출신의 고학력 인텔리가 주력을 점한다. 반反기생 관광과 군사정권 시대의 민주화운동의 전력은 있지만, 대통령의 결정을 좌우할 정도의 압력단체로 성장한 것은 위안부를 일본의 '민족말살정책'의 소산으로 단정하고, '민족의 수치'로서 매스컴과 일반 대중의 반일 민족주의에 호소했기 때문일 것이다. 위안부 중에는 딸을 판 부모와 같은 민족인 조선인 업자에 대한 '한恨'의 감정을 안고 있는 자도 적지 않았기 때문에 운동의 대상을 어디까지나 일본 정부로 향하는 전략을 취할 필요가 있고, 한국 정부도 그를 환영했다.

정대협의 실력을 나타내는 사례가 적지 않은데, 1997년 여름, 한국의 TV 프로그램에서 "검은 돈의 전달자"로 지명된 우스기 게이코臼杵慶子('확실히 하는 모임' 대표)를 입국 금지시킨 원흉은 이 단체라고 친다. 반면 김대중 구명 운동 등 한국 민주화운동에 관련되어 입국 제한을 받던 와다

---

11 앞의 「쇼쿤!」 1999년 2월호의 필자 논문.

위안부와 전쟁터의 성性

하루키, 다카사키 소지는 여성기금에 참가한 것을 계기로 하여 외교부의 소개로 제한이 해제되었다. 1997년 11월, 한국 정부는 '출입국관리법'을 개정하여 식민지 시대에 "일본군이 직접 어린 여성을 강제동원하고, 전장의 일본군 성노예로 취급한 비인도적인 전쟁범죄자의 (……) 입국금지 등"(의원입법의 제안 이유)을 실시하게 되었다.

여성기금의 7명에 대한 지급과 관련, 사전 공작에 관련된 우스기는 제1호 희생자가 되었는데 기금의 한국 담당인 와다, 다카사키는 역으로 외교부의 소개로 제한이 해제되는 불공평한 결과가 되어 버린다. 1998년 10월의 방한에서 미래 지향을 내세운 김대중 대통령은 공식적인 장에서는 위안부 문제를 입에 담지 않았지만, 초대 파티 연설에서는 "세계가 납득할 만한 형태로 해결되어야 한다"(10월 9일자 「아사히신문」)고 말했다. 기금은 거부하지만 국가보상이라면 받아들여도 좋다는 태도이다. 1998년 5월에 있었던 한국 정부에 의한 위안부 지원금 지출은 북조선과 관련성이 있고, 너무 힘을 실어 준 정대협의 노선을 봉쇄하려는 것은 아닌가 하는 관측도 있었는데, 천황 방한의 실현을 원하는 김대중으로서는 이후에도 붙지도 떨어지지도 않는 태도를 취하지 않을까 생각한다.

5. 북조선

북조선은 미야자와 방한 직후인 1992년 1월 20일, 일본에 사죄와 배상을 요구하는 성명을 발표하고, 월말부터 시작된 베이징에서의 일조티

^朝 국교정상화교섭에서 일본 측은 "사죄 표명은 조선반도 전체가 대상"이라고 밝혔다. 그러나 귀환과 납치 문제가 얽혀 그 뒤에는 정부 간 수준의 의견 교환은 없었고, 북조선은 옵서버^{observer}로 참가하는 유엔인권위원회를 위안부 문제의 창구로 선택했다. 또 1992년 2월에는 남북수뇌회담에서 공동 대처를 타진, 한국은 거절했지만 NGO 수준에서는 그 후에도 부분적으로 공동 투쟁 체제를 취해 왔다.

커밍아웃한 옛 위안부의 신상 이야기가 「로동신문」에 주로 소개되기 시작한 것은 1992년 6월경이고, 8월에는 일조 합동의 조선인강제연행조사단이 북조선을 방문하여 123명 가운데 4명의 증언을 소개, 그중 한 사람은 12월에 도쿄에서 개최되는 NGO 심포지엄에 출석한다. 그러나 그녀들의 주장은 한국 출신자에 비하면 몇 단계나 더 잔혹한 체험으로, "골절된다든가 변형될 정도로 고문", "150명의 위안부를 한꺼번에 참수", "방금 자른 사람의 목을 끓여서 먹게 했다", "임신한 위안부의 배를 갈라 태아를 꺼냈다", "함께 연행된 26명 가운데 생환한 자는 4명"이라는 따위의 황당무계한 이야기가 줄을 잇는다.

여기에서는 대표적인 몇 개의 예를 표 10-3에 요약해 둔다. "목을 끓인 것을 먹어야 했다"는 이복녀^{李福汝}의 증언은 기자회견에서 몇 차례나 나왔는데, 보도한 것은 일본 매스컴과 AP통신 정도였고, 한국의 신문에서조차 이 부분은 삭제되었다고 한다.[12] '과유불급'이라는 말처럼 일련의 과대 진술은 도리어 국제적 신용을 잃게 할 것이다. 1995년 7월, 쿠마라스와미 조사단에게 북조선 당국은 (1) 아시아여성기금 반대, (2) 일본 정부가 법적 책임을 인정하고 사죄, 개인 보상할 것, (3) 유엔이 중재자로 행

---

12 「산케이신문」 1992년 7월 24일자.

동, 국제사법재판소를 통해 해결하라고 하는 입장을 전달했는데, 그 뒤에도 이 방침은 변하지 않은 것 같다.

[표 10-3] 북조선 주재 옛 위안부의 주장

성명	생년	주장
1 이복녀	1919	16살 때 수원에서 군인에 연행되어 제주 각지에서 위안부로. 도망 못 가게 소인燒印 찍혀. 위안부 머리를 끓여서 마시도록 강요. 1944년 가을 탈출, 중국인의 도움을 받아 귀국. (1992. 7. 15)
2 김대일	1916	쌀 한 되에 하녀로 팔려 여공으로 일한 후 1932년에 오사카의 병원에서 잡역부, 1934년 군 위안부로서 중국에, 1942년 남방으로. 종전 직전 150명의 위안부가 일본도로 처형당했다. 동료는 배를 갈렸다. (1992. 7. 4)
3 윤경애	1920	지주의 아이를 돌봄, 이자카야에서 일하던 1941년 평양에서 남자들의 감언에 넘어가 위안부로 버마에서 4년. 동료 몇몇은 일본병이 휘발유로 태워 죽였다. (1992. 6. 24)
4 이경생	1917	고아가 되어 지주의 아이를 4년간 돌봄. 1929년 구장에 고수입의 일이 있다고 들어 경상남도의 군수 공장에서 위안부로. 동료 몇 명이 살해당함. 임신하자 군의가 배를 갈라 태아를 적출. 16살 때 산중으로 도망가 박청년과 결혼.
5 정옥순	1921	13살 때 물을 떠서 돌아오는 길에 일본병에게 납치당했고 경찰청에서 경찰에게 강간당하고 폭행당해 실명. 그 후 만주로 연행되어 위안부로. 동료 중 1명의 목이 잘리고 그 목을 삶아 먹도록 강요당했다. 소녀의 반수 이상이 죽임을 당했다. 5년 후에 도망가 귀향.
6 김영실	1925	1941년 구장에 고수입의 일이 있다고 속아 열 몇 명의 동료와 만주의 위안소로. 참수당한 동료 있음. 1945년 10월 귀향, 농업에 종사.
7 황소균	1918	1936년 촌장에 속아 중국의 위안소로. 동료 1명은 참수당했다. 1943년 탈출.

※출처: 1, 2, 3은 「로동신문」, ( )는 일자, 1, 2, 4, 6은 「세카이」 1993년 3월호에 세츠코成津子가 소개, 5, 7은 쿠마라스와미 보고서.

6. 타이완(대만)

타이완(대만)은 조선반도와 마찬가지로 오랫동안 일본의 식민지였지만 통치 정책의 차이도 있어서 친일적 경향이 강하다고 생각되어 왔다. 그러나 세대교체의 결과 최근 젊은 층 사이에서는 반드시 그렇지도 않다. 아시아여성기금에 대한 반발이 보기에 따라서는 한국보다도 경직되어 보이는 것은 이러한 새로운 조류의 영향인지도 모른다.

타이완에서 위안부 문제가 부상한 것은 1992년 2월경으로, 사회당의 이토오 히데코伊東秀子 의원이 방위청 전사부戰史部 도서관의 구일본군 자료로부터 타이완인 위안부의 관련 정보를 발견하여 매스컴에 발표(2월 7일자 각 신문)한 것이 계기가 되었던 것 같다. 뒤를 이어 매춘 문제와 맞붙고 있던 NGO인 타이베이시 부녀구원 사회복리사업기금회(부원회)가 3월부터 핫라인을 개설, 옛 위안부들에게 커밍아웃하도록 호소했다.

타이완은 전후에도 공창제를 유지하고, 군에는 '육체위로대肉體慰勞隊'라고 불리는 여성들이 '군중낙원軍中樂園'에서 병사들에게 성 접대를 제공하고 있었다.[13] 특히 타이완 해협을 둘러싼 중국과의 무력 대결 시기에는 제1선 요새였던 진먼다오金門島 등에 군 전용의 위안소를 설치했던 일도 있어서 당초부터 일반의 관심이 높은 것은 아니었다. 정부도 그다지 관심이 없었기 때문에 기금은 조사와 인정을 부원회에 위탁하였다. 공식적인 국교가 성립되어 있지 않아 정부 간 교섭이 곤란했던 까닭도 있었는데, 인정권의 권한을 정부가 확보한 한국과 필리핀에 비해 부원회가 절대적

---

13 오누마 야스아키 외 편(1998), 『'위안부' 문제와 아시아여성기금』,(도신도東信堂)의 라이 하우민賴浩敏, p. 59.

인 발언권을 갖게 된다.

　　부원회 관계자에 의한 청취 조사의 제1회분(한족漢族만으로 13명)은 1992년 6월, 제2회분(제1회분을 합해 48명)은 1993년 6월에 작성되었는데, 그 뒤 원주민(고사족高砂族, 고지족高地族) 위안부의 존재가 알려지게 되고, 1996년 말부터 청취 조사가 진행되어 1997년 8월에 16명분의 조사 결과가 발표되었다. 현재 인정된 옛 위안부 수는 45명(그 외에 사망자 10여 명)이다. 옛 위안부 총수에 대해서는 180명 이상이라거나, 766명이라는 추정치가 전해지지만 근거가 박약한 억측에 지나지 않는다. 부원회의 보고서는 집계 분석 방법을 취하고 있고, 성명과 개별적인 '신상 이야기'는 명확하지 않기 때문에 검증은 곤란하고 대체적인 경향밖에 알 수 없다.

　　예를 들면, 48명 중 '사기'가 23명, '강제'는 10명, 전차금(100~500엔)을 받은 자는 9명이라거나, 행선지가 해남도海南島 12명, 구 네덜란드령 동인도 10명, 필리핀 8명, 버마와 화난이 각 6명이라거나, 가난한 집에서 태어난 경우가 많고, 전직은 접객부가 18명이라는 정도다.[14] 원주민 16명에 대해서는 홍콩으로 간 1명을 제외하고는 거의 타이완 내라는 것, 기혼자가 6명을 점하고 있는 것이 주목된다. 일본인 경찰관 등으로부터 일본군 기지 잡역의 권유를 받고 결과적으로는 성 접대를 강요받았다는 경우가 많고, 넓은 의미의 성 피해자로 보아야 할지도 모른다.

　　부원회의 보고서는 그녀들의 심경에 대해서 "대부분의 경우는 모두 배상을 요구하고 있지만 강하게 요구하는 태도는 아니고 (……) 한국에 배상한다면, 배상해 달라"는 정도였다고 관찰하였지만, 실제로 여성기금이 호소하자 부원회는 일부 국회의원과 함께 강경한 반대 의견을 표

---

14 원호회婦援會(1993년 6월 5일), '대만지역 위안부 방문조사 보고' 및 요시미 요시아키(1995), 『종군위안부』(이와나미신쇼), pp. 109~112를 참조.

명, 기금 측과의 대화를 계속 거부했다. 그 사이 기금의 속죄금 등을 수취하고 싶다고 신청한 옛 위안부도 나타났지만 부원회와 일본 NGO의 설득과 방해가 있었고, 타이완 정부도 방관했기 때문에 지급은 극히 곤란했고, 1997년 5월 이래의 수령자는 원주민 8명에 그쳤다.

1996년 여름, 타이베이의 집회에서 부원회가 "일본에 어디까지나 국가보상을 요구해야 한다"고 말한 것에 대해 기금의 수령 의사를 표명한 고사족 옛 위안부가 "희생자인 나 자신이 희망하고 있는데 당신들이 방해하는 것인가" 하고 격한 논쟁이 벌어진 사건도 있었다고 한다.[15] 그러나 기금 반대파도 그녀들을 만류하는 데는 금전적인 대책이 필요하다고 느꼈는지 독지가의 기부에 의한 1인당 약 200만 엔을 1997년 10월부터 나눠 주고, 1997년 말에는 타이완 정부가 부원회를 통해 '대체 지불금' 명목으로 42명에게 200만 엔(50만 원)의 일시금을 예산에서 지불했다. 일시금과는 별개로 타이완 정부는 매월 15만 원(약 6만 엔)의 생활지원금을 1997년 1월부터 지급하고 있다. '대체 지불금'이란 일본 정부로부터 지불되어야 할 국가보상을 가리키며 한국의 방식과 비슷한데, 실제로는 타이완이 선행 모델이 되었다고 할 수 있다.

1998년 12월, 새로운 움직임이 있었다. 기금 반대파의 아이타니 쿠니오藍谷邦雄 변호사, 요시미 교수 등의 일행이 타이완을 방문, 타이베이와 가오슝高雄 등에서 옛 위안부 20명을 대상으로 청취 조사를 실시했다. 상당히 오래 전부터 물밑 교섭을 진행하고 있던 부원회와의 합의가 성립, 1999년 5월부터 제소할 예정(변호단장은 키요미즈 유키코清水由規子 변호사)이라고 한다.

---

15 아시아여성기금 편(1997), 『시민과의 대화市民との對話』, p. 18의 시모무라 미츠코下村満子 발언.

7. 중국

1992년 8월 7일, 산시성의 옛 위안부 4명과 유족 3명이 퉁쩡童增(중국 노령과학연구센터 연구원)을 대리인으로 하여 일본대사관에 1인당 5~12만 달러의 보상 지불을 요구했다. 퉁쩡은 미리부터 중국 민간 대일보상 위원회를 조직하고, 1,800억 달러의 민간 배상을 요구하는 '1억 인 서명운동'을 전개하고 있던 인물로, 위안부 문제에 "진지한 대처를 요망한다"는 성명을 냈던 중국 정부의 묵인 하에 행동하는 것 같은 인상이었다.

1994년 가을, 일본인 변호단과 연계하여 소송 준비가 진행되자, 중국 정부의 태도가 변했다. 1995년 8월, 도쿄 지방재판소에서의 소송 제기를 위해 일본으로 건너갈 예정이었던 퉁쩡과 옛 위안부 일행이 베이징에서 기자회견을 열려고 하자 공안이 뛰어들어 그녀들을 연금, 방일을 금지했다. 또 퉁쩡은 9월의 세계여성회의 참가를 금지당한 데다가, 광시廣西성 벽지로 '하방下放'되었다. 그러나 8월 7일의 중국전쟁 피해변호단(오야마 히로시尾山宏 단장 등 174명)에 의한 도쿄 지방재판소에의 제소는 예정대로 실시되었고, 다음 해 7월에는 2명의 옛 위안부가 중국인 변호사의 도움을 받으며 일본으로 건너와 법정에서 증언하였다. 중국 외교부장은 1995년 3월에 전인대全人代 대회에서 "국가 간의 대일 배상은 1972년의 중일공동성명으로 포기했지만, 민간 배상은 저지하지 않는다"는 원칙론을 말했고, 퉁쩡에 대한 강권 조치는 그들의 활동이 반체제운동으로 변화할 것을 경계한 때문으로 생각된다.

중국에서는 전중戰中부터 전후에 걸쳐 위안부 문제에 대해 관심이 크지 않았다. 100권에 달하는 국민당정부의 공식 전사戰史에도 관련 기술은 거의 보이지 않는다. 각지의 문사¤史위원회가 차차 간행해 온 지방 사에서도 학살, 방화, 강간에 대한 조사는 풍부하지만, 위안부와 위안소에 대한 기사는 거의 발견되지 않았고, 금후의 발굴은 곤란하다고 생각된다.

중국 정부는 일본 정부에 기금 발족 직후부터 아시아여성기금에 의한 옛 위안부에 대한 개인별 지급은 삼가라고 연락했는데, 민간 주축의 소송 제기와 옛 위안부들의 방일 캠페인은 묵인하고 있다. 이러한 경과로 보아 중국 정부가 배상 문제, 731부대와 난징학살사건과 나란히 위안부 문제를 대일 외교 카드의 하나로 의식하고 있는 것은 확실해 보인다.

8. 필리핀

1991년 말 서울에서 개최된 국제회의에서 한국 정대협 간부와 일본 여성운동가의 설득, 호소를 접한 넬리아 산쵸[Nelia Sancho], 인다이 사호르[Indai Sajor]가 귀국 후 필리핀 정부에 대해 실태 조사를 요구한 것이 발단이 된다. 아키노 대통령 직속 인권위원회는 다음 해 3월, 제2차 대전사 전문가로 일본의 학위를 가진 리카르도 호세[Ricardo Jose] 교수(필리핀대학)에게 조사를 의뢰했다.

호세 보고서는 6월 23일자로 대통령에게 제출되었는데, "구 일본 병사를 상대로 한 통상의 매춘과 강간 사건은 일부 보였지만, 제2차 세계 대전 중 일본에 의한 대규모 강제 매춘은 없었다. 필리핀 여성은 운이 좋게도 일본군 '위안부' 내지 '성노예'가 되지 않았다"[16]고 결론 내렸다. 그 논거는 1. 일본군 점령 하의 라우렐Laurel정권의 각의 기록, 2. 전범재판 기록, 3. 전시 중의 반일 게릴라의 인쇄물, 4. 전후의 신문기사 등이었는데, 관련 기사가 발견되지 않았기 때문이라는 것이다. 그리고 호세는 라우렐 정권의 존재가 완충적 역할을 담당했던 것, 강간에 대해 게릴라의 보복이 있어서 억지력이 되었다고도 지적했다.

이 보고를 받은 필리핀 정부는 일본 정부에 대한 사죄와 보상을 요구하지 않는다는 공식 견해를 표명했다. 그러나 사오르 등이 결성한 '태스크포스'(뒤에 '리라 필리피나'로 개명)의 호소로 9월에 마리아 로사 엘 헨슨을 제1호로 하여 차차 '옛 위안부'들이 커밍아웃하면서 상황은 일변했다. 리카르도 호세 교수는 그녀들로부터 '위증'이라며 사나운 비판을 받는 처지가 된다. 일본으로부터는 연락을 받은 다카기 변호사, 마쓰이 야요리(아시아여성자료센터 대표) 등 NGO와 가톨릭 관계자가 속속 현지로 향했다.[17] 그리고 1993년 4월에는 18명(9월에 28명을 추가)이 도쿄 지방재판소에 제소했다.

다른 지역 특히 한국 여성과 비교되는 특징은 거의 전원이 일본 병사들에 의해 납치, 폭행, 감금(수개월부터 2년 정도)되었다고 주장하는 점(6장 참조)이며, 그 뒤의 신고자도 대다수가 위안부로 불리기보다는 넓은 의미의 성폭력 피해자에 속한다. 호세 보고서가 "어떤 것을 보아도, 필리핀 여성에 대한 강간은 소수 일본인의 일시적 감정에 의해 일어난 사건이고

---

16 "Memorandum for President Aquino, Report of Prof. Ricardo T. Jose, UP Dept. of History on the so called 'comfort women' of the Japanese Imperial Army World War II", dated June 23, 1992. 또 전문(발췌)은 권말 부속 자료를 참조.

17 조사 결과에 대해서는 필리핀 '종군위안부' 보상청구재판 변호단 편(1995), 『필리핀의 일본군 '위안부'フィリピンの日本軍'慰安婦'』(아카시쇼텐)을 참조.

조직적인 것이 아니며, 강제적 매춘이라기보다는 강간 사건에 지나지 않는다"고 정의한 영역에 해당한다. 전쟁 중의 마닐라 등에서는 업자가 경영하고 일본군이 감독하는 위안소가 개설되고 다수의 필리핀 위안부가 일하고 있었으나 이 범주로부터 커밍아웃한 사례는 거의 없다. 자발적으로 모집에 응하여 위안부가 되었기 때문에 침묵하고 있다고 해도 좋을지 모른다.

　　1996년 여름, 아시아여성기금이 '속죄금' 지급을 개시했을 때, 그녀들의 지원 조직인 리라 필리피나는 그때까지 연대해 온 한국과 대만의 지원 조직과 다른 행동을 취한다. 그 전년 여름에 라모스 대통령이 기금 환영의 성명을 냈던 것, 제1호 헨슨이 기금 반대로부터 지지로 돌아선 것도 영향을 미쳤을 것이다. 리라 필리피나는 고심 끝에 "수령하고 싶은 입장과 원하지 않는 입장의 양측 모두를 지원한다"는 결단을 내리고 정부의 인정 작업에도 참가했다. 일부의 반대파는 이탈하여 말라야 롤라스Ma-laya Lolas를 결성, 기금 거부 운동을 계속한다. 아시아여성기금 측도 속죄금을 수령해도 재판 투쟁을 이어 갈 수 있다며 양보 조건을 제시했고, 1996년 8월 14일, 일본대사의 입회하에 헨슨 등 4명이 전달식에 출석했다. 그후에도 100명 남짓의 신청자에 대한 인정 작업은 순조롭게 진행되고, 수급자는 50명 전후(1998년 말)에 달했다. 인정 기준은 필리핀 정부에 일임하였기 때문에 분명하지는 않지만, 일회적인 강간 피해자를 제외한 넓은 의미의 성폭력 피해자가 대상이 되었던 것 같다.

9. 인도네시아[18]

1992년 여름, 인도네시아 옛 위안부의 존재가 보도되었을 때 외무성은 "과대시하지 않는다. 정확한 조사를 하겠다", "한국 정부 등이 한 것 같은 요구를 할 생각은 없다"고 하였고, 주요 매스컴도 동조했다. 그러한 정부 측의 소극적인 자세는 그 후로도 일관되었는데, 이는 1958년의 배상협정으로 법적 처리가 완료되었다는 것, 그 후에도 계속 최대의 정부개발원조 공여국이었던 일본과의 우호 관계를 정부 차원에서 손상시키기를 원치 않는다는 사려로부터 나온 일이었다고 생각된다.

이 상황을 변화시킨 것은 1993년 4월 일변련 조사단의 방문 등, 일본 NGO의 활동과 그것을 계기로 시작된 '인도네시아 법률부조협회(LBH)' 족자카르타 지부의 전쟁 피해자 등록 작업일 것이다. 그런데 그 작업에 8월 말까지 1만 7천여 명이 밀어닥쳤다. 대행업자까지 출현, 그중에서 '성폭력 피해자 317명'을 선정, 대표인 부디 하르토노[Budi Hartono] 변호사가 국가보상을 요구하며 일본을 방문한다든가 유엔에 로비를 하는 등 활발한 운동을 전개했다.

한편 전시 중에 일본군의 보조병으로서 종군한 병보에 대한 보상 운동을 진행하고 있던 '전前 병보 중앙연락협의회'(이하 '병보협회')도 여성기

---

18 인도네시아에서의 위안부 문제의 근황에 대해서는 가와다 후미코川田文子(1997), 『인도네시아의 '위안부'インドネシアの'慰安婦'』(아카시쇼텐); 일본 인도네시아 병보협회(1993), 『인도네시아 병보의 호소インドネシア兵補の訴え』(나시노키샤梨の木舎); 고토 켄이치後藤乾一(1995), 『근대일본과 동남아시아近代日本と東南アジア』;「세이론」1997년 3월호의 아라 켄이치阿羅健一 논문;「임팩션」107호(1998)의 오무라 테츠오大村哲夫 논문; 구라사와 아이코倉澤愛子, '인도네시아의 위안부 조사 보고インドネシアにおける慰安婦調査報告'(아시아여성기금 편, 『'위안부' 문제 조사 보고 1997』에 수록)을 참조하기 바란다.

금이 발족한 직후인 1995년 여름부터 134개의 지부망을 통해 '옛 위안부'들의 등록 작업을 개시한다. 이 병보협회를 이끌고 있던 타슬립 라하르조 Tasrip Rahardjo는 역시 병보의 한 사람으로서 말란(동부 자바)에 주둔했던 일본군(가타기리片桐 부대)에서 근무하고 전후에는 인도네시아 국군에 소속했다고 하는데, 자세한 이력은 불명이고, 일본 인도네시아 병보협회의 간행물에 "자카르타의 사립대학에서 법률을 가르치는 대학 강사"라고 소개되어 있는 정도이다. 그가 등록을 호소할 때의 대상이 '위안부'인지, '성폭력 피해자'인지도 명확하지 않지만, 1996년 3월 마감 당시에는 이미 2만 2천여 명을 넘어섰다.

보상 요구액은 병보가 300만 엔, 위안부가 200만 엔이었는데, 정부가 착수해도 인정 작업은 불가능하다고 생각되는 숫자인 데다, LBH와의 중복도 예상되었다. 인정이 불가능하면 여성기금이 지급을 진행시킬 여지도 없다. 그때까지 인도네시아 정부는 나서지 않지만 지원 조직의 활동은 묵인 내지 지원하는 자세를 보였는데, 이러한 사태에 직면하여 방침을 바꾸지 않을 수 없었다. 그 결과 일본과 인도네시아 양 정부의 생각이 일치하여 타 지역과는 다른 해결 방식이 취해진다.

1996년 11월, 10년간 일본 정부가 지출하는 3억 8천 달러의 사업비로 위안부를 포함한 고령자 복지사업을 전개하는 방침이 합의

라하르조 회장(「Asahi Shimbun Weekly AERA」 1993. 11. 1.)

되었다(1997년 3월에 정식 조인). 이때 스에노 인도네시아 사회부 장관은 "위안부 문제의 처리는 정부에 맡기고, 개인과 단체의 이익에 악용되지 않도록"이라고 말했는데, 지원 단체와 위안부들의 불만은 그 후에도 해소되지 않고 있고, 수하르토 체제의 붕괴(1998년 5월)에 의해 재연再燃할 조짐도 보인다. 그러나 라하르조가 1998년 8월에 급사, 후계 회장 알리핀은 정부에 협조적 자세를 보이고 있기 때문에 진정되는 방향으로 갈지도 모르겠다.

10. 네덜란드

1994년, 제2차 세계대전 중의 구 네덜란드령 인도네시아에서 일본군 위안부가 되어야 했던 네덜란드 여성이 일본 정부를 상대로 위자료 등을 요구하여 도쿄 지방재판소에 제소했다(상세는 제6장 참조).

이러한 종류의 피해자가 된 여성은 약 80명으로 추정되는데, 네덜란드 정부는 보상에 대해서는 해결이 끝났다는 입장을 취하고 있기도 해서, 일본 정부는 인도네시아 쪽의 방식을 적용할 것을 제안했다. 그리고 아시아여성기금은 네덜란드인 옛 위안부들을 대상으로 의료·복지 서비스를 제공하기로 하고, 1998년 7월 15일에 헤이그에서 상대방의 사업 주체가 되는 '사업실시위원회(PICN)'와 각서를 체결했다. PICN은 전 네덜란드군 참모장 하우사 장군이 위원장을 맡는 민간 기관이다. 제공된 자금(정부 예산)은 3년간 2억 5,500만 엔이다.

11. 말레이시아, 싱가포르

1992년 봄경부터 위안소와 위안부의 존재가 단편적으로 보도되었고, 동년 가을부터 현지 신문의 호출 등으로 다음 해에 걸쳐 말레이시아에서 8명(말레이계 4, 중국계 4)의 '옛 위안부'의 존재가 확인되었다(실명을 댄 것은 1명뿐). 그러나 말레이시아, 싱가포르 양국 정부는 모두 이를 문제로 삼는 것에 소극적이었고, NGO 등의 움직임을 억제하는 방침을 취해 왔다. 예를 들면, 1993년 6월 말레이시아 여당의 일부가 노무자의 연행을 포함하여 빈의 유엔인권위원회에 보고하려고 계획했지만, 그 직전에 당의 지시로 출석을 중지하게 되었다.[19] 그 후 일본 NGO의 움직임도 있었고, 보상을 요구하는 현지 지원 단체의 움직임이 알려진 적도 있지만 차츰 진정되었고, 현재까지 정부 차원에서의 대응은 없는 상태다.

12. 파푸아뉴기니

일본군이 '동부뉴기니'라는 명칭을 쓰던 지역으로, 남반南半은 파푸아라고 불리는 오스트레일리아의 식민지, 북반은 뉴기니라고 불리는 국제

---

19 루페이춘陸培春(1997), 『관광코스에 없는 말레이시아·싱가포르 觀光コースでないマレーシアシンガポール』; ICJ 국제세미나 도쿄위원회(1996), 『재판받는 일본裁かれるニッポン』의 나카하라 미치코中原道子 논문을 참조.

연맹의 위임통치령이었다. 전후에는 하나로 합해 오스트레일리아에 의한 유엔의 신탁통치령이 되었는데, 1975년에 독립했다. 북반부는 1942년 이래 일본군의 점령 하에 들어왔고, 1943년부터 제18군의 14만이 투입되어 미국·호주연합군과 격전을 거듭하고, 일본 병사의 9할 이상이 전투와 기아, 질병으로 쓰러져 종전 당시 1만 명밖에 남지 않은 비참한 전장이었다.

이전부터 기아에 기인하는 인육식(호주 병사=백돼지, 원주민인 멜라네시아인=흑돼지, 일본 병사는 동료)에 관한 풍문은 있었지만, 1944년 7월 세픽강 중하류에서 일어난 사건(부족 항쟁에 얽힌 일본군이 원주민 100여 명을 집단 살해)의 관계자인 가브리엘 라크 수장(1994년에 결성된 '일본군에 의한 전쟁 피해에 대해 보상을 요구하는 모임'의 대표)이 1994년 일본에서 개최된 '전후 보상 국제 포럼'에서 보고한 이래 일반에 알려지게 되었다. 라크는 그 후에도 피해 조사를 계속하고, 1998년 7월 말 일본에서 열린 포럼에서도 살인 7,748, 인육식 2,399, 강간 살인 6,473, 위안부 16,161명 등의 숫자를 공표했다.[20] 라크는 마셜군도로부터 일본으로 온 피해자 대표와 함께 아시아여성기금 사무국을 방문하여 '속죄금' 지급을 타진했지만, 기금 측은 인정을 둘러싼 파푸아뉴기니 정부와의 교섭이 선결되어야 한다는 취지로 대응했다.

동부뉴기니에 위안부가 있었다는 기록과 정보는 일본 측에는 없고, 다네바 토시오田邊敏雄가 1998년 가을, 이 전선으로부터 생환한 자 31명에게 실시한 설문 조사에서도 전원이 "일본인을 포함하여 위안부는 한 사람도 없었고, 위안소 등도 단 1개소도 존재하지 않았다"고 회답했다.[21]

---

20 '아시아태평양전후 보상국제포럼', 1998년 7월 26일 배포 논문; 관련 기사는 『산림과 물고기와 격전지森と魚と激戰地』, 호쿠토슈판北斗出版(1997) 제6장; 키요미즈 야스코清水靖子, 「슈칸아사히」 1997년 10월 17일호의 스도 아리코須藤眞理子 기고문.
21 「세이론」 1999년 2월호의 타나베 토시오田邊敏雄 논문.

만약 있었다면 1942년 12월부터 제18군의 보급 근거지가 된 우에와크인데, 1943년 여름부터 종전까지 화물창에서 근무한 하리야 카즈오針谷和男 육군주계主計 중위는 "위안소는 없었다. 여성이라고 하면 소수의 간호부들이 있었을 뿐"[22]이라고 말한다.

1만 6천여 명이라는 '피해자' 수는 인도네시아와 마찬가지로 각종 성적 피해, 특히 강간 피해자가 아닐까 생각되지만, 오쿠무라 쇼지奧村正二는 "군대와 파푸아 여성과의 사이에는 성적 접촉이 전혀 없었던 것 같다. 이와 비슷한 이야기는 들은 일이 없다. 당시의 파푸아 여성은 예외 없이 열대성 피부병에 걸려 있었다. 게다가 모기를 막기 위해 특이한 냄새가 나는 식물 기름을 몸에 바르고 있었다. 이런 것들이 병사가 기피하는 원인이 되었을 것"[23]이라고 쓰고 있다. 전무라고는 말할 수 없지만, 일본 병사가 가해자였다고는 생각하기 어렵다. 또한 이 지역의 인구는 당시 오십만여(행크 넬슨)에 지나지 않아 라크의 주장은 너무 과대하다고 말할 수 있을 것이다.

13. 미크로네시아

일본통치시대는 남양청南洋廳(팔라우 소재)이 주관하고, '남양군도'라 불렸으며, 챠로마, 카나카족 등 원주민과 일본인, 조선인이 혼재하고 있

---

22 하리야 카즈오(1982), 「우에와크ウエワク」, 사가판私家版 및 그와의 대화.
23 오쿠무라 쇼지(1993), 『전장 파푸아뉴기니戰場 パプアニューギニア』, 주코분코, p. 177.

었다. 태평양전쟁에서는 격전장이 되어 마리아나제도의 사이판, 티니안, 괌, 마셜군도의 콰잘레인은 옥쇄했지만, 트럭섬, 팔라우 등은 점령을 면하고 거류민은 옥쇄지의 일본인 포로와 함께 1946년에 귀국했다. 전후는 미 해군의 점령으로부터 유엔의 신탁통치로 이행, 그 후 미국 속령인 베라우공화국(팔라우), 마셜제도공화국 등으로 독립했다.

　　적지 않은 원주민 여성이 일본 병사의 '위안부'가 된 것은 전시기의 미군 기록에서 단편적으로 보고되었지만, 1998년 7월, 전술한 도쿄포럼에 출석한 케죠 비엔(54세 남성)이 마셜의 밀리 환초에서의 성 피해 상황을 보고했다. 밀리에는 약 5천 명의 육·해군 병력이 주둔하고 있었는데, 약 120명의 여성(현재 생존자는 45명 또는 31명)이 강제적으로 위안부가 되었다고 한다. 그러나 1998년 10월, 밀리섬으로 가서 몇 사람의 '옛 위안부'를 청취 조사한 히구치 와가코樋口和歌子의 인상은 그녀들의 진술이 애매한 부분이 많고 신뢰성이 부족하다고 판단하고 있다.

11장

환경조건과 주변 사정

이 장에서는 위안부 문제를 둘러싼 당사자들의 환경조건과 주변 사정 등을 지원 운동 단체의 동향을 중심으로 개관한다.

1. 유엔과 국제 NGO

위안부 문제가 논의되는 국제무대는 주로 제네바의 인권위원회, 그다음으로 국제노동기구(ILO)로 그 구조는 아래 조직도를 참조하기 바란다. 유엔에는 안전보장이사회와 기타 위원회가 많은데, 가맹 각국의 대표들에 의한 정치 교섭의 장이지만, 인권위원회 계열에서는 일부 NGO에 옵서버로서의 자격을 주고 있다. 따라서 제출된 의제와 결의는 광범위하고 여러 방면에 걸쳐 있는데, 원칙적으로는 조언·권고의 영역에 멈추고 주권국가를 구속하는 일은 없기 때문에 국제 여론 조성을 노린 퍼포먼스가 두드러진다.

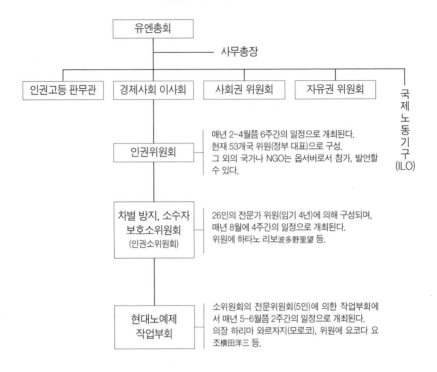

유엔의 인권 기구(1998년)

유엔총회

사무총장

인권고등 판무관　경제사회 이사회　사회권 위원회　자유권 위원회　국제 노동 기구 (ILO)

인권위원회 — 매년 2~4월쯤 6주간의 일정으로 개최된다. 현재 53개국 위원(정부 대표)으로 구성. 그 외의 국가나 NGO는 옵서버로서 참가, 발언할 수 있다.

차별 방지, 소수자 보호소위원회 (인권소위원회) — 26인의 전문가 위원(임기 4년)에 의해 구성되며, 매년 8월에 4주간의 일정으로 개최된다. 위원에 하타노 리보波多野里望 등.

현대노예제 작업부회 — 소위원회의 전문위원회(5인)에 의한 작업부회에서 매년 5~6월쯤 2주간의 일정으로 개최된다. 의장 하리마 와르자지(모로코), 위원에 요코다 요조橫田洋三 등.

　　제2차 대전기의 위안부 문제는 유엔 창설 전의 일이고 본래라면 논의의 대상이 되지 않겠지만, 때마침 보스니아·구 유고슬라비아 분쟁으로 다수의 여성이 '민족 정화' 명목으로 대규모 집단 강간의 희생이 된 사건이 크게 부상하고, 국제법정에서 재판하려는 움직임이 나타나고 있었다. 위안부 문제는 말하자면 이 인권 문제의 선구로서 페미니즘 풍조와 결부되는 형태로 관심을 끈 것이다.

　　NGO에서 열심히 활동한 것은 국제교육개발(IED), 국제우호회(IFOR), 국제법률가협회(ICJ) 등으로, 일본으로부터도 잡다한 NGO가 회기마다 대거 로비를 위해 인원을 보내는 관례가 정착되어 있다. 그 과정에서 일본 정부의 대응 양상을 비판, 비난하는 방향으로 몇 개의 보고서가 제출되었는데, 1994년 봄, 인권위원회가 특별보고자로 임명한 쿠마라스와미 여사의 보고서가 주목받았다.

그녀는 1994년 11월의 예비보고서에서 '위안부' 문제를 "국가에 의해 저질러진 혹은 그에 의해 묵인된 범죄"로 위치 지웠다. 같은 해 여름에는 일본, 한국, 북조선에서의 현지 조사를 한 후 그녀들을 '성노예'로 규정하고, 일본 정부에 대한 6개 항의 권고를 포함한 보고서를 1996년 4월의 인권위원회에 제출한다. 이를 둘러싼 논의와 반향은 9장에서 상술했으므로 생략하지만, 그 뒤에도 유엔을 무대로 한 논의는 지속되고 있다.

예를 들면 1996년 8월의 인권소위원회에서는 우선 NGO인 리버레이션, ICJ 등이 일본 정부의 대응을 비판하는 입장에서 "쿠마라스와미 권고의 실시", "법적 책임에 상응하는 행정재판소의 창설", "특별입법" 등을 제언했다. 한국 정부는 "공식적으로 일본 정부에 대해 보상을 청구하지 않지만, 피해자가 납득할 만한 해결"을, 북조선은 쿠마라스와미 권고의 실행을 요청했다. 그에 대해 소위원회 위원으로부터는 "아시아여성기금의 역할에 주목한다"(미국), "일본 정부의 대응을 평가한다"(영국), "아시아여성기금을 환영"(브라질) 등, 대개 아시아여성기금을 통한 일본 정부의 대응을 평가하는 소리가 잇따랐다.[1] 또 1996년 3월에 ILO의 전문가위원회가 NGO의 신청을 받아들여, 위안부는 여자의 강제노동을 금지한 ILO 29호 조약을 위반한다는 점에 대한 논의도 일었다. 이 점에 대해서는 전시 노동은 제외된다든가, 위안부의 성 접대를 '노동'으로 간주할 것인가 등을 둘러싸고 논쟁이 되었고 결론은 나지 않았다.

---

[1] 아시아여성기금 편, 『시민과의 대화市民との對話』의 요코다 요조横田洋三 발언, pp. 82~84.

1998년 4월 17일, 유엔인권위원회는 쿠마라스와미 여사로부터 제출된 '여성에 대한 폭력'에 대한 보고서를 투표 없이 채택했다.[2] 1996년의 쿠마라스와미 보고서는 '유의(take note)'였는데, 이번은 '환영(welcome)'이 되고, 게다가 일본은 공동 제안국이 되었다. 이 변화가 의미하는 것은 무엇인가? 대략 살펴보자.

쿠마라스와미 여사는 1997년 3월, 역시 동일한 테마의 연차보고서를 제출하고 3년의 임기를 재임하게 되었는데, 내용은 '가정과 공동체에서의 여성에 대한 폭력'으로 일관하고, 위안부 문제에 대해서는 언급하지 않고 있다. 1998년 1월 26일에 사무국에 제출되고, 4월 4일에 공표된 이 연차보고서(E/DN4/1998/54)는 '무력 분쟁 시의 여성에 대한 성폭력'(제1부), '감금 상태에서의 여성에 대한 폭력'(제2부), '난민 여성에 대한 폭력'(제3부)의 3부로 이루어져 있다.

[표11-1] '무력 분쟁 시의 여성에 대한 성폭력'의 사례

장소	문단 번호	사례
아프가니스탄	22, 23	1994년 3월 무장 이슬람 세력은 베일을 쓰지 않은 여성을 용서하지 않겠다고 선언, 순찰 중 2명의 여고생이 사살당하는 등 흉포한 행위가 다발.
보스니아 헤르체코비나	24, 25	상사였던 세르비아인 의사가 스카프로 얼굴을 가리고 강간했다. 14살 아들에게 어머니를 강간할 것을 강요한 사례, 국제법정이 뒤처지는 것에 대한 불만이 강하다.
과테말라	28, 29	노동조합의 여성 리더가 국외 퇴거를 요구하는 편지를 받고 유괴, 강간당했다.(1996년)
인도	33-36	카슈미르에서 다수의 여성이 인도 병사에 의해 강간당했다. 유엔 NGO의 요구에 대해 정부는 조사를 소홀히 하고 있다. 또한 병사들은 미혼의 여성을 유괴하여 강간하고, '강제 결혼'을 시키고 있다. 이들은 '전시 성노예'다.

---

2 "Report of th Special Rapporteur on Violence against Women, its causes and Consequences", 1998. 1. 26. E/CN.4/1998/54.

장소	문단 번호	사례
일본	37, 38	(별지)
라이베리아	39~44	1989년 이래의 내전에서 다수의 여성이 병사의 성폭력 피해자가 되었다. 조사 대상 205명 중 49%가 성폭력을 경험했다.
중국-티베트	47	1992년, 20살의 이승尼僧은 데모에 참가하였다고 5년 형을 받았고, 입옥 중에 학대당해 사망하였으나 중국 정부는 조사에 응하지 않았다.
페루	48, 49	정부군 장교에게 강간당한 사례 등, 게릴라로부터 강간이나 고문을 당한 사례도 많음.
르완다	50~52	부족 분쟁에서 몰살이나 집단 강간의 참상을 소개, 최근 들어 강간범은 사형의 대상이 되었다.
스리랑카	53~55	1996년 K 쿠마라스와미(보고자와 다른 사람) 일가가 행방불명이며, 강간 뒤 참살되었다고 이후에 판명. 정부군과 게릴라 양쪽에 의한 부녀 폭행 다수.
미국	56, 57	주한미군 병사가 한국 여성을 살해, 범인은 15년 형.

※출처: 쿠마라스와미 보고서(1998년 1월 26일) 제1부에서 발췌.

제1부에서는 표 11-1과 같은 각국의 최근 사례가 22번부터 57번 문단까지 여러 가지로 소개되었지만, 일본의 경우는 '제2차 세계대전의 옛 위안부 정옥순의 예'라는 제목으로 다음과 같이 쓰여 있다(필자 요약).

37······ "6월 어느 날, 13살이었던 나는 마을의 들에서 일본군에 납치되어 (······) 트럭으로 경찰서까지 연행되어 몇 사람의 경관에게 강간당하고, 서장에게 왼쪽 눈을 맞아 실명했다. (······) 거기에는 400명의 젊은 조선인 여성이 있었고, 5천 명의 일본 병사에게 성노예로 봉사. 거부하면 맞고 피투성이로(1995년 일본과 한국 방문 시 특별 보고자에 대한 증언으로부터)"

38······ 일본 정부는 과거의 '위안부'에 대한 폭력 문제에 대해 "상

당히 환영할 만한 노력(some welcome efforts)"을 해 왔다. 정부와 역대 수상이 '반성(remorse)'과 '사과(appology)'를 했다. 또 아시아여성기금이라는 민간 기금이 1인당 200만 엔을 약 50명에게 지급하였고, 관계국의 노인 부조를 꾀하였으며, 의료 복지 프로젝트를 위해 정부 예산으로 7억 엔을 준비하고 있다. 비극을 반복하지 않기 위해 교과서에서 문제를 지적하고 있다. 일본 정부는 법적 책임을 지고 있지 않은데, 일본 국내에서 진행 중인 (옛 위안부에 의한) 6건의 소송 결과를 기다리고 있는 것은 아닐까.

부자연스럽게 나란히 서술한 37단락과 38단락의 부정합성이 눈에 띄지만, 특히 37을 넣는 부자연스러움에 주목하고 싶다. 실은 이 37단락은 2년 전의 쿠마라스와미 보고서의 54단락에 등장하는 정옥순의 신상 이야기로부터 일부를 삭제하고 연결한 것이다. 삭제된 부분은 "1920년 12월 28일생"으로 "참수된 동료의 살을 먹게 했다"는 이야기다. 나는 이미 1996년에 위안부의 신상 이야기 속에서 가장 어이없다는 부분이라고 지적해 두었지만, 그 대단한 쿠마라스와미 여사도 1933년의 사건이라면 제2차 세계대전보다 훨씬 전이기 때문에 이번에는 생년을 삭제한 것인지도 모른다. 인육을 먹는 이야기도 역시 믿는 사람이 없고, 역효과라고 판단해서 빼 버린 것일까?

또 한국이 아닌 북조선 여성에 대해 청취 조사를 한 것은 쿠마라스와미 자신이 아닌 조수였지만, 주석에 '한국 방문 시'라고 기술한 것은 역시 의도한 것이라고밖에 생각되지 않는다. 그러나 일본의 관계자는 38단락의 어조가 이전보다 호전되었다고 해석되는 점에 관심을 빼앗겼는지, 37단락의 유래를 눈치 채지 못한 것인지, 외무성은 '환영'이라는 표현으로 결의를 채택하는 쪽에 가담했다. 매스컴에서도 37단락의 문제점을 소개한 것은 「마이니치신문」뿐이었는데, 4월 7일자의 후쿠하라福原 특파원의 타전은 쿠마라스와미 여사가 NGO와 다나카 코田中甲 중의원 의원(민주당)과 회담 자리에서 말한 내부 사정을 다음과 같이 전하고 있다.

> 보고서 작성 시 일본 정부 관계자가 몇 차례나 자신의 스리랑카 사무소로 찾아와 "종군위안부 문제는 해결이 끝났으므로 보고서에서는 다루지 않았으면 한다"고 요구하였다. 그러나 보고관은 "압력에는 굴하지 않는다. 이번의 보고서에서도 일본 정부가 법적 책임을 인정하도록 요구했다"고 말하고 보고서의 중립성을 강조했다. (……) 1996년의 권고에 대해서는 "내 기본적 입장이고, 이후에도 논의되어야 할 과제다"라고 했다.

나도 후쿠하라 기자와 마찬가지로 1998년의 쿠마라스와미 보고서가 반드시 일본 정부가 환영할 수 있는 것이라고는 생각하지 않는다. 오히려 그녀가 NGO 측에 몸을 의지하고 1996년의 강경 자세를 관철하려고 하는 모습이 눈에 들어온다. 그것을 '환영'하여 버린 부정적인 효과가 어떤 형태로 돌아올지 마음에 걸린다. 또 4월 6~9일의 인권위원회에서 필리핀, 인도네시아 정부 대표는 발언하지 않았지만, 한국, 북조선 대표와 3개의 NGO 대표가 아시아여성기금을 비난하고 일본 정부의 법적 책임을 물었다.[3] 단, 표 11-1에서 알 수 있듯이, 이 수년간 아프리카 등 세계 각지에서 성폭력에 관련된 사건이 다발하고 있고, 게다가 그녀 자신도 지

---

3 「슈칸긴요비」 1998년 5월 29일호의 마에다 로前田郎 기고문을 참조.

적하고 있듯이, '가해자' 중에 여성 병사가 등장하는 현상도 보인다. 인권 위원회의 대세가 과거의 규탄보다도 현재의 비극 수습을 우선하려고 하는 것만은 부정할 수 없다.

그로부터 반년도 되지 않는 1998년 8월에 예고도 없이 출현한 것이 맥두걸 보고서다.[4] 게이 맥두걸Gay. McDougall은 미국의 흑인 여성 법률가로 전임자 격인 린다 차베스 여사가 보고서를 정리하지 않고 1997년에 사임한 뒤 인권소위원회의 위원을 승계하여, 특별보고자로서 구유고슬라비아 등 전시 여성에 대한 성폭력 문제를 조사한 보고서를 작성했던 것이다. 그런데 그 부속 문서라는 형태로 위안부 문제에 관한 일본 정부의 법적 책임을 묻고 있다.

부속 문서(제목은 '제2차 세계대전 중에 설치된 '위안소'에 대한 일본 정부의 법적 책임의 분석')라고는 해도, 본문에 육박하는 25쪽 분량의 길이로, 그녀는 쿠마라스와미 보고서를 바탕으로 하면서도 국가의 배상 의무를 더 강하게 주장, 유엔 인권고등판무관이 일본 정부와 협력하여 "특별입법에 의해 강간 센터의 책임자, 이용자를 색출하여 체포하고, 또 옛 위안부에 대한 법적 배상을 이행하는 기관을 설치"하도록 권고했다. '강간 센터'는 익숙지 않은 표현인데, 아마도 푸순撫順의 일본인 전범의 고백에 나오는 '강간소'의 영역英譯이 아닌가 생각되며,[5] 쿠마라스와미 보고서의 '군용 성노예'와 동일하게 쿠마라스와미 여사나 일본인 브레인에 의해 만들어진 '위안소'를 지칭하는 신조어로, 보고서에는 "강간 캠프(rape camp)"라는 말도 사

---

4 게이 맥두걸, "Contemporary Forms of Slavery, Final Report submitted", 1998, 6. 22. E/CN.4/Sub.2/1998/13.
5 푸순 전범의 한 사람이 '위안소'를 '강간소'로 바꿔 쓰도록 수용소 측으로부터 강요받는 경위에 대해서는 「쇼쿤!」 1998년 8월호의 필자 논문을 참조하기 바란다.

용되고 있다. 새로운 '기관'이라는 것도 여성기금의 창설을 부인하고 대신 만들라고 요구하는 것인데, 사실 인식을 포함하여 이만큼 과격한 작문은 전례가 없을 것이다(8월 21일 소위원회는 채택).

제네바 대표부의 미네美根 공사는 8월 14일, 소위원회에 대해 일본 정부로서는 맥두걸 보고서의 해석과 권고는 받아들일 수 없다고 회답했지만, '위안부 문제의 입법 해결을 요구하는 모임' 등 23개 시민단체는 오부치小渕 수상 앞으로 맥두걸 보고서를 수락하라고 요구하는 움직임을 보였다. 맥두걸 보고서는 위안부 문제의 입법 해결을 추진하고 있는 일본 국내의 NGO와 연동하고 있는 것으로 보인다. 그러나 효과에 대해서는 의견이 갈라진다. 일본 정부는 맥두걸 여사의 개인 보고서에 지나지 않는다고 평가했다. 도츠카 에츠로 변호사도 소위원회의 일본 정부에 대한 권고도 없었다는 점에 실망, 정대협과 일본 여성 단체의 정보 제공과 로비 활동의 부족에서 원인을 찾고, 특별입법도 전망이 별로 없기 때문에 국회에 의한 '진상 규명'에 전력을 다할 것을 권하고 있다.[6]

이후의 동향은 인권 문제가 지극히 정치적 동기에 의해 좌우되는 경향이 있는 만큼 예측하기 어렵다. 예를 들면, 천안문사건(1989년)과 티베트 문제를 둘러싸고 미국의 주도로 매년 인권위원회에 제출되어 온 중국 비난 결의안은 1998년부터 미국과 EU의 이면 합의에 의해 "중국의 인권 상황이 개선되었다"는 명목으로 제출이 중단되었다. 인권 외교의 불안정성을 이야기해 주는 일례이다.

---

6 「법학세미나」 1998년 11월호의 도츠카 논고.

2. 일본의 지원 단체

이른바 NGO지만 1992년 이래 탄생한 크고 작은 민간 조직은 휴면 상태인 것도 포함하면 조사할 수 없을 정도로 많다. 중요한 것은 표 11-2로 작성했는데, 크게 보면 일변련(일본변호사연합회), 기독교, 학계, 페미니즘, 노조, 재일 조선인 계열 등 모체(母體)별 조직이 주류이고, 대상 지역별 조직이 그다음이다. 심포지엄이나 집회를 목적으로 하는 일시적인 조직도 있고, 구성 인력이 중복된다든가 통폐합되기도 하여 전모는 파악하기 어렵다.

[표 11-2] 위안부 문제에 관한 주요 지원 단체

국내

명칭	설립 일자	대표 등	지원 조직
조선인 강제연행 진상조사단 (니비데이센)	1972. 8	홍상진洪祥進	조총련과 일본인의 합동조사단, 회원 700명.
아시아태평양 지역의 전쟁 희생자에 뜻을 전하고 마음에 새기는 모임	1986. 2	우에스기 사토시 上杉聰 고야마 히토시 小山仁示	회원 8,000명.
일본의 전쟁 책임을 확실히 하는 모임(확실히 하는 모임)	1990. 12. 10		
종군위안부 문제를 생각하는 모임	1990. 12	후쿠시마 미즈호 福島瑞穗	
종군위안부 문제 우리여성 네트워크	1991. 11. 3	김부자金富子	재일 조선인 여성.
종군위안부 문제 행동 네트워크	1992. 1. 13		관계 13단체로 구성.

위안부와 전쟁터의 성性

명칭	설립 일자	대표 등	지원 조직
재일의 위안부 재판을 지원하는 모임	1993. 1. 23	가와다 후미코 川田文子 야마자키 히로미 山崎ひろみ	송신도宋神道 재판 지원, 회원 600명.
필리핀 옛 위안부를 지원하는 모임	1993. 3. 2	아리미츠 켄有光健 다카시마 타츠에 高嶋たつ江	
관부재판을 지원하는 모임	1993. 4. 17	마츠오카 스미코 松岡澄子 하나부사 토시오 花房俊雄	회원 500명.
일본 전쟁책임 자료센터	1993. 4. 21	아라이 노부카즈 荒井信一	「계간 전쟁책임 연구」 발간.
구일본군에 의한 성적 피해자 여성을 지원하는 모임	1994. 2		회원 160명.
아시아 여성 자료센터	1995. 4	마쓰이 야요리 松井やより	기관지 「여성들의 21 세기」 발간.
전후 보상 실현 시민 기금	1995. 8. 15	가와다 후미코 川田文子	
중국인 옛 위안부를 지원하는 모임	1995. 11	반충의班忠義	
부숴라 국민기금 실행위원회	1995. 12. 3		
응하라! 유엔 권고	1996. 2. 6	무샤코지 킨히데 武者小路公秀 스즈키 유코 鈴木裕子	
기금 반대 권고를 지지하는 국제협의회	1996. 4. 9		
대만의 일본군 성노예 문제를 생각하는 모임	1996. 10		회원 97명.
마라야 로라즈와 함께	1996. 12		마라야 로라즈와 연계. 회원 150명.
위안부 문제의 입법 해결을 요구하는 모임	1996. 12. 11	츠치야 코겐 土屋公献	

명칭	설립 일자	대표 등	지원 조직
'여성, 전쟁, 인권' 학회	1997. 1	오고시 아이코 大越愛子	회원 130명.
인도네시아 '위안부' 문제를 생각하는 모임	1997. 7	오무라 데츠오 大村哲夫	
전쟁 피해 조사회법을 실현하는 시민회의	1997. 11. 29	니시노 루미코 西野留美子 니시카와시게노리 西川重則	
일본군 위안부·강제 노동 유엔 NGO 연락회	1998. 2		
'전쟁과 여성에 대한 폭력' 일본 네트워크	1998. 6. 6	마쓰이 야요리 松井やより	여성국제전쟁법정의 개정을 지향.
중국에서의 일본군 성폭력의 실태를 밝히고 배상 요구 재판을 지원하는 모임	1998. 7. 25	가토 나가히로 加藤修弘	

해외

명칭	설립 일자	대표 등	지원 조직
태평양전쟁 희생자 유족회 (한국)	1988. 6	김종대金鍾大	
정신대 문제 대책협의회 (정대협, 한국)	1990. 11. 16	윤정옥尹貞玉	
현 생존 강제 군대위안부 피해 자 대책협의회(한국)	1993. 11. 25	김복선金福善	옛 위안부 18명 등록.
강제연행당한 일본군 '위안부' 문제 해결을 위한 시민연대	1996. 10		정대협 중심의 민간 모금 단체.
타이완시 부녀구원 사회복리 사업기금(부원회, 대만)	1992. 2(?)	왕칭펑王清峰 하벽진何碧珍	
리라 필리피나(필리핀)	1994. 5. 16	넬리아 산쵸	태스크포스의 후신.
마라야 로라즈(필리핀)	1996. 8. 8	인다이 사호르	리라로부터 분리.

명칭	설립 일자	대표 등	지원 조직
인도네시아 전 병보 중앙협의회	1985	타슬립 라하르조	병보 300만, 위안부 200만 엔의 보상 요구.
인도네시아 법률부조협회		부디 하르토노	족자카르타 지부가 중심.
대일 도의배상청구재단 (네덜란드)		S. A. 라푸레	전 군인, 위안부가 결성.

전체적으로는 반체제 분위기가 농후하지만 조직으로서의 구심력과 규제는 약하고, 운동 전체를 통할하는 연합 조직은 생기지 않았다. 그 결과인지 행동 면에서도 70년대 무렵까지와 같은 시위를 중심으로 하는 단체 행동보다, 제각각의 집회와 결의, 지원 활동에 중점을 두는 경향이 보인다.

운동의 목표는 국가의 도덕적, 법적 책임을 인정하게 하고, 사죄와 보상을 실현하는 것, 그를 위해 재판 투쟁을 지원하고, 아울러 특별입법을 요구하는 것 등 거의 일치하지만, 국가가 법적 책임을 회피한다는 관점에서 민간단체인 아시아여성기금을 통한 속죄금의 지급에 나선 것을 용인하는가에 대한 부분에서 국내의 지원 조직은 그 성격을 달리하게 되었다. 해외의 NGO와 옛 위안부들의 입장도 얽혀 있어서 논쟁은 감정적 대립으로까지 고조되고, 복잡한 과정을 거쳐 현재 지원 운동은 기금파와 국가보상파 양 그룹으로 재편성된다.

기금파가 국가보상의 실현은 전망이 없고 노령의 옛 위안부를 위한 실질적 구제가 급하다는 현실주의를 취하는 것에 대해, 국가보상파는 국가의 법적 책임에 맞는 것은 국가보상밖에 없다는 원칙론을 주장했다. 이 대립은 이른바 단독(일면)강화講和인가, 전면강화인가의 논쟁과 유사하

도츠카 에츠로
워싱턴대학 객원연구원.

다. 전면강화론의 약점은 "미국과 소련의 대립이 해소되기까지 독립 회복이 늦어져도 좋은가" 하는 반론에 답할 수 없다는 데 있었다. 옛 위안부가 차차 사망해 가는 사태에 직면한 국가보상파도 같은 딜레마를 안고 있었는데, 전면강화론이 패한 뒤에도 비무장중립론으로 변형되어 일미日美 안보 체제에 대한 비판자가 되었던 것처럼, 좁은 의미의 위안부 문제뿐 아니라 전후 보상 전반에 걸쳐 반체제 세력으로서 이후에도 영향력을 발휘하게 될 것이다. 이쯤에서 위안부 문제에 관계해 온 대표적인 NGO의 사례를 개관해 두고자 한다.

일본변호사연합회(일변련)

일변련은 다른 직능 단체와 달리 변호사 전원에게 가입 의무를 지우는 조직인데, 회원의 대다수는 연합회의 공적 활동에는 무관심하고, 일부의 '인권파' 변호사가 인권옹호위원회를 근거지로 하여 다채로운 반체제적 활동에 힘을 쏟고 매스컴에 화제를 제공해 왔다.

그 하나가 전후 보상 문제인데, 1991년 8월, 아시아 9개국으로부터 13명을 불러 개최한 국제포럼에서 다룬 주제는 종군한 군인·군속, '강제연행'에 의한 노동자, 병보, 사할린 잔류자, 원폭 피해자 등으로 위안부는 대상에서 빠져 있었다. 그러나 수개월 뒤에 다카기 겐이치 변호사가 위안부 소송을 제기하자 세간의 이목은 위안부 문제에 집중, 다른 전후

보상 문제는 희미해져 버렸다. 일변련도 전력을 다해 맞붙을 태세를 취하고 아시아 각국의 NGO에 호소하여 '피해자'를 발굴, 소송으로 몰아갔다. 1995년 여름의 중국인 옛 위안부 소송에서는 144명의 변호사가 소송대리인에 이름을 늘어놓는 장관을 연출했다.

일변련 인권파의 특징은 법률가 집단임에도 불구하고 관념적, 감정적, 비실증적 논조로 흐르는 경향이다. 예를 들면 1992년 7월의 '일본의 전후 처리를 묻는다' 심포지엄은 수십 명의 변호사를 동원한 것이었는데, "전쟁을 가장 잘 방지할 수 있는 것은 인민 대중"이라든가, "국제적 조류라고 해도 좋은 보상의 흐름이 지금 막 일본에 밀어닥쳐 왔다. (……) 이미 필연적인 역사 과정"이라든가, "근대 군대 중에서 그러한 제도(위안부)를 둔 것은 일본군뿐이고 (……) 전후에는 철저히 은폐되어 왔다"는 표현이 빈번히 등장했다. 그러나 재판에 의한 해결은 당초부터 전망이 없다는 판단이 있었을 것이다. 일변련은 1992년에 해외 조사 특별위원으로 위촉한 도츠카 에츠로 변호사를 통해 해외 NGO와의 연계를 모색하고, 유엔의 장으로 문제를 가지고 들어가 국제 여론 압력으로 국가보상을 위한 특별법을 제정하게 하는 전략을 취했다.

도츠카는 지극히 유능한 활동가로 한국 정대협과 제네바에 모인 국제 NGO들의 브레인으로서 중추적인 역할을 한다. 일변련의 제언은 베이징 세계여성회의(1995년 9월)와 쿠마라스와미 조사단에 제출되고, 1996년 4월 그 보고서가 유엔인권위원회에서 '채택'되자 일변련은 츠치야土屋 회장 이름으로 보고서에 담긴 6개 항의 권고를 실행에 옮기라고 일본 정부에 요구했다. 그 뒤 일변련에도 다카기 변호사와 같이 기금 지지로 돌아선 움직임도 있었지만, 주류는 기금반대파로 특별입법 추진을 주장하였고, 1996년 12월에는 츠치야 회장의 호소로 '위안부 문제의 입법 해결을 요구하는 모임'이 설립되었다. 또 1997년 5월에는 "위안부를 역사 교과서에 기재하여 아이들에게 전하는 것이 필요"하다는 키자코鬼追 회장 명의의 성명도 나왔다.

이러한 일변련의 정치적 활동은 "목적 외 그리고 직무 외의 행위" 가 아닌가 하는 내부의 반발과 더불어 1998년 4월의 회장 선거에서 인권파가 패배, 도츠카 변호사도 특별위원으로부터 해촉되었기 때문에 약간의 궤도 수정이 진행될 것으로 예상된다.

가톨릭 교단

폐창廢娼운동의 전력을 가진 기독교 교계는 위안부 문제에 대해 처음부터 적극적으로 맞붙는 자세를 보였다. 그중에서도 가톨릭 교단은 일부 전투적인 신부, 수녀 그룹과 「가톨릭신문」의 압력을 받는 양상으로 시라야나기 세이이치白柳誠一 추기경이 고비마다 강한 정치적 호소를 내놓는 것이 두드러졌다.

"위안부 재판에 지원을"(1993년 4월), "인도에 대한 범죄 (……) 민간기금 구상에 반대"(1994년 12월, 무라야마村山 수상에 송부), "일본 정부는 신속히 쿠마라스와미 권고를 받아들이고 법적 책임을 지라"(1996년 2월). 이는 쿠마라스와미 권고 전후 열광의 수준에 이르렀다. 「가톨릭신문」에는 "일본의 수녀들도 제네바로 간다"는 기사가 튀어 올라왔고, 11월에는 추기경이 위안부를 위한 기도와 단식을 호소하고, 1인당 4만 달러의 국가보상 등을 정부에 요구하는 유인물을 국회 앞에서 의원들에게 배포하라고 지시했다. 그러나 그 뒤 교단 내부에서 지나침을 꾸짖는 소리가 나오면서 열기는 식은 것 같고, 최근 추기경은 침묵하고 있다.

일본의 전쟁책임 자료센터

1993년 4월에 설립되어 같은 해 가을부터 기관지로 「계간 전쟁책임 연구」를 발행하고 있다. "횡단적, 중층적으로 행해지고 있는 역사의 착실한 발굴, 검증 작업은 이후에라도 객관적, 과학적으로 일본의 전쟁책임을 명확히(하는 데 —역자)"를 목표로 걸었다. 역사·법률학자, 변호사, 저널리스트가 모였고, 1996년 가을에 규모를 확대하여 간사회 아래 '매스컴의 전쟁책임', '강제연행·식민지 지배', '원폭·공습' 등 10여 개의 연구 부회部會를 설치했다.

임원으로는 대표인 아라이 신이치荒井新一 스루가다이駿河台대학 교수, 부대표인 아이타니 쿠니오藍谷邦雄(일변련), 가와다 후미코, 요시미 요시아키 이렇게 3명, 사무국장으로 우에스기 사토시上杉聰와 같은 면면이다. 기관지에는 전술한 연구 주제에 관련되는 논문과 뉴스가 게재되었는데, 중점은 일관하여 위안부에 놓이고, 국가보상파의 이론적 지주가 되었다. 문제는 조사 대상이 피해자 측에 치우치고, 가해자 측인 전 군인, 업자에 대한 접근을 회피하고 있다는 점에 있다. 그래도 초기에는 상당히 학술적인 수준으로 높은 성과를 보였지만, 그 후 점차 운동 집단의 기관지 색채가 농후해졌다.

노동조합

초기에는 사회당, 공산당에 가까운 선에서 행동하고 있었는데, 1994년 6월, 3당연립의 무라야마村山 정권이 성립하여 아시아여성기금 구상이 나오고 나서는 그 연합의 아시다 진노스케芦田甚之助 회장이 기금의 호소인으로, 또 자치노自治勞(전일본자치단체노동조합의 약자)의 간부가 기금의 이사 등으로 들어가면서 모금 활동에 참가하고 국가보상파로부터 이탈했다. 그리고 1997년에 ILO의 심의를 둘러싼 유엔 NGO의 로비에 대해 연합 등 노조 세력이 입법 해결책을 철회하고 일본 정부 측에 서서 행동, 국제자유노련도 동조한 것은 결정적인 효과를 발휘했다.[7]

3. 보도기관의 논조

위안부 문제의 보도와 논평을 일관하여 리드한 일본의 매스컴은 조선인 옛 위안부 제1호의 출현(1991년 8월)을 특종 보도하고, '군의 관여' 캠페인(1992년 1월)을 대대적으로 벌인 「아사히신문」이다. 다른 신문과 미디어도 그를 추수했는데, 보도의 양은 아사히가 압도적으로 많았다. 이 문제에 대해 가장 냉담했던 것은 「요미우리신문」이고, 아사히와 반대의 논조로 대항한 것이 「산케이신문」이라는 구도이다.

1992년 1월 12일의 아사히 사설은 '역사에 눈을 감지 않을 것이다'라는 제목으로 "'정신대'라는 이름으로 권유 또는 강제연행되어"라는 인식을 나타냈는데, 이 단계에서는 "철저한 사실 조사를" 요청함에 머무르고 있었다. 그러나 2월 7일의 보도에서는 "군의 '관여' 이상, 군이 주체가 되어……"로 전진한다. 이미 1982년경부터 요시다 세이지를 몇 번이나 지면에 등장시켰기 때문에 관헌에 의한 위안부 사냥이 있었다고 믿어 버렸을 것이다.

---

7 이 점에 대해서는 「법학 세미나」 1997년 8월호의 도츠카 에츠로의 기고를 참조.

4월 들어 「산케이신문」이 요시다 증언은 위증인 것 같다고 보도하고, 정부 당국이 강제연행의 자료는 발견되지 않는다고 발표해도, "'관여'는 인정해도 강제는 인정하고 싶지 않다는 정부의 엉거주춤한 자세가 아닌가"(1992년 7월 8일자 사설), "노동자의 강제연행이 있었지만 위안부에 대해서만은 강제가 없었다고 생각하는 것은 부자연스러울 것이다"(1993년 3월 20일자 사설) 등 싫은 소리를 계속했다.

그 뒤 아사히의 논조는 거의 요시미 이론을 모방하는 추이였다. "일본만이 나빴던 것은 아니라는 (⋯⋯) 보기 좋지 않다. 야단맞는 아이가 '나만 그런 것이 아닌데' 하고 토라지는 것 같다"(1997년 1월 5일자 사설), "'강제'를 '강제연행'에 한정할 필요는 없다"(1997년 3월 31일자 특집), "'강제성'이 있었기 때문에 책임을 인정하고, 국비로 개인 보상을 하는 것이 사리에 맞을 것"(1997년 1월 19일자 사설)이라고 했는데, 남의 말을 자기 생각처럼 옮기는 대표적인 예다. 그러나 여성기금을 반드시 부정하지는 않는 것 같고, "정부의 기금 계획을 지지"(1995년 6월 17일자 사설)한다는 사설도 발견된다.

이쯤에서 구미를 중심으로 하여 해외 매스컴의 보도 자세에 대해서도 언급해 둔다. 신문사나 통신사는 도쿄지국을 통해 얻는 정보에 의존하기 때문에 담당 지국원의 자질에 좌우되는 경향이 있다. 1992년 초의 '폭발' 직후에는 아사히와 유사한 인식과 논조가 많았고, 위안부 본인에 대한 취재나 깊은 조사를 한 예는 거의 없다. 미국의 대표지인 「뉴욕타임스」는 다른 신문에 비하면 조금 신중하고, "한국에서 반일 감정이 높아지고 있다"(1992년 2월 23일자), "독일에 비하면 노력이 충분치 않다. (⋯⋯) 사죄를 주저하지 말라"는 정도였는데 독일에서는 「프랑크푸르트 알게마이네」와 「쥐트도이체자이퉁」이 일관되게 반일 보도를 계속했다는 것이 소

식통에 의해 지적되고 있다.[8]

1996년 8월 8일자의 「뉴욕타임스」는 요시다 세이지를 인터뷰한 뒤 그를 "일본의 전시 매춘숙 문제를 떠받치는 전사戰士"라고 평하고, 필자가 그를 '사기꾼'이라고 비난하고 있지만 사실인지 아닌지를 넘어서는 문제가 되고 있다는 도쿄 지국장의 타전打電을 게재했다. 나는 지국장에게 독일과 미국의 '전시 매춘숙'에 대해서도 소개해 주었지만 기사화가 되지는 않았다. 그러나 구미의 대국은 많든 적든 과거에 동일한 죄를 지었기에 구미 신문의 논조는 점차 약화해 간다.

피해자를 감싸는 아시아 제국諸國의 신문은 대일 관계를 중시하는 정부의 지향을 배려해서인지 한국과 북조선을 제외하면 극단적인 반일적 논조를 보이지는 않는다. 특기해 두고 싶은 것은 재일 외국인을 위한 영자 신문으로 이름 붙인 「재팬타임스」(이하 JT)의 편향이다.[9] JT 통신원인 마에다 오사무前田脩에 따르면 그 악질적인 편향 보도는 아사히의 위안부 캠페인 직후에 해당하는 1992년 1월 13일부터 시작되었다. 11일 밤에 와타나베渡邊 외상이 발표한 TV 담화를 다음 날 아사히는 "50년 이상이나 된 이전의 이야기로 확실한 증거는 없지만, 무언가의 관여가 있었다는 사실은 인정하지 않을 수 없다"고 보도했는데, 13일의 JT는 외상이 "(군이) 강제 매춘에 관여한 것은 인정하지 않을 수 없다고 말했다. (……) 이 발언은 정부의 요인이 일본군이 전쟁 중에 몇 십만 명(hundreds of thousands)이나 되는 아시아인 '위안부'의 강제 매춘에 가담한 사실을 처음으로 인정한 것"이라고 썼다.

---

8 니시오 간지西尾幹二(1997), 『역사를 재단하는 어리석음歴史を裁く愚かさ』, PHP연구소研究所, 제3장, 「쇼쿤!」 1992년 8월호의 사노 마사모리佐瀬昌盛 논문을 참조.
9 「쇼쿤!」 1998년 4월호, 「조국과 청년祖國と青年」 1997년 8월호부터 연재된 마에다 오사무 논문을 참조.

그 뒤에도 JT는 위안부 지원 조직 측에 선 부정확한 보도와 과격한 평론을 계속해서 게재하고 있다. "전쟁 중에 여성을 납치하여 일본군의 성노예로 삼아 일하게 한다는 무서운 행위에 일본 정부가 관여했다. (······) 역사학자와 법률전문가는 아시아 각지의 약 20만 명의 여성이 (······) 남자를 상대해야 했다고 추정하고 있다. 종전 시에는 많은 사람이 패배하는 일본군에게 살해되고"(1996년 2월 10일자 사설)와 같은 인식이 바로 그것이다. 위의 사설에서도 그렇지만, JT는 1994년 가을 무렵부터 종래의 'comfort women'을 대신하여 'sex slave(ry)'라는 말을 사용하게 되다. 최근에는 '아사히 이브닝뉴스'도 추수하고 있는 것 같다. 일본어 신문에서는 역시 개념이 확실치 않은 '성노예'를 사용하지 않지만, 일본인 독자들의 비판이 없는 JT를 마에다는 "반일 세력의 선전 기관 (······) 이러한 영자 신문이라면 없는 쪽이 낫지 않은가" 하고 총괄하고 있다.

[표 11-3] 위안부를 다룬 주요 방송 프로그램

	일자	제목	개요
구마모토 방송TV	1992. 3. 16	'방랑의 끝에서 - 조선인 위안부 50년의 한'	
후지TV	1992. 8. 8	'일·독 전쟁 보상의 철저 비교'	전후 보상 조달은 독일 7조 엔에 대해 일본은 고작 3,600억 엔.
NHK 스페셜	1992. 8. 14	'소송당하는 일본'	북조선 위안부 취재를 포함.
니혼TV (야마구치 방송)	1993. 5. 23	'원한의 해협'	
NHK 교육TV	1995. 12. 13	'종군위안부에 대한 속죄는 어떠해야 하나'	인도네시아, 중국 위안부 소개 등.
상동	1996. 5. 20	'51년째의 전쟁 책임'	요시미 요시아키가 주역.

	일자	제목	개요
준쿄TV(니혼TV)	1996. 9. 30	'IANFU, 인도네시아의 경우는'	
TV아사히 ('아침까지 생테레비')	1996. 11. 30	'전 일본 제국 군인 50명의 전쟁과 평화'	50명과 필자, 후지오카, 고바야시, 다카기 등이 출연하여 토론.
상동	1997. 2. 1	'종군위안부와 교과서 문제'	요시미, 후지오카, 고바야시, 니시오카, 카지무라, 우에스기, 필자 등이 출연하여 토론.
TBS	1997. 8. 13	치쿠시 데츠야筑紫哲也 뉴스23 '속죄금' 수령으로 곤경·옛 위안부 '할머니'의 외침	

다음은 TV 보도인데, 표 11-3은 1992년 이래 방영된 주요 위안부 관련 프로그램이다. 화제가 된 것을 몇 개 선택하면, 1996년 5월의 NHK 교육TV는 기획단계에서 요시미 대 필자의 토론을 축으로 구성하겠다는 의사표시를 하여 장시간의 취재에 응했는데, 방영 시에는 무단 변경하여 1분 싱노의 코멘트 성격의 발언만 보도되었다. 그 전후로 NHK는 8월의 종전기념일에 예정된 특별프로그램을 나란히 진행하였는데, 취재 과정에서 법무성과 '도촬盜撮' 사건을 일으키고 회장의 사죄로까지 발전한 결과, 기획은 중지되고 관련자는 경질되었다.

준쿄中京TV 프로그램도 현지 취재 과정에서 문제가 발생한다. 방영 전날 「아카하타赤旗」만이 프로그램의 내용을 소개했고, 방송 후에 후지오카 노부카츠藤岡信勝와 산케이의 신문기자가 인도네시아로 조사를 나가 '미리 짠' 취재가 적지 않았다는 것, 또 내레이션에 '오역'이 있었던 것 외에도 병보협회와 일본 NGO와의 석연치 않은 움직임이 있었다는 점 등

을 지적했다.[10]

1997년 2월 1일의 '아침까지 생테레비'는 위안부 문제에 관계해 온 좌우의 논객을 한 자리에 모은 토론 프로그램을 기획해 이례적으로 높은 시청률을 기록했다. 시청자 중 한 사람은 "진행의 무계획함과 사회자의 편향"을 지적했지만, 출연자의 한 사람이었던 나는 요시미가 조선반도에서의 강제연행을 뒷받침할 자료가 발견되지 않았다고 인정한 것, 가지무라 타이치로梶村太一郎가 출처 불명의 '강간소'에서의 강간 집계표를 가지고 나온 것이 흥미로웠다.[11]

수많은 위안부 프로그램 속에서 내가 가장 높이 평가하는 것은 조금 빠른 시기에 만들어진 구마모토熊本 방송TV의 '방랑의 끝에서漂泊の果でに'(무라카미 마사미치村上雅通 제작)이다. 여성 제작진이 투입된 까닭인지 자칫 감정적, 교조적으로 흐르는 위안부 프로그램이 많은 가운데, 르포에 철저한 이 작품을 넘어서는 수준의 프로그램이 발견되지 않는 것은 조금 유감이다.

4. 전후 보상의 법리

전후 보상을 법적 측면으로만 해결할 문제인가 하는 지적도 있지

---

10 「사피오SAPIO」 1996년 12월 11일호의 후지오카 노부카츠 기고, 「산케이신문」 1996년 1월 3일, 4일자.
11 「게츠요효론」 1997년 2월 15일호의 이타쿠라 요시아키板倉由明 기고, 「계간 전쟁책임 연구」 제15호(1997년 봄호)의 우에스기 사토시 기고를 참조.

만, 외국 국적인을 원고로 하는 전후 보상 재판은 이미 47건을 헤아린다. 소송의 유형은 크게 (1) 옛 위안부와 '학살' 피해자의 유족에 의한 국가배상 청구, (2) 징용 등 이른바 '강제연행'에 수반하는 학대와 미불 임금에 대해 정부와 기업을 상대로 하는 소송, (3) 네덜란드인, 영국인 민간 억류자와 전 포로 등 구 연합국 측으로부터의 소송, (4) 샌프란시스코 평화조약 등에 의해 일본 국적을 이탈한 대만인, 한국인 전 군인·군속에 의한 보상 요구로 나눌 수 있는데, 그 외에도 소송에 이르지 않은 유사한 분쟁이 적지 않다.

'전후 보상 문제를 생각하는 변호사연락협의회'(이하 '변련협')에 의하면, 대만의 전 일본 병사들에 대한 보상 입법이 이루어진 후에 취하된다든가, 판결이 나온 예가 18건이지만 승소한 예는 없다. 오히려 전전기戰前期의 일본에서는 공무원이 행한 위법 행위에 대해 국가는 책임을 지지 않는다는 '국가무답책國家無答責'의 원칙, 시효와 청구의 제척(최대 20년)을 확인한 최고재판소의 판례가 1991년에 나오고(예외를 인정한 판례가 1998년 6월에 있었다), 그 뒤로 대다수의 소송은 실질적으로 심리에 들어가지 않고 '문전박대' 당할 가능성이 높아졌다.

따라서 원고의 변호단과 지원 조직의 법률 전문가는 새로운 법적 돌파구를 찾을 필요가 있었다. 그것은 다음과 같다.

a. 국제(관습)법적 접근
b. 인도, 인권 개념의 적용
c. '거증책임舉證責任의 전환' 내지 '유죄추정' 개념의 적용
d. 입법에 의한 해결

우선 a를 보면, 국제법은 국내법에 우선한다는 대원칙을 전제로 하고, 국가무답책[12]도 시효가 적용되지 않는다고 이해한다. 위안부 문제는 일본도 비준한 '부인 및 아동의 매춘금지에 관한 국제조약'(1921년) 등 일련의 국제조약을 위반하는 것이므로, 일본은 피해 회복 의무(국가보상)를 진다. 그러나 일본 정부는 제2차 세계대전 후 일한조약, 일중공동성명, 아시아 10개국과의 배상 협정에 의해 국가와 국가 수준의 청구권을 처리했다. 다만 피해자 개인에 대한 보상 규정은 들어 있지 않기 때문에 피해자 개인의 일본 정부에 대한 민법상의 청구권은 남아 있다고 해석할 여지는 있다.

외무성 조약국장도 일한조약은 외교적 보호권의 상호 포기를 합의한 것으로 "개인의 청구권 그 자체를 국내법적인 의미에서 소멸시키는 것은 아니다"(1991년 8월 27일의 국회 답변)라고 말하고 있다. 이 답변은 개인이 국제법상의 권리 의무의 주체가 될 수 있다는 것을 일본 정부도 인정하고 있는 것처럼 인용되는 경우도 있지만 무리가 있다. 오히려 역으로 1994년에 ICJ가 위안부(개인) 대 일본국의 법적 해결을 위해 국제재판을 제의했을 때도 일본 정부는 거부했다. 조약국장의 답변은 오히려 일한조약 시에 위안부 문제를 한국 정부가 들고 나오지 않았고, 일본이 지불한 금액의 배분에 즈음하여 그녀들을 포함하지 않았던 것에 대해 한국 정부에 보상을 요구해야 한다는 주장으로 이해된다(실제로 한국도, 대만도 "대신한다"는 명목으로 지급을 실시하고 있다).

다음으로 b는 a와도 관련되는데, 유엔헌장, 세계인권선언, 뉘른베르크와 도쿄 양 재판의 조례 등, 제2차 세계대전 뒤의 국제인도법 계열에서 실마리를 잡으려고 하는 것이다. 그리고 위안부 제도를 나치 범죄에

---

12 입헌군주제국가에서 군주는 그의 행위에 관하여 정치상 또는 일반 법령상의 어떠한 책임도 지지 않는다는 원칙. ─역주

필적하는 "중대한 인권 침해"로 간주하는 것이고, 시효 없이 소급하여 처벌 의무의 위반을 추급하고, 그를 위해 나치 범죄에 준하여 시효 부적용을 규정한 국내법을 특별입법하라고 주장한다.

나치 범죄 가운데 돌출적으로 유명한 것은 제2차 세계대전 중에 아우슈비츠 등 강제수용소에서 수백만 명의 유대인을 조직적으로 대량 학살한 '홀로코스트'인데, 최근의 인권 운동가들은 자신들이 관여한 인권 관련 여러 문제를 안이하게 "또 하나의 홀로코스트"라든가 "아우슈비츠와 같은 것"으로 묘사하는 경향이 있다. 위안부 재판을 직접 다루고 있는 다카기 겐이치 변호사도 그 한 사람으로, 나와의 대담에서 "물론 위안소에서 조직적인 대량 학살을 한 것은 아니기 때문에 같다고는 말할 수 없을지도 모른다. 그러나 개개의 여성들에 있어서는 글쎄. 어떤 의미에서는 같은 것이 아니었겠는가?"(「분게이슌주」 1998년 9월호) 하고 말한 적이 있다.

어쨌든 국제인도법의 법리는 아직 미성숙하고, 실무적으로는 무리한 부분이 많다. 유력한 실마리가 되는 도쿄재판에서도 실제로는 '인도에 대한 죄'를 적용받은 피고인은 없고, 지금으로부터 소급하는 것은 일사부재리一事不再理 의 법 원칙에 반한다. BC급 재판에서도 백인인 네덜란드 여성을 위안부로 삼은 스마랑사건을 제외하면, 위안부 문제를 전쟁 범죄로 소추한 예는 없다.[13] 일변련과 ICJ(국제법률가협회)의 인권파 변호사, 유엔인권위원회에 모인 NGO 등 위안부 지원 조직에 속하는 사람들은 a라든가 b, 또는 a와 b를 병용하는 논리로 무장하고 있다. 실제로 제1차 위안부 재판(1991년) 등의 소장訴狀도 쿠마라스와미 보고서(1996년)와 같다.

c에 대해서는 역시 법률가 지원자는 발견되지 않는데, 운동가 일

---

13 일부 GHQ 담당관이 수사, 소송에 착수했지만 실현되지 않았던 사례에 대해서는 하야시 히로후키林博史(1998), 『재판받은 전쟁 범죄裁かれた戰爭犯罪』(이와나미신쇼), p. 274.

부, 특히 페미니스트 진영 속에는 내친 걸음이라 그런지, "거증책임은 가해자 측에 있다"든가, "가해자에게 반증책임이 있다", "'유죄추정'으로 하는 것이 일본인에 있어서 명예를 지키는 길"이라고 말하는 사람들이 나오고 있다.[14] "위안부 모집과 위안소 설치를 맡은 범죄자의 추급과 처벌을 가능한 한 행한다"고 하는 제6항을 포함한 쿠마라스와미 보고서의 일본 정부에 대한 권고를 수락하도록 성명을 낸 일변련 회장도 '유죄추정'론에 가담했다고 말할 수 있을지도 모르겠다.

그러나 운동가 다수는 a, b, c의 법리를 일본의 재판소가 채용할 가망은 거의 없다고 처음부터 판단하고 있었던 것 같다. 일련의 위안부 재판에서 원고의 소장이 지극히 조잡하고, 특히 증거가 없는 정리가 불충분한 주장이 두드러졌던 것은 "어차피 문전박대를 당할 것"이라고 확신한 결과일 것이다. 아이타니 쿠니오藍谷邦雄 변호사가 "일본의 재판소가 (……) 사법적 해결은 불가능한 것이라면 (……) 지금은 그 확인을 하지 않으면 안 된다"[15]고 썼던 것은 1995년인데, 그 전후부터 사법적 해결을 체념하고 독일을 따라 입법적 해결을 꾀하는 운동이 진행된다.

일변련이 공식적으로 입법 해결을 제언한 것은 1995년 1월이고, 당시의 츠치야 코겐土屋公獻 회장은 퇴임 후인 1996년 12월에 ''위안부' 문제의 입법 해결을 요구하는 모임'을 결성하여 "의원입법에 의한 피해 실태 조사 기관 설치", "국가에 의한 개인 보상 입법"을 호소했다. '외국인보상법'의 원안도 인권파 변호사 그룹에서 준비되고 있는 것 같은데, 최근 재판관 일부가 운동가의 주장에 동조하는 움직임이 보이기 시작했다.

---

14 「임팩션」 103호(1997)의 우에노 치즈코上野鶴子 기고; 「슈칸긴요비」 1997년 8월 1일자 와카쿠와 미도리(若桑みどり) 기고; 「신초45」 1997년 12월호의 유미리柳美里 기고
15 「계간 전쟁책임 연구」 제10호(1995)의 아이타니 논문.

5. 관부關釜재판과 위안부 소송

1998년 11월 현재 진행 중인 위안부 재판은 합계 6~7건(표 11-4 참조)인데, 제1심 판결이 나온 것은 이른바 관부재판(정식으로는 부산 종군위안부·여자정신대 공식 사죄 등 청구 사건)과 필리핀 옛 위안부 재판 2건이다. 전자는 내용의 의외성으로 세간의 주목을 받았는데, 제1호이기도 하고 이후의 모든 재판에 영향을 주는 바가 적지 않을 것이라고 생각되어 개략과 문제점을 이야기해 두고 싶다.

[표 11-4] 위안부 관련 재판(1999년 5월 1일 현재)

사건	제소 일자	원고의 국적	청구액(만 엔)	비고
한국유족회 재판	1991. 12. 6	한국	2,000	옛 위안부는 김학순 등 3명 (1992년 4월에 6명 추가).
관부재판	1992. 12. 25	한국	11,100	박두리, 이순덕, 하순녀 (위안부)와 별도로 여자정신대 7명, 1998. 4. 27 재판(1인 30만 엔).
필리핀 위안부 재판	1993. 4. 2	필리핀	2,000	헨슨 등 18명(1993년 9월에 28명 추가), 1998년 10월 9일 기각, 지방법원 판결.
재일 조선인 위안부 재판	1993. 4. 5	재일 한국인	명기 안 함	송신도만 1999년 2월 19일 결심.
네덜란드 재판	1994. 1. 25	네덜란드	270	전시 억류자 8명 중 위안부를 강요받은 1인을 포함. 1998년 11월 30일 기각 판결.
중국인 위안부 재판	1995. 8. 7	중국	2,000	산시성의 위안부 5명(1996년 2월에 2명 추가).
상동	1998. 10. 30	중국	2,000	산시성의 전 성폭력 피해자 10명.

주1 관부재판(야마구치 지방법원 시모노세키 지부)을 제외하고, 나머지는 도쿄지법.
주2 '청구액'은 1인 당.

야마구치 지방법원 시모노세키 지부(지카시타 히데아키近下秀明 재판장)의 판결은 1998년 4월 27일에 있었고, "옛 위안부에 대한 기본적인 인권의 침해는 계속되고 있는데, 국회는 배상 입법을 태만히 했다"(다음 날「도쿄신문」)고 하여 옛 위안부 3명에 대해 1인당 30만 엔의 위자료를 지불하라고 국가에 명령했다. 공식 사죄와 전 여자정신대원(7명)의 제소는 기각되었다. '일부 인용認容'의 속보가 흘러나온 직후의 현장 상황을 하나보토 시오花房俊雄(관부재판을 지원하는 모임 사무국장)는 다음과 같이 썼다.[16]

'옛 위안부' 박두리朴頭理는 재판관 퇴실 후 갈 곳을 잃고, 분노를 원고 변호사에게 표하고 "이런 가혹한 판결을 왜 조용히 듣고 있었는가" 하면서 격하게 멱살을 잡았다. 법정을 나온 원고들은 무서운 분노와 분함으로 울면서 장절한 항의를 계속한다. 지원자들은 처음의 기쁨과 눈앞에 있는 원고들의 분노하는 모습의 차이에 처음에는 아연해 하다가 (……) 마침내 분노에 찬 구호의 외침으로 들끓었다.

이후 판결에서도 비슷한 모습이 전개될 것으로 생각되지만, 관부재판 판결의 특이성은 "유감"(무라오카 가네조村岡兼造 관방장관), "코멘트할 수 없다"(고노河野 전 관방장관), "이론 구성은 완전하다고는 말할 수 없다"(「아사히신문」 사설), "헌법 무시한 정서 판결"(사토 요시코佐藤欣子), "새로운 민족 차별"(한국 정대협)이라는 감상이 나타내듯이, 관계자는 거의 전체가 환영하지 않았다는 점이다. 혹은 하나보토가 쓴 것처럼, "이번 재판만큼 그 평가

---

16 관부재판을 지원하는 모임, '관부재판 판결문 전문'에 붙인 하나보토 시오 원고 p. 1.

를 둘러싸고 당혹함이 확산되는 일도 드물다"[17]고 평가해야 할지도 모른다. 그런데 이 소송은 1992년 12월에 제소되었다. 당시의 원고는 옛 위안부가 2명(하阿와 박朴), 정신대원이 2명이었는데, 뒤에 추가되어 각각 3명과 7명이 되었다. 소장의 구성은 다음과 같다.

청구의 취지(생략)
청구의 원인
제1. 사실관계. (1) 일제의 한국병합과 전쟁으로 조선인 동원,
　　　(2) 원고들의 피해사실, (3) 전후 보상의 국제적 조류
제2. 원고들의 청구 근거
제3. 청구(금전의 보상과 국회 및 유엔 총회에서의 공식 사죄)

사실관계와 법리 관계로 나누어 소장과 판결을 비교하면서 검토하는 것으로 하자. 우선 제1의 사실관계인데, '일제'라는 익숙하지 않은 표현이 나오는 것은 소송대리인이 이박섬李博盛이라는 이름의 한국인 변호사이기 때문일 것이다. 서술의 스타일도 악문惡文이 종종 보인다. 역사적 사실의 오인과 과장도 다음 몇 개의 예가 나타내듯이 적지 않다.

- 종군위안부를 국가적 조직으로 둔 것은 (……) 일본뿐, 그 수는 조선반도 출신자만도 20만 명.
- 1942년 후반부터는 (……) 육군·경찰이 지구별로 위안부 수를 할당하여 수단을 가리지 않고 여성을 사냥해 모았다.

---

17 「관부재판뉴스關釜裁判ニュース」 24호(1998년 5월 10일자)의 하나보토 기고.

– 대부분이 내버려지든가, 군과 함께 옥쇄당하고 (……) 살해된 사람도 있었다.

이와 같은 주장을 재판장이 어떻게 취사했는지 확실하지는 않지만, 판결문은 "종군위안부 제도가 원고들이 주장하는 대로 철저한 여성 차별, 민족 차별 사상의 표현이며, 여성 인격의 존엄을 근저에서 침해하고, 민족의 자긍심을 짓밟는 것"이라고 소장을 능가하는 어조로 말하고 있다. 또 지카시타近下 판사[18]는 전전戰前의 공창제에 익숙하지 않은 까닭인지, 창저우常州 위안소의 사용 규정을 읽고 "술과 안주, 다과의 향응, 접대도 없고 (……) 위안부란 그 시설의 비품과 같고, 이미 매(매)춘이라고도 할 수 없는, 단순한 성교, 단순한 성적 욕망의 해소만이 여기에 있다. (……) 정확히 성노예"라고 냉정함과 법적 엄밀성을 결여한 서술을 하고 있다. "사용 단가로 표현된 노골적 민족 차별. 희소성 내지 수요와 공급의 법칙 때문에 일본인의 단가가 더 높았던 것만은 아닌 것 같다"고 한 데에 이르러서는 쓴웃음을 금할 수 없다. 개개의 위안부의 이력에 대해서도 "원고들이 위안부가 된 경위는 확실하지는 않다"고 하면서 "부인하기 어려운 체험에 속하는 것으로서 그 신뢰 가능성은 높다"고 하고, "반증이 전혀 없는 본 건에 있어서는 이것을 모두 채용할 수 있다"(표 11-5 참조)고 결론 내리고 있다.

---

18 지카시타 재판장은 1945년에 태어나 교토대 법학부를 졸업하고, 1977년 사법시험에 합격, 1980년 판사보. 후쿠오카 지방법원 고쿠라小倉 지부 등을 거친 후 1990년에 판사, 이후 1997년 6월 이 사건 담당 재판장이 되었다(「사법대관司法大觀」 등에 의한다).

[표 11-5] 관부재판 원고 위안부의 약력

성명	생년	출생지	약력
박두리	1924	경상남도	목수의 장녀로 태어났다. 17살 때 조선인에게 일본 공장 취업을 권유받아 부모의 동의 없이 무단으로 동료 10명과 대만의 위안소(주인은 권유한 남성)로. 손님의 대부분은 군인, 5년간 무급. 종전 후에 귀향, 결혼하여 4명의 아이를 낳았다.
하순녀	1918	전라남도	소작농의 집에서 태어나 광주의 여학교를 중퇴하고 하녀로 근무, 1937년쯤 일본인과 조선인(각 1명)에게 '돈 벌 수 있는 일'이라고 속아 부모의 동의 없이 무단으로 7~8명의 동료와 상하이의 육군 위안소로. 때로 일을 거부하여 조선인 감독에게 폭행당한 흔적 있음, 종전 후 귀향, 가정부로 살았다.
이순덕	1918	전라북도	빈농의 집에서 태어나 소학교에 가지 않고 심부름 일을 함. 1937년 봄, 모르는 40대 정도의 조선인 남성이 '좋은 일'이라며 권유하여 부모의 동의 없이 무단으로 동료 15명과 상하이의 위안소로. 손님은 일본군 병사, 종전 후 귀향, 결혼은 했으나 아이는 없고, 남편과 살고 있다.

※출처: 관부재판의 소장.

피고인 일본국 측이 법리 측면에서의 문전축객門前逐客을 예상했던 까닭인지 아니면 고노 담화의 제약을 의식했는지 사실관계에 대해서는 다투지 않았기 때문에 선입견에 얽매이 순지한 판결을 유도했다고도 말할 수 있을 것 같다.

그런데 그 법리 해석에서 가장 주목받은 판결 부분은 "피고 국가는 종군위안부가 된 여성에 대해 더 이상 피해가 증대되지 않도록 배려, 보증해야 할 법적 작위作爲의무가 있음에도, 다년에 걸쳐 위안부를 방치하고 그 고통을 배가시켜 새로운 침해를 행했다. 그리고 1993년 고노 관방장관의 담화도 발표되었다. 이에 의해 위의 작위의무는 일본국 헌법상의 배상 입법 의무로 명확하게 되었지만, 합리적 입법기간으로서 인정되는 3년을 경과하고도 피고 국가의 국회의원은 위 입법을 하지 않았기 때문에 피고 국가는 위 입법 부작위不作爲에 의한 국가배상을 하고 위안부 원고에 대해 각각 30만 엔의 위자료 지불 의무가 있다. 그러나 공식 사죄의 의무까지는 없다"는 구절이었다.

원고 측은 (1) 도의적으로 국가로서 갖추어야 할 의무에 기초한 책임, (2) 메이지明治헌법 27조에 기초한 손실보상 책임, (3) 입법 부작위에 의한 국가배상 책임 등을 근거로 주장하였다. 판결은 국회의 입법은 정치적 재량에 속한다고 한 1985년 11월의 최고재판소 판결을 원용하면서도, 본 건은 중대한 인권 침해이기 때문에 그 구제를 위해 예외적으로 입법 의무를 지운다고 한 것이다. 최고재판소 판결을 원용한 것처럼 보이지만 실은 "판례와는 정면으로 다른 것을 주장"(「아사히신문」 사설)한 것임은 분명하다. 특히 삼권분립주의를 취하고 있는 일본의 정치체제 하에서 사실 인정에 어려움이 있는 데다가, 입법화를 요청도 하지 않은 고노 관방장관 담화와 국회의 입법의무를 관련시키는 것은 지나친 억지라고 하지 않을 수 없다.

30만 엔이라는 벌금을 부과한 것도 "장래의 입법에 의해 피해 회복이 이루어지는 것을 고려했기 때문"이라는 논리도 "국가의 입법을 재촉하는 종군위안부 판결"이라고 중국 신문의 사설이 말하고 있는 것과 같이, 특별입법을 선동하는 운동 단체의 정치적 의도가 아닌가 하는 의심을 받아도 어쩔 수가 없다. 따라서 항소심에서 뒤집힐 가능성이 크다고 보이는데, 그로부터 반년 후인 10월 9일, 도쿄 지방재판소(이치카와 요시아키市川賴明 재판장)는 필리핀인 옛 위안부 소송(원고는 46명, 변호단장은 다카기 겐이치)의 판결에서 청구를 기각했다. 피해자 개인의 국가(일본)에 대한 손해배상청구를 인정하는 국제관습법은 성립되어 있지 않다고 판단한 것, 국가배상법 제정 이전이고 국가무답책의 원칙이 적용된다는 것, 20년의 제척기간(시효)이 지나 청구권이 소멸했다는 것 등의 이유로 제시되었다. 입법 부작위에 관한 언급이 없었다는 점에서도 이 판결은 관부재판과 대조적이고, 사실상의 문전축객이었다고 말할 수 있다.

무슨 이유인지 판결을 전하는 주요 신문의 보도(9일 석간)는 수수방관이었는데, 「마이니치신문」만은 제1면, 3면, 사회면에 걸쳐 상궤를 벗어난 감정적인 논조의 기사를 게재했다. 성이 나서 고함을 치는 원고 여성들의 사진을 축으로 "온몸에 분노와 슬픔", "재판장에게 '부끄러움을 모른다'는 분노의 고성", "일본의 판결은 더럽다―한국인 옛 위안부"와 같은 표제가 붙었다. "부당한 판결"이라는 요시미 요시아키 주오대학 교수와 스즈키 이소로鈴木五十郎 변호사의 코멘트도 붙었지만, 다음과 같은 내 코멘트는 채택되지 않았다(내 항의에 의해 일부 지방의 다음 날짜 조간에 게재).

이번 판결은 정통적 해석을 정면으로 내세운 점을 평가하고 싶다. 그녀들 대다수는 이미 아시아여성기금의 '속죄금'을 받았든가 신청하여 확인 중이고, 실질적으로 해결이 끝났다고 생각한다.

6. 페미니즘의 난류

위안부 문제는 수많은 전후 보상 문제들 속에서 오랫동안 정체된 존재였는데, 페미니즘의 조류와 결부됨으로써 매스컴과 여성들의 동정과 공감을 불러오고, 누구도 예상치 못한 정도의 정치적 이슈로 성장했다.

월간지 「쇼쿤!」에서 필자가 "좌와 우 모두 이 문제로 손이 더럽혀

지면, 위안부 문제는 '남자에 의한 여자의 억압' 문제로 초점이 옮겨 갈지도 모른다"고 쓴 것은 1992년 9월이었다. 그런데 주요 페미니스트들에 의한 그들의 독특한 전문용어(젠더, 커밍아웃, 트라우마, 2차 강간, 패러다임 전환 등)가 섞인 과격 발언을 모은 표 11-6만 보아도 예상대로 되었다고 말해도 좋을 것이다.

[표 11-6] 위안부 문제에 관한 페미니스트의 발언

성명	발언	출전
우에노 치즈코上野千鶴子 도쿄대 교수	옛 '위안부'의 증언에 따라 역사는 다시 쓰였다.	「론자論座」 1998년 3월.
에하라 유미코江原由美子 도립대 교수	성폭력의 피해자에게 그의 몸을 부끄럽게 만든 고발을 억제하는 것, 그 자체가 용서 못 할 성폭력.	「시소노카가쿠思想の科学」 1992년 12월.
오코시 아이코大越愛子 긴키대 조교수	일본의 반체제 운동에 있어 (……) 여성 운동가가 '위안부'적 역할을 강요당하고 있었다. (……) 전공투(전학공투회의) 운동의 안에서도.	「겐다이시소」 1997년 9월.
사와치 히사에澤地久枝 작가	(위안부의 증언을) "진위가 확실치 않다" 등의 말은 용서 못 한다. (……) 시효의 벽 등이 절대 있어서는 안 된다.	「분게이슌주」 1996년 10월.
신숙옥辛淑玉 칼럼니스트	종군위안부는 (……) 국가권력에 따른 납치 감금 강제 매춘이라는 표현을 써야 한다.	「아사히노조신문연위朝日労組新聞研委」 '카와라판かわら版' 1997년 12월 25일.
스즈키 유코鈴木裕子 여성사가	공창제 자체가 이른바 국가 강간 시스템, 그것을 군대에서도 100% 사용하여 (……)	「임팩션」 107호, 1998년.
후카츠 스미코深津純子	전쟁이 있을 때마다 왜 여성만이 상처를 받는가.	「아사히신문」 1998년 2월 17일.
후카미 후미深見史 자유기고가	일본 남성의 섹스라고 하면 강간 또는 매춘밖에 상상 못하는 성 의식 그 자체가 이미 충분히 범죄인 것이다.	「론자」 1997년 5월.

성명	발언	출전
후지메 유키藤目ゆき 오사카외대 조교수	국민기금이 해온 것은 운동의 분열 공작, 파업 파괴자의 조직화 같은 것이다.	「임팩션」107호.
후쿠시마 미즈호福島瑞穂 변호사	성폭력의 극치라고도 할 수 있는 종군위안부.	「쇼샤이노마도書斎の窓」 1992년 11월.
미키 무츠코三木睦子	교과서에 2, 3줄 쓰는 정도로는 부족하다.	「마이니치신문」 1997년 2월 6일.
와카쿠와 미도리若桑みどり 지바대 교수	'위안부 문제'는 제국주의 근대 국가가 품고 있는 가장 심각한 모순이 응축된 역사적 흑점.	「슈칸긴요비」 1997년 8월 1일.
야마시타 영애山下英愛	매춘부도 성노예도 (……) 위안부는 민족적, 계급적 차별이 추가된 훨씬 열악한 성노예.	「여성학女性学」4호 1996년.
아키타 카즈에秋田─恵 변호사	'강간強姦'의 '간(姦)'은 여성을 경시하는 인상을 주므로 '강간強かん'이라고 표기하라.	『필리핀의 일본군 '위안부'』 p. 224.

내가 그러한 인상을 가진 것은 "일본 남자는 동물과 같다. 아니, 그러면 동물에게 미안하다. 그들은 동물 이하다"라고 단정한 스즈키 유코의 강연을 들은 것이 발단이었다. 그 전후부터 "위안소 제도는 세계 속에서 일본군만"(1992년 7월의 일변련 심포지엄 보고서)이라는 신화가 무너지고, 독일군과 미군, 영국군도 같은 죄를 지었음이 알려졌기 때문에 일본 남자들뿐 아니라 세상의 남자들을 '동물 이하'로 진단하지 않을 수 없고, 그래서 위안부는 페미니스트들로부터 '성녀'시될 것이라고 예상하였다. 문제는 이러한 논리적인 페미니즘이 민족주의나 국가의 틀을 돌파할 수 있는가에 있다. "'국가의 범죄'만이 아니다. '남자에 의한 성범죄'이기도 하다"[19]

---

19 「아사히신문」 1993년 1월 31일자의 우에노 논고.

고 단정한 우에노 치즈코는 "페미니즘은 국경을 초월해야 한다"[20]고 선언했지만, 현실의 벽은 두껍고 일본 내에서도 실제로 위안부 지원에 관계하고 있는 운동들과의 균열을 낳았다. 특히 '기억의 정치학'(「임팩션」 103호, 1997년) 등 일련의 논고에서 그녀가 전개한 '문서 자료 지상주의=실증사학'에 대한 비판은 운동가들을 곤혹하게 했다.

발단은 '아침까지 생테레비' 토론에 출석한 요시미 요시아키가 "고바야시 요시노리小林よしのり 일파에게 추궁당하던 끝에 (……) 요시미가 발견한 종군위안부에 대한 공문서는 일본군 관여의 '방증'은 되어도, 그것(강제연행?)의 증명 그 자체가 되지 않는다는, 실증역사가로서 가능한 한 성실한 답변"[21]에 대해 그녀가 초조해졌기 때문인 것 같다. 그로부터 "여자는 역사에 문서를 남기지 않았다. (……) (그런 까닭에) 문서 자료 중심주의의 씨름판에 나가는 것은 위험하다", "객관성·중립성이라는 것은 실은 강자의 규칙의 강요", "(위안부의) 말 속에 있는 모순과 비일관성이야말로 거기에서 가치를 인정해야 할 것이다"[22], "거증책임은 오히려 가해자에게 반증책임이 있다"[23]며 차츰 대담하고 신선한 제언을 풀어낸다.

여기까지는 단순한 문학적·정치적 수사修辭로 해석돼도 괜찮겠지만, 우에노 치즈코는 훨씬 더 나아가 후지오카 노부카츠, 사쿠라이 요시코와 같은 우파도, 요시미 요시아키, 스즈키 유코와 같은 좌파도, 그 모두가 "관官 쪽이 통치를 위해 만든 (혹은 말살한)" 공문서와 기존의 국제법을 전제로 싸우고 있는 "오만한 실증역사가"[24] 부류라며 다 함께 내쳐 버린

---

20 「겐다이시소」 1996년 10월호의 우에노 원고.
21 「론자」 1997년 12월호의 우에노 논문.
22 위와 같다.
23 우에노 치즈코(1998), 『내셔널리즘과 젠더』, p. 158.
24 「가나가와대학평론」 28호(1997)의 우에스기 사토시 논문, 그 외에 「임팩션」 107호의 좌담회에

다. "일본의 대중매체와 혹은 '선의'의 인터뷰어들은 자신이 듣고 싶은 이야기를 들을 수 있도록 이야기의 도식을 변형하는 권력을 그 청취의 현장에서 행사하고 있다"[25]고 하는 자극적인 발언도 있다.

이에 우파는 무시했지만, 좌파는 침묵하지 않았다. 요시미는 "부당한 논란"이라고 불평하고, 우에스기 사토시도 "역사를 멋대로 만들어도 된다고까지 말하는 것은 아니라는 점을 논리적으로 충분히 설명할 수 없다"[26]고 의문을 표시했다. 그러나 "역사적 관점의 결여"를 강렬히 비판하는 하야시 미치요시林道義[27]와 같은 예외는 별개로 하고, 페미니스트 진영(함께 하는 남성을 포함한다)의 총수격이 된 우에노 치즈코와 대결하고 싶지 않은 것인지, "당시의 국제법에 위반되지 않았다고 해서 그것이 정의라고 생각해야 할 이유가 없다"[28](요시미)든가, "우에노는 실증하지 않아도 상대를 논파하는 방법을 '실증사학' 비판을 통해 검토하고 있는 것으로 보인다"(우에스기)든가, "도대체 어디가 어떻게 겹치는 것인가"[29](스즈키)라며 변명과 푸념으로 해석될 수 있는 저자세를 보이고 있다. 역사학의 근간을 부정하려 하고 있는데도 그러한 위기감은 없는 것 같다.

요시미에 대해 또 다른 페미니스트 후지메 유키藤目ゆき도 『폐업의 자유』 등에서 위안소는 내지의 공창보다 열악한 조건에 있었다는 논점과 관련하여 "합법화된 폭력인 공창제도에 대한 비판을 유보하는 것"[30]이라고 물고 늘어졌다. 대학의 분쟁 등에서 똑똑한 '양심적' 교수가 '반동反動'

서의 스즈키 유코 발언.

25 우에노 위의 책, p. 177.

26 전술한 우에스기 논문.

27 하야시 미치요시(1998), 『주부의 복권主婦の復權』(고단샤講談社), p. 18

28 「레키시효론」 1998년 4월호의 요시미 요시아키 논문.

29 「임팩션」 107호 좌담회에서의 스즈키 발언.

30 「계간 전쟁책임 연구」 제18호(1997)의 후지메 논문.

교수보다도 더 격렬히 학생들로부터 지탄을 받은 고사故事를 상기시키는데, 표 11-6이 보여 주는 것과 같이 페미니스트 진영도 굳건한 것은 아니었다.

전투적인 '마르크스주의 페미니즘'(우에노 미츠요시)의 기수인 우에노가 스즈키와 와카쿠와 미도리若桑みどり를 비난하는 것을 오코시 아이코大越愛子가 "반대 진영을 이롭게 할 뿐"[31]이라고 비판하고, 여성기금파인 우스기 게이코臼杵敬子를 "공작 부대원"이라고 매도한 것과 같이, 진영 내의 대립은 극심하다. 마쓰이 야요리(아시아여성자료센터 대표)가 "페미니즘을 혐오하는 여자들"이라든가 "고만파"[32]라고 부르는 보수계 여성들과의 관계도 험악하여, 그녀는 가미사카 후유코上坂冬子, 사쿠라이 요시코櫻井よしこ, 소노 아야코曾野綾子, 하야시 마리코林眞理子 등의 이름을 들며 "보수의 여자들은 고만파 남성과 다르지 않다. 오히려 여성에 대해서는 동성同性이기 때문에 더 잔혹"[33]하다고 비판한다.

표적이 된 여성들은 원래 '보상불요론자報償不要論者'들인데, "인정人情에 관련해서는 민간이 하면 된다"는 입장에서 여성기금의 사업은 용인하는 사람이 많았다. 그것보다도 "자국이 궁지에 서게 될 정의正義를 말하는 사람을, 어느 나라에서도 훌륭한 사람이라고는 말하지 않을 것"[34]이라고 하는 소노의 코멘트가 대표하는 것처럼, 페미니스트들의 운동 전술에 대한 위화감이 강한 것 같다(표 11-7 참조).

---

31 「겐다이시소」 1997년 9월호 대담에서의 오코시 아이코 발언.
32 '오만한 사람들'이라는 의미. ─역주
33 「여성들의 21세기」 10호(1997)의 마쓰이 야요리 기고문.
34 「산케이신문」 1997년 4월 16일자의 소노 아야코 기고문.

[표 11-7] 안티 페미니스트의 발언

성명	발언	출처
가미사카 후유코	조선반도의 여성도 당시는 일본인 (……) 일본 여성과 똑같이 일본군을 위안하고 보수를 받았다.	「슈칸포스트」 1992년 2월 28일.
사쿠라이 요시코	그 시대에 매춘숙은 사회에서도 인정되었다. 지금 돌이켜 보고 나빴다고 말해도 어쩔 수 없다.	요코하마에서의 강연, 1996년 10월.
소노 아야코	'나도 위안부였다'는 사기도 반드시 나올 것이다. 그것을 어떻게 분별할 것인가.	
야마자키 쿠미코	매춘은 훌륭한 육체노동의 일종이라고 생각하고 있으므로, 만일 내가 전시 중에 살았고 (……) 달리 없었다면, 매춘부가 될 것이라 생각한다. (……) 성노예라고 히스테릭하게 말하는 운동가들은, 매춘부였던 분들을 실제로는 얕보고 있는 게 아닌가 하는 생각이 든다.	「세이론」 1997년 5월.

※출처:「여성들의 21세기」 제10호(1997)의 마쓰이 야요리 기고에서 인용.

예를 들면 재일 조선인 유미리(작가)는 자신을 중간파로 지칭한다. 그들은 사실 인식과 법 감각은 보수파에 가깝지만, "조선인 위안부 문제는 타국의 여성을 위안부로 삼았다는 사실에 다름 아니므로 말하기 어렵지만, 이 경우 '유죄추정'이라고 하는 쪽이 일본인에게는 명예를 지키는 길로 이어지는 것이 아닌가"[35]라고 말했다. 사실관계에 구애되지 않고 정치적 해결을 시사하고 있다고 생각해도 좋을 것 같다.

위안부 문제는 확실히 페미니스트들의 운동을 활성화시키는 작용을 했지만, 그것을 계기로 부상된 여러 과제, 예를 들면 민족주의와 페미니즘의 대립, 매매춘과 자기결정권의 관계 등은 해결되지 않은 채 오히려 혼미를 더해 가고 있다.

---

35 「신초45」 1997년 12월호 유미리의 논고.

12장

7개의 쟁점 Q&A

위안부 문제가 역사 논쟁의 영역을 넘어 정치·사회적 영역의 뜨거운 논쟁의 대상이 된 지 7년 이상이 지났다. 이 사이에 엄청난 수의 저작과 논평이 쏟아져 나왔다. 아시아여성기금이 간행한 『'위안부' 관계 문헌 목록』(1997)에 기재된 것만도 1,000편(1990~1996년)이 넘는다. 신문, 잡지, TV 등 매스컴에 의한 보도, 운동 단체에 의한 각종 이벤트도 넘쳐났지만, 이것은 따로 계산하지도 않았다. 이들 미디어에서 제기한 논점과 쟁점은 다양했지만, 이 장에서는 중복을 피하고 대표적인 것 7개를 택해 Q&A 형식으로 정리해 보았다.

요시미 요시아키와 가와다 후미코의 저서 『'종군위안부'를 둘러싼 30개의 거짓과 진실』은 비슷한 발상으로 위안부 문제에 관한 30개의 논점을 선택하여 논평 내지 반론하는 Q&A 형식을 취하고 있다. 예를 들면 '설문7'은 "강제연행에 의해 위안부를 모은 사례는 없다"에 대하여 "그런 사례는 있다. (……) 또 강제연행만 문제로 삼는 것은 이상하다"고 답하고 있다. 그리고 "세상 어떤 군대에도 위안소와 같은 것이 존재했다"는 '설문15'에 대해서는 "그것이 일본군의 책임이 면제되는 이유가 되지는 않는다"고 답하는 구조다.

설문(Q)은 어떻든 간에, 답변(A)에는 내 입장에서 보면 부적절한 것이 적지 않지만 논점을 부각하는 데는 편리한 방법이라고 생각하기에, 30개의 논점 등을 7개로 집약해 보았다. 필자의 답변은 자연스레 요시미 요시아키와 가와다 후미코에 대한 비판 내지 반론이 되는 경우가 많다.

Q1. '위안부'인가 '종군위안부'인가?

　　근래 수년간, 매스컴 보도 등에서는 '위안부'와 '종군從軍위안부' 두 개의 용어가 사용되었다. 후자 쪽이 좀 우세하였다고 보이는데, '종군'이라는 수식어를 붙인 것은 '종군간호부'나 '종군기자'와 같이 실제 군속 신분을 연상시키는 것이기 때문에 적절하지 않다는 일부의 강경한 반론도 있다. 육군 형법 제14조는 "육군 군속으로 칭하는 것은 육군 문관, 동同 대우자 및 선서를 하고 육군의 근무에 복무하는 자"(해군도 거의 같은 문장)로 규정하고 있다.

　　1940년 5월 7일의 각의 결정에 기초한 '외사外事경찰집행요람'은 "종군승려, 종군신관神官, 종군기자, 종군화가 등 종군자로서 육·해군성이 발급하는 종군 면허증을 소지하는 자"와 "본국에서 부녀(예기, 작부, 여급 등)의 고입雇入을 위해 일시 귀국하는 재중在支 접객 영업자에 대해 주어지는 재중在中 제국帝國영사관 경찰서가 발급하는 증명서에 고입 인원수를 명기하는 경우, 그 인원에 해당하는 피고용 부녀"에 대한 취급을 명확히 구별하고, '특수 부녀'는 "군속, 군 고용인이 아닌 자"이기 때문에, 중국으로 건너갈 때는 민간인으로 취급하라고 규정했다. 그러나 여성이라도 전지戰地에 부임하는 일본적십자사의 '구호간호사'는 1939년 7월 17일자의 육상달陸上達에 의해 '군속'으로 규정하였다. 군대를 위한 위안부가 군속 취급을 받지 않았던 것은 명확하다.

　　정부 관계자는 그러한 사람을 배려해서인지, 지금도 '종군위안부'에 꺾쇠(「 」, 단 한국에서는 보통 ' ', 작은따옴표)를 붙인다든가 '이른바'라는 표현을 앞에 붙이는 경우가 많다. 아시아여성기금은 1996년 여름부터 옛 위안부들에게 '속죄금'을 지급할 때 수상의 '사과와 반성'의 편지를 첨부했는데, 이 경우에도 "이른바 종군위안부"라고 표기했다. 하지만 요시미 요시아키가 말하고 있는 바와 같이, 그녀들이 군속이나 군 고용인이 아니라는 점과 '종군위안부'로 부르는 것은 다른 문제이며, 필요 이상으로 구애될 이유는 없다고 생각한다. 어느 쪽이든 속칭이라고 생각하지만, 우선은 어원과 정의의 변천을 살펴보자.

[표 12-1] 위안소(A)-경영자(B)-위안부(C)의 호칭 예

건 명	연 월 일	A - B - C	출처
상하이 파견군의 군 오락장 단속 규칙	1932. 4. 1	군 오락장-영업자-접객부	『만주사변육군위생사』 제6권
상하이 총영사관의 일본인 직업 조	1932. 12	해군 위안소-?-작부	p. 90
양가택의 육군 위안소 심득心得	1938. 1	위안소-?-작부	아소 테츠오麻生徹男『상하이에서 상하이로』의 사진
군마현 지사→내무상	1938. 1. 19	육군 위안소-영업자-작부 (가업인)	경찰대학교 자료
육군성 부관의 통첩안	1938. 3. 4	군 위안소-?-종업부	p. 105
제11군 군의부장회의 지시	1939. 1. 17	특수 위안소-?-특수 위안부	가네하라 세츠조金原節三 자료
재중지 모리카와부대 특수 위안 업무에 관한 규정	1939. 11. 14	(특수)위안소-경영자-위안부	방연소 소장防研所蔵
다카오 주지사→ 외사부장 보고	1940. 8. 23	군 위안소-경영자-위안부 (작부)	p. 131~133
해군 제1견지함대 제1병원 보고서	1940. 12. 10	?-?-위안부	p. 248
해군병비4기밀 137호	1942. 5. 30	?-업자-특요원	「특집 분게이슌주」의 시게무라 미노루重村実稿

건 명	연월일	A - B - C	출처
	1942년경	특용 창고-?-특용 창고원	다카바타케 요시츠구 高畠喜次
내무성경보국 '외사 경찰개황' 쇼와17년판	1942	?-?-군대 위안부	
상하이 지구(육군)	1942. 9	특수 위안소-경영자-작부	p. 270.
필리핀 이로이로 제1위안소 규정	1942. 11. 22	위안소-누주樓主-위안부	p. 325.
말레이시아 군정감부 군정 규정집	1943. 11	위안소-?-가업부	방연소 소장
나카야마中山경비대(중국) 군인 클럽 이용 규정	1944. 5	위안소-업주-창부(기녀)	p. 285~287.
오키나와 석石병단 회보	1944. 9. 21	위안소-경영자-기녀	p. 412.
해군 셀레베스 민정부 보고	1946. 6. 20	매음시설 (위안소)-?-매음부	p. 367.
해군 제12특근대(안다만)의 위안소 이용 내규	1945. 3. 18	해군 위안소-업자-?	방연소장

주1 특기하지 않은 한 p는 요시미 요시아키 『종군위안부 자료집』의 게재 페이지를 가리킨다.

주2 A에 상당하는 호칭으로 오락소, 군인 클럽, 특수 위안 시설 등, C는 작부, 창기, 특수 부녀, 접객부, 영업부 등이 보인다. 군인들이 부르는 속칭으로는 S, 조센삐, 삐야 등.

주3 '특요원'의 호칭에 대해서는 그 외에 '해남경비부 전시일지海南警備府戰時日誌'이 쇼와17년 5월 14일 항에 "특요원에 대해 검진 실행"라는 기사가 있다.

주4 전시 중의 미군 포로 이름표에서는 'Comfort girl'이라 쓰고 있다. 종전 직후 신문 광고로 미 점령군을 상대로 하는 여성을 모집하고, RAA는 특수 위안 시설, 특별 여자 종업원(신일본 여성)의 명칭으로 불렸다. 1945년 9월 22일 점령군의 샘스 대좌 각서에서 'Serving Woman'의 호칭이 쓰였고, 그 외에 위안부, 접대부, 접객부 등도 쓰였다(이노우에 세츠코『점령군 위안소』신효론, 1995).

표 12-1은 전시 중의 공문서가 그녀들(c)과 업자(B)와 근무 시설(A)을 어떻게 부르고 있었는지, 주로 요시미 요시아키의 『종군위안부 자료집』에 있는 사례를 골라낸 것이다. 이것을 보면 A에 대해서는 '위안소'가 압도적이고, 1932년경부터 관용慣用되고 있었음을 알 수 있다. B는 각각 다르지만 C도 마찬가지로, 위안부라는 호칭은 '특종特種 위안부'를 포

함하여 1939~1940년경부터 나오지만, 요시미 요시아키의 자료집에 수록된 100여 점 속에서 15점에 불과하고, 그중 11개는 1942년 이후라는 점을 아오야기 타츠오青柳達雄가 지적하였다.[1] 조금씩 넓어지고 있다고는 해도 공식 용어로서 정착했다고까지는 말할 수 없을 것이다.

한편 1944년 봄, 일본 본토에서 풍속영업이 정지되었을 때, 징용공 등을 위해 남겨진 시설과 여성을 하라시마 요이치原島陽一가 "전쟁 말기에는 전지와 마찬가지로 위안부라고 칭한다"[2](『일본사 대사전 제3권』)고 쓰고 있듯이 '위안소'와 '위안부'가 공문서에 출현한다. 기이한 인상을 주는 것은 해군이 공문서에서 사용하였던 '특요원特要員'인데, 반드시 전체 기간, 전체 지역에 보급된 용어인지 의심스럽다. 그와 관련하여 공문서에는 없지만, 트럭섬, 라바울, 부겐빌 등 전지를 돌아다닌 다카바타케 요시츠구高畠喜次 병조장兵曹長은 1942년 1월경, 트럭섬의 하도夏島에서 '해군 특용特用 창고'라는 간판을 발견하여 그곳을 엿보았는데, 위안소의 이용 규칙이 게시되어 있었고, 마을을 걷다가 '특용 창고원倉庫員'(특요원을 잘못 기억한 것일까?)이라는 완장을 두른 여성들과 마주쳤다고 회상하고 있다.[3]

그는 다음 달 라바울로 향하는 고물선에 탄 여자들과 동행, "최상의 선물일 것이다"라고 하는 감상을 기록했는데, 종전 직후에 라바울로 진주한 연합군이 해군 위안소(원문은 'special warehouse')의 이용 규정을 번역[4]하고 있었던 것, 그리고 1942년 9월 라바울로 출장 온 우가키宇垣 연합함대 참모장이 "돌아가는 길에 사관士官 위안소인 창고에 방문한다. 현재 15명이

---

1 아오야기 타츠오(1997), '종군위안부라는 용어에 대하여', 「게린藝林」 46권 3호.
2 『일본사 대사전(日本史大事典)』(헤이본샤(平凡社), 1993년, 제3권 '사창(私娼)' 항목.
3 다카바타케 요시츠구(1967), 『악몽의 부겐빌惡夢のボーゲンビル』, 비매품, p. 16.
4 요시미 자료집, p. 524.

있고 매일 만원으로 성황"⁵이라고 일기에 써 둔 것으로부터 추측하면, '특

용 창고'도 공식 용어의 일종이었을 가능성이 높다.

[표 12-2] 전후 '위안소'의 호칭 예

호칭 예	출처
종군위안부	「슈칸지츠와週刊実話」 1971년 8월 23일호에 "'성전性戦'에서 '성전聖戦'의 희생물, 종군위안부" 기사.
상동	센다 가코 『종군위안부』(후타바샤, 1973년 10월) 간행, 1978년에 산이치신쇼 간행.
상동	「겐다이」 1974년 4월호에 오오바야시 키요시大林清 '종군위안부 제1호의 경우' 게재.
상동	「부인신보婦人新報」 1976년 10월호에 다카사키 소지高崎宗司 '한국의 종군위안부 연구' 게재.
전장 위안부	토미다 구니히코富田邦彦의 『전장 위안부戦場慰安婦』(1953) 간행.
상동	이토 케이이치伊藤桂一 『병사들의 육군사兵隊たちの陸軍史』(반초쇼보番町書房, 1969)에 사용.
상동	이토 케이이치 『오아시스에 대한 향수-전장 위안부에 대해オアシスへの郷愁―戦場慰安婦について』를 간행(1971).
군대 위안부	김일면 편 『군대 위안부軍隊慰安婦』(1977) 간행.
상동	우스기 게이코臼杵敬子 『현대의 위안부들 군대 위안부에서 자파유키상까지現代の慰安婦たち 軍隊慰安婦からジャパゆきさんまで』(1983) 간행.
일본육군 위안부	「슈킨신초」 1970년 6월 27일호에 센다 가코 '일본 육군 위안부'를 게재.
특요대의 여자特要隊の女	시로타 스즈코 『마리아의 찬가』(1971) 간행.

주1 1991년 이전에는 '위안부'가 주였고, 이후는 '종군위안부'가 다수를 차지하게 됐다.
주2 한국에서는 '종군위안부'를 사용하는 것이 통례로, 1991년 12월의 도쿄 지방재판소에 대한 최초의 제소에서 소장은 '군대위안부'라고 썼다.
주3 외국 문헌에는 위안부를 'comfort woman(girl)'이라고 부르는 것이 통례로, 위안소는 'comfort station'이나 'military brothel'이 사용되고 있다.

문제가 되는 것은 '위안부'의 범위를 어디까지로 보아야 하는가이

---

5 우가키 노에(1977), 『전쟁록戦藻録』, 하라쇼보, 1942년 9월 11일 항목.

다. 공창제도 하의 평시 일본에서는 강제 검진의 대상이 되는 여성을 '예기', '작부', '창기' 3종류로 구분하였다. 예비군과 같은 존재로서 카페, 바 등의 여급女給, 고용인으로서 나카이仲居, 죠츄女中 등도 있었다.[6] 일괄하여 "풍속風俗 경찰의 대상이 되는 영업에 종사하는 자"가 되는데, 1940년경 중국으로 도항하는 위안소 관계의 공문서를 보면, '예창기'와 '여급, 나카이'의 2종으로 구분한다든가, '여급, 예기, 작부, 죠츄'로 일괄한다든가 하여 구분의 근거는 명확하지 않다.

또 '위안부'로 건너가는 여성들의 '도항 증명서'에는 본인의 직업을 '게이샤'라든가 '작부'로 기입하는 예도 보인다. 결국 본토에서 사용되는 직종 명칭대로 부르는 경우와 '위안소'에 들어간 뒤 일괄적으로 '위안부'로 바꿔 부르는 경우가 혼재하였고, 점차 후자가 많아졌으리라 생각된다. 한편 위안소는 군 전용으로, 음식을 금지하는 것이 원칙이었다. 요리점, 군 지정 음식점, 장교 클럽 등에서 예능과 술 거래를 내걸고 있지만 매춘도 겸업하는 여성들을 '위안부'에 포함시킬 것인가 아닌가는 당사자 사이에서도 인식이 나뉘어 있었다.

다음으로 종전 이후를 살펴보면 '위안부'가 주류가 되었지만, 1970년 전후부터 '종군위안부'가 출현한다. 오랜 베스트셀러인 센다 가코의 『종군위안부』(1973)가 처음인 것으로 생각되었지만, 표 12-2가 보여 주듯이 그 이전에도 사용된 예가 발견된다. 조사해 보면 더욱 거슬러 올라갈지도 모른다. 여하튼 단어의 뜻으로는 '위안부'나 '종군위안부'나 의미 있는 차이는 없는 것 같다.

---

6 나카이는 요릿집이나 유곽의 하녀로서 손님을 접대한다. 죠츄는 여관이나 음식점의 여종업원을 뜻한다. 이들은 성매매업과 매우 가까운 관계를 갖고 있다. 그러나 그들이 모두 성매매를 하는 것은 아니다. ─역주

[표 12-3] '위안부'의 정의

『고우지엔広辞苑』제1판, 이와나미쇼텐 1995~	위안부=전前 전장의 부대에 수행, 장병을 위안한 여성.
『고우지엔』제2판, 1969. 5~	위안부=전장의 부대에 수행하여 장병을 위안한 여성.
『고우지엔』제3판, 1983~	위안부=전장의 장병을 위안하는 여성.
『고우지엔』제4판, 제1쇄 1991. 11~	위안부=전장의 장병을 위안하는 여성.
『고우지엔』제4판, 제2쇄 1992. 10~	종군위안부=일중전쟁, 태평양전쟁 시, 일본군 장병의 성적 위안을 위해 종군해야 했던 여성('위안부' 항목도 이와 연결되어 있다).
『고우지엔』제5판, 제1쇄 1998. 11~	종군위안부=일중전쟁, 테평양전쟁 시, 일본군에 의해 장병의 성적 대상이 되는 것을 강요당한 여성. 넓은 의미로는 강제연행된 조선인 여성.
『대백과사전大百科事典』제7권, 헤이본샤平凡社, 1985.	종군위안부=일본군 전지에 있는 병사의 상대로 준비된 매춘부. 총수 8만~10만으로 추정되는 위안부는 국내의 직업 매춘부 외에 주로 조선에서 찾아졌다(이데 후미코井手文子).
『일본사 대사전日本史大事典』 제3권, 헤이본샤, 1993.	종군위안부=일본군 전지에 있는 병사의 상대로 준비된 여성, 지옥의 고통 끝에 많은 수가 패전 시 전장에 버려졌다(이데 후미코).
『다이지린大辞林』제2판, 제1쇄, 산세이도, 1995. 11~	종군위안부=일중전쟁이나 태평양전쟁 중 조선 등 아시아에서 '여자정신대'의 이름으로 동원되어 병사를 상대로 위안소에서 성적 상대가 될 것을 강요받은 여성들(1998년의 제1판은 항목 없음).
『지린辞林21』제1쇄, 산세이도, 1993. 7.	종군위안부=일중전쟁이나 태평양전쟁 중 일본군에 의해 강제연행되어 일본군을 상대로 매춘 행위를 강요받은 여성. 대부분은 조선인 여성.
『일본대백과전서日本大百科全書』 쇼가쿠칸小学館, 1985.	위안부=구일본군의 해외 주둔지에서 병사들을 상대한 유녀遊女(사토 노닌佐藤農人).
『치에죠知恵蔵』1994년 판, 아사히신문사.	종군위안부=군대에 있어서 군인을 대상으로 사실상의 공창제도를 위해 동원된 부인들의 호칭.
하타 이쿠히코『일본 육해군 종합 사전日本陸海軍総合事典』 토다이슈판카이東大出版会, 1991.	위안부='전지의 부대를 수행하여 장병을 위안한 여자'(고우지엔), 총수는 8만 명으로 추정.
『조선을 아는 사전』, 헤이본샤, 1986.	종군위안부=군 직영의 관리 매춘 제도 하에 전장으로 연행되어 일본군 병사를 상대로 강제 매춘을 당한 여성. 말로는 표현 못 할 치욕을 받아, 패전과 함께 전장에 내버려졌다(미야타 세츠코宮田節子).

위안부와 전쟁터의 성性

표 12-3에서『고우지엔広辞苑』의 예를 보면, 1955년의 제1판부터 제3판까지는 '위안부' 항목에, 제4판 제2쇄 이후에는 '종군위안부' 항목에 내용을 기재하였지만 내용 자체에는 큰 차이가 없다. 제4판에서 항목이 옮겨진 것은 이례적인데 위안부 논쟁이 격렬해진 시기이고 강제성을 시사하는 표현이 들어간 것도 당시 매스컴의 분위기를 반영하는 것으로 보인다. 또 아라이 사와코新井佐和子가 지적하듯이,『고우지엔』제4판 제1쇄(1991)로부터 새로이 '조선인 강제연행'이라는 항목이 들어가고, "백만 명이 넘는 조선인을 (……) 강제연행한 것. 여성의 일부는 일본군 종군위안부로 삼았다"[7]고 설명되어 있다고 한다.

다른 사전류에서도 단순한 해설 기사가 있고 대동소이하지만,『다이지린大辞林』제2판과 같이 종군위안부와 여자정신대를 혼동한 예도 보인다. '군대 위안부'라든가 '전장戰場 위안부'라는 명칭을 사용하는 예도 적지 않은데, 활동가 가운데는 "(군용) 성노예" 따위를 사용하는 사람도 있다. 마에다 오사무前田脩에 따르면 매스컴에서는「재팬타임스」가 1944년 9월경부터 사설 등에서 '성노예(sex slave)'라는 용어를 사용하기 시작했다고 한다.[8] 영어로는 위안부를 'comfort woman', 위안소를 'comfort station'이라고 부르는 것이 거의 정착되었다고 생각되는데, 쿠마라스와미 보고서와 같이 '군용 성노예(military sexual slavery)'를 병용하는 예도 있다.[9]

---

7 「세이론」1998년 5월호의 아라이 사와코 논문.
8 「조국과 청년祖國と靑年」1997년 10월호의 마에다 오사무 논문.
9 도츠카 에츠로는 '성노예(sex slave)'를 처음으로 사용한 것이 1992년 2월 유엔인권위이고, "이후 NGO는 유엔에서 '성노예'를 '위안부'의 대명사로 사용해 왔다"(「법학세미나」1998년 11월호의 도츠카 에츠로 기고문)고 말하고 있다.

Q2. 여자정신대와 위안부의 혼동

여자정신대와 위안부, 양자는 완전히 다른 것임에도 불구하고 혼동하는 풍조가 오랫동안 계속되었다. 1991년부터 1992년에 걸쳐 위안부 문제가 '폭발'한 시기 이래로는 일본 측에서는 양자를 혼동하는 예는 거의 사라졌지만, 한국의 경우 일부에서 문제 제기는 있었지만 아직도 해소되지 않았다. 1997년 4월부터 채용된 한국의 중고교용 국정교과서에서조차 "여성들까지 정신대라는 이름으로 연행되어 일본군의 위안부로 희생되기도 했다"[10]고 기술하고 있다.

아마도 이러한 고정관념을 만든 것은 미야자와 총리 방한 시 「동아일보」가 쓴 "12, 13세의 어린 학생은 근로정신대로, 15세 이상의 미혼 소녀는 종군위안부로 연행되어 (……) 어린 소녀들의 일부는 종군위안부로서 (……)"라고 하는 1992년 1월 16일 기사일 것이다. 혼동이 일어난 데는 그 나름의 역사적 배경이 있었다. 일본인 여자가 여자정신대라는 이름으로 강제동원되었던 것은 전쟁 말기인 1944년 8월부터이며, '여자정신근로령女子挺身勤勞令'(8월 23일 공포·시행된 칙령 519호)에 의해 농업 요원을 제외한 만 12세~40세의 미혼 여자가 대상이었다. 동시에 '학도근로령'도 시행되어 중등학교 2학년 이상의 학생들도 주로 군수 공장 등에서 일하게 된다(필자도 종전이 된 1945년 4월, 옛 제도로 중학교에 입학했는데, 2학년 이상은 전원이 군수 공장으로 동원되어 학교에 없었고, 1학년도 수업 사이에 학내에서 근로봉사에 동원된 경험이 있다).

그 전 단계로서 '국민근로보국협력령'(1941년) 등에 의해 지역과 학

---

10 「쇼쿤!」 1997년 5월호의 니시오카 쓰토무 논문.

교 단위에서 자주적으로 결성된 근로보국대와 여자정신대가 생겨나고 있었다. 그러나 각의閣議 결정에 의한 독려에도 불구하고, 동원률은 도쿄에서도 1할이 되지 않았기 때문에 미국, 영국, 소련 등 연합국의 철저한 여자 동원 정보로 인해 초조해했던 일본 정부는 전황의 급박함을 이유로 강제화(위반자는 징역형을 부과)했던 것이다.[11]

[표 12-4] 제2차 대전기의 여성 동원 상황

일자	일본 내지	조선반도
1939. 7. 8	'국민징용령' 공포(위반은 1년 이하의 징역 또는 벌금)	
1941. 6. 28		조선노무협회설립(회장은 정무감독, 업무는 징용 노무자의 훈련)
1941. 9. 21		여성을 대상으로 한 국민개조운동 시작
1941. 11. 22	국민근로보국협력령의 실행, 14~25세의 미혼 여자 등을 연 30일 이내 근로 봉사하게 하는 근로보국대의 조직을 장려.	
1942. 2. 20		내지 이입 노무자에게 관알선 방식 적용
1943. 1		조선군, 육군 간호부 모집 개시
1943. 6. 1		여학생 근로 봉사 개시
1943. 9. 13	'여자근로동원의 촉진에 관한 건'(차관회의결정)에서 14살 이상의 미혼자를 여자정신대로 자주적으로 결성한다는 방침	
1943. 11		경성부 내의 접객업 남녀(여자는 일본인 895, 조선인 2,454) 중 여자는 정신대로서 조직할 것이라고 발표
1943. 12. 15		총독부, 숙명淑明, 이화梨花여자 전문학교를 1944년 4월에 개설할 여자청년연성소의 지도원의 육성 기관으로 사용한다고 발표

---

11 노동성 편, 『노동행정사勞働行政史』 제1권(노동법령협회勞働法令協會, 1961) 제3편, 『기록―소녀들의 근로 동원記錄 · 少女たちの勤勞動員』(BOC슈판샤, 1997) 참조. 내지에서의 여자정신대 동원 수는 47.3만 명(1945년 8월 10일 현재), 동원 여학생은 150.7만 명(『쇼와 국세총람』)이라고 되어 있다.

일자	일본 내지	조선반도
1944. 3. 18	'여자정신대강화방책요강'(각의 결정)	
1944. 3. 20 1944. 4. 1		평양여자정신대의 제1대, 평양의 공장으로 징병령 적용에 의해 징병 검사 개시
1944. 5. 8		고등보통학교 여성의 제1회 동원 학생, 인천 조병창造兵廠에 취업
1944. 6. 10		정무총감, 여자정신대 참가를 권유
1944. 7. 2		후지코시不二越로 향하는 경기도 여자근로정신대 장행회壯行會를 개최(7. 6 입사)
1944. 8. 23	'여자정신근로령'(12~40세의 미혼 여자를 강제동원) '학생근로령'을 공포 실행	총독부 발동 안 한다고 언명
1944. 11. 10	징용령을 여자에 적용	
1945. 3. 5	'국민근로동원령' 제정(국민징용령, 여자정신근로령 등 통합)	
1945. 6. 23	'국민의용전투대 통솔령' 공포(15~60세의 남자, 17~40세의 여자를 편입)	

※출처: 히구치 유이치樋口雄一 '전시하 조선 여성 동원 관계 연표'(『조선사연구회논문집』 32호, 1994)
『재판받는 일본裁かれる日本』(1996)의 정진성鄭鎭星 논문을 중심으로 저자가 작성.

남자에 대해서는 1939년의 국민징용령에 의한 강제동원(병역은 적지赤紙, 징용은 백지응소白紙應召라고 세간에서 불림)이 시작되었지만, 조선반도에서는 실시를 늦춰 각 기업에 의한 개별 자유 모집으로부터 관알선官斡旋(1942년 1월, 총독부의 하청으로 조선노무협회가 실시를 담당)이 더해지고, 1944년 9월부터 징용령을 전면 발동했다. 소위 '강제연행'은 이 징용령에 기초하여 본토 등으로 노동력을 이입한 것을 가리키는데, 최종적으로 '징용'으로 통합, 흡수된 사정도 있어서, 논자에 따라서는 자유 모집과 관알선 단계부터 거기에 포함시켜 '강제연행'이라고 부르는 예도 보인다. 총수는 준準

위안부와 전쟁터의 성性

공식 통계[12]에서는 관알선이 42만, 징용이 27만, 자유 모집을 포함하면 "100만 명 전후"(박경식朴慶植)라고 하는데, 최종 단계에서는 경찰력을 사용한 "사냥"도 부분적으로 나타나는 것 같다.[13]

　　여자에 대해서는 국민징용령도, 여자정신근로령도 조선반도에는 적용하지 않았는데, 관알선의 여자(근로)정신대가 본토로 향한 일도 있고, 각종 소문이 난무하여 미혼 여자 사이에는 패닉과 같은 동요가 일었던 것 같다. 1944년 10월, 조선총독부 광공국鑛工局 노무과가 작성한 '국민징용의 해설'이라는 팸플릿을 보면, 일문일답 형식으로 "여자 징용은 실시되는 가"라는 질문에 "이후에도 여자를 동원하는 경우 여자정신근로령 발동에 의한다는 생각은 지금으로서는 가지고 있지 않다. 지금까지 조선의 여자정신대는 모두 관官의 지도, 알선에 의한 것으로 내지의 (……) 훌륭한 시설이 갖추어진 비행기 공장 등으로 보내고 있다. 이후에도 이 관의 지도, 알선을 원칙으로 할 생각"이라고 답하고 있다.[14]

　　이러한 "관의 지도, 알선"은 실제로는 소학교 6년생과 여학교의 담임교사가 지명, 권유하는 형태를 취하는 예가 많았고, 공장 노동 사이사이에 상급학교에 다닐 수 있다는 것이 빈곤 가정 자녀에게는 매력으로 작용하였던 것 같다. 전체 규모는 확실하지 않지만, '1944년도 내지, 사할린, 남양南洋 이입 조선인 노동자 공출供出 할당 수 조서'(내무성 관리국 자료)에

---

12 대장성 관리국,『일본인의 해외 활동에 관한 역사적 조사日本人の海外活動に關する歷史的調查』제 10책,『쇼와 국세총람』하권 p. 545.

13 예를 들면, 내무성 촉탁이 현지 조사 후에 1944년 7월 31일자로 내무성 관리국장에게 제출한 '복명서復命書'에는 도망을 막기 위해 "야습, 꾀어내기, 기타 각종 방책을 강구하여 인질적 약탈, 납치의 사례가 많다"고 한다(『아사히신문』 1998년 2월 28일자). 단 징용되어도 도망하는 자가 많고, 8번째에 취로한 예도 보고되고 있다.

14 하야시 에이다이林えいだい(1991),『전시 외국인 강제연행 관계 사료집戰時外國人强制連行關係史料集』(아카시쇼텐)에 인용되어 있다. 하야시 에이다이는 이 문답에 관해 "속보이는 거짓말 (……) 실제로는 대부분이 일본군을 위한 종군위안부였던 것"이라고 잘못된 해설을 붙이고 있다.

서 남자 29만 명과 여자 1만 명(경북 1,600, 전남 1,500, 경기 1,450 등)에 포함되어 있을 것으로 생각된다.

개별적으로는 1944년 6월경부터 도야마富山의 후지코시不二越 공장으로 1,090여 명(그중에서 약 420명은 1945년 7월 조선의 사리원沙里院 공장으로 이동), 미쓰비시三陵 항공기 나고야 공장에 약 300명, 도쿄마사麻絲 방적 누마즈沼津 공장에 약 100명이 교사에 의해 인솔, 파견되고, 종전 직후 귀국했다는 사실이 판명되었다.[15] 나가사키 등 불확실한 사례를 합해도 합계 2천 명 전후가 아닐까.

1992년 1월의 미야자와 총리 방한 시에 한국 매스컴은 일제히 소학교 학생까지 여자정신대에 동원되고 위안부가 되었다고 보도하였고, 한국 정부 교육부가 전국 국민학교(당시)로 학적부 조사를 지시하는 사건이 있었다.「동아일보」는 "정신대, 국민학교 학생까지 끌고 갔다"(1월 14일자),「조선일보」는 "일본, 국민학교 학생도 정신대로 징발", "국민학교 정신대의 눈빛이 민족의 양심에 호소하고 있다"(1월 15일자)고 흥분한 논조로 호소했다. 곧 몇 사람의 해당 여성이 나섰고, 공장 노동이었던 것이 명확했지만, "공부와 돈벌이를 할 수 있다고 억지로 꾀었다"든가, "사내 저금이 미불되었다", "차 대접, 꽃꽂이를 가르쳐 준다는 약속이 깨졌다"는 식의 정신대 생활에 대한 불평불만이 분출했다. 6명의 제자를 도야마현의 후지코시 공장으로 송출한 전 소학교 교사(이케다 마사에池田正枝)가 제자들이 전원 무사하게 귀국했음을 확인한 것도 그 전후였다.[16]

조선 내에서의 공장 동원도 있었다. 1944년 4월 19일자의「매일신

---

15 니시오카 쓰토무,『일한관계의 심연日韓關係の深淵』, p. 164;『후지코시 50년사不二越五十年史』
   (1978); 나고야에서의 여자정신대 상황을 보도한「세카이」1991년 8월호 참조.
16『여자들의 태평양전쟁 3』, pp. 199-200.

보」(발행 부수 최대의 한글 신문)가 "지난 3월 20일에 제1대隊, 4월 4일에 제2대가 평양 지역의 ○○공장으로 출동한 것이 여성 근로의 집단 동원으로서는 최초"라고 보도한다. 「매일신보」에는 그 후에도 후속 보도가 나오지만, 단편적인 기사이기 때문에 전모는 명확하지 않다.[17] 6월 10일에 총독부의 다나카田中 정무총감이 "여자정신대를 조직하여 요구가 있으면 내지로 보낼 것이다"라고 말한 논지로부터 추론하면, 조선 내부와 내지로 가는 것을 구별하는 의식은 없었을지도 모른다.

대상자의 연령에 대해서는 경성부가 「매일신보」에 게재한 광고에서 자격을 "국민학교 수료 정도, 연령 13세 이상 21세까지의 여성"(소학교 입학이 늦어진 경우는 졸업 전에도 가능하다)으로 규정하였다. 따라서 3월에 소학교(국민학교)를 마치고, 같은 해 여름에 13세(만 12세?)의 자격을 갖춘 자로서 내지의 공장으로 가도 이상하지 않고, 내지에서도 마찬가지였다. 현재의 통념으로 소학교 6년 수료(12세) 단계에서 취직하는 것은 상상도 못하겠지만, 이때는 내지의 농촌에서도 중학교에 가는 것은 학급의 1할에도 미치지 못하고, 도제徒弟와 견습으로 공장이나 상점으로 취직하는 것이 당연한 상황이었다.

1944년 3월 25일자 「아사히신문」은 20일에 소학교를 막 졸업한 817명의 소년, 소녀가 군수 공장으로 집단 취직하는 모습을 보도하고 있다. 그러나 내지 공장으로 가는 여자정신대를 위안부와 혼동하는 풍문은 당시부터 상당히 넓게 펴져 있었던 것 같다. 1944년 6월, 조선총독부 관제 개정에 관한 내무성 각의閣議용 설명문에 다음과 같은 구절이 있다.[18]

---

17 ICJ 국제세미나 도쿄위원회 편(1996), 『재판받는 일본裁かれるニッポン』(니혼효론샤)의 정진성(덕성여자대학교수) 논문.

18 '조선총독부 내 임시 직원 설치제 중 개정의 건'(1944년 6월 27일 내무성 조관 제160호), 『공문류집公文類集』 제68편, 1944년 25권, 관직문官職門―관제官制 25(국립공문서관 소장).

인식이 아직 부족하고 근로보국대의 출동도 한결같이 징용이라고
하여 일반 노무 모집에 대해서도 기피, 도주하거나 혹은 부정不正,
폭행에 나서는 일이 있을 뿐만 아니라, 미혼 여자의 징용은 불가피
하여 이들을 위안부로 삼는다는 황당무계한 소문이 항간에 퍼지
고, 이들 악질적인 소문과 함께 (……)

"악질적인 소문"이라는 표현이 거듭 등장하는 것으로 보아, 총독
부에서는 단순한 소문일뿐 아니라, 일종의 반일 모략이 아닌가 의심하고
있었던 것 같다. 게다가 조선반도에서 미혼 여자는 집밖 노동을 기피하여
가정에 머무는 전통이 있고(1944년의 취업률은 3할 미만), 특히 공장에서 일하
는 여자는 약 8만 8천명(1943년)으로서, 노동할 수 있는 연령층의 1.8%에
지나지 않았다.[19]

어쨌든 소문에 마음을 빼앗긴 젊은 여성과 부모들은 학교를 중퇴
한다든가 결혼시키는 것으로 위험 회피를 꾀한 것 같다.「경성일보」에는
"조혼자의 범람"이라는 표제가 붙은 기사(1944년 4월 ??일자)두 부인다 뒤
에 정대협 대표가 된 윤정옥도 그중 한 사람으로 1943년 4월 이화여자전
문학교에 입학한 해 가을 학기에는 스스로 퇴학하는 학생이 증가했다.
"어쨌든 딸이 정신대로 가는 것을 막으려고 남자라면 누구라도 결혼시키
려고 하고, 조혼이 유행"[20]했기 때문에 그녀도 부친의 의견에 따라 퇴학
했다. 역시 정대협 쪽의 활동가인 김문숙金文淑은 다음과 같이 썼다.[21]

---

19 『태평양 전쟁하의 조선太平洋戰爭下の朝鮮』(유호코카이友邦協會, 1964), p. 178.
20 「론자」 1997년 12월호의 윤정옥 기고문.
21 김문숙(1992), 『조선인 군대 위안부朝鮮人軍隊慰安婦』, 아카시쇼텐, pp. 10-11.

여자정신대 소문을 들은 여학교 3학년 무렵이었다. 위안부로 된다든가 그런 것은 아무도 몰랐고, 소문으로 들은 일도 없다. 다만 "군수 공장에 보내지면 언제 폭격을 맞아 죽을지 모른다"는 생각에 모두가 정신대로 가지 않고 살려고 생각했다. 당시 정신대에서 도망치는 길은 두 개밖에 없었다. 결혼하든가 교원教員이 되든가. 나는 결혼은 하기 싫었기 때문에 국민학교 선생이 되었다.

두 사람 모두 정신대를 공장행으로 이해하고 있었던 것을 알 수 있는데, 윤정옥의 경우 재학하고 있던 이화여자전문학교가 1944년 4월부터 경성여자전문학교로 개칭, 여자청년연성소鍊成所 지도원의 양성학교로 전환할 예정이었는데, 왜 중퇴한 것인지 필자는 이해하지 못하겠다. 1998년 6월 7일, 일본을 방문한 본인을 만나 확인한 바, "이과생이었던 내 동급생의 절반은 남았지만, 절반은 지도원이 되기 싫어 자퇴했다. 정신대원이나 위안부가 된 사람은 하나도 없다"고 했다. 평생을 미혼으로 지낸 그녀의 자퇴 이유는 '결혼'이 아닌 것도 분명한데, 아무래도 총독부는 상류 가정의 자녀는 공장행 정신대로조차 동원할 생각이 없었던 것 같다. 같은 세대의 일본 내지 여성보다 좋은 대우를 받았다고 말할 수 있을 것이다.

또 정신대를 면하는 것은 "결혼하든지 교원이 되는 길"밖에 없었다는 것도 옳지 않다. 총독부가 추진하고 있던 것은 종군간호부로, 김문숙도 성적은 최상이었지만 여학교 졸업식 대표로 뽑힌 것은 간호부로 갈 동급생이었다고 쓰고 있다. 어쨌든 정신대와 위안부를 혼동하는 당시의 풍문은 전후에도 계승되고, 과거 정신대원은 위안부로 오인되는 것을 두려워하여 이름을 걸고 나서려고 하지 않는 경향이 계속되었다. 야마시타 영애山下英愛(일본과 한국 혼혈 이화여자대학 대학원생)가 "한국에서는 일반적으로

정신대라고 하는 말을 일제시대에 강제연행되어 일본군 위안부가 된 여성이라는 의미로 사용하고 있다"고 썼다. 1992년 2월인데, 1990년 가을에 결성된 정대협에서도 이러한 혼동 문제는 다시 논의되었다. 야마시타는 다음과 같이 쓴다.[22]

> 당초는 위안부만 염두에 두고 있었던 것이 사실이다. 그런데 점차 정신대 속에는 위안부가 아니라 근로정신대였던 사람도 있다는 것을 알게 되었다. 그래서 협의회 활동 초점을 어떻게 할 것인가, 정신대라는 용어를 사용해야 할 것인가 하는 것이 문제가 되었다.
>
> 정신대협의회는 지금도 이 논의를 계속하고 있는데, 대세는 역사적 사실로서 위안부도 근로정신대도 존재했고, 또 지금까지 두 쪽 모두 정신대라는 이름하에 묻혀 온 관계상, 양측을 시야에 넣어 다뤄야 한다는 의견이 강하다.

어쨌든 공장행의 '근로정신대'와 성 접대를 하는 '종군위안부'를 총칭하여 '정신대'로 부르기로 했던 것이고, 윤정옥은 서울의 전 소학교 교사였던 이케다 마사에로부터 "정신대에 응모한 사람들 속에서 조금 나이가 많은 사람은 종군위안부로 보내졌다"[23]는 설명을 들었다고 한다.

---

22 「세카이」(임시증간臨時增刊)(1992년 2월)의 야마시타 영애 논문, 또 잡지 「여성학」 제4호(1996년)의 야마시타 영애 논문에서는 확실히 양자는 다른 것이라고 단언하고 있다.
23 『여자들의 태평양전쟁 3』의 이케다 마사에 증언.

위안부와 전쟁터의 성性

[표 12-5] 여자정신대와 위안부의 혼동 예

『국사대사전国史大辞典』 제9권, 요시카와히로분칸吉川弘文館, 1988. 항목- '조선인 강제연행 문제'	'여자정신근로령'에 따른 부녀자의 동원, 그중에는 수만의 '종군위안부'도 있다(강덕상姜徳相).
『일본사 대사전日本史大事典』 헤이본샤, 1986. 항목- '종군위안부'	대개는 '여자정신대' 등의 미명으로 속여서 모은 20살 전후의 아가씨들이었다(이데 후미코).
『조선을 아는 사전朝鮮を知る事典』 헤이본샤, 1986. 항목- '종군위안부'	1943년부터 '여자정신대'의 이름으로 약 20만이 (……) 근로 동원되어, 그중 젊고 미혼인 5만~7만이 위안부가 되도록 강요받았다(慰安婦にされた).
「아사히신문」 1992. 1. 11 항목- '종군위안부'	태평양전쟁 당시 주로 조선인 여성을 정신대의 이름으로 강제동원했다. 그 수는 8만이나 20만이라고 한다(1991. 8.11 우에무라植村 서울 특파원의 리포트에서도 같은 취지의 해설).
「아사히신문」 1992. 1. 12 항목- 사설	"역사에 눈을 감지 않을 것이다"라는 제목. 정신대의 이름으로 권유 또는 강제연행당한 조선인 위안부.
「아카하타 일요판赤旗日曜版」 1992. 7. 19	조선에서는 십만을 넘는 젊디젊은 아가씨들이 '정신대'의 이름으로 강제적 또는 속아서 사냥당해 모아져 위안부로.
「서울신문」 1969. 8. 14/ 1974. 11. 1	(1943년부터 1945년에) 정신대에 동원된 한일의 여성은 전부 약 20만, 그중 한국의 여성은 5만~7만 명이라고 추산.
『상하이일본사B詳解日本史B』 고등학교용, 산세이도(1999년부터 사용)	약 20만 명의 여성이 정신대로 모아져, 많은 여성이 종군위안부가 되었다.
한국의 중고교용 국정교과서 (1997년 4월부터 사용)	여자들까지도 정신대라는 이름으로 연행되어, 일본군의 위안부로서 희생된 경우도 있다.
센다 가코『종군위안부』	'정신대'라는 이름으로 모아져 (……) 모두가 위안부가 된 것은 아니다.
송건호宋建鎬『일제 지배하의 한국 현대사日帝支配下の韓国現代史』 후토샤風濤社, 1984.	(1943~1945년에) 일제가 정신대라는 명목으로 연행한 조선인 여성은 어느 기록에 의하면 20만 명, 그중 5만~7만이 위안부로.

누구보다도 당시 실정에 대해 자세히 알고 있을 윤 씨의 혼동이라는 것은 명확한데, 표 12-5의 혼동 사례가 나타내는 바와 같이, 부활한 전

후戰後의 풍문은 논거가 확실하지 않은 「서울신문」의 기사를 '인용'한 센다 가코의 저술(1973년)이 기원인 것 같고, 계속 인용되었던 듯하다. 그것은 1991년부터 1992년에 걸쳐 한국에서 일본으로 역류하고, 「아사히신문」이나 「마이니치신문」과 같은 주요 신문까지 영향을 받은 것 같다.

　　1997년 3월 12일, 참의원 예산위원회에서 고야마 다카오小山孝雄 의원으로부터 한국 교과서 기술에 대한 질문이 나왔다. 의사록에 따르면 가토加藤 외무성 아시아 국장이 1997년 3월부터 사용되는 한국 중학교와 고등학교 교과서에 "여성까지 정신대라는 이름으로 끌려가 일본군 위안부로 희생되었다"고 하는 기술이 있다고 말하고, 히라바야시平林 내각 외정심의실장이 "위안부와 여자정신대는 전혀 다른 것이다"라고 답하고 있다. 그러나 고야마 의원이 외무성 조직령組織令을 인용하여 한국 정부에 대한 정정 요청을 주장한 것에 대해 이케다池田 외상은 명확한 답변을 하지 않았다.

　　1992년 7월의 한국 정부에 의한 중간보고 가운데 "여자근로정신대와 위안부는 기본적으로 관계가 없고"라고 기술한 뒤 "단, 두시아 일본의 공장에서 한국 여성을 사기와 같은 방법과 인간 사냥의 수법 또는 공

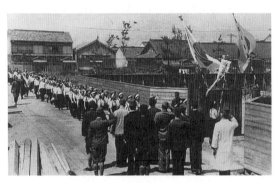
미쓰비시 나고야 공장으로 향하는 조선인 여자정신대.

장 관리자의 협력으로 위안부로 끌고 간 사례가 있었던 것으로 보인다", "또 이 가운데 원래 여자근로정신대원이 포함되어 있었을 가능성은 있다"고 쓰여 있

다. 한국 국정교과서에는 1992년 7월보다도 더 나간 형태로 쓰여 있는 것을 알 수 있다. 그러나 그 후에도 용어는 통일되지 않은 채 현재에 이르렀고, 1997년 신문기사도 "일본, 정신대 위로금 일방적 지급 파장"(「중앙일보」1월 12일자)이라든가, 「동아일보」의 사설(1월 14일자)에서 일관되게 "정신대"라는 용어를 사용하는 등 양자의 혼동은 계속되고 있다.[24]

Q3. 위안부에 대한 강제연행은 있었는가?

초기 위안부 문제의 최대 쟁점은 한국 정대협과 정신대연구회에 의해 작성된 제1차 보고서의 감수자였던 정진성 여사가 지적하는 것처럼 "동원"될 당시에 관헌에 의한 조직적인 강제연행이 있었는지 여부다. 그러나 그녀들의 이익을 대변하는 이 보고서에서도 증언자 19명 가운데 "군인·군속에 의한 폭력적 연행"은 4명에 지나지 않고, 이 4명도 상응하는 증거에 의해 뒷받침되지 않는 자기만의 일방적 주장인 것으로, 필자가 모두 실격으로 판정한 이유는 이미 6장에서 논했기 때문에 반복하지 않겠다.

이 점에 대해서는 요시미 요시아키 교수도 같은 견해인 것 같고, 1997년 6월에 간행된 그의 편저서 속에서 "관헌에 의한 노예사냥과 같은 연행이 조선·대만에서 있었다는 사실은 확인되지 않는다. 또 여자정신

---

24 「론자」1998년 11월호의 타레야 토모糾谷智雄 논문.

근로령에 의한 위안부의 동원은 없었다고 생각되지만, 중국과 동남아시아·남태평양지역의 점령지에서는 있었던 것이 확실하다"[25]고 쓰고 있다. 요컨대 일본의 식민지에서는 '강제연행'은 없었던 것 같지만 점령지인 중국과 동남아시아 등에서는 있었다는 논지로 해석된다. 필자는 앞부분에 대해서는 찬성하지만 뒷부분에 대해서는 인식이 다르다.

확실히 점령지에서는 요시미 요시아키가 말하는 것 같은 연행, 납치 사건이 적잖이 보고되었던 바 있다. 그러나 6장에서 분석하였듯이, 이역시 증거에 의해 뒷받침되지 않는 본인만의 주장이 많고, 사실이라고 해도 군율에 위반되는 개인 내지 소수 그룹의 성범죄, 즉 강간 사건의 범주에 들어가는 것이 대부분이라고 생각된다. 그리고 악질적인 사건은 일본군 헌병대 자신에 의해 적발되든가, 종전 직후 연합군에 의한 BC급 재판으로 처벌되었다. 예를 들면 필리핀에서는 1943년 1월까지 19건이 일본군 군법회의에 회부되어 형을 받았고,[26] 전후 필리핀에서는 강간으로 60건이 재판에 회부되어 종신형 등의 형을 받았다.[27] 필리핀에서 싸운 약 60만 명의 일본 병사들 중 약 50만 명이 전사했기 때문에 상당히 엄격하게 죄를 물었다고 생각된다.

BC급 재판의 과정에서 이런 종류의 성범죄가 일본군 상급사령부의 지령이나 묵인 하에 일어났다는 주장이 있었다는 기록은 발견되지 않는다. 만약 누락된 것이 있었다고 해도 개별적으로 처리될 성질의 문제였을 것이다. 현재의 법 상식으로는, 시효의 문제를 제외하더라도 일본국이 금전적인 보상 의무를 지는 것은 옛 위안부가 '관헌의 조직적 강제연행'

---

25 요시미 요시아키·가와다 후미코(1997), 『'종군위안부'를 둘러싼 30개의 거짓과 진실』, p. 24.
26 나가이 히토시永井均 편(1995), 『전쟁범죄 조사 자료戰爭犯罪調査資料』, 히가시데쇼한東出書版, pp. 216~224.
27 관부재판 판결서(1998년 4월 27일)에서 인용.

에 의해 모집되었다는 것이 입증되는 경우에 한정된다. 그러나 정진성조차 "지금까지 발견된 군 문서 속에서 위안부의 동원 방법을 구체적으로 설명해 주는 것은 한 건도 없다"[28]고 단언했음에도 불구하고 한국과 일본의 운동가들은 '강제연행'의 신화를 부풀렸고, 그에 밀리는 식으로 일한 양국 정부도 묵인해 버렸다(8장 참조).

유엔의 쿠마라스와미 보고서도 "강제연행의 증거는 발견되지 않았다"고 하면서도, 고노 관방장관의 담화를 인용하는 형태로 "강제연행은 있었다"고 결론짓고, 책임자의 처벌을 일본 정부에 권고했기 때문에(9장 참조) 국제적으로도 정착되어 버렸다는 느낌이 있다. 그러나 학술적인 차원에서는 "강제연행은 없었다"는 시각이 퍼져 가고 있기 때문에 운동가들은 다음과 같은 논거로 그 재구축을 꾀하려 하고 있다.

(1) 미발견의 증거 문서에 대한 기대
(2) 감독 책임을 묻는다
(3) '강제연행'의 정의를 확대
(4) 입증책임의 전환

순서에 따라 살펴보면, (1)에 대하여 요시미 요시아키는 "(조선)총독부 자료는 일본 패전 후에 소각되었다. 남은 자료도 일본 정부가 비공개로 하고 있다"[29]든가, "양 총독부(조선·대만)의 자료를 공개하면 관헌이 지원하고 있었음을 나타내는 자료는 나올 가능성이 있다"라고 쓰고 있

---

28 앞의 『강제로 끌려간 조선인 군 위안부들』, 한울출판사, p. 26.
29 「조선시보朝鮮時報」 1997년 2월 27일호의 '위안부 강제는 군의 지시'라는 제목의 강연 요약, 「아카하타赤旗」 1996년 11월 26일호의 요시미 요시아키의 말 등. 필자는 은닉설에 대해서 요시미 요시아키에게 "구체적으로 짚이는 데가 있는가" 하고 확인한 적이 있는데, "없다"는 답변을 들었다.

다. 만약 그가 기대하는 것 같은 공문서가 남아 있다고 하면, 아마도 유괴, 폭행을 포함한 형사사건의 처분 기록이든가, 단속 법규의 위반 기록일 수밖에 없다고 생각되는데, 그것들이 빈번하게 일어났음을 시사하는 정보는 없다. 또 중앙에서 수천 명 단위의 여성 동원을 결정했다고 한다면, 말단으로 가는 과정에서 방대한 관련 문서가 작성되었을 것이다.

문제가 '폭발'하고 나서 7년 이상이 경과했지만, 이러한 종류의 서류가 보이지 않는 것은 애당초 존재하지 않았다고 생각하는 편이 상식적일 것이다. 그러나 무엇이 존재하지 않음을 증명하는 것은 지난한 일이기 때문에 논거 (1)은 반영구적으로 사용할 수 있을지도 모른다.

(2)에서는 전차금으로 딸을 판 부모와 업자, 알선업자(조선반도라면 조선인, 인도네시아에서는 현지인)의 제1차 책임이 문제가 된다. 요시미 요시아키는 "관헌이 직접 하지 않고 업자가 한 경우라도 업자는 군이 선정하고 여성을 모으도록 지시했기 때문에 당연히 군의 책임이 된다"고 감독 책임론을 전개하고 있다. 그러나 기세 좋게 "위안소 경영이나 마약 판매 등 더러운 일을 하는 조선인의 다수는 일본의 식민지 지배와 차별 하에서 생활의 기반이나 고향을 빼앗겼기"[30] 때문이라고 한다면, 그다음 (3)으로 넘어가게 될 것이다.

요시미 요시아키가 확장한 정의에 따르면, "강제연행이란 본인의 의지에 반하여 데리고 가는 것"이기 때문에 "차금으로 묶어 데려간다"든가 "속여서 데려"가는 것도 위안소에 도착했을 때 "억지로 위안부가 되기 때문에" '강제연행'에 포함되겠지만, 이런 논리를 적용하면 세상 어떤 국가든 그런 개별 범죄 피해자 모두에게 보상 책임을 져야 하는 상황이

---

30 요시미·가와다 앞의 책, pp. 17, 23.

되어 버린다. "속여서 데려오는 것도 (……) 강제적 연행과 다르지 않다"(윤정옥)든가, "식민지 지배 그 자체가 '강제'였다"[31](서경식)는 류의 주장도 결국은 같은 것인데, 이런 종류의 속임수와 같은 논리가 더욱 발전된 것이 거증책임의 전환을 말하는 (4)이다.

(4)는 주로 우에노 치즈코上野千鶴子, 와카쿠와 미도리若桑みどり 같은 페미니스트들이 주장하고 있다. 성희롱 재판을 원용하면서 "소추된 가해자가 반증할 책임을 지는 방식으로 논리를 짜야 한다"[32]는, 법 상식을 초월하는 폭론暴論인데, 성희롱의 피해자는 여자뿐만이 아니다. 그 속에서 남자 부하에 의해 고소당한 여자 상사가 반증할 수 없어서 극심한 고통을 받는 모습이 나타날지도 모른다.

[표 12-6] 조선총독부의 전체 인원과 조선인 수(1945년)

직무	전체	그중 조선인
총독부 국장	12	1
총독부 과장	48	3
도지사	13	5
군수	219	198
경찰서장	255	10
경찰관	23,269	8,645

※출처: 야기 노부오八木信雄『일본과 한국日本を韓国』(일한문화협회, 1978) p.125

주 경찰관의 경우 1941년 말 기록, 전시에는 조선인의 비중이 급증했다.

'강제연행'은 아니지만, 미묘한 경우는 지원志願과 강제의 중간—특히 넓은 의미의 관알선 방식일 것이다. 그 경우에도 군이나 관의 '의뢰'를

31 「론자」, 1997년 12월호의 윤정옥·서경식 논문.
32 우에노 치즈코, 『내셔널리즘과 젠더』, p. 158.

말단에서 영합적으로 받아들여 그 일을 '적격자'에게 할당하는 경우부터, 노회한 업자가 말단의 관공리에게 환심을 사서 그들이 사적으로 알선하게 하는 경우까지, 뉘앙스의 차이가 있을 것이다. 관알선은 남자를 대상으로 한 노동력 조달의 경우로 방식이 확립되어 있었다. 즉 필요로 하는 인력을 나누어 맡기는 할당은 다음과 같은 루트를 따라 내려가고, 말단에서는 면장이 주재소의 순사와 협의하여 지명하는 식이었다.

```
총독부 ── 도지사 ┬─ (군) ── 면
                 └─ 경찰서 ── 주재소
```

지명指名에 당면해서는 빈부를 포함하여 개개의 가정 사정이 고려되었는데, 면내의 역관계力關係가 영향을 미쳤을 것이다. 그러나 면장 전원, 주재소 순사의 대부분은 조선인이었기 때문에 극단적인 강제연행은 어려웠을 것이다. 당시 총독부 관리들은 위안부의 조달에 이 루트를 사용하려고 해도 면장과 순사가 거부했을 것이고, 강행했다면 폭동이 일어났을 것이며, 전후에 바로 일본에 대한 비난이 비등하고 보복을 당했을 것이라고 말하고 있다.[33]

지금까지 커밍아웃한 조선인 위안부의 신상 이야기에서 실제로 이 루트에 따랐다고 생각되는 경우는 관동군특수연습 시기(3장 참조)를 포함하여 단 한 개의 예도 나오지 않았다. 아무튼 평상시와 동일한 매신 방식으로 여성을 모으는 것이 가능했다면 식민지 통치가 붕괴할 수 있는 위

---

33 『근현대사 수업개혁 5近現代史の授業改革 5』(明治圖書, 96년 9월 별책)의 타이시도 츠네야스大師堂經慰 논문, 야기 노부오八木信雄(전 전라남도 지사), 히카시 히로日笠博雄(전 총독부 노무과장), 임승수林勝壽(전 경기도 농상부장), 츠보이 유키오坪井幸生(전 충청북도 경찰부장), 타이시도 츠네야스大師堂經慰(전 총독부 사무관)의 이야기.

　위안부와 전쟁터의 성性

험을 내포하는 강제연행에 관헌이 나설 리가 없다고 생각된다. 그것을 뒷받침하는 것은 1944년 여름에 티니안Tinian섬에서 미군의 포로가 되었던 이복도 등 3명의 조선인에 의한 진술이다. "면장은 자유선거로 뽑힌 지도력이 있는 실력파 노인"이라든가 "노무 동원을 거부하면 투옥된다"고 말한 뒤, 조선인 위안부에 대해 다음과 같이 이야기하고 있다.[34]

> 태평양전쟁에서 만난 조선인 위안부(prostitutes)는 모두 지원자(volu-anteer)든가, 부모에 의해 팔린 자들뿐이다. 만약 여성들을 강제동원(direct conscription)했다면 어떠한 보복을 당하더라도 일본인을 죽였을 것이다.

심문관이 "지금까지 심문한 백 명 정도의 조선인 포로와 마찬가지로 반일 감정이 강하다"고 평하고 있는 이 조선인 군속의 증언만으로도, 무엇보다 설득력이 있지 않은가.

Q4. 위안부는 어떻게 모집되었는가?

위안부들이 말하는 자신의 신상 이야기는 6장에서 검토했던 바와 같이 보상을 의식해서인지 정확성을 결여한 것이 많다. 특히 그 일에 들어

---

34 Composite Report on three Korean Navy Civilians List No. 78, dated 28 Narch 1945, "Special Questions on Koreans"(U.S. National Archives).

서게 된 계기에 대해서는 앞 절에서 보았듯이 관헌에 의한 조직적인 '강제연행'은 없었다고 단정할 수 있다. 그러면 실상은 어떠했는가? 당시의 업자, 그중에서도 알선업자에 해당하는 사람이 적절하지만, 지금까지 실명을 걸고 나선 자는 없고 이후에도 기대하기 어렵다면, 당시의 위안부들로부터 사정을 들은 사람들의 증언으로부터 짐작할 수밖에 없다. 다음에 열거한 것은 이들의 여러 증언으로부터 신뢰성이 높다고 판단하여 뽑은 것이다.

A. 시바오카 히로모토柴岡浩元 헌병 원사(북만주 치아무스 헌병대)의 증언

1945년 7월, 치아무스의 군 특수 위안소에서 접객을 거부하여 업자에게 맞고 있던 미모의 조선인 여성 킨조 우메코金城梅子로부터 다음과 같은 신상 이야기를 듣고 업자에게 접객을 금하라고 명령했다. "내 아버지는 북조선 청진의 자산가로 마을 유력자였다. 어느 날 대단한 친일파인 아버지는 '관동군이 군속과 같은 위치에서 노래와 춤 등으로 위문할 사람을 모집하고 있다. 아들이 있으면 군대에 지원하게 하겠지만 그 대신 관동군에 응모하지 않겠는가' 하고 말했다. 나는 여학교에서 음악을 가장 잘 했기 때문에 딱 맞는다고 생각하고 응모했는데 실은 위안소였다."[35]

B. 오노모토 마사요榎本正代 하사(지난濟南 주둔 제59사단)의 증언

1941년 어느 날, 국방부인회에 의한 '대륙위문단'이라는 일본 여성 200명이 왔다. (……) (위문품을 전달하고) 앞치마를 두르고 발랄하게 부대의 취사를 돕는 일 따위를 하고 돌아간다고 들었는데 (……) 황

---

35 「헌우」 81호, 1997의 시바오카 히로모토 기고문과 그의 이야기.

군을 상대하는 매춘부가 되었다. "목적은 달랐지만, 이렇게 멀리 와 버렸으니 어쩔 수가 없다"고 그녀들은 자주 불평했다. 장교 클럽에도 큐슈에서 여학교를 나왔고 사무원 모집에 응했는데 위안부가 되었다고 우는 여자가 있었다.[36]

C. 이노우에 겐키치井上源吉 헌병 병장(화중 헌병대)

1944년 6월 한커우로 전근, 위안소 거리인 지칭리에서 만난, 이전에 난창南昌에서 여관을 하고 있던 구면의 안安모라는 조선인 경영자로부터 들은 내막이다.

"이 가게를 하고 있던 내 친구가 귀국했기 때문에 2년 전에 일하고 있던 여자들을 인수하는 식으로 양도받았다. 여자들은 벌이가 좋았기 때문에 들어올 때 부모들에게 지불한 3~5백 엔의 전차금도 1, 2년 안에 모두 갚고, 저금이 모이면 현지의 우리나라 사람과 결혼한다든가 귀국해 버렸기 때문에 후임을 보충하는 것이 최대 골칫거리다. 그래서 1년에 한두 번은 고향으로 여자를 찾으러 돌아가는 것이 큰일이다. 내 경우는 보통 친구가 모아 줘서 괜찮지만, 좋은 연락처가 없는 사람은 악랄한 대책을 강구하는 것 같다. 군의 명령이라고 속인다든가, 부대 이름을 사칭한다든가 하는 알선업자가 암약하고 있는 것 같다."[37]

D. 스즈키 타쿠시로鈴木卓四郎 헌병 병장(화남 난닝南寧헌병대)의 증언

1940년 여름의 난닝 점령 직후 '육군 위안소 북강향北江鄉'이라는 간

---

36 혼다 카츠이치本多勝一 외, 『천황의 군대天皇の軍隊』 pp. 293~294와 오노모토 마사요의 이야기.
37 「헌우」 81호의 이노우에 겐키치 기고문과 그의 이야기.

판을 건, 민가를 개조한 조악한 위안소를 매일같이 순찰했다. 십여 명의 젊은 조선인 작부를 낀 경영자는 "시골 소학교 선생님처럼 생긴 청년"인데, 지주의 둘째 아들로 소작인의 딸들을 데리고 도항해 왔다는 것. 계약은 육군 직할의 찻집, 식당이었는데 자신을 "오빠"로 따르는 어린 아이들에게 매춘을 시켜야 하는 일에 책임을 느끼는 것 같았다.[38]

E. 후사야마 다카오総山孝雄 소위(근위사단)의 싱가포르에서의 체험

1942년, 군사령부의 후방계가 주민 사이에서 빠르게 위안부를 모집했다. 그러자 지금까지 영국군을 상대했던 여성이 차차 응모하고, 눈 깜짝할 사이에 예정된 수를 넘어 계원을 놀라게 했다. (……) 트럭섬에서 위안소로 수송할 때도 오가는 일본 병사들에게 차에서 화려한 모습으로 손을 흔들며 애교를 부렸다.[39]

F. 양징자梁澄子가 정대협의 일본대사관 시위에 참가한 옛 위안부 김 할머니 에게서 들은 신상 이야기

1937년, 17살에 돈벌이를 할 수 있다는 조선인 모집인의 말에 꾀여 고향 마을을 떠났다. 어떤 일을 하는지는 가보면 안다, 일하고 돌아오면 돈을 많이 번다, 그렇게 말해서 부모님의 반대를 무릅쓰고 떠났다. 무엇이든 여기보다 낫다고 생각하고 조선인이 경영하는 상하이의 위안소로 갔다. (……) 일본인 이즈미 소위의 도움으로 1940년에 귀향했다. 앞잡이였던 한국인이 미워서 시위에는 왔지

---

38 스즈키 타쿠시로(1974), 『헌병 하사관憲兵下士官』, 신진부츠오라이샤, pp. 91~93.
39 후사야마 다카오(1983), 『남해의 새벽南海のあけぼの』, 소분샤叢文社, 1983, p. 150.

만, 일본인이 밉다고는 생각하지 않는다. 한국 정부에 대해 내 분노를 보여 주고 싶다.[40]

G. 오카 쇼헤이大岡昇平『포로기俘虜記』로부터

그(토미나가)는 세부Cebu의 산속에서 처음으로 여자를 알게 되었다. 부대와 행동을 함께 한 종군간호부가 병사들을 위안했다. 한 장교가 독점한 수간호사가 자진해서 말을 꺼낸 것이라고 한다. 그녀들은 직업적 위안부만큼 가혹한 조건은 아니었는데, 하루에 한 사람씩 병사를 상대하도록 강제되었다. 산속에서의 사기 유지가 구실이었다. 응하지 않으면 식량을 주지 않았던 것이다.[41]

H. 노코토 킨이치野本金一 - 헌병 하사관의 회상

1943년 버마의 아캬브 헌병분대의 분주소分駐所에서 근무할 때 위안소가 없는 배속 부대가 촌장을 통해 버마인 여성 위안부를 모집하려고 계획한 일이 있었지만, 반강제가 되어서는 치안에 좋지 않다고 판단하여 연대 본부에 이의를 제기하여 중지되었다.

I. 가와토 사부로河東三郎(해군 군속 설영設營부대원)

1943년 가을, (니코바르섬으로) 내지에서 위안부 4명이 왔다는 뉴스가 들어오고, 어느 날 반장부터 위안권慰安券과 철모(콘돔)와 소독약을 받아 집단으로 노부부가 경영하는 위안소에 갔다. 순번을 기다려 들어간 3호실 여성은 미인으로 22살쯤 되어 보였다. 뒤에 들었

---

40 윤정옥 외 저, 『조선인 여성이 본 '위안부 문제'朝鮮人女性がみた'慰安婦問題'』, p. 230
41 오카 쇼헤이(1967), 『포로기俘虜記』, 신초분코新潮文庫, p. 374.

는데 전쟁터로 가면 무시험으로 간호부가 될 수 있다고 해서 왔고, 속았다는 사실을 안 그녀들은 울부짖었다고 한다.[42]

이와 같은 일련의 증언으로부터 관찰하면, 위안부가 된 계기는 각인각색, 천차만별이라고밖에 말할 수 없다. "속아서"라고 말해도, 여자들이 아니라 업자 자신도 속은 듯한 경우가 섞여 있다고 하면, 더 파고들어도 불모不毛의 작업이 될 것 같다. 어쩌면 6장에서 소개한 버마와 필리핀에서 미군 포로가 된 위안부들 거의 전원이 그랬던 것처럼, 대다수를 점하는 것은 전차금이라는 명목으로 부모에 의해 팔린 딸이었으리라 생각되지만, 그것을 밝혀내는 일은 지난할 것이다. 재일 조선인 작가 유미리는 다음과 같이 쓴다.[43]

어떤 방법으로 조선인 위안부가 전지에 왔는지를 상상하기는 어렵지 않다. 가난한 집에 알맞은 나이의 딸이 있다. (……) 거기에 알선업자가 나타나 교묘한 말로 미우리身賣り를 권하다, 그중에는 군의 위엄을 덮어쓰고 강요하는 언동을 하는 자도 있다. (……) 양친에 의해 팔려 울고 울며 위안부가 된 여성도 있다면, 부친이 자신을 팔았다고 말할 수 없고 대신에 군의 강제라고 속삭이며 그렇게 믿어 버린 여성도 있을 것이다. (……) 다양한 위안부들 속에 강제연행되었다고 믿어 버리기에 충분한 상황증거가 있었을 것이다.

---

42 가와토 사부로(1992), 『어느 군속의 이야기ある軍屬の物語』, 일본도서센터日本圖書センター, p. 69.
43 「신초 45」, 1997년 12월호의 유미리 논고.

　　　위안부와 전쟁터의 성性

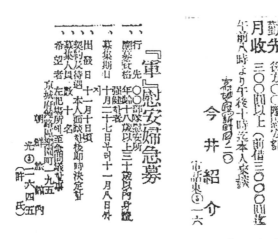

「매일신문」(1944년 10월 27일)에
게재된 위안부 모집 광고.

「경성일보」(1944년 7월 26일)에
게재된 위안부 모집 광고.

조금 의외라고도 생각할 수 있지만, 신문광고 등으로 공모한 사례도 몇 개 발견되었다(표 12-7 참조). 일례는 반도 내에서 최대 발행 부수를 자랑하는 「매일신보」(유일한 한글 신문)에 나온 '군 위안부 급모急募'(사진)라는 광고다. 행선지는 ○○위안소이고, 감언도 무엇도 없이, 거침없이 수도 경성의 조선여관이라는 곳에 있는 업자인 듯한 인물이 모집주가 되어 있다.

[표 12-7] 위안부의 모집 광고 예

게재지	일자	기사
「만주일일신문 滿州日日新聞」	1941. 3. 6-3. 11	'여급 다수 필요 수입 多大, 준비금 가능' (쓰핑시 카페·아시아)
상동	1941. 4. 12	'여급 여러분 다수 모집, 수입 多'(펑톈천일 럭키)
「경성일보京城日報」	1941. 4. 11	'북지 린펀의 육군 지정 호텔 급사 및 준사관 가정 급사 모집, 단 내지 재적자, 월급 150엔 이상, 22살 전후(모토마치 산죠메 베니야本町三丁目紅屋方)

게재지	일자	기사
상동	1944. 7. 26	'위안부 지급 대모집, 연령 17~23살, 월급 300엔 이상(전차 3,000엔까지 可)'(케이쬬후신초京城府新町, 이 마이 소개소)
「쇼난일보昭南日報」 (중국어판)	1942. 3. 5-3. 8	'각 민족의 접대부 수백 명, 17~28살, 월급 적어 도 150달러, 창부 경험자 可'(접수 라프루스 호텔ラッフ ルス・ホテル)
상동	1942. 4. 18	'중국인 접대부 수십 명, 18~25살'(아사히 클럽 하 마다 지타로旭倶楽部浜田次太郎)
「매일신보」(경성)	1944. 10. 27~ 1944. 11. 1	○○부대 위안소행의 군위안부 10명 급모, 18~30세, 11월 10일경 출발(경성부 조선여관내 허씨)

총독부의 어용신문이라는 「경성일보」 구인란에도 그런 종류의 광고가 있다. 위안부라고 명시하면 격식을 중시하는 이 신문이 게재할 리가 없다고 생각되지만, 무언가 착오가 있었는지 1944년 7월의 광고에 자동차 회사의 타이피스트 모집과 산부인과 의원의 광고와 나란히 '위안부 지급至急 대모집'이 상당히 크게 당당히 나와 있다. 전차금 3천 엔은 현재라면 1억 5천만 엔 정도의 파격적으로 큰 액수인데, 실제로는 조금 쌌을지도 모른다. 그보다 3년 전인 산시성 린펀臨汾 행의 '급사(웨이트리스)'도 시세는 월급 10엔이나 20엔이었기 때문에 150엔 이상이라고 하면 위안부 일이외 다름 아니었을 것이다.

내지의 신문은 경찰의 감시가 엄하여 이런 종류의 공모 광고가 발견된 예는 아직 없는데, 보았다는 증언이 없는 것도 아니라서[44] 이후의 조사를 기대하고 싶다. 커밍아웃한 옛 위안부의 신상 이야기에서 공모에 따른 사례는 없지만, 응모자는 의외로 많았을 가능성도 있다.

---

44 「계간 전쟁책임 연구」 제4호의 하야시 히로후미林博史 논문; 야마다 메이코山田盟子, 『토끼들이 건너간 단혼교ウサギたちが渡った断魂橋』下, p. 51; 토미자와 시케루富澤繁(1988), 『여자들의 여러 가지 전장 이야기女たちの戦場よもやま物語』, 고진샤光人社를 참조.

[표 12-8] 위안소의 생활 조건

	장소	시기 (연월)	전차금 (엔)	단시간 이용 요금(엔) (병-하사-장교)
1. 창저우주둔내무규정 常州駐屯問内務規定	화중華中	1938. 3.		1~2
2. 위안소 규정	이로이로 イロイロ	1942. 11.		1-1.5-3
3. 주둔지 위안소 규정	만달레이(버마)	1943. 5.		1.5-2-3
4. 허가 위안소 규정	마닐라	1943. 2.		1.5-2-?
5. 군정감부 군정규정집	말레이시아	1943. 11.		
6. 미군의 심문 보고서	북버마	1944. 8.	300~1,000	1.5-3-5
7. 위안소 관리 규정	한커우	1943		1-1.5-3
8. 문옥주의 증언	버마	1942~1945		
9. 석병단 회보石兵団会報	오키나와	1944		2.5-3.6-6
10. 키토 레이켄木藤冷劍 리포트	다마노이玉の井 (도쿄) 사창가	1938	75~2,500 (평균 500)	2
11. 경찰서 취재기사	평양 반도 유곽	1940	500~800	
12. 히로시마현 단속 내규	히로시마현 공창	1944		2~3

여성의 몫(%)	여성의 수입(년)	외출 규정	그 외	출처
				요시미 자료집 p. 208
		지정된 산보구역 외는 금지	요금은 군표로 선불 규정	상동 p. 324
		주인으로부터 기타 외출증 수령		
50		지정구역 외 외출은 허가 필요	폐업 허가 신청서의 서식과 송환의 편의 공여에 관한 규정을 첨부	요시미 자료집 p. 497
40~60			전차금은 이자 없음, 팁은 여자 몫 규정 있음	방연소防研所蔵 자료
60→50	150~750	쇼핑 외출 등 가능	1. 접객 거부권 있음 2. 계약 기간 끝난 후에 귀국한 자 있음 3. 병사의 결혼 신청 많음	요시미 자료집 p. 453
40~50	400~500		1. 위안부의 구성은 내지인 130, 조선인 150명(총 20개) 2. 계약 기간 후에는 귀국 가능	야마다 세이키치 『우한병참』, 나가사와 켄이치 『한커우 위안소』
		인력거에 의한 외출	1. 도중 귀국한 여성 있음 2. 군사 우편 저금 25,000엔 남짓 있음, 그중 5,000엔을 가주에게 송금	『버마전선 방패사단의 '위안부'였던 나』
70		허가에 의해 외출(트럭 이용)	"강간은 극형에 처한다"	요시미 자료집 p. 412~417
40	32~240 (평균 72)		설날에 19명 접객한 여성 있음	「가쿠세이廓清」 1938년 2월호
	30~40	·	아유카와鮎川 서장의 "3~5년의 계약 기간으로 힘들어하는 여성들의 몫을 50%로 하여, 1년 남짓에 전차금을 변제할 수 있도록 하고자 한다"는 말	상동 1940년 7월호
40		자유	연령 제한은 18세 이상	「계간 전쟁책임 연구」 제14호

주 음주와 폭력 금지, 콘돔 사용, 검진의 의무화(부적격자는 접객 금지)는 대부분의 규정에 포함되어 있으므로 생략했다.

Q5. 위안소의 생활 조건은 가혹했는가?

쿠마라스와미 보고서가 '군용 성노예제'라고 호칭한 것에 자극을 받았는지, 일본의 운동가들은 위안소 생활의 가혹함을 강조하게 되었다. 예를 들면 지원한 경우에도 일단 위안소에 들어가면 "본인의 의사에 반하는 강제"(요시미 요시아키)가 있었기 때문이라는 것이다.

요시미 요시아키는 주로 국내 공창제와 비교하여, 위안소에서는 (1) 국내는 하루에 ○명 정도의 접객이었지만, 하루에 20명, 30명이 드물지 않았다, (2) 국내에서는 허용되고 있었던 상대를 거절하는 자유, 폐업의 자유, 외출의 자유 등이 위안부에게는 없었다, (3) 거친 병사에 의한 폭행이 많았다, (4) 미성년자가 적지 않았다, (5) 보수를 받고 있었던 것은 오히려 소수로 (……) (받고 있어도) 손에 남는 것이 거의 없는 구조였다는 등을 주장하고,[45] 그 가혹함은 "정확히 군용 성노예라고 할 수밖에 없다"고 결론내리고 있는데, 이것은 사실일까?

가혹한가 아닌가의 문제는 주관적이기 때문에, 여기서는 주로 '규정'과 '실상'의 양 측면에서 일본의 공창제와 비교하면서 검토, 분석하고자 하는데, 일단 위안부가 전시에 전쟁터에서 일하고 있었다는 것으로부터 발생하는 특수 조건부터 고려해야 한다. 서비스의 대상이었던 병사와 간호부 등 여성들의 생활 조건과 비교할 필요도 있을 것이다. 게다가 일본의 패전에 의해 환경과 조건은 격변하였고, 그녀들의 기대는 소멸했지만, 그것은 불가항력에 가까운 것이었다는 점도 고려해야 한다. 이상을

---

45 『'종군위안부'를 둘러싼 30개의 거짓과 진실從軍慰安婦』 III장; 「세카이」 1997년 3월호의 요시미 논문을 참조.

염두에 두면서 표 12-8을 살펴보자. 시기에 따라 장소에 따라 조건은 달랐지만, 이용 규칙에서 보는 한 각종 자유는 제약이 붙었지만 인정되고 있었다고 볼 수 있다.

군의 입장에서 보면 업주(경영자)의 압제와 착취를 억누르고 여성들의 환심을 삼으로써 병사들에 대한 좋은 서비스를 기대했다고 생각된다. 단순히 전쟁터의 위안부가 내지와 조선의 매춘부보다 조건이 나빴다고는 단언할 수 없다. 호기심 어린 화제로 자주 등장하는 것이 접객 빈도의 농밀함이다. "3시간에 76명을 소화한 여자가 있었다", "(하루에) 최악일 때는 백 명도 (……)", "스톱워치로 계산하면 한 사람당 소요 시간은 평균 5분" 등 상당한 과장이 있는 것은 부정할 수 없다. 야마자키 토모코의『산다칸 8번 창관』에서 "평소는 그렇게 많은 손님이 오지 않지만, 항구에 배가 들어올 때는…… (손님이 늘어서) 하룻밤에 30명"이라고 하는 것처럼, 이 직종에서는 드물지 않은 이야기일 것이다.

내무성 통계에서는 유객 약 3천만 명에 창기 3.5만 명(1940년)이라고 기록되어 있기 때문에 평시 내지 유곽에서는 한 사람이 하루 평균 2, 3명을 맞이하고 있었다는 계산이 된다. 시기는 알 수 없지만 '특음가特飮街 영업 통계'라는 문헌에 의하면, 1일 3.5명, 성교 횟수 4.8회였다고 한다.[46] 당연히 번한繁閑의 차이가 있었고, 다마노이玉の井 사창가에서 설날에 19명, 그중에는 40명의 손님을 받은 이도 있었다고 하니 물리적 한계는 수십

---

46 우에스기 치토시(1997),『탈고마니즘 선언脱ゴーマニズム宣言』, 토호슈판東方出版, p. 55. '고마니즘'이란 만화가 고바야시 요시노리小林 よしのり가 그의 작품『고마니즘선언』을 발표하면서 널리 알려진 말이다. 일본군 위안부 문제 등 일본 내에서 식자들도 언급하기를 꺼리는 문제에 대해 자신은 "오만하게"(오만의 일본어 발음이 "고만"이다) 자신의 의견을 분명히 밝히겠다는 의지를 나타낸 것이며, 그 뒤 그의 만화는 전보다 훨씬 직설적인 주장을 담았고 에세이와 같은 모습을 갖게 되었다. 위안부 문제를 다룬 만화『위안부』가 대표적이며, 이 만화는 일본 사회에서 큰 관심을 받았다. ―역주

명 규모[47]라고 생각하면 될 것이다.

전시 위안부의 경우 전황과 병사들의 외출 날짜(주 1회)에 제약되기 때문에 번한繁閑의 차이가 컸다고 생각되지만, 미티나(버마 북부)의 위안소에서는 20명의 여성이 하루에 백 명 전후를 소화했다고 하니 1인 평균 5명 정도가 된다. 병사와 위안부의 비율이 불균형해 노동이 과중한 경우가 있었다 해도, 평균적으로는 내지의 유곽과 비슷했으리라 짐작된다. 게다가 접객 수는 그녀들의 수입과 직결되기 때문에 만주의 진저우錦州에서 근무한 이소다 토시카츠磯田利一가 쓴 것처럼, "하루 37명의 병사를 상대로 50엔을 벌었다"고 자랑하는 여자가 있어도 이상한 것은 아니다.

다른 직장과 평시의 창부 일에 비해 전쟁터의 위안부에게 무엇보다도 유리한 조건은 높은 수준의 수입이었다. 요금 자체도 조금 높았지만, 경영자와의 배분비율, 즉 다마와리玉割가 좋았던 것도 영향을 미쳤다. 표 12-8이 나타내듯이, 내지에서는 전쟁 중에 요시와라에서의 다마와리가 25%에서 40%로 상승했고, 그 무렵에 전지戰地에는 50%가 보통이었으며 말기의 오키나와와 같이 70%로까지 상승한 경우도 있었다. 미티나의 마루야마丸山 연대장이 위안부의 불평을 샀던 것은 그녀들의 분배율이 60%에서 50%로 인하되었기 때문이라고 미군 보고서는 평하였다.[48] 이것을 수입 금액으로 보면 내지의 5배 이상, 평양 유곽 여성들에 비하면 10배 이상의 벌이다. 빠르면 몇 개월 안에 전차금을 갚고, 뒤에는 저금과 가족 송금으로 돌릴 수 있었다. 문옥주의 경우는 잘 팔렸던 사람이었던 만큼 3년이 안 되어서 2만 5천 엔을 저금하고, 그중에서 5천 엔을 가족에

---

47 「가쿠세이」1938년 2월호.
48 요시미 자료집, p. 457.

게 송금했다.[49] 지금이라면 1억 엔 전후의 큰돈이었다.

송금은 군사우편을 이용하는 경우가 많았는데, 내지로 날아가는 파일럿에게 부탁하는 예도 있었던 것 같다. 라바울의 해군 폭격대에 있었던 이치가와 야스토市川靖人 비행병조는 그가 만난 조선인 위안부에게 부탁을 받고 키사라주大更津에서 조선의 부모에게 200엔의 현금을 보냈는데, 야마나시 현의 농촌에서 작은 집 한 채를 지을 수 있으리라 생각했다고 한다.[50]

베테랑 일본인 위안부도 뒤지지 않았다. 요시와라에서 10년간 생활한 다카와스 야에高安やえ는 "1942년 가을, 포주로부터 전지로 가보지 않겠는가 하는 말을 듣고서 바로 응했다. 내지에서는 젊은 남자가 줄어들었고, 전지로 가면 지금의 10배를 벌 수 있어서 (……) 돈을 벌면 내지로 돌아가 장사를 시작하려고 생각하고 라바울로 (……) 한 사람당 5분으로 한정하고, 하룻밤에 200엔, 300엔 버는 것은 쉬운 일이었다"[51]고 회상하였는데 버마의 문옥주와 거의 같은 예다.

일본군은 그녀들이 일찍 차금을 갚고 귀국하는 것에는 오히려 호의적이었던 것 같다. 1943년 2월 한커우 병참사령부의 위안계장으로서 부임한 야마다 세이키치山田清吉 소위는 위안부 전원을 모아 놓고 "사치와 낭비는 그만두고, 하루라도 빨리 차금을 갚고 내지로 돌아가 행복한 가정생활을 시작하라"고 훈시했는데, 그 자신은 "1년 반 정도에 차금을 갚고, 그 이상 일하면 조금은 저축할 수 있다"[52]고 판단했다. 야마다 세이키

49 문옥주(1996), 「버마전선 방패사단의 '위안부'였던 나」, 나시노키샤梨の木舍, p. 138.
50 「문예가협회 뉴스」 1992년 10월호의 이치카와 기고문.
51 다카와스 야에(1979), '여자의 라바울 노래', 『지속 전쟁파의 유언 여성판續戦中派の遺言女性版』, 카이쇼보櫂書房.
52 야마다 세이키치(1978), 『우한병참』, 토쇼슈판사圖書出版社, p. 65.

치의 동료였던 나가사와 켄이치長澤健一 군의軍醫의 마음에도 들었던 위안부들은, 조선의 부모가 계신 곳으로 송금하여 전답을 사게 한 하루코春子라든가, "3만 엔을 저금하고, 5만 엔이 되면 경성으로 돌아가 작은 요리점을……"이라며 노력했던 게이코慶子 등으로 그것을 알게 된 병참사령부에서는 "감탄할만한 여자들이었다. 표창하자"[53]는 의견도 나왔다고 한다.

　　　나가사와 켄이치가 생각을 바꾼 것은 1940년, 제3사단의 통과부대가 지칭리의 위안소에 쇄도했을 때였다. 과중한 노동으로 성기가 부은 여자가 속출했기 때문에 그는 휴업을 명령했다. 그런데 휴업 명령을 기뻐하리라고 생각한 그녀들이 오히려 평소 한가한 곳에 어느날 설날이 한꺼번에 온듯한 돈벌이의 기회가 온 것을 막고 있다면서 항의했다고 한다.[54] 여성들이 연예회나 운동회에도 참가한 지칭리라는 곳은 아마도 조건이 좋았던 곳이었음에 틀림없지만, 그때 지칭리와 멀지 않은 후베이성 당양當陽이라는 벽지에서 지내고 있던 한 하사관은 "하나코花子라는 처녀가 계

중국 전선에서 트럭으로 이송되는 위안부들(1938년경).

약 기간을 마쳐 축하하자며 초대받은 적이 있다"[55]고 회상한다. 송별회를 해 주었던 것이다. 병사들과 위안부의 심정적 교류가 없는 것이 아니고, 극단적인 사례를 들어 그녀들에게 '성노예'라는 딱지를 붙

53 나가사와 켄이치(1983), 『한커우 위안소漢口慰安所』, 토쇼슈판샤圖書出版社, p. 81.
54 같은 책, p. 238.
55 『여자들의 태평양전쟁女たちの太平洋戰爭 2』(아사히신문사, 1991)의 후지이 타다시 수기.

이는 것은 실례失禮라고 해야 할 것이다.

　　때로는 위안부들에게 난폭한 행동을 하는 장교나 병사가 있어서 그녀들이 애를 먹은 사실은 부정할 수 없다. 그러나 위안부들은 고용주에게 있어서는 큰돈을 쏟아 넣은 중요한 영업 자산이며, 군에 있어서도 없어서는 안 될 서비스 집단이므로 도를 넘은 학대는 예외적이었다고 생각된다. 여자들도 그저 울며 잠들었던 것이 아니다. 조선인 위안부가 "천황 폐하 아래, 우리는 같다"고 마법 같은 말을 하면 난폭한 병사도 순해졌다고 이토 케이이치伊藤桂一는 썼는데, 문옥주는 "그 군인의 가랑이를 발로 걷어차고 거부한다든가, 그래도 말을 듣지 않으면 헌병에 신고했다"[56]고 체험을 말하고 있다. 내지의 유곽에서는 이러한 종류의 난폭한 손님이나 여자 도망자를 제재하는 사람을 따로 두고 있었는데, 전지에서는 헌병이 그 역할을 담당했다. 하지만 경영자라면 내지의 경찰과 마찬가지로, 전지의 현지 군 당국과 대등하게 맞설 수 없는 존재이고, 말하자면 생사여탈권을 가진 존재였지만, '고위험, 고수입'의 매력은 큰 것이었다.

　　경영자 역시 여자를 사 모으기 위한 투하 자금(밑천)도 적지 않고, 그녀들을 조달하는 데 고생했을 것이다. 북버마에서 미군 포로가 된 20명의 조선인 위안부의 경우, 경영자(나가노長野 현 출신의 기타무라北村)의 밑천은 1만 엔 전후였는데, 1년 정도 지나 회수한 것으로 계산된다. 단, 위안부가 열심히 벌어들인 군표는 일본 패전과 동시에 휴지 조각이 되었다. 버마에서는 군표를 넣은 배낭을 등에 짊어지고 퇴각하는 그녀들의 모습을 본 병사의 수기가 여럿 있는데, 시탄 강을 건너는 가운데 물에 젖어 버린다든지 배낭을 강물에 흘려보낸 슬픈 이야기도 전해진다.

---

56 문옥주 앞의 책, p. 156.

악질적인 업자 가운데는 무슨 명목을 붙여 그녀들이 벌어들인 돈을 강제 저축시킨 후 지불하지 않았던 예도 있었던 것 같다. 만주 동부의 둥닝東寧에서 근무한 병사 스기다 코이치杉田康一는 1938년, 4엔이 못 되는 월급으로 저축한 1엔 50전을 가지고 위안소로 간 경험을 이야기했고, 가까워진 조선인 위안부로부터 "1전도 받지 못한다. 전부 오야親方가 가져가 버린다"[57]라고 들은 것을 회상한다. 업자가 지불하지 않는 일은 의외로 많았다고 생각되는데, 정전으로 휴지가 되어 버린 경우도 있었을 것이다.

병사들의 생활 조건과 비교해 볼 필요도 있다. '대동아전쟁 육군 급여령大東亞戰爭陸軍給與令'(1943, 7. 28 칙령 625호)에 의하면, 이등병의 월급은 7엔 50전, 군조(하사관)가 23~30엔, 전지 수당을 포함해도 그 두 배에 지나지 않았고, 위안부들의 1/10 내지 1/100이었다. 중장中將의 연봉도 5,800엔이기 때문에 문옥주 정도가 되면 버마에 있는 일본군 최고지휘관보다 많이 번 셈이 된다.

전쟁터에서 근무한 여성은 위안부만이 아니었다. 간호부, 타이피스트, 일본어 교원教員 등이 있었는데, 18세에 견습 간호사로 산시성의 육군병원에서 근무한 키우치 사치코木内幸子는 3년간 일하고 약 1천 엔의 저금을 하여 고향에 작은 집을 샀다고 회상했다.[58] 또 부상병보호원 부속 간호사 양성소를 나와 하이난海南섬에서 일한 에가와 키쿠江川きく는 월수입이 90엔이었는데, 정기검진을 하러 오는 위안부는 250엔의 수입이었고, 사이가 좋아지자 통조림과 과자를 가져다주었다고 기록한다. 두 사람 모두 내지에서 일하는 것보다는 대우가 좋았는데, 위안부에 비해 훨씬 낮은 것은 지금 사무원과 소프란도(풍속업소) 여자 사이의 격차와 비슷하다. 같은

---

57 『아시아의 소리』 제11집, 토호슈판東方出版, 1997년의 스기다 코이치 증언.
58 '요동치는 산시搖かなる山西', 1974년의 키우치 사치코의 수기.

전장 근무라도 여성 집단 간 상호관계는 미묘한 것이었다. 앞의 에가와 키쿠는 동료와 함께 "저 사람들, 저런 예쁜 옷을 입고 잘 지내서 좋겠다"고 부러워했는데, 군의가 "자네들 간호사가 무사한 것은 저 사람들 덕분이다. 그것을 잊지 마라"[59]고 그녀들을 나무랐다고 한다.

오사카제마大阪製麻 회사의 타이피스트였던 이소자키 타카오磯崎隆子는 1944년 가을, 자바에 있는 지점支店으로 가던 도중 여객선이 미국 잠수함에 의해 격침되어 의복만 지닌 채 마닐라에 도착했는데, 군의 부관은 "쓸모없는 여자들"이라고 소리치고 나서 작은 목소리로 "위안부가 되면 내가 보살펴 주겠다"고 속삭였다고 한다. 어쨌든 화물창으로 따라갔는데 이번에는 사이공으로 가는 고관이 "위안부가 되면 비행기로 데려다 주겠다"며 말을 걸었다. 그것을 거절한 그녀는 루손의 산속을 방황하다가 살아남아 미군 수용소에서 일찍이 투항한 2명의 조선인 위안부와 함께 지낸 경험을 갖고 있다.[60]

이소자키가 필리핀으로 향했던 것과 같은 시기인 1944년 9월, 싱가포르로부터 내지로 향하는 기미카와마루君川丸에 승선한 츠루미 슈스케鶴見俊輔는 "뱃바닥에 백 명에 가까운 조선인 위안부가 있었고, 일본으로 되돌려 보내는 중이었다"[61]고 썼다. 버마의 문옥주도 비슷한 시기에 동료와 함께 귀향하기 위해 사이공까지 갔지만 항해가 위험하다고 판단하여 되돌아왔다고 말하고 있는 바, 전쟁 중에 가업稼業을 중단하고 고국으로 돌

---

59 오이시 준코大石淳子(1986), 『하얀 묘비명白の墓碑銘』, 도쇼보棟書房의 에가와 키쿠의 수기, pp. 235-236.
60 이소자키 타카오磯崎隆子(1984), 『살아 있는 한 루손으로生ある限りルソンへ』 고단샤講談社, pp. 48, 63.
61 오누마 야스아키 외 편(1998), 『'위안부' 문제와 아시아여성기금』의 츠루미鶴見 기고문, p. 181. 기미카와마루는 마닐라에 기항한 뒤 10월 23일, 대만해협에서 미군 잠수함에 의해 격침된다. 그녀들도 수몰되었다고 생각되는데, 마닐라에서 하선하여 위안부로 일했을 가능성도 있다.

아간 위안부는 적지 않았으리라 짐작된다.

폐업의 자유와 외출의 자유에 대해 말한다면, 간호부와 일반 사병도 역시 위안부와 마찬가지로 제한을 받고 있었다. 이 점은 현재의 샐러리맨도 마찬가지다. 연령으로는 소년 비행병, 어린 해군 병사 등 15세 전후, 종군간호부는 17세에도 전장에 나갔다. 예기로 키워지는 아이는 9살 전후부터 훈련을 받고, 소학교 졸업(12세)과 동시에 손님을 받는 것이 내지의 관례였는데, 마츠시나 고노스케松下幸之助가 9살에 고용살이를 갔던 것처럼 남자아이도 비슷한 낮은 연령에 취로하였다. "15살에 가정부로 돈벌이를 가서/ 그때 그렇게 어려서 결혼……"이라고 아카 톤보赤トンボ가 노래한 것처럼 결혼 자체도 빨랐다. 현대의 기준으로 가벼이 논할 것이 아니다.

이것저것 종합하여 "종군위안부 쪽이 민간 매춘부보다 대우가 좋았다"(쿠라하시 마사나오倉橋正直)고 판정하는 사람도 있지만, "군인도 여자도, 어느 쪽이나 불쌍했다고 할 수밖에 없다"(이토 케이이치伊藤桂一)고 말하는 편이 옳을지 모른다.

Q6. 얼마나 많은 위안부가 있었는가?

일본군 위안부의 수는 어느 정도였는가? 민족별 내역은? 희생자수는? 이런 종류의 의문에 개략적으로라도 답하는 것은 지금도 매우 어렵다. '위안부 문제'가 제기된 이래 적지 않은 연구자가 시산試算에 도전했지만 설득력 있는 숫자를 제시한 사람은 없고, 대략적인 숫자를 내걸면서

"추정의 재료가 없는 것은 아니다"라든가, "일정한 근거가 있다"(요시미 요시아키)는 정도에 그치고 있다.

그렇다면 총수를 나타내는 공식 내지 그에 준하는 계산법이 어디엔가 남아 있을 가능성은 있을까? 이 점에 대해 나는 비관적이다. 왜냐하면 그녀들은 신분적으로 군의 구성원(군인, 군속, 고용자)이 아니었기 때문에 법적 절차가 없고 명부 작성의 대상이 되지도 않았기 때문이다. 일본 내지(조선과 대만 등 식민지도 마찬가지)의 공창이라면 경찰에 등록하기 때문에 내무성이 집계하여 총수가 통계서에 수록되었지만, 전장과 점령지에서는 헌병과 군의가 개인 카드 등으로 개황을 파악하고 있었던 예는 있어도 현지 부대 수준에 그치고, 중앙에서 집계한 흔적은 없다.

성병 대책의 관점에서 육군성 의무국이 파견 부대의 군의를 통해 보고하게 한 예가 있지 않을까 생각하여 관계자에게 물어보았지만 그러한 종류의 조사를 한 적은 없다고 했고, 전쟁의 거의 전체 시기에 걸쳐 육군성의 국·과장 회보를 기록한 가네하라 세츠조金原節三 일지, 오츠카 분로大塚文郎 비망록에도 그와 같은 이야기는 나오지 않는다. 아무튼 헌병대와 군의부가 보관하고 있던 위안부 관계 문서는 원칙적으로 종전과 함께 소각되었고, 남았다고 해도 연합군의 명령에 따라 일본으로 가져가는 것은 허용되지 않았다. 따라서 부차적인 데이터를 실마리로 추계 작업을 시도할 수밖에 없는데, 유력한 것으로는 다음과 같은 문서들을 생각할 수 있다.

(1) 출국 시 지사知事가 발급한 신분증명서나 여권류
(2) 영사관 경찰의 인구 직업 통계
(3) 출국 시 선박사령부가 작성한 편승便乘 허가서, 승선자 명부 등
(4) 귀국 시 일본군 또는 미군이 작성한 개인 카드 내지 승선자 명부

(1)과 (4)는 단편적으로 발견되지만, 예를 들면 (4)의 경우 필리핀에서 미군에 체포된 여성들은 대다수가 직업을 '웨이트리스'라고 기입하여 신분이 확인되지 않는다. (3)은 전혀 발견되지 않았고, 이후도 기대하기 어렵다고 말할 수 있다. (2)는 제1급 공식 통계이지만, 만주는 원칙적으로 1936년까지, 중국은 1940년까지에 그치고, 영사과 경찰을 두지 않았던 군정 하의 남방 점령지는 데이터가 없다. 그래서 대략적인 추계임을 염두에 두고 다른 방편으로 생각할 수 있는 것은 다음과 같은 접근이다.

A. 일본군의 병력 수와 위안부의 적정 비율로부터
B. 정보가 많은 지역의 통계로부터
C. 위안소의 수로부터
D. 채산성의 관점에서
E. 콘돔의 배분량으로부터

A는 최후로 남겨 두고, B부터 E까지의 방법론으로 시산試算해 보았는데, 그 전에 대상이 되는 '위안부'의 범위를 말해 두고 싶다. 이미 쓴 것처럼, 평시의 내지·외지의 공창제에서 해당 여성으로는, a. 전적으로 성적 서비스만 제공하는 창기와, b. 가끔 성적 서비스를 제공하는 예기, c. 작부가 있었다. 이 '삼업三業' 외에 접객 업종으로서 통계에 나오는 것으로는 d. 여급이 있었다. 통계의 유객 수는 a의 창기를 산 남자에만 한정되어 있다.

만주, 중국의 영사관 통계에서는 삼업에 해당하는 항목은 예기와 작부밖에 없고, 양자를 '창기 유사'로 간주하였다. 그 외에 접객, 대객업에 속하는 것으로서 여급, 나카이, 죠츄, 댄서가 계상되어 있었다. 군 전용 위안부는 영사관 통계에서는 '접객업' 속에 포함되어 분리하기 어렵다. 또 조선인과 대만인은 방인邦人으로서 통계의 대상이 되었지만, 만주인과 중국인 여성은 포함되지 않았다. 남방에서는 재류 방인(민간인)이 적었고 군 전용 위안소(위안부)가 중심이었기 때문에 군과 민 양쪽 모두에 서비스하는 부분은 무시해도 좋겠지만, 영사관 통계에 대신하는 군 측의 공식 통계가 없다. 이러한 여러 사정을 고려하여, 일단 군 전용 위안소에서 전적으로 성 접대에만 종사한 여성을 '좁은 의미의 위안부', 군민軍民 공용 속에서 군인이 이용했다고 생각되는 부분을 더해 '넓은 의미의 위안부'로 부르는 것으로 하겠다.

다음으로 B에 의한 계산인데, 방면군方面軍 수준 이상의 광역을 장기간에 걸쳐 관리하고, 병력 수, 위안소 수, 위안부 수, 위안부의 인종별 송출 정보를 망라하는 공식 데이터가 존재하는 사례는 발견되지 않았다. 조금 근사하게 그 조건을 만족하는 것으로는 남지南支 방면의 작전을 담당한 21군(뒤에는 23군)으로서, 1939년 4월 현재의 「군전시순보軍戰時旬報」에서 "위안부녀의 수는 대략 천 명 내외"[62]라고 했다. 제21군의 병력은 약 10만 명으로 추정되기 때문에 여자와 병사의 비율은 1:100이 된다.

다른 한편 1940년 10월의 영사관 통계인데, 남지 방면에서 접객업에 종사하는 여성(15~39세)은 961명, 조선인 595명, 대만인 290명, 합계 1,846명이다. 좁은 의미의 위안부는 약 절반이라고 생각되므로 앞의 수치와 거의 비슷하다. 그 뒤의 변화는 파악되지 않지만 1945년까지 큰 변동이 없었으리라 생각된다.

---

62 요시미 자료집 No. 44.

[표 12-9] 접객업(여관, 요리, 대좌부 및 예기업 등)에 종사한 체류자

	내지인		조선인		대만인		합	
	여	남	여	남	여	남	여	남
북지北支	9,197 (8,257)		3,874 (3,788)				13,071 (12,045)	
중지中支	5,734 (5,160)		2,662 (2,636)				8,396 (7,796)	
남지南支	1,134 (961)		605 (595)				1,739 (1,556)	
합	16,044 (14,378)	5,472 (2,420)	7,141 (7,019)		299		23,484 (21,397)	
만주	14,743		3,870				18,613	

※출처: 중국은 외무성 조사국 '쇼와15년 해외 재류방인 조사결과표', 만주는 외무성 '재외본방인 직업별 인구표'(모두 외교사료관 소장).

주1 중국의 조사 시점은 1940년 10월, '여'의 괄호는 내수内数로 15~39살, '남'의 괄호는 내수로 사업주를 가리킨다. 만주의 조사 시점은 1938년 10월.
주2 대만인 여성의 수에는 의문이 있다.

[표 12-10] 가네하라金原 일지의 '위안 시설' 수(1942년 9월)

지역	위안소 시설 수
북지	100
중지	140
남지	40
(소계)	280
남방	100
남해	10
사할린	10
합계	400

주 '남해'는 라바울 방면을 가리킨다고 추정됨.

[표 12-11] 외지 소재 육해군인 군속의 수(만 명)

	a 개전 시 1941년 12월	b 1943년 1월	c 1994년 11월	d 종전 시
A 육군				
만주	65	61	40	66
중국	62	61	76	105
남방	39	30	109	78
기타와의 합계	166	170	280	284
B 해군	32			40
전사자				198

※출처: 육군의 a, c, d는 『제국육군편제총람』(1987), b는 가네하라 일지(1943. 1. 26).

중지, 북지, 만주에 대해서는 표 12-9와 같이 마찬가지 조사가 있고, 중국 합계 2만 2천, 만주 1만 9천 명의 약 절반을 삼업三業 상당의 여성으로 추정한다고 해도 그중에서 군 전용 위안부가 점하는 비율은 알 수 없다. 우선 중국에서 5할, 만주는 2할로 좀 많게 추계하면, 좁은 의미의 위안부 수는 7천 명 전후(중국인 제외)가 된다. C의 위안소 수로는 1942년 9월의 가네하라 일지(4장 참조)에 나와 있는 육군 위안 시설 400개소라는 공식 숫자가 있다.[63] 만주가 빠져 있는 이유는 불명이지만, 이 시점에는 군 전용의 위안소가 아직 없다고 확신한 것인지도 모른다. 또 이 숫자는 소재지 수인지, 위안소 수인지가 반드시 확실하지 않다.

---

63 『아시아의 소리』 제1집, 토호슈판, 1997년에 위안소 지도가 있고, 내지, 만주를 포함한 전 지역에 "공문서 확인" 63개소, "위안부의 증언에 의한다" 26개소, "전前 병사의 증언에 의한다" 117개소, 합계 206개소가 표시되어 있는데, 이것은 소재지별로 집계한 것이라고 생각된다(p. 29).

한 곳당 평균 위안부 수는 실례를 보면 10~20명이었기 때문에 400개소에 곱하면 4,000~8,000명(현지인 포함)이고, 가장 많을 때는 1.5배까지 증가했다고 생각하면 6,000~12,000명(그중 남방 110개소가 1,650~3,300명)이 된다. 해군 위안소 수는 불명이지만, 병력 비율로 볼 때 약 1할로 상정해도 큰 차이는 없을 것이다.

다음으로 D는 경영상의 채산성으로부터 어림하는 방법으로, 이타쿠라 요시아키板倉由明는 "병사의 가처분소득으로부터 (……) 많게 봐서 병사 한 사람이 한 달 평균 한 번 위안소에 간다", "위안부가 전차금을 /1~2년 안에 갚기 위해서는 1년에 2천 명, 월 평균 150 내지 160명의 손님이 필요하고, 포주로서도 그 정도 수입을 얻지 못하면 경영이 성립할 수 없다"[64]고 수요와 공급의 평균점을 구하고, "병사 150명에 한 명, 총수는 2만 명 (……) 기껏해야 3만 명"이라고 계산했다. 1937년의 창기 4만 7천 명과 유객 3,082만 명으로부터 계산하면 한 사람이 연간 600여 명을 상대한 것으로 계산되기 때문에 '고수익·고위험'의 전지 돈벌이로는 연간 2천 명이라는 그의 계산은 타당할 것이다. 위안부가 20만 명이나 있었다면 공급과잉으로 장사가 되지 않을 것인데, 상한을 정하는 데는 의미가 있을지라도 실수實數에 다가서기에는 너무 간접적인 추계라는 점이 한계가 될 것이다.

E의 콘돔으로부터 역산하는 하야시 히로후미林博史의 접근법은 무척 기발한 발상이라고 할 수 있는데, 육군성대일기陸軍省大日記로부터 1942년도 진중陣中 물자로서 교부되는 콘돔이 3,210만 개(하루에 8만8천 개)였다는 점으로부터 군인을 상대하는 위안부 수를 유추하고 있다. 결론은 "매

---

64 「겟칸효론月刊評論」 1992년 6월 8일호의 이타쿠라 논고.

일 평균 약 8만 8천 명의 병사가 위안부를 찾는다고 상정"되어 있으므로, 위안부 총수는 "적어도 수만 명에서 십 수만 명"이라는 것인데, 너무 막연한 것은 하루에 평균적으로 몇 사람의 군인을 상대했는지에 대한 가정에서 망설였기 때문인 것 같다. 내가 대신 계산해 본 바로는 "매일 평균약 8만 8천 명"은 당시 병력 300만에 대비하면 30일에 한 번 위안부를 살기회가 주어지는 셈이 된다. 하루의 접객을 평시 내지 평균 5명으로 잡으면, 필요한 위안부 수는 1만 7,600명(하루 10명으로 하면 8,800명, 20명으로 하면 4,400명)이 된다. 가령 위안부를 17만 6천 명이라고 할 경우, 전체 전선에서 300만의 병사가 3일에 한 번씩(위안부의 접객 수를 1일 평균 5명이라고 할 때)이라든가, 또는 매일 한 번씩(1일 20명이라고 할 때) 위안소를 다녀야 하지만, 이것은 병사의 수입으로는 감당할 수 없다.

이 접근은 너무 기발하지만, 그럼에도 1만~2만 명의 위안부 수가 나오게 된다는 점에서 의외로 목표를 이룬 것인지도 모른다. 콘돔 사용량과 위안부 수에 대해 실제 수치가 분명한 것은 1942년의 상하이 지구(육군)이다(표 12-12 참조). 140명의 위안부가 1개월에 약 4만 3천 개를 사용하는 것이므로, 한 사람의 하루 접객 수는 10명(사병은 2개월에 1개 지급)이 된다. 위안소는 "증대할 필요 없음"이라고 하였으므로, 이 정도가 타당한 부담이라고 생각되었을 것이다.

[표 12-12] 병사와 위안부의 비례

	일자	기사	출처
육군성과장회의 陸軍省課長会議	1939.4.15	'병사 100명당 1명의 비율로 위안부를 들어온다. 1,400~1,600명' (마츠무라 제21군 군의부장의 보고)	가네하라 세츠조 일지

	일자	기사	출처
이토 케이이치	-	제가 있던 북지 주둔지에는 병사 600명에 대해 위안부 4명이 있었다.	이토 『병사들의 육군사(兵隊たちの陸軍氏)』(1969)
야마다 세이키치	1944	야스자키安崎 참모→ 야마다山田에게 필요 비율은 '병사 150명당 위안부 1명'이라고.	우에스키 치토시 『검증 종군위안부』(1996) p. 203
이노우에 마사키	1942	우선 병사 40명에 위안부 1명으로 하고 필요 수를 시산한 적이 있다.	이노우에 마사키
흥아원興亜院	1942	내지에 들어오는 '강제연행' 중국인 노무자용 '1,000명에 대해 40~50명'의 위안부를 생각했다.	요시미 요시아키 『종군위안부』(1995) p. 80
다카마츠 노미야 일기	1942	와타나베渡辺 참모→다카마츠 노미야 '육군에서는 괌을 점령하자 바로 40명을 보내라고 전했다(4,000명에 대해).'	『다카마츠 노미야 일기』 제4권, 1942. 1. 16자
미타 히데아키	1945	병사 10,000명에 대해 위안부 50명. 토요일 저녁은 행렬을 이뤘다.	미타 히데아키 『북방영토』(1973)
상하이 지구	1942	140명의 위안부가 월 43,000개의 콘돔 소비, 군은 병사 1인당 2개월에 1개 지급, 즉 86,000명에 140명이므로 병사 600명에 위안부 1명.	요시미 자료집 No.59

마지막으로 평범하지만 무난하다는 의미에서 전 병력에 대한 위안부의 적정 비율로부터 추산하는 방법 A를 검토해 본다. 외지 소재의 육해군 군인, 군속의 수는 표 12-11과 같은데, 1944년 11월의 통계에서는 280만(육군)과 해군을 합해 전체 약 300만 명이 된다. 요시미 요시아키 교수는 적정 비율을 30:1로 보고, 위안부가 1.5 내지 2교대 하는 것으로 하여 상한을 300만÷30×2=20만 명으로 산정하고 있다. 그 외에 100:1의 1.5교대로 하여 300만÷100×1.5=4.5만 명을 하한으로 하는 숫자를 병기하고 있는데, 최근에는 "일정 기간의 감금·강간의 경우를 제외하면 아

무리 적어도 5만 전후, 그것을 포함하면 통상 말하는 8~20만에 가깝게 된다"[65]고 하여 말하는 방식이 미묘하게 달라졌다.

적정 비율이 30:1이나 100:1로 크게 나뉘는 것은 위안부의 접객 빈도와 관련되는 것이지만, 요시미 요시아키는 내지의 창기는 하루 몇 사람이지만 위안부는 "많은 날은 10에서 30명 또는 그 이상"이라든가 "하루에 20, 30명 (……) 적지 않다"고 강조한다. 그러나 "위안부 일의 가혹한 정도와 위안부 전체 규모는 역逆의 관계에 있다"[66](시마즈 이타루嶋津格)는 모순에 부딪힌다. 즉 20만 명의 위안부가 매일 20명을 접객하면 전군에서 400만 회, 위안부를 5만 명이라고 해도 100만 회가 되고, 전 병력 300만 명이 전쟁도 하지 않고 매일 1.3회 또는 3일에 한 번 꼴로 위안소를 출입하지 않으면 안 되는 어이없는 결론이 나온다. 위안부 수나 서비스 빈도를 크게 줄이지 않으면, 병사의 여가와 수입에 균형이 맞는 계산은 성립하지 않는다.

나는 군인 수를 300만 명으로 잡는 것은 문제가 있다고 생각한다. 이 시점을 기준으로 하여 남방은 전군 패퇴기로 들어갔고, 그 수개월 전에 만주, 중국, 내지로부터 속속 보내진 응원 부대는 도착하자마자 바로 결전장으로 투입됨으로써 위안소에 다닐 여유가 없었다. 따라서 나는 그 수를 250만으로 해 둔다. 문제의 열쇠는 '적정 비율'과 '실제 비율'일 것이다. 표 12-12는 비율을 다루는 정보의 일부인데, 병기, 탄약과 콘돔과 같이 전군에 적용되는 공식적인 '보급 기준'이 아니라, 담당자들 사이의 '목표'에 지나지 않았다고 생각된다.

---

65 「레키시효론」 1998년 4월호의 요시미 요시아키 논문.
66 시마즈 이타루嶋津格(1998), 『위안부 문제의 주변慰安婦問題の周邊』; 에하라 유미코江原由美子 編, 『성·폭력·네이션性·暴力·ネーション』, 게이쇼쇼보勁草書房, p. 145.

군인과 위안부의 비율을 40:1에서 600:1까지로 하면 계수의 폭이 넓어지지만, 평시 공창 통계(3천만의 유객에 매춘 업소의 부녀자 20만 명으로 150:1)를 참고로 하면서 계산하면, 250만÷150=1만 6천 명이 된다. B, C, D, E의 수도 고만고만하기 때문에 위안부의 교체(만주, 중국 등에서는 1.5교체, 남방은 교체가 없다고 상정)를 고려해도 좁은 의미의 위안부는 많아야 2만 명 전후일 것이다. 넓은 의미를 취해도 2만 수천 명 정도 될 것이다.

이어서 위안부의 감모율減耗率은 계산할 도리가 없는데, 일본적십자 종군간호부의 감모율 4.2%(동원 26,295명에 대해 순직 1,080명, 그중 필리핀에서 114명)를 참고할 만하다. "20만 명의 조선인 여성을 위안부로 강제징집하여 학대, 대부분을 학살(killing most of them)"(쿠마라스와미 보고서에 있는 북조선 정부의 주장)이라든가, "조선인 위안부 200명을 잠수함에 태워 기뢰와 충돌하게 계획하여 침몰시켜 죽였다"(1991년 5월, 윤정옥의 도쿄 강연)는 류의 비상식적인 유언비어가 유포되고 있지만, 나는 위안부의 9할 이상이 생환했다고 추정하고 있다.

Q7. 위안부의 민족별 구성은?

위안부의 민족(인종)적 분포는 다채롭고, 아시아의 거의 모든 인종에 걸쳐 있다. 그 외에 소수지만 네덜란드인, 백러시아인 등의 백인도 있었고, 의외로 많았던 것은 유라시안이라고 불린 백인과 현지인의 혼혈이다. 내역에 대해 확실한 통계는 얻을 수 없지만, 조선인이 압도적 다수를 점하고 있었다는 종래의 통설은 옳지 않다.

[표12-13] 위안부 총수에 관한 제설

	인원	기사	출처
센다 가코	8.4만	35:1의 비율로 계산, 그중 조선인은 6.5만 명	센다『종군위안부』 정편 p. 167, 속편 p. 11
김일면	20만	그중 80~90%는 조선인. 29:1의 비율	김일면『천황의 군대와 조선인 위안부天皇の軍隊と朝鮮人慰安婦』 (1976) p. 79, p. 277
하타 이쿠히코	6만~9만	50:1의 비율로 계산	하타『쇼와사의 수수께끼를 쫓다』하(1993) p. 328
요시미 요시아키	5만(하한)~ 20만(상한)	100:1로 1.5 교대(하한), 최대는 조선인, 30:1로 2교대(상한)	요시미『종군위안부』 p. 79~82
이타쿠라 요시아키	3만 (종전 시 2만)	150:1의 비율로 계산	「게츠요효론」(1992. 6. 8)
우에스기 치토시	4만~6만 (종전 시 2만~3만)		우에스기『검증 종군위안부』 (1996)
하야시 히로후미	수만~수십 만	콘돔의 배분으로 추계	「계간 전쟁책임 연구」제1호 (1993) p. 13
다카기 겐이치	10만~20만		1991년의 소장
정진성	8만~20만	그중 절대 다수는 조선인	『강제로 끌려간 조선인 군 위안부들』(1993) p. 23
윤정옥	30만~40만	그중 조선인 10만~20만	1992년의 발언
소지량	40만	그중 일본인 10만, 조선인 20만, 중국인 10만 이상	「항일전쟁연구」제22호(1996)
조지 힉스	13.9만	700만인의 병력에 50:1의 비율로 계산	힉스 저서
소정희 (C. Sarah Soh)	7만~20만	80%는 조선인	Soh's article(1996)

주 초기의 「아사히신문」(1992. 1. 11), 「마이니치신문」(1992. 8. 15)은 8만~20만 명이라는 숫자를 내세웠으나 근거는 불명.

[표 12-14] 위안부의 민족별 구성 대표 예

	시기	기사	출처
하이룬(만주)	1941	J×7, K×2, 滿×87	「타이세体性」 1941. 8호
린펀	1940	J×123, K×78	표3-5
한커우(중지)	1943	J×130, K×150	표3-4
난징(중지)	〃	J×266, K×14, C×157	〃
하이커우(남지)	〃	J×40, K×25, 台×19, C×35	표3-5
파라무시르 섬 (쿠릴열도)	1945	J×50 (3집)	4장 참조
미치나(버마)	1944	K×42, C×21	4장 참조
만달레이(버마)	〃	J×1(집), C×1, K×3, 버마×4	하야시 히로후미 「전쟁책임연구」 제6호
바욤봉(필리핀)	1942	比×50	시모쓰 유下津勇
잠보앙가(필리핀)	1943	比×20	하야시 히로후미
쿠알라룸푸르 (말레이시아)	1942~1944	C×120, K×20. J×?, 태국×3, 인도×2, 인도네시아×3	네덜란드 공문서관
할마헤라섬	1944	J×1, K×5, C×4, 인도네시아×99	오오히라 후미오大平文夫
부키팅기 (수마트라)	1943	J×20, K×20, 인도네시아×10	요시미 자료집
남셀레베스 섬	1945	281의 전원이 인도네시아	니노미야 요시로二宮義郎
암본	〃	40의 전원이 인도네시아	4장 참조
트럭섬	1944	J×200, K×100	
전 만주	1938	J×14,743, K×3, 870	외무성 '재외본방인직업별인구표'
전 중국	1940	J×14,378, K×7,019 台×299	

주 J=내지인, K=조선인, C=중국인, 台=대만인, 比=필리핀인, 滿=만주인.

표 12-13에서 알 수 있는 것처럼, 초기 문헌에서는 센다 가코, 다카기 겐이치, 김일면 등이 조선인을 전체의 8할 이상으로 추정했으며, 요시미 요시아키는 "그 다수가 조선인"(1992년에 간행된 『종군위안부 자료집』)이라고 썼고, 필자도 "소식통이 말하는 3(내지인):7(조선인) 내지 2:8 가량의 비율이 타당한지도 모른다"(『쇼와사의 수수께끼를 쫓다』 하권)고 추측하기도 했다. 이는 초기에 커밍아웃을 하고 나선 이들이 대부분 조선인 여성이었으며, 그 이용자의 증언 중 다수가 조선인 여성과 접촉이 많았던 하급 병사에 치우쳐 있었다는 것이 한 가지 원인으로 생각된다.

이 통념은 이후에도 계승되고, 정대협 보고서(1993년)는 "절대 다수", 쿠마라스와미 보고서(1996년)는 "조선인만 20만", 소정희(1996년) 논문은 "80%", 맥두걸 보고서(1998년)는 "다수(majority)"라고 하여 기조가 거의 변하지 않았다. 필자가 의문을 가진 것은 각지 위안소에서의 인종 구성을 나타내는 문서와 회상을 정리해 가는 과정에서였다. 표 12-14는 확실성이 비교적 높은 인종별 정보인데, 내지인(일본인)이 우위에 있고, 현지인(중국에서는 중국인, 인도네시아에서는 인도네시아인)도 의외로 많다.

앞에서 서술한 것처럼, 만주와 중국에 대해서는 외무성의 영사관 경찰 통계 속에 접객 여성의 수가 기록되어 있다(표 12-9). 여기에서 보면, 내지인과 조선인 여성의 비율은 중국에서는 약 2:1, 만주에서는 3:1에 가깝다. 남방은 조선인 비율이 더욱 낮기 때문에 다소의 오차는 있을지라도 전체로서의 경향은 바뀌지 않을 것이다. 이 점은 공창 통계에 의해서도 뒷받침된다. 내지에서의 공창(매춘업) 수는 1937년의 21만 3천 명으로부터 1940년에는 17만 5천 명, 1942년에는 14만 6천 명으로 각각 약 4만 명, 6만 명이나 감소하고 있다(48쪽 표 2-2). 다른 업종으로 전업한 자도 있었겠지만, 표 12-9의 중국·만주를 합한 약 3만 명의 일본인 접객 여성과 거의 비슷한 숫자이다. 대륙으로 출동한 내지인 남자(일반 일본인을 포함한다)의 수요에 응한 것이리라.

한편 조선에서의 조선인 공창 수는 1937년에도, 1942년에도 7,900명 정도이며 거의 변하지 않는다. 조선인 남자는 징병되지 않고, 징용자도 아직 적었기 때문일지 모른다. 결국 내지와 달리 위안부로 유출된 것은 주력이 '참신한' 신인이었다는 말이 되고, 이는 조선인 위안부와 접할 기회가 많았던 하급 일본 병사의 체험담과도 부합한다. 중국계(만주인, 남방화교를 포함)는 만주로부터 남방에 이르기까지 거의 전 전선에 걸쳐 산재했던 것 같다. 영사관 경찰의 조사 대상에서 나오는 것이므로 실수實數는 파악하기 어렵지만, 표 12-14를 보아도 의외로 많다는 사실을 추측할 수 있다.

『종군위안부 110번從軍慰安婦一一0番』 등을 통한 병사의 정보에서도, "시저우西州에서는 5(중국인), 3(내지인), 2(조선인) 정도의 비율이었다"(제21사단 선무관宣撫官), "광둥廣東에서는 중국인 7, 내지인 3의 비율이었다"(하사관), "패전 직전의 위안부는 모두 중국인 여성이었다"는 이야기가 있다.[67] 표면적으로 중국인 여성은 방첩과 성병 예방의 관점에서 위안부 이용을 금지하였지만, 실제로는 지켜지지 않았던 것 같다. 독일군에서도 비非아리아인종과의 성교를 금한 뉘른베르크법이 있었음에도 불구하고 지켜지지 않았기 때문에(5장의 자이트라의 저서를 참조) 이 역시 이상할 것은 없다.

남방 전선에서 인기가 높았던 것은 유라시안이라고 불린 백인과 현지인의 혼혈아였다. 마닐라의 위안소를 경험한 일본병 포로에 대한 연합군의 심문 기록에 의하면, "여성은 통상 스페인과 필리핀 사이의 혼혈

---

67 『종군위안부 110번』, 아카시쇼텐, 1993; 『성과 침략性と侵略』, 샤카이효론샤, 1993.

이고, 이용 요금은 10엔 내지 20엔 (……) 일본인 여성 및 조선인 여성은 2엔 내지 3엔이었다"[68]고 한다. 혼혈의 순위는 첫 번째가 스페인계, 두 번째가 중국계, 세 번째가 일본계였다는 일본인 군정관軍政官의 회상[69]도 있다. 이용 요금은 일반적으로 수요와 공급에 의해 결정되는 것인데, 중국 대륙에서는 내지인, 조선인, 중국인의 순이 된 예가 있다(예를 들면 각각 2엔, 1.5엔, 1엔). 남방에서는 현지인의 요금이 가장 쌌는데, 혼혈과 백인은 예외적으로 내지인보다 고가였던 것 같다.

경영자나 우두머리(오야가타親方)라고 불렸던 업자(부부인 경우가 많다)와의 관계를 보면, 내지인은 어떤 인종의 여성도 고용하였지만, 조선인이 내지인 여성을 고용하는 예는 거의 없고, 조선인은 대부분의 경우에 조선인 여성을 고용했다. 중국인 업자와 중국인 여성의 관계도 그와 비슷했는데, 네덜란드 정부의 보고서에 따르면 파단(수마트라)에서는 인도인 업자 아래 20명의 백인 여성이 일하는 위안소가 있었고, 페카롱간(자바)에서는 중국인 업자 아래 23명의 유럽인 여성이 일하고 있었다. 총수는 명확성을 결여하지만, 구 네덜란드령 인도네시아의 유럽인 위안부는 200~300명으로 추정되고 있다.[70]

대만인 여성도 지원 조직에서는 1천 명이나 8백 명으로 소문이 나 있지만, 실제 숫자는 아마도 절반 이하일 것이다. 위안부의 인종을 다룰 때는 자칫 차별 문제의 관점에서 논해지곤 하지만, 결론이 그리 단순하게 나오지는 않는다. 전차금이 많은 내지인 여성은 매춘을 겸한 도시 지역의

---

68 요시미 자료집, p. 487.
69 수메라기 무츠오皇睦夫(1981), 『루손 전투와 필리핀인ルソン戰とフィリピイン人』, 가쿠유쇼보樂遊書房, p. 19.
70 「계간 전쟁책임 연구」 제4호, 1994.

요릿집에서 일하고, 수입이 높은 장교, 군속을 상대로 하는 경향이 있었다. 젊은 조선인 여성은 전선에 가까운 벽지에서 수입이 적은 병사를 상대로 하여 성 접대만 제공하는 '박리매춘薄利賣春'을 하는 경향이 있었는데, 그것은 자본력이 약한, 아편 밀매업도 겸하는 조선인 업자의 이해에 부합하였다. 수지가 맞지 않는 벽지 수비로 돌려진 병사들과 어떤 의미에서는 똑같은 경우였다. 그것을 배경으로 그녀들 사이에 "내지인 여성에게 지지 않는다"는 저항 의식이 있었던 것은 작가인 이토 케이이치가 지적하고 있는 바이다.

그 조선인 여성들도 만주나 남방에서는 "일본인 여성"으로서, 타 민족 여성보다 우위에 있었다. 버마에서는 병보나 버마 국군 병사를 위해 위안소가 개설되었는데, 그들은 버마인 여성 이외에 다른 여성을 상대하는 것이 금지되었다.[71] 이러한 여러 조건을 고려하면서, 필자는 민족별 비율은 첫 번째가 일본인(내지인, 나와삐라고 불리던 오키나와 출신자를 포함)이고, 현지인(중국인, 만주인, 필리핀인, 인도네시아인, 버마인, 혼혈 여성 등)이 그다음, 조선인은 제3위로 추정하고자 한다. 그 외에 대만인, 네덜란드인 등의 범주도 있기 때문에 굳이 비율을 대략적인 수로 표시하면, 4-3-2-1(내지인-현지인-조선인-기타)이 될 것이다.

---

71 '전쟁과 여성에 대한 폭력戰爭と女性への暴力' 국제회의(1997년)에서의 하야시 요시코林よし子 보고.

　　　　　　　　　　위안부 문제도 1991년의 '빅뱅'이래 7
년 남짓이 경과했다. 이전에는 전쟁 기록물의 '첨가물'로서 역사의 한 모
퉁이를 장식하는 일과성의 화제에 지나지 않았던 것이, 돈연히 내외의 이
목을 자극하는 일대 토픽으로 부상하게 된 이유는 무엇이었을까? 필자로
서는 이 의문에 답할 재료는 갖고 있지 않지만, 어떻든 이것이 과거의 폐
창운동과 같이 정의·인도를 기조로 하는 단순한 동기에서 출발했던 것
이 아님은 분명해 보인다. 아마도 그것은 내외의 반체제 운동 단체가 관
계된 정치적 과제에 얽힌, 복합적인 의도의 산물이었을 것이다. 그것을
누구보다도 민감하게 느끼고 있었던 이는, 단 한 사람도 커밍아웃하지 않
은 일본인 옛 위안부였으리라.
　　　그러나 일단 불붙은 정치 캠페인의 불을 끄는 것만큼 지난한 일도
없다. 선동된 매스컴과 NGO는 정신없이 흥분했다. 그 열기에 눌려 일본

정부는 사죄와 반성을 난발亂發했으며, 이에 반관반민半官半民의 아시아여성 기금이라는 특수 법인을 설립하여 일부 아시아인 위안부들에게 '속죄금' 배포를 시작했다. 이는 상대측 정부와 합의도 하지 못한 채 실행에 옮긴 것이었기에 저지 운동이 일어나면 달리 대응 수단이 있을 수 없고, 그래서 실제로 사업은 더 나아갈 수 없게 된 상태로 해결의 전망이 서지 않게 되었다. 선의로 밀어붙였지만 도리어 역효과를 낳은 견본이라고 할 수 있을 것이다.

이러한 경과는 앞서 유행한 난징사건과 혐연권논쟁과 비슷하다. 사실관계의 인정보다도, 어떤 분위기와 정치적 사정이 그보다 선행하고, 일종의 마녀사냥이 되어 버리면 냉정한 토론과 비교론은 누구도 받아들이지 않게 되기 마련인 것이다. 다행히 그런 열기도 이제 간신히 식으려고 한다. 알고 싶지 않은 정보도 한번 볼까 하는 마음의 여유도 생긴다. 필자는 우연한 사정으로 그 발단부터 위안부 문제에 관계해 왔다. 그런 배경도 있어서, 위안부와 그 주변 사정의 역사를 학술적 관점에서 파내어 한 권의 책으로 정리하고자 했고, 그것이 3~5년 전의 일이다. 당초에는 이미 발표한 논고를 정리하여 신서판 정도의 사이즈로 책을 출간할까 생각하고 있었는데, 점차 구상이 커져 본서와 같이 상당히 두꺼운 새로운 작품이 나오게 되었다. 그 사이에 위안부를 둘러싼 내외의 운동과 논쟁이 동시에 진행되고 있었기 때문에 이 분야에 대한 내용도 넣고 싶어졌다.

'난징학살사건'과 이를 둘러싼 일본에서의 사회적 논쟁 역사인 '난징학살사건 논쟁사'는 아예 다른 장르로, 어떤 의미에서는 후자 쪽이 드라마틱한데, 위안부 문제도 마찬가지라고 말할 수 있을지 모른다. 구상이 커짐에 따라 완성 예정도 미뤄지고 최종적으로는 '위안부 문제 백과사전'과 같은 성격의 책으로 변해 버렸지만, 논쟁의 종결을 기다리는 현재의 정세에서는 그래도 나쁘지 않다고 생각한다. 이 테마는 문서 자료 외에 당사자, 즉 위안부, 업자, 관리管理를 담당한 헌병, 군의軍醫, 이용한 병사들로부터의 청문聽聞을 빼놓을 수 없다. 그 모두에 힘을 쏟는 것은 무리였기 때문에 이번에는 사정에 가장 정통한 전 헌병으로부터의 청문에 중점을 두었다. 다행히 헌우회憲友會라는 전우회 조직이 건재하여 대상이 된 기간, 지역의 거의 전체에 걸쳐 적절한 증언자가 생존해 있었다.

매스컴과 학계에서는 헌병에 대한 알레르기가 아직 남아 있는 까닭인지 그들의 증언은 거의 소개된 적이 없지만, 헌병은 병사로부터 선발된 우수자가 많다. 찾아낸 사람에 따라서도 다르지만, 뛰어난 증언자가 적지 않았다. 그런 만큼 필자의 취재에 대해 예상 이상으로 훌륭한 도움을 얻을 수 있었다. 집필에 당면해서는 일체의 정서론情緒論과 정책론을 배제했다. 개인적인 감정과 제언도 붙이지 않았다. 오직 사실, 그리고 순수한 마음으로 한 문제와 직면하려면 그렇게 할 수밖에 없다고 생각했기 때문이다. 따라서 이 책으로부터 어떠한 해석과 결론을 이끌어낼 것인지에 대해서는 독자의 자유에 달렸다고 생각한다, 책을 마치기까지 지극히 많은 사람들의 협력을 얻었다. 특히 신초샤新潮社 출판부의 마류야마 히데키丸山秀樹 등에게 편집상의 번거로움을 끼쳤다. 아울러 심심한 사의를 표하고자 한다.

하타 이쿠히코

역
자
후
기

오늘은 추석이다. 이 책을 출간한 미디어워치 황의원 대표이사에게 2년 전인, 2020년 새벽에 전화를 했다. 일본과 역사 문제로 싸우고 있는데, 그 쟁점이 되는 "위안부" 문제나 "징용공" 문제에 대해 바로 쓰여진 책, 비록 그것이 "일본 극우"라고 단칼에 폄훼되는 저자의 책이라도 역사적 사실에 충실하다면 한국에도 알려야 한다, 번역자는 물론이고 출판사에 부담이 무척 크겠지만, 그래도 할 일은 해야 하지 않겠는가, 미디어워치가 그 선봉에 서 주기를 바란다고 이야기했다.

황 대표가 점잖게 사양하지 않을까 생각하며, 그래도 물어는 봐야겠다는 생각에, 또 '혹시나' 하며 연락했던 것이다. 그런데 "굿 아이디어"라는 답이 돌아왔고, 이 한마디로 우리는 서로 의기를 함께 하고 격려하며 번역을 시작했다. 이번에 하타 이쿠히코 선생의 이 책을 한국에서 번역·출간할 수 있게 된 것은 오로지 미디어워치 출판사 덕이다. 한국 어느 출판사가 뻔히 나올 만한 "토착왜구"라는 비난을 무릅쓰면서 이런 책을 출간하겠는가?

　　이 책이 일본에서 출간된 것은 1999년, 지금으로부터 23년 전이다. 그동안 위안부 문제에 대해 새로이 밝혀진 것, 자료나 연구는 무엇이 있을까? 역자가 거론할 수 있는 자료는 『일본군 위안소 관리인의 일기』(이숲, 2013)뿐이다. 글자 그대로의 내용일 뿐이며, 시기는 1943-1944년이다. 그렇다면 이 문제로 최근 20년간 새로이 발표된 연구는 무엇이 있을까? 역자는 볼만한 것이 없다고 생각한다. 떠오르는 것이 있다면, "자료에 기대지 말고, 상상력을 발휘하자"고 촉구한 어느 페미니스트 연구자의 황당한 반역사학적 선동뿐이다.

　　이 책은 일종의 "백과사전"이다. 아쉽게도 2000년 이후 사건에 대해서는 언급할 수 없었다(2000년 이후 최근까지 일본의 위안부 논의는 니시오카 쓰토무가 저술하고 역자가 번역한 『한국 정부와 언론이 말하지 않는 위안부 문제의 진실』(미디어워치, 2020)을 관련 자료집과 함께 참고해 주기 바란다). 중요한 것은 이 책 『위안부와 전쟁터의 성性』을 꺾을 만한 반대 측 논저가 아직도 없다는 점이다. 하나 예를 들자면, 저자는 1943년 독일군의 위안소가 500여 개, 1944년에 일본군 위안소가 400여 개였음을 지적한다. 그런데 역자가 아는 바로는 오늘날 독일인들은 과거 독일군에 위안소가 있었다는 사실조차 알지 못하는 처지에 있다. 그런데도 그들은 일본을 비난하기 위해 베를린에 세워진 조선인 "소녀상"을 숭배하고 있는 실정이다.

　　위안부 문제의 당사자 국가인 한국에서 지금껏 이런 책이 번역, 출간되지 못했음은 참 부끄러운 일이다. 출간된 지 20년이 넘은 이 책에 대해, 혹시 오류가 있다면 지적해 주기 바란다. 저자의 논지에 대해 이견이 있다면 공개토론을 청해 주기 바란다. 정의연(구 정대협)이나 그를 옹위하는 "학자"의 치명적 맹점은, 얼굴을 마주하는 토론을 기피하고 공개적인 논쟁을 두려워하면서, 그저 이견을 가진 사람들을 "친일파"로 몰아 왔다는 점이다.

출간에 있어서는 요시다 켄지吉田健治 씨의 도움부터 말해야겠다. 도표와 그림의 내용을 한국어로 번역하는 데 도움을 주고 본문에서도 한국 책에 걸맞게 갖은 수고를 해 주었다. 그가 아니었다면 책이 이처럼 우아하게 나오지 못했을 것이다. 부속자료 번역에는 현재 일본 유학 중인 번역가 안태균 씨가 도움을 주었다. 일본의 니시오카 쓰토무西岡力 선생은 번역·출간에 대한 역자의 의도를 원 저자에게 잘 알려 주고 일이 원만하게 성사되는 데 큰 역할을 해 주었을 뿐만 아니라, 역자의 부족한 일본어 실력을 세심하게 보완해 주었다.

이제 시작이다. 한국에서는 2004년에 이영훈 전 서울대 교수로부터 비롯되어 현재 『반일 종족주의』의 공저자들과 이승만학당, 그리고 시민단체인 반일동상진실규명공동대책위원회, 위안부법폐지국민행동(국사교과서연구소), 엄마부대, 신자유연대, 언론사인 펜앤드마이크, 미디어워치 등이 바통을 이어받은 위안부 역사왜곡과의 전쟁이 벌어지고 있는데, 이 번역서가 우리의 역사 전쟁을 위한 강력한 무기가 될 것이다. 한국에서도 이미 위안부 문제에 대해 깊이 있는 책을 독자적으로 준비하고 있는 작가가 둘 있다고 들었다. 그들에게도 도움이 되기를 빈다.

이로써 '반일 종족주의'와의 전쟁은 이기고 시작하는 전쟁과 다름 없게 됐다.

2022년 9월 10일
이우연 낙성대경제연구소 연구위원

부속자료

1. 제1차 상하이사변 당시의 육군위안소

화류예방방책花柳豫防對策

쇼와 7, 4, 1

상하이 파견군 군의부장軍醫部長부터 각 군단 군의부장, 직속 각대 의관各隊醫官마다

[1] 접객부의 공인 집창제集娼制를 채용하고 접객부 검진 규정 및 매독검사檢黴(검매) 규정에 의하여 엄중 예방 소독법을 실행하게 한다.

[2] 입기立奇(방문) 금지 가옥(지역)을 만들어서 사창私娼에 의한 화류병花柳病(성병을 말함)의 전염을 방지한다.

[3] 적극적인 예방법으로서 다음의 사항을 실시한다.

  1. 이은고, 성비고(二銀膏, 星秘膏, 일본 육군에서 쓰던 성병 방지 크림의 일종)를 배여配與해서 사용하게 하고, 배여할 때 그 사용법을 숙지하게 함을 요한다.

  2. 삿쿠(콘돔)의 사용을 장려한다.

  3. 교접(성교) 전후에는 엄중히 국부의 세척, 소독을 하게 한다.

  4. 각대 의무실各隊醫務室에 요도 세척약, 요도 주사기를 비치하여 매춘부와 성행위를 하고 돌아온 후買娼歸隊後 자유롭게 사용할 수 있도록 설비해 놓는다.

[4] 화류병花柳病 예방의 위생 강화를 철저하게 한다.

군 오락장 취체^{取締} 규칙

쇼와 7, 4, 1

제1장 총칙

제[1] 본 규정은 상하이 파견군 수비 구역 내에서, 특히, 군관헌^{軍官憲}의 허가를 얻고서 영업하는 육군 오락장의 취체^{取締}를 규정하는 것을 목적으로 한다.

제[2] 군 오락장은 수비구역 내에 1개소 내지 몇 개소를 군에서 지정한다.

제[3] 군 오락장의 경영자는 침실에서 손님과 만나는 부인(이하 '접객부'라고 칭한다)을 다루는 영업자와 음식품 등을 판매하는 일을 구분 짓고 양자^{兩者}를 겸하는 것을 금한다(제2장 이하 '영업자'는 전자를 칭한다).

제[4] 전조^{前條}의 경영자의 영업가옥은 군에서 이를 지정한다.

전항^{前項} 영업가옥에 특히 요구되는 여러 설비 및 이에 동반되는 손해는 영업자가 부담한다.

제[5] 군부는 경우에 따라 영업자의 퇴거를 명령 또는 영업상의 제한을 행할 수 있다.

전항의 경우, 영업자는 손해배상 그 외 일절 이의를 신청할 수 없다.

제[6] 영업자는 군부의 허가가 있은 뒤에 영업을 폐지 또는 전부나 일부를 휴업할 수 없다.

제[7] 수비구역 내에 군 오락장류와 유사한 영업을 금한다.

제[8] 군 오락장은 육군, 군속^{軍屬} 외에는 이용을 금한다.

제[9] 매달 1회 헌병에게 정기휴일을 지정한 당일에는 휴일의 게시^{揭示}를 행하고 영업을 해서는 안 된다.

제[10] 음식품 등을 판매하는 영업자에 대한 취체는 별도로 지시하는 외에 본 규칙을 준용^{準用}한다.

제2장 영업 수속

제[11] 군 오락장을 영업하고자 하는 자는 별지^{別紙}의 제1양식의 원서와 별지의 제2양식의 계약서를 소할^{所轄}(관할) 헌병분대에 제출해야 한다.

제[12] 영업을 허가받으려는 자는 모든 준비가 완료된 후에 소할(관할) 헌병분대에 계출^{屆出}하고 시설의 검사 및 검진을 받은 뒤에 개업할 수 있다.

제[13] 영업을 허가받으려는 자는 영업 개시 전 별지의 제3양식 접객부 명부에 본인의 사진으로 엽서를 첨부하여 소할(관할) 헌병분대에 계출해야 한다.

제[14] 영업자는 그가 고용할 접객부가 이동을 할 때에는 소할(관할) 헌병분대에 서면으로 그 취지를 적어서 계출해야 한다.

제[15] 접객부의 검진을 끝마치고 접객을 허가받은 자에 대해서는 별지 제4양식의 건강부^{健康簿}를 교부^{交付}하여 허가증으로 바꾼다.

제3장 영업 실시

제[16] 영업자 가옥의 수리, 개조, 장식 등을 할 때에는 소할(간힐) 헌병분대에 계출해야 한다.

제[17] 영업자는 옥내를 침실, 손님의 공실^{控室}, 소독실^{消毒室}, 영업자 거주실, 입욕장^{入浴場}, 취사실^{炊事室}, 변소, 그 외 부속설비로 구분해야 한다.

제[18] 영업자는 다음의 물품을 비치해야 한다.

물품	장소
침구^{寢具}	각 침실
담호^{痰壺}	각 침실 및 공실^{控室}
소독기구 및 약품	변소 및 지정된 장소
시계	공실^{控室}

위안부와 전쟁터의 성^性

물품	장소
요금표	공실控室
사용하기 편한 소화기	육상계단 각 1층 그 외 지정 장소
접객부 명찰	공실控室
유흥자 명부(별지 제5양식)	그 외 지정 장소
군 오락장 취체 규칙	공실控室

위 사항 외에도 손님을 위해 위안慰安이 될 여러 물품을 비치하고 장식할 것을 장려한다.

제[19] 접객부는 별지 제6양식에 따라 겉면은 검은색, 뒷면은 빨간색으로 예명藝名을 기입해야 한다.

제4장 위생

제[20] 접객부에 대해서 적게는 매주 1회 지정된 장소에서 군의軍醫의 검진을 행한다.

검진의 세부細部에 관해서는 군의부장이 이를 지시한다.

검진을 할 때에는 헌병입회憲兵立會하는 것으로 한다.

제[21] 검진을 받을 때에는 건강부健康簿에 소요所要의 기입 및 관계자의 날인捺印을 받을 것을 요한다.

본 부簿는 항상 휴대하고 손님의 요구가 있을 때에는 피견披見(열어봄)을 거부할 수 없다.

제[22] 검진의 결과, 합격시키는 것은 관헌官憲이 정하는 바에 따라 진료診療를 받고, 허가가 나야 하므로 그전까지 접객을 금지한다.

진료에서 요하는 비용은 영업주의 부담으로 한다.

제[23] 검진은 전신건강진단全身健康診斷 외에 특히 화류병(매독, 임질, 연성, 하감),

결핵, 트라홈^{Trachom} 및 전염성 피부병 등에 대하여 이를 행한다.

제[24] 접객부는 화류병 예방품을 준비하고 손님에게 사용을 권해야 하며 그 비용은 영업주가 부담한다.

제[25] 다음 각 항을 엄수해야 한다.

 1. 소독약은 1만 배 과망간산칼륨액 또는 80.5%의 크레졸비눗물로 하고, 관수기灌水器에 수용하여 지정된 장소인 변소에 비치해야 한다.

 2. 침구寢具는 청결한 것을 골라서 일단 햇빛을 쬐는 것을 엄격히 행해야 하고 이를 위한 예비 침구를 준비해야 한다.

 3. 시트, 배게 주머니에는 하얀 포를 사용하고 항상 청결해야 한다.

 4. 병실의 환기에 유의해야 한다.

제[26] 접객부는 접객 후 반드시 국부局部를 세척, 소독해야 한다.

제[27] 정해진 휴일에는 옥내외를 청소하고 침구의 세탁 또는 햇빛을 쬐게 하고 일단 접객부를 휴양休養시켜야 한다.

제5장 영업 방법

제[28] 제복을 착용한 군인이나 군속軍屬으로 확인된 이가 아니면 입장할 수 없다.

제[29] 공실의 적당한 장소에 접객부 명찰을 게시해야 한다.

접객을 할 수 있는 비번非番인 부인婦人의 명찰은 검은 글자로 표시하거나 아니면 붉은 글자로 표시해야 한다.

제[30] 내객來客이 있을 때는 먼저 유흥자 명부에 소요所要의 기입을 행하고 요금을 수령해야 한다.

제[31] 손님이 접객부를 지명할 때는 영업자가 그에게 응할만한 것을 예로 든다.

단, 접객부는 공실에 들어가게 해서는 안 된다.

제[32] 영업시간을 정하는 것은 다음과 같다.

　　　주간부 - 自오전10시

　　　　　　至오후6시

　　　야간부 - 自오후7시

　　　　　　至오후10시

　　　　　(하사관만)

제[33] 유흥료遊興料를 다음과 같이 정한다.

　　　내지인 - 1시간 1원 5십전

　　　조선인, 중국인 - 1시간 1원

제[34] 1명에게 연속 1시간 이상 유흥하게 하면 안 된다.

제6장 금지 제한 및 취체取締

제[35] 영업 상태를 취체하는 것을 행하는 것은 헌병 또는 헌병과 군의가 동행하고 수시 검사를 행한다.

제[36] 접객부는 허가하지 않은 지정지 외 장소에 나가는 것을 금한다.

제[37] 영업자에게 접객부에 대한 이익의 분배에 부당한 소행이 있는 경우에는 영업을 정지해야 한다.

제[38] 영업자 상호相互간에 접객부를 융통하는 것을 금한다.

제[39] 사고 발생은 조속히 최기最寄 헌병에게 통지해야 한다.

제[40] 본 규칙을 위반할 시에는 허가를 취소하고 입퇴立退를 명하거나 영업을 정지한다.

부칙附則

제[40] 본 규칙은 쇼와 7년 4월 6일부터 이를 실시한다.

(제1양식)
군 오락장 경영 허가원
본적지
현주소
실호室號
쇼와 7년 월 일
씨명
생년월일
상하이파견헌병대제2헌병분대어중上海派遣憲兵隊第二憲兵分隊御中
의儀

곧바로 다음에 쓴 계획에 따라 군 오락장 경영할 것이므로 허가 계약서를 첨부하여 부탁드립니다.

영업장소
개업예정년월일
자본금
유흥료 1시간

　　　일본내지부인日本內地婦人 - 금일원오십전金壹圓五拾錢
　　　조선, 지나중국부인朝鮮, 支那婦人 - 금일원金壹圓

(제2양식)
계약서
주소

쇼와 7년 월 일 영업주

상하이파견헌병대제2헌병분대어중<small>上海派遣憲兵隊第二憲兵分隊御中</small>

곧바로 군 오락장 경영 허가가 이루어짐에 따라 군 오락장 취체 규칙을 엄수하고 맹세하여 위배해서는 안 된다.

위 사항을 맹약할 자는

(제3양식)

접객부명부 쇼와 7년 월 일			
고용주			
씨명			
국적본적(國籍本籍)			
예명			
생년월일			
사진		약력	

(제4양식)

생략한다.

(제5양식)

생략한다.

(제6양식)

접객부 명찰은 횡4수 이상, 종 1척 2수 이상으로 한다.

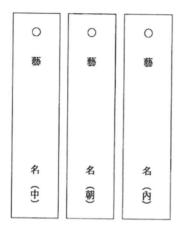

※ 출처出所 : 육군성『만주사변육군위생사滿洲事變陸軍衛生史』제6권(1937년) 또는 본서 제3
　장 참조.

2. 해군 특요원特要員에 관한 해군성 병비국海軍省兵備局 문서

병비 4기밀 제137호兵備四機密第一三七號
쇼와 17년 6월 30일

해군성군무장
해군성병비국장
남서방면함대참모장전南西方面艦隊參謀長殿
제2차 특요원 진출에 관한 건 조회

　수제首題(첫머리 제목)의 건은 진출進出시켜야 하는 것의 수용 등에 관해 가능한
한 다음과 같이 취급한다.

기記

1. 수송함명輪送艦名 및 그 행동예정行動豫定

　6월 6일 이후 요코하마 발發(함명艦名은 추후에 정함)

2. 특요원特要員의 배분配分

　밑에 첨부한 표(다음 항목에 있는)에 따른다.

3. 소요시설所要施設 및 기재器材

　(イ) 숙사宿舍

　　가설숙사假設宿舍를 대여해서, 필요하다면 장래에 불하拂下(팔아서 넘김)하
　　는 것으로 한다.

　(ロ) 침구

　　둥근 방석蒲團, 시트敷布, 잠옷寢衣, 손수건手布, 모기장蚊帳 등은 업자에게 준
　　비하도록 하고, 필요하다면 관官으로부터 입수入手 알선을 받는다.

　(ハ) 음식품 그 외

　　업자에게서 적절히 구입하기로 하고, 필요하다면 함대艦隊로부터 입수
　　를 알선 받는다.

　(二) 위생衛生

　　군인용은 함대 측의 자위自衛에 따르도록, 군속軍屬용은 경영자를 시켜
　　서 시설하게 한다.

4. 경영

　업자란 대개 밑에 쓴 과정을 통해 협정하므로 각지의 정황情況에 응하여, 적당
히 협의해 결정한다.

(イ) 함대와의 연락

각대의 책임자와 하는 것을 원칙으로 하고 이는 대장隊長과 주로 이를 행한다.

(ロ) 요금

대체로 1년간의 건강했을 때의 활동에 따라 부채負債를 상각償却함을 기준으로 하고, 현재의 정황에 따라 협정하는 것으로 한다.

(ハ) 영업은 사관士官용(소할장所轄長, 관할장) 이상을 특별급으로 할 것), 하사관용 및 공원용工員用을 별개로 하고, 따라서 사관용에 대해서는 손실 없게끔 특별히 그 조건을 고려한다.

(ニ) 운영을 함대관리艦隊管理의 민영民營으로 한다.

사寫 송부처 제1남견함대참모장第一南遣艦隊參謀長

지명	요정料亭 대명隊名 및 기지원 수	순특요원純特要員 대명隊名 및 기지원 수	기사記事
암본Ambon	미정未定	미정	1. K隊(도쿄) K대(별부)는 제3차 이후가 된 지도 모름.
마카사르Makassar	미정	S隊(요코하마) 25	2. 함대 측의 요망에 따라서 편의 A隊를 지방면('마나도' 등)에 분진分進할 것
		K隊(도쿄) 10	
페낭Penang	미정	U隊(와카야마) 40	3. '암본' 방면은 제3차 계획으로서 진출할 것
쇼난昭南	K隊(별부) 10	B隊(카이난市) 50	
수라바야Surabaya	T隊(도쿄) 10	미정	4. 수라바야에는 추이 증강을 고려할 것
	미정	M隊(사사야마市) 30	

위안부와 전쟁터의 성性

3. 「제주신문」(1989년 8월 17일부) 기사 발췌

일제日帝 제주에서 위안부 205명을 징발했었다
일본인 수기 "나는 조선사람을 이렇게……" 파문

해방 44주년을 맞아 일제시대 제주도 여성 2백 5명을 위안부로 징용해 갔다는 기록이 나와 큰 충격을 던져 주고 있으나 뒷받침 증언이 없어 파문이 일고 있다.

기사 중간은 요시다 저작의 개요를 소개하는 부분

그러나 이 책의 기록에 의한 성산포城山浦 단추공장에서 15명~16명을 강제 징발했던 기록물이나, 법환리法環里등 마을도처에서 행해졌던 위안부 사건 이야기는 이에 대한 증언자들이 거의 없다. 그들은 터무니없는 일로 일축하고 있어 과연 이 기록의 신빙성에 대한 의문은 더욱 커진다. 성산리 주민인 정옥단 씨(85)는 "그런 일은 없다. 2백 50여 가호밖에 안 되는 마을에서 열다섯 명이나 징용해 갔다면 얼마나 큰 사건인데…… 당시 그런 일은 없었다"고 잘라 말했다.

향토사鄕土史학자 김봉옥金奉玉 씨는 "일본인들의 잔혹성과 몰양심적인 일면을 그대로 드러낸 것이다. 차마 부끄러워서 입에 담지도 못할 말을 그대로 쓴 것으로 책이라는 이름을 붙이지도 못하겠다. 83년 원본이 나왔을 때 몇 해 동안 추적한 결과 사실무근인 부분도 있었다. 오히려 그들의 악덕惡德한 면을 드러낸 도덕성이 결여된 책으로 얄팍한 상술적인 면도 가미되었을 것으로 본다"고 분개했다. (허영선 기자)

※**주** 1989년 8월 5일에 발행된 요시다 세이지 『나의 전쟁범죄-조선인 강제연행』(산이치쇼보, 1983) 한국어판에 대한 관련 기사. (제7장 참조)

* 본서에서는 「제주신문」 원문을 타이핑했다. 일본어판 원서에서는 1989년 8월 14일자로 소개하고 있으나 정확히는 1989년 8월 17일자이다. ―역주

4. 위안부에 관한 '호세' 보고서

필리핀 여성은 제2차 세계대전 중 일본군에 의해 '종군위안부'가 되었는가?

1992년 6월 23일

최근, 제2차 세계대전 중에 일본군에 의해 여성들이 매춘을 강제당했다는 몇몇 보고가 있었다. 이러한 여성들의 대부분은 조선인과 대만인이라고 하는데, 일부 신문은 '종군위안부' 즉, 전장에서 일본군을 위해 일할 매춘부가 될 것을 강요당한 여성 가운데 필리핀 여성 또한 포함되어 있었다고 전했다. 그중에는 터무니없이 선정적인 기사도 있었다(예를 들어, 「Peoples Tonight」(1992년 4월 13일자)은 "수천 명의 필리핀 여성이 성노예가 되었다!"는 표제를 게시했다). 이러한 보도가 나온 결과, 일본에 대해 사죄의 요구와 손해배상을 요구하는 목소리가 터져 나오고 있다. 그 한 가지로서, 필리핀의 신新애국동맹BAYAN은 이런 보도를 있는 그대로 받아들이고선, 지난 5월 5일, 일본대사관 앞에서 항의를 하고 사죄를 요구했다.

사실이 그러했다면, 가령 50년 전에 있었던 일이라고 해도 매우 중요한 문제일 것이다. 하지만 필리핀 여성이 강제적으로 일본구의 섬노예가 되었다는 것이 과연 사실일까?

필자는 인권위원회의 요청에 기초하여, 제2차 세계대전 중 필리핀에 관해 철저한 조사연구를 행했고, '종군위안부' 사건의 진상을 규명했다.

그리고 필자는, 당시를 알고 있는 생존자들의 얘기를 듣고, 여러 가지 일기, 공식적 또는 준공식적인 문서, 게릴라들의 신문 등을 읽어본 결과, 전시중戰時中 필리핀에서는 일본군에 의한 대규모의 강제적 매춘은 없었다는 결론에 도달했다.

'종군위안부'의 상황은 대만과 조선에서는 폭넓게 찾아 볼 수 있었기에, 이후에는 인도네시아에도 퍼지게 됐다. 제2차 세계대전 중, 대만과 조선은 일본의 식민지였기에(대만은 1895년 이래, 조선은 1910년 이래), 그들 땅의 주민은 일본 국민(2급 시민이었지만)으로 간주되고 있었다는 것을 잊어서는 안 된다. 따라서 일본군에 있어서는 이 양국兩國의 여성들을 강제적으로 매춘부로 삼기에 용이했을 것이다. 절대적인 강제력을 갖고 있었기에 일본인으로서는 나라를 위한 애국적인 봉사라고 말하는 것까지도 가능했을 것이다.

인도네시아의 여성도 매춘부로 동원되었다(남성도 일본군을 위해 노동력으로 징용되었다. 그 외의 동남아시아 여러 나라들에서도 남성과 여성이 노동력과 성性 접대를 위해 동원되었다). (하지만) 인도네시아에서도 그것이 가능했는데, 필리핀에서 가능하지 못했던 것은 왜일까? 미국의 역사가 시어도어 프렌드Theodore Friend는 이렇게 설명했다. "일본인은 인도네시아에 대해서는 필리핀보다도 훨씬 엄하게 대처했다. 후자(필리핀 사람)에게 있어서는, 강력한 방패로 삼았던 현지의 행정기구와 초기의 조합화組合化된 역사가 유리하게 작용했다(시어도어 프렌즈,『푸른 눈의 적 : 1942-1945 일본은 자바섬과 루손섬에서 서양과 싸웠다The Blue-Eyed Enemy: Japan Against the West in Java and Luzon』, 프린스턴 대학교 출판사, 1988년 p.162.).

필리핀 행정당국은 일본군에 의한 직격直擊을 진정시키긴 했지만, 그 외 광범위한 게릴라 운동도 일본군이 필리핀 여성을 끌어 모아서 매춘부로 삼으려고 했다면 격하게 대응했을 것임이 틀림없다. 필리핀 사람들이 강간을 당하면, 게릴라 운동으로써 일본인들을 죽이는 일이 빈번히 발생했다. 그런데 만약 종군위안부가 되도록 강요했다면 어떤 반응이 돌아왔을까? 전시중의 지하신문地下新聞을 살펴보면 강간, 약탈, 방화, 살인이 보도되고 있었지만 지금 남아 있는 신문들을 자세히 조사해 봐도 필리핀 사람들을 종군위안부로서 다룬 일은 전혀 없다(필자가 조사했던 것은 마닐라, 케손, 리잘, 바탕가스에서 배포되고 있었던 「베레타」지, 그리고 네그로스섬을 본처本處로 하고 있던 「보이스 오브 프리덤」지다).

호르헤 B 바르가스가 1942년부터 1943년에 걸쳐서 이끌었던 필리핀 행정위원회와, 호세 P 라우렐 대통령 시절의 필리핀 공화국(1943~1945년)의 문서에서도 마찬가지로 아무것도 나오지 않았다. 바르가스와 라우렐은 매주 각의閣議에서 만나고 있었기 때문에 각의의 의사록議事錄에는 당시의 문제가 기록되어 있었다. 구타(폭력), 고문, 행방불명, 약탈, 살인, 일본인에 의한 식료품이나 사유재산의 강탈, 인플레, 평화와 질서의 문제 등이었다. 그러나 거듭해서 말하지만, 각의에서 매춘문제는 전혀 논의되지 않았다. 종군위안부라는 현상이 실제로 허다하게 볼 수 있었던 것이라면, 바르가스와 라우렐이 못 보고 지나쳤을 리가 없다. 강제노동, 구타라고 하는 문제는 논의되고 있으면서도, 강제매춘은 전혀 화제에 오르고 있지 않았던 것이다.

라우렐 정부에서 외교부 장관을 지내고 있었던 클레로 M 렉토Claro M Recto는, 1944년 일본대사관에 필리핀 공화국에 대한 일본의 권력남용과 잔학 행위에 대해 항의하는 강경한 문서를 보냈다. 그 문서는 구타(폭력)나, 일본인에게 사양하지 않으면 안 되는 일, 약탈, 폭행과 고문, 행방불명, 살인과 공화국에 대한 경의敬意가 없는 점 등을 거론하고 있다. 이 문서는 마닐라의 재주자在住者들 사이에서 넓게 유포되었고, 매우 진솔한 문서로 보인다. 그러나 이 문서에서도 강제매춘에 대해서는 한마디도 다루고 있지 않다. 종군위안부 문제가 있었다고 한다면, 렉토가 이것을 경시輕視하는 일은 불가능했을 것이다.

전후戰後, 일본은 자신들의 범죄에 직면하게 됐다. 전쟁범죄위원회가 당초 미국 산하에서, 이후 1946년에 독립한 이후의 필리핀 공화국에 의해 창설되었다. 일본의 기헤지기 진시 중 시밍힌 경우도 포힘하여 모든 잔학행위가 조사되고 기록되었다. 강간, 방화, 살인, 고문, 약탈 등등의 사건은 하나하나 세어 본다면 셀 수가 없었다. 그러나 정리기 된 강제매춘의 건은 제로Zero였다. 생노에기 있었다고 한다면, 이러한 조사에 반드시 등장했을 것이다. 당시는 일본인에 대한 불만은 얼마든지 말할 자유가 있었던 시기이기에 더욱 그랬을 것이다.

전시 중 일본에 협력했다는 의심을 받은 필리핀 사람들도 수사의 대상이 되었고, 증거로 뒷받침할 수 있는 것이 있다면 민중법정에서 재판할 수도 있었다. 이러한 법정의 기록이 필리핀 공문서보관소에 남아 있는데, 그 가운데에는 일본인 장교를 위해 여성들을 알선했던 필리핀 사람들의 사례를 몇 개인가 볼 수 있다. 그러나 그 기록도 한 건인가 두 건으로, 전체적인 정책의 일환으로서는 없었던 일임을 분명하게 알 수 있다. 어떤 기록을 찾아봐도, 필리핀 여성에 대한 강간은 소수의 일본인의 충동에 의해 일어난 경우로, 조직적인 것은 아니었다. 강제매춘이라기보다는 강간 사건에 지나지 않는다는 것이다.

필자가 인터뷰했던 상대는 한 사람도 빠짐없이 마닐라나 세부, 그 외의 장소에서 조선인이나 대만인 매춘부를 본 적은 있지만, 필리핀 여성은 전혀 본 적이 없다고 얘기했다. 여러 필리핀 여성들이 일본인 장교들의 애인이 된 경우는 꽤 알려져 있었지만, 이것도 또한 강제매춘이라고는 볼 수 없을 것이다. 경우에 따라서는 경제적 상황(당시는 정말로 힘든 시기였다)에 의해 매춘의 길로 들어설 수밖에 없었던 여성도 있었다. 그 외 일본인과 사귀게 된 후 차츰 이쪽 세계에서 가장 오래된 사업체에 몸담게 되었다든가, 일본인이 낸 웨이트리스 또는 호스티스 모집 광고에 응해 이쪽 길로 들어선 여성도 있었다. 당시 경제적인 필요는 강한 압박이었고, 일부 필리핀 여성들을 이런 길로 빠져들게 한 압박이기도 했다. 이런 상황 또한, 일본 군부가 여성들에게 강제했던 종군위안부 상황과는 달랐다.

센다 가코千田夏光의 『종군위안부』(일본어판)에 따르면, 일부 필리핀인도 포함되어 있지만, 전시 중에 이곳에 있었다고 설명되고 있는 매춘부들은 일본인, 대만인, 조선인이었다.

제2차 세계대전 이후 필리핀에 언론의 자유가 보장되었다는 점을 생각해 본다면, 필리핀 여성이 위안부로서 이용당했다는 깜짝 놀랄만한 사건은 빅뉴스가 되었을 게 틀림없다. 그러나 1945년의 신문을 조사해 봐도 이러한 여성에 관한 기사는 고작 한 개 밖에 찾을 수 없었다. 1945년 6월 4일부로 게재된 「베레타」지의 필레몬 V 토우타이에 의한 '행방불명된 여성들'이라는 제목의 기사는, 경제적 필요 때문에 일본인들의 광고에 이끌려 일부 필리핀 여성들이 성 접대를 포함, 일본군을 위해 일하게 된 데 대해 간략히 논하고 있다. (이 기사의 복사본 첨부)

소수의 여성들이 매춘을 강제당했을 가능성은 있었다. 일부 신문은 이런 사실이 최근에야 일본의 문서를 통해 밝혀졌다고 주장하고 있다. 그러나 그 수가 그리 많지는 않을 것이다. 그렇지 않다면, 훨씬 옛날에 밝혀졌을 것이기 때문이다.

따라서 입수 가능한 자료를 조사해 본 결과, 필자는 제2차 세계대전 중 일본에 의한 대규모의 강제매춘은 없었다고 결론 짓지 않을 수 없다.

※주 필리핀 정부의 요청에 따라 리카르도 호세 교수(필리핀 대학 역사학부)가 아키노 대통령에게 제출했던 보고서(제10장 참조)

5. 이른바 '고노 회담河野会談'

위안부 관계 조사결과 발표에 관한 고노 내각관방장관 담화

(헤이세이 5년 8월 4일)

이른바 종군위안부 문제에 관해서 정부는 재작년 12월부터 조사를 진행해 왔으나 이번에 그 결과가 정리됐으므로 발표하기로 했다.

이번 조사 결과 장기간, 그리고 광범위한 지역에 위안소가 설치돼 수많은 위안부가 존재했다는 것이 인정됐다. 위안소는 당시의 군 당국의 요청에 따라 마련된 것이며 위안소의 설치, 관리 및 위안부의 이송에 관해서는 옛 일본군이 직접 또는 간접적으로 이에 관여했다.

위안부의 모집에 관해서는 군의 요청을 받은 업자가 주로 이를 맡았으나 그런 경우에도 감언甘言, 강압強壓에 의하는 등 본인들의 의사에 반해 모집된 사례가 많았으며 더욱이 관헌官憲 등이 직접 이에 가담한 적도 있었다는 것이 밝혀졌다. 또 위안소에서의 생활은 강제적인 상황하의 참혹한 것이었다.

또한 전지戰地에 이송된 위안부의 출신지에 관해서는 일본을 별도로 한다면 조선반도가 큰 비중을 차지하고 있었으나 당시의 조선반도는 일본이 통치 아래에 있어 그 모집, 이송, 관리 등도 감언, 강압에 의하는 등 대체로 본인들의 의사에 반해 행해졌다.

어쨌거나 본 건은 당시 군의 관여 아래 다수 여성의 명예와 존엄에 깊은 상처를 입힌 문제다.

정부는 이번 기회에 다시 한번 그 출신지가 어디인지를 불문하고 이른바 종군위안부로서 많은 고통을 겪고 몸과 마음에 치유하기 어려운 상처를 입은 모든 분에 대해 마음으로부터 사과와 반성의 뜻을 밝힌다. 또 그런 마음을 일본이 어떻게 전달할 수 있을 것인지에 관해서는 식견 있는 분들의 의견 등도 구하면서 앞으로도 진지하게 검토해야 할 일이라고 생각한다.

우리는 이런 역사의 진실을 회피하는 일이 없이 오히려 이를 역사의 교훈으

위안부와 전쟁터의 성性

로 직시해 가고 싶다. 우리는 역사 연구, 역사 교육을 통해 이런 문제를 오래도록 기억하고 같은 잘못을 절대 반복하지 않겠다는 굳은 결의를 다시 한번 표명한다.

덧붙여 말하면 본 문제에 관해서는 일본에서 소송이 제기돼 있고 또 국제적인 관심도 받고 있으며 정부로서도 앞으로 민간의 연구를 포함해 충분히 관심을 기울이고자 한다.

이른바 종군위안부 문제에 관해서
헤이세이5년 (1993년) 8월 4일
내각관방내각외정변의실

1. 조사의 경위

이른바 종군위안부 문제에 관해서는, 당사자에 의한 일본에서의 소송 제기, 국회에서의 논의 등을 통하여 안팎으로 주목을 받아왔다. 또 이런 문제는 작년 1월의 미야자와 총리 방한 당시, 노태우 대통령(당시)과의 회담에서도 문제로 꼽혀 한국 측에 의해 그 실태의 해명에 관한 강한 요청을 받게 되었다. 그밖에 다른 관계된 여러 나라들과 지역들에서도 본 문제에 대한 강한 관심을 표명했다.

이러한 상황 아래 우리 정부는, 헤이세이 3년 12월부터 관계자료의 조사를 진행하는 한편, 전 군인 등 관계자들을 폭넓게 청취 조사함과 동시에, 지난 7월 26일부터 30일까지 5일간, 한국 서울에서 태평양전쟁희생자유족회의 협력도 얻어 옛 종군위안부였던 이들로부터 당시의 상황을 상세히 청취했다. 또한 조사 결과를 토대로, 미국에도 담당관을 파견하고, 미국의 공문서를 조사하는 외에 오키나와에서도 현지 조사를 행했다. 조사의 구체적인 양상은 이하와 같고 조사 결과 발견된 자료의 개요는 별도로 첨부한 바와 같다.

- 조사 대상 기관
  경시청, 방위청, 법무성, 외무성, 문부성, 후생성, 노동성, 국립공문서관, 국

립국회도서관, 미국국립공문서관

- 관계자로부터의 청취
  옛 종군위안부, 전 군인, 전 조선총독부관계자, 전 위안소 경영자, 위안소 부근의 거주자, 역사연구가 등

- 참고한 국내외의 문서 및 출판물
  한국 정부가 작성한 조사보고서, 한국정신대문제대책협의회, 태평양전쟁희생자유족회 등 관계 단체 등이 작성했던 옛 위안부들의 증언집 등. 또 본 문제에 대해서는 본방本邦의 출판물들이 수없이 많지만 그 대부분을 섭렵했다.

본 문제에 대해서 정부는, 이미 작년 7월 6일, 그때까지의 조사 결과에 관해서 발표했던 적이 있지만 그 이후의 조사까지도 포함하여, 본 문제에 대해서 정리한 것을 이하와 같이 발표하기로 했다.

2. 이른바 종군위안부 문제의 실태에 관하여

상기의 자료 조사 및 관계자로부터의 사정 청취의 결과, 또 참고했던 각종 자료를 종합적으로 분석, 검토한 결과, 이하의 내용을 분명히 할 수 있었다.

(1) 위안소 설치의 경위

각지에 걸친 위안소의 개설은 당시 군 당국의 요청에 따른 것이었지만, 당시의 정부 내 자료에 따르면 구 일본군 점령 지역 내에 일본 군인에 의한 주민 강간 등의 불법한 행위가 발생하여 반일감정이 조성됨을 방지하고, 방첩(기밀이 세어나가는 것을 막음)의 필요성이 대두되어 이는 곧 위안소 설치의 이유가 되었다.

(2) 위안소가 설치된 시기

쇼와 7년에 소위 말하는 상하이사변이 발발했을 때쯤 같은 지역 내 주둔부대

를 위해서 위안소를 설치한 취지의 자료가 있었고, 그 시기쯤부터 종전까지 위안소가 존재해 왔던 것으로 보이는데, 그 규모, 지역적 범위는 전쟁의 확대와 함께 확장되었던 양상으로 보인다.

(3) 위안소가 존재했던 지역

이번 조사의 결과, 위안소의 존재가 확인된 국가 또는 지역은 일본, 중국, 필리핀, 인도네시아, 말레이시아(당시), 태국, 버마(당시), 뉴기니(당시), 홍콩, 마카오 및 프랑스령 인도차이나(당시)였다.

(4) 위안부의 총수總數

발견된 자료에는 위안부의 총수를 나타내는 것은 없었고, 또한 이것을 추인推認하기에 충분한 자료도 없기 때문에 위안부의 총수를 확정하기는 곤란하다. 그러나 위에 적은 바와 같이 장기적으로, 동시에, 광범위한 지역에 걸쳐서 위안소가 설치되어 많은 위안부들이 존재했던 것은 인정할 수 있다.

(5) 위안부의 출신지

이번 조사 결과 위안부의 출신지로서 확인할 수 있는 국가 또는 지역은 일본, 조선반도, 중국, 대만, 필리핀, 인도네시아 및 네덜란드다. 또한 전쟁지에 이송된 위안부의 출신지로는 일본인을 제외한다면 조선반도 출신자가 많았다.

(6) 위안소의 경영 및 관리

위안소의 상당수는 민간업자에 의해 경영되고 있었지만, 일부 지역에서는 구 일본군이 직접 위안소를 경영한 경우도 있었다. 민간업자가 경영하고 있었던 경우에도, 구 일본군이 그 개설에 허가를 관여하거나, 위안소의 설치를 정비하거나, 위안소의 이용시간, 이용 요금이나 이용할 때의 주의사항 등을 정한 위안소 규정을 작성하는 등, 구 일본군은 위안소의 설치와 관리에 직접 관여했다.

위안부의 관리에 관해서는 구 일본군은 위안부나 위안소의 위생 관리를 위해서 위안소 규정을 만들어 이용자들에게 피임기구 사용 등을 의무화 시키거나, 군의軍醫가 정기적으로 위안소의 성병 등 검사를 행하는 등의 조치를 취했다. 위안부에 대해서는 외출 시간이나 장소를 한정하는 등의 위안소 규정을 만들어서 관리하고 있었다. 어쨌든 위안부들은 전쟁 지역에서는 당시 군인들의 관리 하에서 군인들과 함께 행동했고, 자유도 없었고, 가혹한 생활을 강요당했다는 것은 분명하다.

(7) 위안부의 모집

위안부의 모집에 관해서는 군 당국의 요청을 받은 경영자의 의뢰에 의해 알선업자들이 나서는 경우가 많았지만, 그 경우도 전쟁의 확대와 함께 인원 확보의 필요성이 높아지면서 업자들이 어쩌면 감언甘言으로 희롱하거나, 어쩌면 겁을 주는 등의 형태로 본인들의 의향에 반하여 모집한 경우가 많았고, 게다가 관헌官憲 등이 직접 이에 가담하는 등의 경우도 볼 수 있었다.

(8) 위안부의 수송 등

위안부의 수송에 관해서는 업자가 위안부 등의 부녀자를 선박 등으로 수송할 때 구 일본군은 그녀들을 특별히 군속軍屬에 준하는 취급을 해주는 등 도항 신청渡航申請 허가를 내어 주고, 또 일본 정부는 신분증명서 발급을 허는 등의 일을 했다. 또 군의 선박이나 차량으로 전쟁 지역에 데려다주는 경우도 적지 않았던 반면, 패주敗走라는 혼란했던 상황 아래에서 현지에 놔두고 도망가는 사례도 있었다.

6. 쿠마라스와미 보고서 발췌(1996년 2월)

IX. 권고

136. 본 특별보고자는 당사국 정부와 협력한 정신에 기초하여 임무를 수행하고, 여성에 대한 폭력, 그 원인과 결과라는 폭넓은 틀 속에서 전시 군성노예제의

현상을 이해하려는 목적을 위하여, 이하와 같이 권고하고자 한다. 특별보고자와의 토의에 있어서, 구 일본군에 의해 행해진 아직까지 생존해 있는 소수의 군성노예제 여성 피해자에게 정의를 가져다줄 의욕과 솔직함을 표시한 일본 정부에, 특별보고자로서 특히 협력을 기대하는 바이다.

A. 국가 차원에서

137. 일본 정부는 이하를 행해야 한다.

(a) 제2차 세계대전 중에 일본제국군에 의해 설치된 위안소 제도가 국제법 의무의 위반이라는 것을 인정하고, 또한 그 위반의 법적 책임을 받아들일 것.

(b) 일본군 성노예의 피해자 개인들에게 인권과 기본적 자유의 중대 침해 피해자의 원상회복, 배상 및 리헤빌리테이션(갱생, 재활)의 권리에 관한 차별방지소수자보호소위원회의 특별보고자가 말한 원칙에 따라 보상금을 지불할 것. 피해자의 다수가 고령이기 때문에 이 목적을 위해 특별한 행정심사회를 단기간 내에 설치할 것.

(c) 제2차 세계대전 중의 일본제국군의 위안소와 기타 그와 관련되는 활동에 관해 일본 정부가 보존하고 있는 전체의 문서와 자료의 완전 공개를 보증할 것.

(d) 자신의 실명을 밝히고 앞장섰으며, 일본군 성노예 여성 피해자임이 증명되는 여성 개개인에게 서면에 의한 공적 사죄를 할 것.

(e) 역사적 현실을 반영하도록 교육의 커리큘럼을 개정하고, 이 문제에 대한 의식을 높이는 것.

(f) 제2차 세계대전 중에 위안소를 위한 모집과 제도화에 관여한 자를 가능한한 특정하고, 또한 처벌하는 것.

B. 국제적 차원에서

138. 국제적 차원에서 활동하고 있는 비정부조직(NGO)은 계속하여 이러한 문제를 유엔 기구 속에서 제기해야 한다. 국제사법재판소 또는 상설중재재판소에 대해 권고적인 의견을 요구하는 시도도 이루어져야 할 것이다.

139. 조선민주주의인민공화국과 대한민국은 '위안부'에 대한 배상의 책임과 그 지불에 관한 법적 문제의 해결을 위해 국제사법재판소의 조력을 요구하는 것도 가능하다.

140. 본 특별보고자는, 생존하는 여성이 고령이라는 것, 그리고 1995년이 제2차 세계대전 종결 50주년에 해당한다는 사실에 유의하여, 일본 정부가 특히 상기의 권고를 고려하여 가능한 한 조속히 행동을 취할 것을 촉구한다. 전후 50년을 지나가는 대로 내버려 두는 것이 아니라, 지금이야말로 다대한 피해를 입은 여성들의 존엄을 회복해야할 시기라고 특별보고자는 생각한다.

※주 1996년 2월 5일부로 인권위원회에 제출되어, 4월 19일에 채택. 여기에서는 최종부분의 '권고' 부분만을 다루었다. 본서** 제9장을 참조.

* 여기서는 '여성을 위한 아시아평화 국민기금'이 일역한 '위안부 문제 관련 유엔 쿠마라스와미 보고서 일본어판' 전문☆☆을 이우연 박사가 과거에 한국어로 번역한 자료를 그대로 활용하였다. —역주

7. 하타 이쿠히코 교수가 쿠마라스와미 여사에게 보낸 신청서와 첨부 메모

March 15, 1996

Ms. Radhika Coomaraswamy
Special Rapporteur on Violence against Women

Dear Ms. Coomaraswamy:

I have received your report on your mission to the Democratic People's Republic of Korea, the Republic of Korea and Japan on the issue of military sexual slavery in wartime(E/CN.4/1996/53/Add. 1). However, I have found with much regret that what I explained to you at our meeting held on July 23, 1995, in Tokyo, was not precisely reflected at all in the paragraph 40 in the Addendum to your report. I would like to ask you to duly rectify the following points so that my opinion is more correctly recorded in your report.

1. Line 14 to line 17 in paragraph 40, means almost the opposite of what I explained. I explained that those comfort women were not under contract with the Japanese military but with private brothel masters, and that the contractual status(i.e., terms of employment, income distribution, condition of daily lives, etc.) are clear with the inquiry records of the twenty Korean comfort women and masters who were prisoners of war detained by the U.S. Army. I wish to ask you to check once again my resume on "comfort women"issue and a copy of inquiry records by the U.S. Army which I have handed over to you. A copy of the resume is attached to this letter.

2. The purpose of my visiting Saishu Island in March, 1992, was to examine whether there was a fact that some women were abducted with violence, as described by Seiji Yoshida's book. As a result of the research, with the evidence including newspaper articles and testimony, I was firmly convinced that the description by Yoshida was a mere fiction which in completely groundless. I remind you that I informed that Yoshida was a "professional liar,"judging from his behavior in other fields as well.

3. Line 9 to line 14 is not the result of my research in Saishu Island, but the occlusion which I reached after studying various materials, records and having interviews with a number of people. Moreover, although I classified the types of recruitment into type A and type B in II (2) in my resume, I told you that most cases were type A, and that no evidence for type B has been discovered. Accordingly, I pointed out just the possibility of cases where village chiefs acted as collaborators.

In addition to this misinterpretation of my explanation, I am quite dissatisfied with the fact that the above mentioned U.S. inquiry records are not quoted in your report. It is also regrettable that most of the factual information in your report are cited from "The Comfort Women"by George Hicks(1995). Hicks'book has such problems as follows:

(A) Hicks, at "Acknowledgement"in his book, confesses that he is not capable of collecting and analyzing literature written in Japanese, and that he relied on Ms. Yumi Lee, a Korean national living in Japan, to collect them(and probably translate them into English).

(B) This seems to have resulted in the extremely primitive and substantive mistakes in dealing with important information and translation. For example, in paragraph 24 which describes the first comfort station, you write that a number of "Korean women"from a Korean community in Japan were sent to Shanghai by the Governor of Nagasaki prefecture, citing the description of Mr. Hicks'book. The information source of his book is "Marriage between the Japanese and Korean Comfort women(tentative translation: there is no English issue)"written by Ms. Yuko Suzuki according to its footnote. Ms. Suzuki's book is written based upon "Records by General Yasuji Okamura(tentative translation: there is no English issue). Bute there is no mentioning to"Korean women"in both books.

(C) I cannot detect the source of the information because there are not footnotes in his book.

(D) The bibliography mentioned in his book does not contain several important Japanese documents on "comfort women,"such as Hata's "Mistery of Showa Japanese History"containing my two articles written in 1992.

I sincerely hope that you have the kindness to pay due regard to my opinion. I am always available to help you in accomplishing your task on violence against women.

Sincerely yours,

Ikuhiko HATA
Professor, Chiba University
Japan

P.S. I have sent a copy of this letter to Mr. Ayala Lasso, High Commissioner of Human Rights, and asked him to distribute it to the member States at the coming Human Rights Committee.

On "Comfort Women"(Ianfu)

1995/7/23 HATA

1937 Sino-J. war
1941-45 War with US. GB.
1965 J-K treaty
1978 Senda's books 3 vols. (500,000 copies)
1983 Yoshida Seiji's book (trans. To Korean 1989)
1991/12 9 ex-Ianfu suit
1992/3 Hata to S. Korea for research
1992/7 J. govt report and K. govt report
1995/8 Ianfu NGO fund start

I. Peacetime

(1) Licensed prostitution(1958 abolished)—Brothels area was under police control—registration, health check—crime investigation woman—(parent)—broker—brothel owner 170,000 women (J)+12,000 women (K) in 1941

(2) Unlicensed prostitution—about same number

II. Wartime(1937-45)

(1) Military units received their home town brothel owners and women and opened comfort house in 1937 in China.

(2) In Korea—recruit system

Type A

woman (K)—Parent (K)—broker (K)—brothel owner(house master, J or K)—military unit (J)

Type B

woman (K)—Parent (K)—village chief and police (K)—viceroy of

Korea (J)—brothel owner—military unit (J)

(3) Total figure 60,000~90,000(70%=Korean, 30%=Japanese) Survived the war—more than 90%

(4) Contractual Status(see attached US Army Report)

Parent(woman)—broker(master)

Advance money(debt) yen300-yen1,000

Income distribution 40-60%

Income of woman yen1,000-yen2,000(month)

soldiers's salary yen15-yen25(month)

(5) Compulsory or not?

a. Yoshida's book—woman hunting—(only source) (professional liar)

b. J govt invest(1992/7)—no hunting out of 127 documents

c. Korean brokers are best eye-witness

III. WWII Period, other nations

US, UK—Use of private in the Pacific, use of RAA in Japan. Succeeded German brothels at Sicily island.

Gemany—500 military brothels, similar to Japanese system

ref. Franz Seidler, Prostitution Homosexualität selbstverstümmelung-Probleme der deutchen Sanitatführung 1935-45 (Neckargemund, 1977)

USSR—raping in Manchuria and Berlin

IV. Post WWII

US—comfort women supplied by S. Korean govt.

Korea—Korean Ianfu at the Korean War. Use of brothels at Vietnam War and 5,000-10,000 Vietnam—born children

Thai, P.I.—gangsters involved

※주 이 신청서에 대한 답장은 1999년 4월 현재까지 오지 않았다. 제9장 참조

8. '여성들을 위한 아시아 평화국민기금' 갹출醵出(원문은 拠金) 호소의 광고문

(헤이세이 7년 8월 15일, 각 일간지에 게재)

전쟁이 끝난 지 50여 년의 세월이 흘렀습니다. 이 전쟁은 일본 국민들에게도, 또 외국 여러 나라들 특히 아시아 여러 나라의 국민들에게도 매우 큰 참화慘禍를 가져왔습니다. 그중에서도, 10대의 소녀들까지도 포함해서 수많은 여성들을 강제적으로 '위안부'로 군에 끌고 간 것은, 여성들의 근원적인 존엄을 짓밟은 잔혹한 행위였습니다. 이러한 여성분들이 심신에 지고 있을 깊은 상처는 우리들이 아무리 사죄를 하여도 치유될 수 없을 것입니다. 그러나 우리들은, 어떻게든 그녀들의 고통을 받아들이고, 그 고통이 조금이나마 완화되기를 바라며, 최대한의 노력을 다해야 한다고 느끼고 있습니다. 이것은, 그분들에게는 견디기 어려운 희생을 강요했던 일본이 무슨 일이 있어도 오늘날에 완수하지 않으면 안 될 의무라고 믿고 있습니다.

우리 정부는 뒤늦게나마, 1993년 8월 4일이 내가관방장관 담하와 1994년 8월 31일의 내각총리대신 담화에서 이러한 희생자분들에게 깊은 반성과 사죄의 마음을 표했습니다. 그리고 이번 6월 14일에, 그 구체적인 행동을 발표했습니다. (1) '위안부' 제도의 희생자에게 국민적인 배상을 위한 기금설치 지원, (2) 그녀들의 의료, 복지에 정부의 갹출, (3) 정부에 의한 반성과 사죄의 표명, (4) 본 문제를 역사의 교훈으로 삼기 위한 역사자료 정비 등이 주된 내용입니다. 기금은 이러한 분들에게 속죄를 표하기 위해 국민들로부터 갹출을 받아서 그녀들에게 이를 보냄과 동시에, 여성들에 대한 폭력의 근절 등 오늘날의 문제에 대한 지원도 행할 것입니다. 우리들은 정부에 의한 사죄와 함께 전 국민 규모의 갹출에 의한 '위안부' 제도의 희생자들에 대한 속죄가 오늘날 어떻게든 필요하다는 신념 아래, 이 기금의 필요를 호소하는 사람들이 되었습니다.

위안부와 전쟁터의 성性

호소인들 중에는, 정부에 의한 보상이 어떻든 필요하다, 아니다, 그것에는 법적으로도 실제적으로도 많은 장해가 있고 조급한 실현은 곤란하다는 등 의견 차이도 있습니다. 그러나 우리들은 다음과 같은 점에서는 한뜻으로 모두 (의견이) 일치했습니다. 그것은 이미 연로한 희생자 분들에게 배상을 해드릴 시간이 없다, 한시라도 빨리 행동을 해야만 한다는 마음이었습니다.

우리들은 '위안부' 제도 희생자의 명예와 존엄의 회복을 위해 역사적 사실의 해명에 전력을 다하고 진심어린 사죄를 하도록 정부에 강하게 요구할 것입니다. 동시에 여성들의 복지와 의료에 충분한 예산을 짜서 성실하게 실시하도록 하고, 감시할 생각입니다. 그와 더불어 일본과 세계에 아직 남아 있는 여성 존엄의 침해를 방지하는 정책을 적극적으로 취하도록 요구해갈 것입니다.

그러나 무엇보다도 중요한 것은, 한 사람이라도 더 많은 일본 국민이 희생자 분들의 고뇌를 받아들이고 진심으로 속죄할 마음을 보이도록 하는 것 아닐까요? 전시戰時로부터 오늘날에 이르기까지 50년 이상이 흐른 그녀들의 굴욕과 고통은, 도저히 속죄할 수 있을만한 것이 아닐 것입니다. 그럼에도 우리들은 일본 국민 한 사람 한 사람이 그것을 이해하도록 노력하고, 그것에 기초한 구체적인 배상의 행동을 취하도록 하고, 그러한 마음들이 그녀들에게 닿는다면, 회복되기 힘든 고통을 치유하는 데 조금이나마 도움이 될 것이라고, 우리들은 그렇게 믿고 있습니다.

'종군위안부'를 만들어 낸 것은 과거의 일본이라는 나라입니다. 그러나 일본이라는 나라는 절대로 정부만 존재하고 있는 것이 아니고, 국민 한 사람 한 사람이 과거를 계속하여 현재를 살면서 미래를 만들어 가고 있습니다. 전후 50년이라는 시기에 전 국민적인 속죄를 완수하는 것은 현재를 살아가는 우리들 자신에 있어서 희생자분들에 대한, 국제사회에 대한, 그리고 장래의 세대에 대한 책임이라고 믿고 있습니다.

이 국민기금을 통하여, 한 사람이라도 더 많은 일본인 분들이 속죄의 마음을 표하도록, 간절히 참가와 협력을 부탁드릴 따름입니다.

■호소인

아카마츠 료코(前문부대신)

아시다 진노스케(일본노동조합총연합회회장)

에토우 신키치(도쿄대학 명예교수)

오오키타 히사코(오오키타 前외상의 부인)

오타카 요시코(前참의원의원, 오타카는 예명으로 본명은 '야마구치 요시코')

오누마 야스아키(도쿄대학 교수)

오카모토 오키오(국제 컨설턴트)

카토 타키(코디네이터)

시모무라 미츠코(쿠마모토 현립극장관장)

스노베 료조(前외무사무차관, 前주한대사)

타카하시 요시키(정치평론가, 토쿠시마 문리대학 교수)

츠루미 슌스케(평론가)

노다 아이코(변호사)

노나카 쿠니코(변호사, 전국인권옹호위원회연합회 여성문제위원장)

하기와라 노부토시(역사가)

야마모토 타다시(일본국제교류센터 이사장)

와다 하루키(도쿄대학 교수)

※주 제10장 참조.

9. 군 위안부 관련 한국 정부의 입장(1998년 6월)

• 우리 정부에 의한 지원금 지급의 결정은 한일 간의 최대 현안 문제인 군 위안부 문제가 양국관계의 발전에 이 이상 장해가 되지 않도록 하기 위한 적극적인 조치이고, '기금' 사업을 저지할 것을 목적으로 하는 것은 아니다.

• 당초, 전 정권(김영삼 정권)에서는 '기금' 사업을 저지할 목적으로 정부지원금 지급의 방책을 검토했던 것이 사실이지만, 새 정권(김대중 정권) 발족 후에 지원금 지급의 목적은 '기금' 사업의 저지가 아니라, 대일배상문제의 해소라는 차원의 건설적 전환을 함으로써, 과거의 역사에 관한 최대 현안인 위안부 문제를 한국 정부의 일방적인 조치에 따라 종결하기로 한 우리 새 정부의 결단인 것임을 다시금 표명한다. 우리들은 이러한 조치의 배경에 대해서 지난 4월 18일, 아시아태평양국장의 방일 즈음에 일본 측에 설명했었지만, 이것에 대하여 일본 측이 평가하지 않고, 오히려 반대로 '기금' 측이 갖고 있는 불만을 통보해 왔던 것에 내심 실망하고 있었다.

• 피해자들에 대한 지원금 지급 당시, '기금'의 일시금은 받지 않겠다고 서약서를 요구했던 것은, 한국 정부의 지원금을 받은 후에 또다시 '기금'의 일시금까지 받는 것은 다른 피해자들과의 형평성에 부적절하다는 점이었고, '기금'의 일시금 지급에 반대한 국내 관련 단체의 입장을 고려한 결과에 따른 것이었다. 또, 이미 일시금을 받았던 피해자들에 대해서는 일시금을 '기금' 측에 반환할 경우에는 지원금을 지급하고, 동의하지 않는 경우에는 일시금의 반환은 강요하지 않았다. 또 일시금을 반환할 경우에도 실제로는 지원금과 일시금과의 차액인 300만 원을 추가지급 하기로 했다.

• 이러한 우리 정부의 조치에도 불구하고, '기금' 측이 기존의 일시금 지급 방식을 고집할 경우, 이것은 우리 정부의 적극적인 조치를 정면으로 부정하는 것으로, 위안부 문제를 한일 간의 배상문제로 다시 되돌리는 것임을 '기금' 측은 충분히 인식해야만 한다.

• 우리 정부는 '기금'의 사업 자체를 부정하는 것이 아니라, 일시금의 지급 방식에 반대하고 있는 것이다. 그러므로 일본 측은 이러한 점에 비추어서, '기금' 측이 현재의 일시금 방식에서 발상을 전환하여 한국의 관련 단체와 대다수의 피해자들의 요구대로, 군 위안부 문제를 역사의 교훈으로 삼기 위한 사업(예를 들어, 위

령탑, 기념관 설립 등)으로 방식을 변경해야만 할 것이다.

 • 우리 정부는 '기금'에 참가한 일본의 유식자들의 대다수가 양심적인 분들이고, 한일 간의 과거사 문제의 해결을 위해 관심을 갖고서 노력을 하고 있다는 점을 높이 평가하고 있다. 21세기를 향한 새로운 한일관계를 바로 세움과 동시에 과거사 문제가 원만히 해결되기 위해서는 일본 내의 양심적인 유식자들의 노력이 무엇보다도 중요한 만큼, 앞으로 '기금' 측이 우리 정부의 입장을 충분히 고려해서 적극적인 대응을 강구해 줄 것을 바라는 바이다.

※주 1998년 6월 11일, 주일한국대사로부터 아시아여성기금 이사장에게 교부된 무서명無署名의
   메모. 제10장 참조.

도움 주신 분들

青野繁, 阿部キヨ(トラック), 有吉進(下関), 浅利政俊, ルイアレン(ビルマ), 有馬正徳(満), 石部藤四郎(マライ), 磯田利一(満), 板倉由明, 市川一郎(満), 伊東和三郎(朝鮮), 伊藤桂一(北支), 井上源吉(中支), 井上正規(陸軍省), 稲田登(北支), 今岡豊(満), 伊貞玉, 上海滋(船舶司), 臼杵敬子, 衛藤瀋吉, 榎本正代(北支), 大木毅, 大橋光男(満), 大平文夫(スマトラ), 大庭定男(ジャワ), 太田庄次(ラバウル), 太田毅(雲南), 奥山田鶴子(パラオ), 小野田敏郎(医務局), 海原治(満), 加賀学(サイパン), 鎌田福市(下関), 川田袈裟弥(満), 神尾幸男(北支), 北原時雄(満), 許栄善, 金石範, 葛野陽次(北支), 久保田広司(満), 草地貞吾(満), 倉沢愛子, 桑島節郎(北支), 小島平造(北支), 木庭喬(ジャワ), 康大元, 佐々木実(ダイオ), 佐竹久(ルソン), 佐藤孝(グアム), 笹原勇之進(ジャワ), 沢田石五郎(北支), 坂下元司(上海), 坂部康正(アンボン), 柴岡浩(満), 柴岡トシオ(徐州), 下徳浩令(富山), 下村満子, 辛基秀, 重村実(海軍省), 杉沢敏男(北支), 菅原貞一(北千島), 杉田勘三(アンボン), 杉野茂(中支), 鈴木博史(ジャワ), 鈴木博雄(北支), 鈴木道雄(満), 鈴木良雄(北支), 千田夏光, 蘇智良, 曾根一夫(中支), 田口新吉(北支), 田賀克己, 多田豊三(徐州), 田村政司(タイ), 田中徳祐(サイパン), 高野琢三(パラオ), 大師堂経慰(朝鮮), 高木健一, 竹田安之(富山), 高橋国松(アッシ), 谷口武次(ジャワ), 玉谷又勝(満), 川早正隆(アンボン), 坪井幸生(朝鮮), 鶴見俊輔(ジャワ), 遠山貞(ジャワ), 富樫栄一郎(杭州), 中尾昇市, 中島博太郎(ビルマ), 中原道子, 中村謙雄(ビルマ), 西岡力, 西野留美子, 西本謙二(徐州), 二宮義郎(アンボン), 禾晴道(アンボン), 野本金一(ビルマ), 波多野澄雄, 畑谷好治(満), 花房俊雄, 早見正則(雲南), 林勝寿, 林陽子, 班忠義, 日笠博雄, 樋口和歌子, 福田利子, 福永靖(満), 藤井定雄(ビルマ), 藤田豊(北支), 古川清夫(北ボルネオ), 前田栄一(トラック), 前田脩, 町田貢, 松浦豪平(ジャワ), 松田才二(ラバウル), 松原茂生(船泊司), 宮元静雄(ジャワ), 村上貞夫(満), 村山勝栄(マライ), 村上雅通, 森木勝(ラバウル), 森分義臣(満), 本原政雄(満), 森王琢(下関), 八木信雄(朝鮮), 矢崎新二(北支), 安武政太郎(トラック), 山崎秀男(中支), 山下康裕(グアム), 山田盟子, 山本泉(北支), 山本皓之助, 横田洋三, 吉田清治, 吉本茂(下関)

■ 도표색인

　　　　위안부와 전쟁터의 성性

위안부와 전쟁터의 성

옮긴이 이우연

성균관대학교에서 조선 후기 이래 산림과 그 소유권의 변천에 대한 연구로 박사학위를 취득하였다. 하버드대 방문연구원, 큐슈대 객원교수를 역임하였으며, 현재는 낙성대경제연구소 연구위원이다. 『한국의 산림소유 제도와 정책의 역사 1600-1987』(일조각, 2010), 『Commons, Community in Asia』(Singapore National University Press, 2015, 공저), 『반일 종족주의』(공저, 미래사, 2019), 『반일 종족주의와의 투쟁』(공저, 미래사, 2020) 등의 저서가 있다.

위안부와 전쟁터의 성性

발행일	2022년 9월 26일
지은이	하타 이쿠히코
옮긴이	이우연
발행인	황의원
발행처	미디어워치
편집/디자인	하늘창
주소	서울시 마포구 마포대로 4길 36, 2층
전화	02 720 8828
팩스	02 720 8838
이메일	mediasilkhj@gmail.com
홈페이지	www.mediawatch.kr
등록	제 2020-000092호

ISBN 979-11-92014-04-3 93910

진실을 추구하는 독자가 좋은 책을 만듭니다.
미디어워치는 독자 여러분의 소리에 항상 귀 기울이고 있습니다.

- 가격은 뒤표지에 있습니다.
- 잘못 만들어진 책은 구입처에서 바꾸어 드립니다.

MEMO

MEMO

MEMO

MEMO

MEMO

MEMO